JN233424

20世紀前半の英国における美術教育改革の研究

直江俊雄　著

マリオン・リチャードソンの理論と実践

建帛社

Reform in Art Education in the First Half of the Twentieth Century in U.K.

Written by NAOE Toshio

Theory and Practice of Marion Richardson

Published by Kenpakusha Co., Ltd.
2-15, Sengoku 4-chome, Bunkyo-ku Tokyo, Japan 112-0011
©T. Naoe, 2002 Printing in Japan ISBN 4-7679-7046-6 C3037

まえがき：斯学の核心に迫る真摯な研究

　複数の歴史が世界に雁行する現在，直江俊雄さんの博士論文が現世紀の入口で公開されたことは、まことに時宜を得た快挙だと思います。

　美術教育と措定される教育の現在に望まれるのは，近時，欧米からとり入れた斯学の再認識とその吟味にあると思われます。なぜなら，1945年夏，日本の敗戦を機に欧米の教育に眼を移したことは，帝国憲法から民主的憲法への移行・受容という必然性をもってはいましたが，その理解が皮相的であった事は否めません。直江さんの論文はそのことに着目し，焦点化を試みています。具体的な内容は本文をご覧になればお判りになりますが，端的にその特質にふれますと，氏の発想には，教育とは，教師と学習者の共通の場で相互影響的（あるいは「相互啓発的」）に形成されるものである，という視点に貫かれています。

　直江さんは，大学院では当初，「中等教育における美術カリキュラムの適用における教師の意志決定のプロセスと動向について」に的を絞り，実証的に研究を進めておりましたが，英国留学の過程で，今日の中等美術教育カリキュラムの基礎を形成する改革を推進した教師，マリオン・リチャードソンに関する膨大な未刊行資料に触れ，この教育者の思想と方法の形成過程を，できる限り当時の教育の形成される現場への視点を保ちながら解明することに意義を見いだしたようです。ここに論点を絞った理由を瞥見すれば，筑波大学修士課程修了後，博士課程3年次に編入。芸術学研究科では初の特別研究派遣学生として，在学中に英国中央イングランド大学に留学。帰国後、宇都宮大学で5年間教鞭を執り、平成12（2000）年より，筑波大学にて後進の指導に当たってきた実績をあげることができます。さらにさかのぼれば，学群（学部）卒業後，3年間の公立学校教諭職を経て，筑波大学大学院修士課程芸術研究科の社会人選抜制度創設とともに入学，洋画分野を専攻しながら，教育理論研究のため，私（宮脇）の研究室で指導を受けていたこと，さらにまた，平成8（1996）年には，学術研究誌『アート　エデュケーション』（建帛社刊）より，マインド・ピクチャーに関する研究論文に対して「第1回土筆賞」を授与され，加えて平成13（2001）年には，20世紀の美術教育理論の座右の書ともいうべき，ハーバート・リードの『芸術による教育』の新訳を，私（宮脇）や岩崎清氏と共に上梓し，その翻訳の過程で得られた考察の

深まりがあったと思われます。

　以上の系譜をもとに，氏の博士論文・書籍の内容等は，筑波大学大学院博士課程芸術学研究科に提出され，平成12（2000）年3月，論文博士として認定されましたが，単に海外の研究の移入・紹介ではなく，今日の視点から独自の解明をもたらし，国家や文化の相違を超えた普遍的な問題を追及しようとしております。つまり，氏の今日の芸術教育研究における主要な課題の一つは，激変する政治・経済・環境・情報技術がもたらす，雁行する文化の坩堝の中で生き抜く感性をいかにして養うかという点，さらにまた，多文化との共存という世界的課題を背景として，西洋近代美術における個人の表現という価値を相対化しつつ，その教育的意義を再評価し，今後の指針と展開とを熟考しております。

　さて，直江さんは，私（宮脇）が筑波大学博士課程芸術学研究科に芸術教育学分野創設の頃より学部生（芸術専門学群）ながら，大学院生に混じって学内外の研究会に積極的に参加していたことを思い出します。その頃より真摯な研究への関わりが目立っておりましたが，私（宮脇）が退官後は，海外における研究事情に詳しい仲瀬律久さん，岡崎昭夫さんの薫陶を得，さらに海外留学先の指導者をはじめ，公式・非公式の立場で様々な先達に指導・協力を仰いだことが，氏の独自の研究領域と方法，研究協力関係を切り開きながら探求を進めたこととなり，歴史的接近を主調としながらも，カリキュラムの開発や比較研究などの側面も併せ持つという柔軟な研究の方法を身につけたことは，研究者としてきわめて幸運であったと思われます。

　このたび，日本学術振興会科学研究費補助金（研究成果公開促進費）の助成により，博士論文『20世紀前半の英国における美術教育改革の研究』サブタイトル「マリオン・リチャードソンの理論と実践」の出版が実現したことは，たいそう喜ばしいことです。この研究出版を一つの先駆けとして，まだ見ぬ研究の可能性に果敢に挑み続け，芸術教育研究の新しい波をこれからの世代と連動させてもらいたいと願う次第です。

2002年1月吉日

宮脇　理

目　次

序　章　本研究の目的と方法，および論文の構成

第1節　目的と背景 — 1
1. 問題の所在 — 1
2. 従来のリチャードソン像 — 2
3. マリオン・リチャードソン・アーカイブの可能性 — 4

第2節　先行研究の評価と問題点 — 6
1. アーカイブ成立以前の資料に基づいた研究 — 6
2. アーカイブ資料に基づいた研究 — 10
3. 我が国における経緯 — 13

第3節　本研究の特質と方法 — 16

第4節　論文の構成 — 18

第1章　思想形成と初期改革

第1節　社会的・文化的背景 — 25
1. 20世紀初頭の英国社会と教育 — 25
2. 20世紀初頭における英国美術の動向 — 27
3. 美術教育改革前史 — 30

第2節　バーミンガム美術学校卒業まで — 35
1. 家庭環境と教育 — 35
2. バーミンガム美術学校 — 40
3. キャタソン－スミスによる啓発 — 44

第3節　ダドリー女子ハイスクールにおける初期改革 — 48
1. ダドリー女子ハイスクール — 48
2. 美術教育観の変革とポスト印象派展 — 50
3. 方法上の変革 — 54

第4節　オメガ邂逅から啓蒙的活動へ — 59
1. オメガ工房と1917年子ども絵画展 — 59
2. フライの美術教育観への影響 — 64
3. 展覧会と講演 — 69
4. 社会的活動 — 73

第 2 章　美術教育改革の展開

第 1 節　ロンドン移転 ——————————————————— 85
1. ダドリー離職とロンドンでの教室開設 ———————————— 85
2. インデペンデント・ギャラリー展覧会 ———————————— 87
3. フライ「子どもの描画」————————————————— 89
4. マーガレット・ブーリーによる美術鑑賞力調査 ——————— 93

第 2 節　多数の非常勤職と教師教育 ———————————— 94
1. ロンドン・デイ・トレーニング・カレッジ ————————— 94
2. ロンドン市教師講習会 ————————————————— 96
3. その他の活動 ————————————————————— 97

第 3 節　教育行政 ——————————————————— 99
1. ロンドン市美術視学官 ————————————————— 99
2. ゴレル・リポート ——————————————————— 101
3. 1933年ロンドン市子ども絵画展覧会 ———————————— 102
4. 海外における評価とフライの死 —————————————— 106

第 4 節　美術教育改革の成果 —————————————— 107
1. ライティング・パターンの発展 —————————————— 107
2. 絵とパターン―リチャードソンとリードの議論 ——————— 109
3. 1930年代における美術教育改革の諸成果 —————————— 113
4. 1938年ロンドン市子ども絵画展 —————————————— 116

第 5 節　回想録執筆と追悼 ——————————————— 120
1. 引退と回想録執筆 ——————————————————— 120
2. 元ダドリー生徒からの資料収集 —————————————— 122
3. 追悼と展覧会 ————————————————————— 125
4. 『美術と子ども』出版 ————————————————— 126

第3章　前期講演原稿

第1節　1918年講演 — 135
1. 講演の位置づけと構成 — 135
2. リチャードソンの美術観と美術教育観の原点 — 136
3. 方法の提示 — 141
4. 再現描写の訓練への批判 — 144
5. 「自由」への批判 — 147

第2節　1919年講演 — 149
1. 講演の位置づけと構成 — 149
2. 「1919年講演拡張版」の全体構成と導入 — 151
3. 描画教育の現状認識 — 153
4. 美術に対する価値観の混乱と「ポスト印象派」思想 — 156
5. 美術教育における価値の混乱と教師の要件 — 158
6. 「ビジョン」と二つの困難 — 161

第3節　ダドリー教育協会講演（1920年） — 168
1. 講演の位置づけと構成 — 168
2. 描画教育の諸理論Ⅰ－観察描写の系譜 — 171
3. 描画教育の諸理論Ⅱ－記憶画の系譜 — 175
4. 自己批評の原則 — 178
5. 教師の役割 — 181

第4章　後期講演原稿

第1節　ロンドン市講演（1925年） — 189
1. 講演の位置づけと構成 — 189
2. リチャードソンの教育方法の形成史 — 190
3. 歴史的認識と改革への意志 — 196
4. 対案の提示 — 205

第2節　心理学会講演とその周辺（1925－29年） — 208
1. ブリストル講演と心理学会講演（1925年） — 208
2. 教育省講習会（1929年） — 211

第3節　「直観と教授」（1930年） — 212
1. 講演の位置づけと構成 — 212
2. 描画指導の目的論 — 213
3. 描画指導の基準探究 — 217
4. 描画指導の全体構造 — 220

第 5 章　内面的イメージに基づく教育方法

第 1 節　マインド・ピクチャーの意義と役割 ─── 227
1. マインド・ピクチャーの定義 ─── 227
2. マインド・ピクチャーに関する認識の変遷 ─── 233
3. 学習活動におけるマインド・ピクチャーの機能 ─── 239

第 2 節　アーカイブにおけるマインド・ピクチャー作品の保管状況と分類方法 ─── 247
1. 全般的な保管状況とデータベース化 ─── 247
2. フォルダー収納作品の特徴と位置づけ ─── 250
3. ハーバート・リードによる分類 ─── 252
4. アーカイブ資料に即した分類 ─── 257

第 3 節　マインド・ピクチャー作品の年代による分類と特徴 ─── 259
1. 年代区分 ─── 259
2. 前　期（1916－19年）─── 261
3. 中　期（1920－24年）─── 269
　a．最初の「マインド・ピクチャー」の記入 ─── 269
　b．形態分類の傾向から ─── 270
　c．リチャードソンのロンドンへの移動の影響 ─── 273
4. 後　期（1925－29年）─── 275

第 6 章　教育方法の全体構造とその適用

第 1 節　リチャードソンの教育方法の構造 ─── 279
1. 3種の指導計画書 ─── 279
　a．指導計画書の年代特定 ─── 279
　b．第一指導計画書 ─── 280
　c．第二指導計画書 ─── 282
　d．第三指導計画書 ─── 284
2. ワード・ピクチャーの方法と作品 ─── 286
　a．ワード・ピクチャーの定義と特質 ─── 286
　b．ワード・ピクチャーの主題と作品の例 ─── 289
　c．ワード・ピクチャーの位置づけ ─── 292
3. その他の描画学習の方法 ─── 294
　a．詩や物語 ─── 294
　b．ビューティ・ハント ─── 295
　c．材料や色彩の諸練習 ─── 296
　d．静　物 ─── 297
　e．人　体 ─── 300
4. パターン作成の方法と作品 ─── 301
5. 美術批評の方法 ─── 303

第2節　リチャードソンの教育方法における実践上の問題点 ——— 307
1. 「フーパー書簡」——— 307
2. リチャードソンの教育方法における二つの原理 ——— 308
3. 「類似性」批判の根拠 ——— 311
4. 学習者中心主義と中等教育 ——— 312
5. 「フーパー書簡」の構成とその背景 ——— 314

第3節　現代における適用の試み ——— 321
1. 目的と方法 ——— 321
2. 適用事例の検討 ——— 322
  a．英国におけるカリキュラム研究 ——— 322
  b．泉が丘小学校プロジェクト ——— 325

結　語
1. 歴史的影響関係について ——— 333
2. 失われていたリチャードソンの言葉 ——— 336
3. よみがえる「マインド・ピクチャー」——— 339
4. 教育方法の包括的検証 ——— 342
5. 美術と教育の連続性をめぐって ——— 345

リチャードソン関連年譜 ——— 349

図版出典一覧 ——— 355

文献一覧 ——— 360

あとがき ——— 371

索　引 ——— 375

序　章　本研究の目的と方法，および論文の構成

第1節　目的と背景

1. 問題の所在

　本研究の目的は，マリオン・リチャードソン（Marion Richardson, 1892-1946）の美術教育論と教育実践の解明を通して，20世紀前半の英国における，初等・中等学校段階の美術教育改革について，考察していくことにある。

　本研究で考える美術教育改革とは，初等・中等普通教育の，描画あるいは美術に関する教科教育において，主として20世紀初頭から中葉にかけて展開された，学習者中心の教育への変革運動である。それは，方法的には，一律に設定された手本の模写からの離脱と，学習者自身の感覚や思考に基づく個別的な表現への転換を共通の課題とし，思想的には，子どもおよび一般の人々すべてが，専門家あるいは一部指導者層の設定した基準の受容者にとどまることなく，自らが表現の主体者として固有の価値を生み出しうる存在である，とする理想を共有している。

　これらの改革の成果は，今日の美術教育における主要な思想的基盤を形成したといえるほど，広範に浸透したことには疑問の余地がない。むしろその後の美術教育の様々な動向は，この変革のもたらした基盤の上に，その限界の超克，あるいは対抗軸の形成として現れていると見ることも可能である。その背景としては，子どもの美術の表現としての価値に着目した運動の，一つの傾向性として，規範からの解放，子どもの自発性の尊重という観点の強調に傾く結果，本来そうではないにも関わらず，適用の仕方によっては，無内容，指導放棄，学習水準の低下などの問題点を助長する可能性をも，含んでいたことが指摘できる。また，この改革は，個人の表現を強調して，模倣，あるいは統一的規範からの脱落者を救済した反面，自由に表現することに不得手な，いわば「創造からの脱落者」への対応という課題を，新たに生み出したと見ることも可能である。さらに，より根本的な問題を挙げるならば，子どもの美術という世界の独自性の保護に専心するために，本来この教育改革の母胎であったはずの，社会における美術の世界との接

点を，自ら閉ざしてしまう，という矛盾をも生み出す傾向性をはらんでいる。この点は，率直に表現することで欲求が充足する低年齢層から，社会を構成する成人へ学習者が成長・発達していく中で，表現の教育の成果を断絶なくつなげていくことができるかどうか，という問題とも関連している。これらを包括する課題は，すべての学習者が表現者として美術を学ぶという，20世紀前半の各国学校教育において追究された改革の主張が，理論的に，また実際の成果として支持されうるか，という今日まで続く問いへとつながっている。

　20世紀の美術教育が企てた実験の序章であった，子どもの美術に着目した改革運動は，一世紀を過ぎようとする現在，近代美術における個人の表現への視点と，教育における個人の価値の尊重との接点に生じた，近代における思想的運動の一つとして，相対化されつつあると見ることができる。西洋近代美術を人類史における視覚文化の一形態として見る観点からするならば，必ずしも子ども中心，個人中心ではない美術あるいは視覚文化の諸例は，世界に多数存在するからである。しかし，単なる相対主義へと軸足を移す前に，今世紀における美術教育の最も重要な成果の一つであった，個人の表現に基盤をおいた教育のもつ価値について，その根源に戻って新たな探究を行い，批判と再評価の具体的根拠を提示することは，今日の美術教育研究の重要な課題であると考えられる。

2．従来のリチャードソン像

　この美術教育改革の歴史において，その最も初期の成果と考えられる動きは，1880年代頃に，ヨーロッパ各国でほぼ同時代的に発生したとする指摘がある。すなわち，英国のエビニーザー・クック（Ebenezer Cooke）らの，子どもの描画の性質に着目した教育者たちである[1]。この一群の動きを，先駆的な第一段階とするならば，1910年代頃から，より広範囲に社会的議論を喚起し，一般の教師や一つの社会の教育制度の転換に実質的な影響を与えていくような，「運動」と呼べるほどの現象を伴った第二段階の改革が，やはり同時代的に生起しているのを見ることができる。オーストリアのフランツ・チゼック（Franz Cizek, 1865-1946）を初め，各国でこれに呼応するような改革運動を主導した美術教育者たちである。本研究で主な対象とする英国のマリオン・リチャードソンは，その一人である。

　リチャードソンは，バーミンガムの美術学校に学んだ後，1912年より同地方の

ダドリー女子ハイスクールに美術教師として勤務しながら，子どもたちの内面的イメージを重視した独自の教育方法を発展させ，1917年頃より展覧会や講演，記事などによってその考えと成果を広め，1930年よりロンドン市美術視学官として，現職教師への指導を通しながら改革の普及に努めた。1930年代以降の英国では，多数の教育者たちが，子どもの美術に着目した教育に賛同し，行政の教育方針も子ども中心の観点を重視する方向へ変化するなど，この運動の第三段階とも言うべき様相を見ることができる。1926年にリチャードソンの指導を受けた当時の教師が，「私たちがマリオン・リチャードソンを初めて知ったときは，彼女は孤独な先駆者であった。数年のうちに，彼女の理想は伝播し，伝播は時に曲解を生み，商業化されさえした。」[2]と，後年述べているように，この教育改革における重要な転換点を生きたのである。

　リチャードソンの行った美術教育改革には，少なくとも，二つの観点から，独自の特質を見ることができる。一つには，一地方の公立中等学校という，いわば民衆教育の現場を支える地点から，現実に改革の成果を示していったという点である。この点は，子どもの美術に着目した運動が，しばしば，低年齢の子どもたちの表現のみを対象としたり，普通教育の学校外で，能力と自発的関心の高い，一部の子どもを対象として実施された成果をもとに語られる，というような問題点に対して，別の観点からの回答を与える可能性がある。第二に，単なる手本の模写からの解放ではなく，記憶画の系譜をもとに発展させたイメージの訓練や，その他の積極的な指導方法をもっていたという点である。この点は，先に指摘したような，指導の放棄や，社会における美術の影響からの隔離といったような，子ども中心の美術教育が陥る可能性のある問題点に対して，当初から異なる立場をとっていたことが特筆される。したがって，個人の表現を基盤とした美術教育は，特に，学校における中等普通教育の段階に至るまで，すべての人が学ぶ根拠と現実の成果をもちうるかという，先に提示した，20世紀前半の美術教育改革のもたらす問いと，非常に強く呼応する側面をもった研究対象であるということができる。幼児から中等教育段階以降に至るまで，大多数の学習者が芸術による視覚的・触覚的媒体を自己表現の手段として享受できるような教育方法は可能かどうか。これが，リチャードソンの追究した問いの中で，今日の我々に投げかける意味を持つ最も重要なものの一つであると考える。この問いは，歴史的なもので

あると同時に，美術教育研究を貫く普遍的な動機の一つでもある。

しかしながら，このような重要性に反して，リチャードソンの教育理論やその実践方法に関する研究は，長らく英国においてもほとんど進展しなかった。その最も主要な原因は，彼女がその活動の大部分を教育実践と教師教育に費やしたため，生前に理論的著作を出版することができなかったことによると考えられる。今日まで，その業績が伝えられたのは，主に，リチャードソンが病気退職を余儀なくされた最晩年に綴った『美術と子ども』（1948年）[3]によってであった。この書は，リチャードソンが美術教育に携わってきた生涯の思い出を断片的に綴った回想録である。そこには，子どもたちの関心を美術にひきつけ，彼らの表現と感受性を伸ばすための方法の例や，子どもたちや同僚との心暖まる思い出などが語られている。それらは，美術を通した人々との心のつながりの大切さなどを伝えた，貴重なメッセージであり，病苦と闘いながら，この証言を後世に遺した著者への，敬慕の念を起こさせるものである。ただ，リチャードソンの確立した思想と方法を，客観的な立場から把握しようとするものにとっては，体系的な叙述への配慮が必ずしも充分であるとは言い難い同書のみから，明確な全体像を描くことは困難である，といわざるを得ない[4]。『美術と子ども』におけるこうした問題点は，主に晩年の重い病苦の中で筆を進めた背景によるものと考えられる。詳しくは先行研究に関する節で検討するが，結果的に，『美術と子ども』が後世に伝えたリチャードソン像は，チゼックによる子ども中心の美術教育を中等教育に拡大するための修正を加えた，追随者としてのそれであり，しかも，客観的な批判力よりも，直観的な情熱に基づく傾向の強い人物像にならざるを得なかった，ということができる。

3．マリオン・リチャードソン・アーカイブの可能性

もし，『美術と子ども』の伝える内容が，リチャードソンについて我々が知りうるすべてであったとしたら，それは教育史における感動的な物語の一つとして語り継がれることはあったとしても，新たな研究対象とする意義は乏しかったであろう。しかし近年，その認識の更新をもたらす知識を提供する可能性をもった資料庫が成立した。英国中央イングランド大学所蔵の「マリオン・リチャードソン・アーカイブ（Marion Richardson Archive，MRAと略記，以下，原則として「アーカ

イブ」と表記）」である。これは，1972年にリチャードソンの実弟ドナルド・リチャードソン（Donald Richardson）より，彼女の母校をその前身とする当時のバーミンガム・ポリテクニック（現在の中央イングランド大学）へ寄贈された遺品を基礎に構成された，リチャードソンの教育者としての業績に関する記録を保管したものである。同アーカイブはその後1977年までに資料番号と検索カードによって一応の整理がなされ，また，ヴィクトリア・アンド・アルバート美術館に一部所蔵されていた子どもの作品資料を委託され，さらに，リチャードソンに関する新たな証言記録を収めるなどして，ほぼ現在の規模と構成が確立された。

　このアーカイブ資料の解明により，いくつかの観点から，『美術と子ども』によってもたらされるリチャードソン像を転換させることが可能であると考えられる。例えば，前述のチゼックとの関係で言えば，『美術と子ども』には，「偉大なる先駆者」チゼックに面会して，その方向性が同じであることを確認できた安堵などが語られているが[5]，追従者と理解されても仕方のないこうした謙譲は，アーカイブ資料には見られず，むしろ，現役時代に書かれた講演原稿やメモ等には，当時のチゼック（あるいは，「チゼックの教育」として当時の英国に伝えられたもの）への批判が綴られている[6]。また，チゼックの美術教育が英国において本格的に紹介される1920年以前に，リチャードソンの教育方法の主要な部分は独自に形成されていたことを具体的に示す資料も保管されている。それでは，何故に彼女は晩年になって，いわば「和解」の心境に到達したのであろうか。一つの背景としては，リチャードソンの理論的擁護者であった美術評論家のロジャー・フライ（Roger Fry, 1866-1934）もすでに亡く，また病床にあった自身の不遇がどのように影響していたか，などの状況を考慮する必要があると考えられる[7]。また，いわゆる「子ども中心」の美術教育が一般に承認され，その教育の恩恵が子どもたちに行き渡り，一つの「革命」が成就したともいえる晩年には，その創始者が誰であったか，いずれの方法が卓越していたか，というような問題は，それほど重要ではない，という境地に達していたとも考えることができる。

　しかし，このような歴史的影響関係の解明は，アーカイブ資料のもたらす可能性の一部に過ぎない。むしろ，リチャードソン独自の美術教育論と実践方法そのものが，どのような内容であったか，それは現代の我々にとってどのような意味をもつのか，という観点に，より重要な意義を見いだすのである。リチャードソ

ンが生前，主として当時の教師たちを聴衆とした講演のために入念に準備した，一連の講演原稿には，リチャードソンの思想の発展の軌跡が残されているとともに，『美術と子ども』に欠落していた理論化への指向を読みとることができると思われる。また，「マインド・ピクチャー」と呼ばれた独特の内面的イメージの自由な描画を中心とする，総数1,500点に上る子どもの作品の分析は，その実践の成果をより実証的に評価することを可能にするであろう。

　本研究は，中央イングランド大学に1993年から1994年の約1年間滞在し，その後1997年7月に短期間の取材を加えて，同アーカイブの資料を詳細に記録・検討した結果をもとに，これまで英国の研究者によっても探究されなかった観点から，リチャードソンの美術教育について解明し，英国の美術教育史研究に新たな解釈を提示するとともに，ある種の普遍的な近代的現象ともとらえられる，20世紀前半の美術教育改革の意味を問い直し，今後の美術教育研究における可能性や課題を，示唆しようとするものである。

第2節　先行研究の評価と問題点

1. アーカイブ成立以前の資料に基づいた研究

　リチャードソンの美術教育に関する過去の研究の起点を，生前にまでさかのぼるとするならば，まず，ロジャー・フライが雑誌に発表した4本の論文を挙げることができる。1917年の「子どもの描画」[8]では，当時の学校における美術教育を批判する目的でフライが開催した子どもの絵の展覧会に，偶然持ち込まれたリチャードソンの指導による子どもたちの絵の卓越性を紹介し，1919年の「美術の指導」[9]では，内面的イメージに集中させるリチャードソンの教育方法をより詳細に伝えている。1923年の「子どもの描画」[10]では，リチャードソンの教育を，旧来の方法の弊害を革新するものと位置づけ，美術批評や形態分析の方法についても言及する点で，フライの美術観からの視点が強く反映され，1933年の「市庁舎での子どもたちの絵」[11]では，デザイン教育の基礎としてのリチャードソンの教育方法の効果について主張している。これらは，同時代にリチャードソンの実践とフライの思想との直接的な相互影響のもとに編み出されてきたものであり，

むしろ歴史的資料として重要である。本研究では，歴史的経緯を示すものとして，本文中でその内容をあらためて考察する。

その他にリチャードソンと同時代の研究者の著書における言及として，ハーバート・リード（Herbert Read, 1893-1968）の『美術と産業』（1934年）[12]，『芸術による教育』（1943年）[13]，R.トムリンソンの『子どもたちによる絵とパターン作り』（1934年）[14]，『芸術家としての子どもたち』（1944年）[15]などが挙げられるが，これらは，彼ら自身の主題をもった著書の中で関連的にリチャードソンに触れたもので，分量的に限定されているだけではなく，彼らのリチャードソンとの本格的な接触は，1930年以降のことであり，当時関心を集めていた，文字をもとにしたパターンのデザインの観点から位置づける傾向が強いため，絵の教育というリチャードソン本来の追究を含んだ全体像を説明しているとは認めがたい。これらについても，当時の歴史的影響関係を示すものとして，必要に応じて本文中で検討を加えることとする。

不明確であるが感情に訴える調子をもつ『美術と子ども』とは対照的に，リチャードソンが健康を害する以前の著作である『ライティング・アンド・ライティングパターンズ』（1935年）[16]は，リズミカルな運動感覚を持った基本形を，英語の筆記文字習得とデザインの基礎となるパターンの作成へと発展させるという独特の教育方法を示した，実際的で体系的な教本であり，近年まで版を重ねるなど出版物として着実な成功を収めた。しかしながら，この書はしばしばその著者の意図に反して，単に写す練習のための教科書として使用され，また美術教育におけるリチャードソンの成果があまり顧みられなくなった後も，教育界一般に普及していたため，英国では文字の書き方の教師としての彼女の業績の方が強調されがちであった。

リチャードソンの死後，1970年代後半に至るまでの研究書は，美術教育者としてのリチャードソンに言及する際，その主要な情報源として，死後2年を経て出版された回想録『美術と子ども』に依存してきた。英国美術教育史を概観する内容をもった研究書，例えば，美術・工芸教育の通史であるゴードン・サットンの『職人か芸術家か』（1967年）[17]，描画の試験制度に関する歴史であるリチャード・カーラインの『描かなければならない』（1968年）[18]，ステュアート・マクドナルドの『美術教育の歴史と哲学』（1970年）[19]，ディック・フィールドの『美術教育

における変革』(1970年)[20]，また英国教育史における改革者を扱ったエイキンとターナーによる『教育における冒険』(1969年)[21]，英国における視学官の歴史を研究したE.L.エドモンズによる『学校視学官』(1962年)[22]など，一連の書物は，すべて，リチャードソンを，子どもの美術に着目した，英国における美術教育改革の功労者，熱意と愛情にあふれる優れた教師として象徴的に扱っている。このうち，カーラインの著作は，当時の書簡や記事などの調査も含めた多面的な記述を行っているが，ほかの多くの場合は，専ら『美術と子ども』からの引用に依存している。

『美術と子ども』は，リチャードソンが自ら経歴や教育方法の諸側面を語った貴重な資料ではあるが，先に指摘したような限界点ももっており，これのみに依拠した研究は，必然的に，その問題点を共有せざるを得なかった。一例を挙げれば，マクドナルドは，子どもの美術の認識を扱った章の中で，『美術と子ども』をもとにして，かなり正確にリチャードソンの行動とその意義を述べている。しかし，彼女の教育方法を説明した箇所の中で，授業において教師が主題となる情景を心に思い浮かべて語り，それに喚起されたイメージに基づいて子どもたちが表現するというワード・ピクチャーと，目を閉じて自然に心に浮かんだ，多くの場合非具象的なイメージの描画であって，家庭で描いたものを学校に持参することの多かったマインド・ピクチャーという，二つの独立した方法を，あまり区別しないで記述している[23]。マクドナルドは，リチャードソンの回想録の第2章をもとに記述しているものと思われるが，同書では，第1章でほぼワードピクチャーが，第2章の前半でマインド・ピクチャーが，その後半で再びワード・ピクチャーの言及に戻る，という展開になっている。アーカイブにおける膨大なマインド・ピクチャー作品と，生前の彼女の講演原稿に見られるこの方法の重要性を調査した上であれば，この区別は明白であるが，『美術と子ども』に見られる記述は，明確な構成がなく類似した内容がいつの間にか繰り返し語られるようになっているため，本書のみに依存した場合，こうした認識が起こる可能性は理解できる。本研究では，これまで体系的に記述されることのなかった，マインド・ピクチャーの独自性について，アーカイブ資料における発見をもとに立証していく。

マクドナルドの場合，『美術と子ども』のみに依りながらも，リチャードソンをチゼックの追従者として描かなかった点は，評価できる。しかし，チゼックの

亜流としてのリチャードソンという認識は，1980年代になっても，英国の研究者の間でさえ，見られる傾向であった。例えば，1983年に開かれた美術教育の歴史に関する展覧会「子ども美術革命1930－1960」は，本研究で扱う改革史の後半，リチャードソンによる改革が，多くの支持者による運動へと急速に拡大した時期を扱ったものであったが，そのカタログの序文には，「オーストリアの先駆者フランツ・チゼックの仕事に大きな感銘を受けたマリオン・リチャードソンは，新しい絵の描き方と材料をもたらした。」[24]と記述されている。リチャードソンがチゼックから受けた感銘をもとに新しい方法を導入したというような記述の根拠は明らかではないが，リチャードソンの側に，そのような認識を直接的に生じる要因があるとすれば，『美術と子ども』に描かれたチゼックとの会見で，「偉大なる先駆者」との意見の一致に安堵したとする場面を挙げることができるであろう。

　また，ロザリンド・ビリンガムは，1984年に発表した論文の中で，「子ども美術革命1930－1960」展の経過を説明しながら，英国における子どもの美術に着目した運動の歴史を概観している[25]。同展覧会の1930年から1960年という年代は，1940年代後半からロンドン市の視学官を勤めた，バークレー・ラッセルが収集した子どもたちの作品を主要な展示内容としているための限定であるが，ビリンガムによると，1930年という開始時期は，美術教育の主要な変革を示すには，遅すぎるという。同年には，リチャードソンがロンドン市視学官に着任し，「美術教育の革命」ともいうべき展開に大きな影響を残していくのであり，やがて1940年代の半ばまでには，数百名もの無名の教師たちが「子ども美術」運動に献身するようになり，新しい美術教育の方法は一般に受け入れられた，すなわち「革命」は終わったとする認識を示している。この観点からするならば，リチャードソンを対象とした本研究の設定は，英国における美術教育の重要な転換期を示す上で，適切であると認めることができる。

　ただし，ビリンガムは，リチャードソンを英国におけるこの運動の先駆者と位置づけているものの，「彼女でさえも想像力は思春期で死んでしまうと信じていた」[26]と述べ，思春期以降の問題に取り組んだのは，その後継の世代であるバークレー・ラッセルであることを示唆している。このような認識に至った根拠については，論文の中で示していないため，この説の論証過程は不明である。ただ，この論文はリチャードソンが視学官に就任してから，小学校教師の指導に尽力し

た業績に視点を置く傾向があること，また，『美術と子ども』の記述を主な引用文献としていることなどに，こうした判断を導いた原因の一部があるのかもしれない。リチャードソンの教育方法の主要な部分は，中等教育であるダドリー女子ハイスクールで形成されたことは，基本的な知識であるが，さらに，アーカイブ資料に残された彼女の生前の思想と方法を読み解くことによって，この思春期以降における想像的表現の問題こそ，リチャードソンの取り組んだ課題と成果であったことを，より明確にすることができると思われる。

2. アーカイブ資料に基づいた研究

リチャードソンについて，その名前のみが歴史の中で言及されながらも，正確な資料に基づく研究の欠如からもたらされたある種の空白期を経て，1972年のバーミンガム・ポリテクニック（当時）へのリチャードソン資料の寄贈は，その研究に関する転換点となった。1975年から公的研究資金の援助を受けて，アーカイブを作成するプロジェクトが開始される。1万点以上に上る資料の整理を担当したアラスデア・キャンベル（Alasdair D. Campbell）は，1977年にプロジェクトの経過を記した報告書[27]を，1980年にはアーカイブ資料を基にした最初の考察[28]をまとめた。キャンベルによる研究は，アーカイブ資料の体系的整理と，リチャードソンに関する歴史的事実関係の概略を示す上で，初期における成果として評価されるものであり，アーカイブ資料による新たな視点や解釈の提示という点について，将来において探究されるべき課題を提示したということができる。

キャンベルは，リチャードソンの教育における当時の人々の書き残した資料による，リチャードソンの教育実践の再構成を試みているが，そのまとめの部分において授業の様子を具体的に記した資料の少なさとともに，リチャードソンに批判的な立場からの証言が少ないことを示した上で，ほとんど唯一の批判的な見解といってよい，視学官ジョージ・ハーバート・フーパー（George Herbert Hooper, 1873-?）からの書簡[29]をもとに，結論へと導いている。フーパーの書簡はリチャードソンへの質問の形をとっているが，その内容を要約すると，リチャードソンの教育法の独自性は，体系化できる原理によるのではなく，彼女自身の信念や身振り，印象的な話し方などの人格的な要素と強く結び付いており，またその生徒の作品にもリチャードソンの影響によると思われる類似性が認められるのでは

ないか，とした上で，他の教師にその成功を伝えることへの疑問を提示したものである。キャンベルは，結論部分で，リチャードソン資料の示す矛盾への当惑を隠さず，以下のように述べる。

> マリオン・リチャードソンの真の遺産は，おそらく神秘である。いずれにしても，彼女の授業を見た人々はそのようにみなしていたし，彼女自身が次のように語った言葉ほどうまくそれを言い表しているものはない。
> 「私が話をすると，生徒との間になにかが行き交い，私に与えられた真実の視覚的な性質によって，一種のきらめきのように伝えることができたのである。(Richardson, *Art and the Child*, p. 15)」
> おそらく，我々はまだこの現象に関して確信の持てる説明を提示できる立場にないのだろう，といって差し支えあるまい[30]。

当時の人々による様々な記述から考えて，リチャードソン自身の人格的要因が，彼女の教育において重要な役割を果たしていたであろうことは否定できない。しかしながら，自ら研究資料としての信頼性を問題視した『美術と子ども』の神秘的な記述を再度持ち出して，結論を先送りしたことは，アーカイブの一次資料を用いた研究としての利点を充分に活用する段階に至っていなかったことを示している。この点に関して，本研究では主として第6章において，独自の解釈を示したいと考えている。

これに対して，中央イングランド大学ジョン・スウィフト教授の見解は，その後の同大学におけるリチャードソン研究の方向性を示したものということができる。スウィフトは，記憶画の歴史とバーミンガム美術学校の研究に実績があるが，現在まで同大学においてアーカイブの管理を担当しながら，リチャードソンの再評価を促す発言を行ってきた。スウィフトの見解において注目できるのは，リチャードソンの成果の要因は，教育方法の適用の仕方そのものにあり，その方法を正しく再現できれば，同様の成果は可能である，とする点である[31]。当然のことながら，教育実践はそれぞれの教師の人格と切り離して考えることはできないし，ある教育方法を異なる状況に単にそのまま適用するだけでは，充分な成果が得られないであろうことは予想できる。しかしながら，既定の規範による束縛を否定する学習者中心の立場の教育が，適切な方法の適用によって継承できるとする逆説的な観点は，検討に値する。スウィフトはこうした観点に立って，1984年より，

現職教師によるリチャードソンの教育方法の再現と実際の適用の実験を指導している。

このように，リチャードソン個人の人格的影響力と切り離し，方法としての側面から研究する立場からも，いくつかの課題を指摘することができる。第一に，彼女の方法論がこれまで埋没していた理由について，資料の不足というような，いわば二次的な要因のみでなく，方法自体のなかに，継承を困難にした要素が存在するのではないか，という点。第二に，リチャードソンの発展させた方法や題材には，今日までの間に美術教育のカリキュラムのなかで一般に普及しているものや，それに類似するものが見られるが，それらとの関係をどうとらえるのか，という点。第三に，時代や状況の異なる現代の教室に，彼女の方法を適用することの意義。第四に，教師の人格的要因と教育方法との影響関係である。スウィフトは，教師と協力したカリキュラム研究における成果が，その有効性を裏付けたと説明する[32]。それらの報告書を詳細に検討してみると，前述の問題を含めて，いくつかの現実的な課題を検討することができるであろう。また，スウィフトは，アーカイブ資料におけるマインド・ピクチャー作品の比重の大きさを指摘し，この研究対象に関する着目を促した[33]。スウィフトの示した仮説的な観点に対する体系的な研究は今後の課題であり，本研究はその一部を担うものと考えている[34]。

1990年には，同大学でスウィフトの指導を受けたホルズワースによる「マリオン・リチャードソンと新教育」[35]がまとめられた。この研究では，例えば，リチャードソンが新しい教育運動の会合に参加したことがあるという記録や，神智学など新しい思想的立場に共感的であった教育者がこれらの運動を指導していたという背景（リチャードソン自身は少数派の新興キリスト教団に属していた），その教育方法の基本的な考え方に類似する点があることなどの理由によって，彼女が新教育運動の中で中心的な役割を果たしていたと論証しようとしている[36]。ところが，本研究の過程で，リチャードソンの講演記録を詳細に検討してみると，英国教育界全般において，当時隆盛を迎えつつあった新しい教育運動に呼応した，自由な表現を唱える傾向の問題点について指摘し，それとの思想的・方法論的立場の相違を強調する箇所が何点か見られた。こうしたことから，一般の新教育運動とは，むしろ異なった文脈をもつものとして，リチャードソンによる教育運動を論じる視点にも，一定の根拠を示すことができるのではないか，と考えられる。この点

は，本研究において，具体的資料に基づいて論証していきたい。なお，ホルズワースの研究については，かつてリチャードソンの指導した学校を実際に訪問して資料を収集するなど，独自の調査による伝記的記録の収集に成果が認められる。1988年に研究誌に発表された論文[37]のように，リチャードソンの行動に関する事実関係を，年代的にまとめた点を評価したい。

さらに近年では，米国のピーター・スミスが，1994年にアーカイブを訪問し，キャンベル，ホルズワースの研究やスウィフトとの対話をもとに，米国の研究誌にリチャードソンの業績を伝える論文を発表しており[38]，今後もアーカイブを拠点として，諸外国からの視点を含めた，各方面からの再解釈の提示がなされる可能性は，開かれているものと考えられる。

3. 我が国における経緯

我が国においては，1949年に『スクールアート』誌上で，小池新二[39]が，リチャードソンを紹介する記事を著している[40]。小池は，終戦後の「全教育組織の根本的変革期」にあたって，我が国の美術教育システム全体の再検討の時であるとした上で，英国教育省による提言書『美術教育』（1946年）[41]の方向性を支持し，さらに，英国における教育制度の改革においてロンドン市の教育当局，ことに先駆者としてのリチャードソンの功績の大きさを称揚している。小池は，リチャードソンの死の翌年，1947年に英国の美術教育学会の研究誌『アテネ』がリチャードソンの追悼特集を組んだ号[42]から，元同僚の証言や，リチャードソンの言葉などを引用して紹介している。

1951年には，トムリンソンの『芸術家としての子どもたち』が久保貞次郎によって翻訳されている[43]。この書では，前述のように，子どものための美術教育の歴史を概観する中で，主としてデザインの指導の観点から，リチャードソンの功績を位置づけている。

小池による紹介から約10年を経た1958年，政府による教育課程改訂による美術教科の位置づけ等をめぐる，研究団体や雑誌等での議論の高まりを背景として，過去の検証から美術教育の針路を見いだそうとする座談会「美術教育の履歴書」が，『美育文化』誌上に掲載され，英国における教育改革とリチャードソンに関する言及がなされている[44]。

このような中，リチャードソンの『美術と子ども』が，稲村退三[45]によって翻訳出版された[46]。これは，稲村自身が語っているとおり，第9回国際美術教育会議出席に際して各国を訪問した折りに，英国で手にした同書の翻訳を試みたものである[47]。アーカイブには，稲村からリチャードソンの妹キャスリーンに宛てて，数次にわたって，詳しく翻訳出版の経過を報告した書簡等が残されており，1958年3月20日に出版されたこと，類似の書名がすでにあるという出版社の意向で『愛の美術教師』という題名に変更した経緯なども説明している[48]。

　稲村による翻訳に関連して言及しておかなくてはならないのは，茨城県下の教育者が中心になって開催した「マリオン・リチャードソン女史を偲ぶ会」である。同会の案内状や茨城造形教育センターの機関紙などによると，この行事は，当時茨城大学附属小学校教諭であった菊池和男らが中心となって，実質的には茨城造形教育センターの教師たちが企画，準備にあたり，創造美育協会茨城支部との共催という形で開催されたものである[49]。同年9月21日に，水戸市の茨城大学附属小学校で開催されたこの行事には，パネリストとして関東各地から，井出則雄，島崎清海，国領経郎，間所春，真鍋一男らを招き[50]，稲村による英国の美術教育に関する報告や，英国の子どもの絵画展と茨城造形教育センターによる展覧会などがあわせて行われた。また，事前研修として行われた，茨城県の教師による座談会「M.リチャードソンの『愛の美術教師』を読んで」の記録には，リチャードソンの情熱への敬意，デザインを含むいくつかの指導方法等への関心が語られた一方で，「教師の甘いロマンチシズム」「女性的であますぎるような感じ」などの率直な意見が見られ，同書の当時の教育者たちの受け取り方の一端を知ることができる[51]。

　稲村の翻訳出版に際し，日本の構成教育の先駆者の一人であった間所春は，特に感想を寄せ，女性教育者としての共感とともに，リチャードソンが単に，「描画によって創造教育」を説くだけではなく，当時の日本の造形教育において，間所が特に不足していると考えていた，「構作しデザインする精神と方法」を示しているという点を評価している[52]。その他，美術教育に関する一般の記事においても，同書からの引用が見られるようになるなど[53]，当時におけるこの翻訳書の浸透の様子の一部を知ることができる。

　これら一連の反応は，総じて，稲村の翻訳を通しての，日本の教育者によるリ

チャードソンの受け止め方の傾向を表していると見てよいであろう。すなわち，1958年当時には，教育課程改訂という状況のもたらす危機感とともに，民間美術教育運動自体にも従来のあり方を再考する機運が見られる中で，国際美術教育会議などの相次ぐ報告がなされ，諸外国の動向との比較の中で，現在の状況を打開する方途を求める動きも見られた。そうした時代背景の中で，日本の教育者たちは，子どもの美術表現に着目した教育運動の原点ともいうべきリチャードソンの純粋な精神に，あらためて新鮮な情熱を見いだすとともに，自由な描画による単なる「解放」ではない指導のあり方に関心を持つ一方，理論的構築に欠ける同書が，感情面での共感にとどまりかねないという問題点をも認識していたと考えられるのである。

そののち，『美術と子ども』は，1980年に北條聰，北條淳子によって再度翻訳出版され[54]，80年代以降も日本の教育研究者の関心を継続させている。1988年に新井哲夫は，絵画表現の教育における問題点は，学習者が描画独自のイメージを形成すること，すなわち「主題」を把握することの困難にあるとする観点から，リチャードソンの『美術と子ども』と，ウィリアム・ジョンストンの『思春期の美術』[55]を，ともに批判的に検証しながら，独自の絵画指導論の確立を示唆している[56]。新井はまた，1993年に，北條訳の『リチャードソンが指導したイギリスの子どもの絵』をあらためて紹介し，同書に記されたワード・ピクチャーの指導法と観察描写の指導法とを分析しながら，両者に通底する「絵を描くことの意味」を重視する表現論の存在を指摘している[57]。

1990年には，英国からレスター・ポリテクニック（当時）のドン・エバンズ教授が来日講演し，「20世紀イギリス美術教育の流れ」として，主としてマリオン・リチャードソンを中心とした新美術教育運動について述べた[58]。エバンズはその中で，日本におけるリチャードソンへの関心が継続している理由には，単なる歴史的意義を超えて，人間の心の未知なる力の可能性という，これから一層必要とされる分野への関心と重なるところがあるのではないか，という指摘を行っている。

第3節　本研究の特質と方法

　以上のような背景を踏まえて，本研究では，主として次のような観点と方法から，この研究主題に関する独自の貢献を示したいと考える。

　第一に，リチャードソンを中心とした改革運動の歴史的解明であり，できる限り当時の資料に基づいて直接的に事実関係を掌握し，特に，思想的，方法的影響関係とリチャードソンの独自性の形成過程に着目しながら，歴史への新たな解釈を提示していく。

　対象とする年代は，リチャードソンによる教育改革の発展を軸として，主として次のような区分を基準とする。

(1)　美術教育改革の前史。主として19世紀中葉から20世紀初頭にかけての，美術教育への政府による制度的な関与と，それに対する変革を求める動きの萌芽について。また，英国における社会的・文化的背景について。

(2)　リチャードソンの受けた教育環境。家庭環境から初等・中等教育，バーミンガム美術学校における専門・教師教育の特徴と，それらの彼女の思想形成への影響について。1892年の誕生から1912年の美術学校卒業までを対象とする。

(3)　ダドリー女子ハイスクールにおける描画の教師としての活動と，そこにおける初期の改革の内容と意義。1912年の赴任から，1917年までを対象とする。

(4)　ロジャー・フライによるダドリー作品の認知以降，地方の一学校における改革を超えて，各地での展覧会や講演を通して，リチャードソンによる改革運動としての貢献が開始される時期。1917年から1923年までを対象とする。

(5)　ダドリーの常勤職を離れ，ロンドンを拠点として多角的な教育活動を展開する時期。1923年から1930年までを対象とする。

(6)　リチャードソンがロンドン市視学官に着任し，組織的な影響力も行使しながら，美術教育改革の成果を結実させていく時期。1930年から，歴史に残るロンドン市子ども絵画展を開催した1938年までを対象とする。

(7)　戦乱と病苦の中で引退を余儀なくされ，ダドリーに戻って回想録を執筆する晩年。1939年から1946年の死去，1948年の回想録出版等までの時期を対象とする。

　第二に，未刊行資料の解読による，リチャードソンの思想的発展の解明である。アーカイブには，リチャードソンが生前，各地での講演のために準備した一連の

原稿が保管されている。そのうちの，ある原稿の記述によれば，リチャードソンは講演では，思いつきで話すよりも，用意した原稿を聴衆の前で読む方を好むと述べており[59]，これらの原稿が，当時のリチャードソンの思想について，ある程度整理された情報を提供するものであることが推測される。すなわち，『美術と子ども』で欠如していた，リチャードソンの理論的側面に関する考察の鍵を与える可能性が認められるのである。これまでの研究では，これらの講演原稿のごく一部が引用されるのみであり，それぞれの講演の目的や文脈を踏まえた解釈や，年代を追って講演原稿に見られる思想の発展経過を跡づけるような研究はなされていない。そこで，本研究では，先の歴史的事実関係の解明を基礎としながら，方法的にはそれらとは独立して，これらの講演原稿に見られるリチャードソンの美術教育論の発展について，重点的に探究する。

　対象とするのは，以下の資料である。

(1) 1918年に行われた，リチャードソンの美術教育論に関する，現存する最も初期の講演原稿。対象と場所は，教育関係者と思われるが不明。
(2) 1919年に行われた複数の講演原稿のうち，「1919年講演拡張版」と記された，もっとも長文のもの。対象と場所は不明。
(3) 1920年にダドリー教育協会で行われた講演原稿。
(4) 1925年に，ロンドン市の現職教師対象の講習会で行われた，連続する三回の講演原稿。
(5) 1925年に心理学会で行われた講演と，地方の美術教師組合において行った講演の原稿。
(6) 1929年に，教育省の講習会で行われた講演の原稿。
(7) 1930年に，「教育における新しい理想」大会で発表された「直観と教授」と題する講演原稿。

　第三に，リチャードソンの行った教育実践に関する探究である。方法としては，リチャードソンの作成した数種類の美術の指導計画書の内容の比較，リチャードソンの講演原稿等の資料に見られる実践方法に関する言及等との関連の考察，そして，アーカイブに所蔵される子どもの作品等の体系的な調査を行い，それらを総合して，リチャードソンの教育方法の発展過程，学習の過程における実際の効果や機能などについて考えていく。特に，これまでの研究で看過されてきた，マ

インド・ピクチャーと呼ばれる概念と方法，および作品について重点的に探究し，その他の教育方法に関する解明とあわせて，彼女の教育方法全体の中におけるそれぞれの役割についての考察を提示していくとともに，これらの教育方法を実践する際の問題点についても対象とし，現代の教育における適用の可能性にも，視野を拡げていきたい。

第4節　論文の構成

　本論文は，歴史，思想，方法という，本研究における3つのアプローチにほぼ対応した構成をとる。すなわち，第1・第2章において歴史的事象や影響関係の解明を行い，本研究全体の基盤となる知識を提示する。次の第3・第4章では，リチャードソン執筆による一連の未刊行講演原稿の解読をもとに，その美術教育に関する思想の発展過程をより詳細に探究する。最後に第5・第6章において，これらの社会的・思想的発展の解明をもとにして，リチャードソンが適用した教育の方法と，その成果を示す子どもの作品について，実際の資料に基づいて検証を加えていく[60]。

　第1章「思想形成と初期改革」では，子ども美術運動の背景となる19世紀末から20世紀初頭の社会的・文化的状況から，リチャードソンの生涯の前半に相当する，1923年までを対象とする。第1章で扱うこの時期は，リチャードソンを先駆者とする英国における子ども美術運動の事実上の創始期にあたると考えられ，特に，この運動を推進した人々の美術教育観が，相互の交流の中で発展した軌跡を明らかにすることは，本研究の目的において重要な観点である。

　第2章「美術教育改革の展開」は，リチャードソンがダドリー女子ハイスクールに限定されず，より広い立場で指導的役割を果たし，英国における子ども美術運動の隆盛へと導いた，1923年から没後の回想録出版（1948年）までの時期を対象とする。リチャードソンのほぼ後半生を対象としたこの章では，先駆的な一教師として脚光を浴びる立場から，改革運動に加わった多数の教師群の指導者としての立場への転換を経て，その思想と方法の成熟していく過程を跡づけるとともに，1938年のロンドン市子ども絵画展覧会という，英国における美術教育改革の絶頂期において，第一線から退かなければならなかった運命と，後年の不充分な

評価をもたらす要因の一つとなった晩年の回想録『美術と子ども』執筆の経緯を明らかにし，本研究においてリチャードソンの業績の全体像を正確に認識していく上で不可欠の知識を提示していく。

　第3章「前期講演原稿」では，アーカイブに残るリチャードソンの未刊行講演原稿のうち，1918年，1919年，1920年の三年間に発表されたと考えられるものを，前期と位置づけ，その解明を行う。各節では，それぞれの講演の背景，資料としての原稿の体裁や全体構成などを検討した上で，講演内容の要約とそれに対する解釈，評価，位置づけなどを提示していく。1917年の展覧会を契機に社会的認知が高まり，地方の一教師から，新しい美術教育の指導者へと役割が変化する中で，リチャードソンが自らの美術教育論をどのように形成し，伝えようとしていったのかを，跡づけることができるものと考える。

　第4章「後期講演原稿」では，1925年から1930年の講演原稿を対象とする。この時期は，ロンドンを拠点に活動しながら，教師のための講習会などで，本格的に教師教育への貢献を開始した時期である。1930年の視学官着任以降の，改革運動の飛躍的な拡大に先立つこれらの講演において，リチャードソンの美術教育論がどのように発展，成熟していったのかを明らかにしていく。

　第5章「内面的イメージに基づく教育方法」では，マインド・ピクチャーに関する探究について述べる。リチャードソンによる記述の解読と，465枚に及ぶアーカイブ所蔵のマインド・ピクチャー作品を網羅するデータベース作成を通した体系的な分析の結果などを総合しながら，マインド・ピクチャーの定義，その概念や位置づけの変遷，実際の学習活動における機能などについての考察を示し，リチャードソンの教育実践の独自性を検証していく。

　第6章「教育方法の全体構造とその適用」は，主に3つのアプローチから構成される。第一は，マインド・ピクチャー以外の教育実践について，指導計画書その他の資料と子どもの作品とを対応させながら明らかにし，第5章における内容とあわせて，リチャードソンの教育方法の全体像を提示することである。第二は，リチャードソンの教育実践における問題点について，新たな解釈を提示することである。第三に，リチャードソンの教育方法の，現代における教育実践への適用の可能性について，実際の事例を通して検討することである。

　これらの，全6章からなる考察を通じて，リチャードソンの理論と実践の独自

の側面を明らかにし，英国美術教育史に新たな解釈を加えるとともに，現代まで続く美術教育の諸課題との接点を見いだしていきたい。

注

1） 金子一夫「エベネザー・クックの考え－図画の要素と児童の本性－」『茨城大学教育学部紀要（教育科学）』第28号，1979年，21－34頁．金子は，同時代の動きとしてイタリアのコラド・リッチ（Corrado Ricci, 1858-1934），フランスのベルナール・ペレ（Bernard Perez, 1836-1930）らによる子どもの描画研究を挙げている．
2） Clifford Ellis, "Various Aspects of Marion Richardson's Work," *Athene,* Vol. 4, No. 1, Society for Education in Art, 1947, p. 21.
3） Marion Richardson, *Art and the Child,* University of London Press, 1948.
4） また，事実関係の記述の中には，必ずしも正確とは言い切れない箇所が散見される．特に，日時の記載については，正確な記録を照合する余裕がなかったと見られ，例えば，ポスト印象派展を訪れたとされる時期や，ウィーンのチゼックを訪問したという時期などに不明確さが見られる．
5） Marion Richardson, *Art and the Child,* University of London Press, 1948, p. 51.
6） Marion Richardson, "The Aesthetic Section of the Psychological Society. March 30th 1925."（MRA 3414）
Marion Richardson, "Cizek."（MRA 3420）
7） フランツ・チゼックの美術教育に関しても，当時の著述家の観点を通して伝えられた一面的な解釈に修正をもたらす研究が，近年，発展している．我が国における研究としては，石崎和宏『フランツ・チゼックの美術教育論とその方法に関する研究』（筑波大学大学院芸術学研究科博士論文，1992年）に，その最も顕著な成果を見ることができる．
8） Roger Fry, "Children's Drawings," *Burlington Magazine,* June 1917, pp. 225-231.
9） Roger Fry, "Teaching Art," *The Athenaeum,* September 12, 1919, pp. 887-888.
10） Roger Fry, "Children's Drawings," *Burlington Magazine,* January 1924, pp. 35-41.
11） Roger Fry, "Children's Drawing at the County Hall," *The New Statesman and Nation,* June 24, 1933, p. 844.
12） Herbert Read, *Art and Industry,* London, Faber and Faber, 1934.
13） Herbert Read, *Education Through Art,* London, Faber and Faber, 1943.
14） R. R. Tomlinson, *Picture and Pattern Making by Children,* London, Studio, 1934, revised 1950.
15） R. トムリンソン，久保貞次郎訳『芸術家としての子供達』美術出版社，1951年．（R. R. Tomlinson, *Children as Artists,* King Penquin, 1944.）
16） Marion Richardson, *Writing and Writing Patterns,* University of London Press, 1935.
17） Gordon Sutton, *Artisan or Artist*?, Pergamon, 1967.
18） Richard Carline, *Draw They Must–A History of the Teaching and Examining of Art,* London, Edward Arnold, 1968.
19） Stuart Macdonald, *The History and Philosophy of Art Education,* University of London Press, 1970.
20） Dick Field, *Change in Art Education,* London, Routledge & Kegan Paul, 1970.

21) Willem van der Eyken and Barry Turner, *Adventures in Education,* London, Allen Lane The Penguin Press, 1969.
22) E. L. Edmonds, *The School Inspector,* London, Routledge & Kegan Paul, 1962.
23) Stuart Macdonald, *The History and Philosophy of Art Education,* University of London Press, 1970, p. 350.
24) John Morley, "Landmarks in British Art Education" *Child Art Revolution 1930–1960,* Catalogue of the Exhibition, 1983, p. 2.
25) Rosalind Billingham, "A View of the Recognition of Child Art in Britain," *Journal of Art and Design Education,* vol. 3, No. 1, 1984, pp. 31–45.
26) Ibid, p. 43.
27) Alasdair D. Campbell, "Marion Richardson Project Report," (unpublished) Birmingham Polytechnic, 1977.
28) Alasdair D. Campbell, "Marion Richardson : A Misunderstood Figure in Art Education," unpublished M. Phil dissertation, Birmingham Polytechnic, 1980.
29) George Herbert Hooper, "Letter to Marion Richardson," 9th February, 1928. (MRA 314)
30) Campbell, 1980, pp. 93–94.
31) John Swift, "Marion Richardson and the Mind Picture," *Canadian Review of Art Education Research,* Vol. 13, Canadian Society for Education Through Art, 1986, pp. 49–62.
32) John Swift, "The Use of Art and Design Education Archive in Critical Studies," (Ed.) Thistlewood, David, *Critical Studies in Art and Design Education,* Longman, 1989, pp. 158–171.
33) Swift, "Marion Richardson and the Mind Picture."
34) スウィフトによるリチャードソンへの言及には,本論文で参照するものの他に,以下のような関連文献がある.
John Swift, "Marion Richardson's Contribution to Art Teaching" (Ed.) David Thistlewood, *Histories of Art and Design Education–Cole to Coldstream,* 1992, Longman, pp. 118–130.
John Swift, "Memory Drawing and Visualization in the Teaching of Robert Catterson-Smith and Marion Richardson," (Ed.) Donald Soucy and Ann Stankiewicz, *Framing the Past : Essays on Art Education,* National Art Education Association, 1990, pp. 139–151.
35) Bruce Holdsworth, "Marion Richardson and the New Education," unpublished M. Phil dissertation, Birmingham Polytechnic, 1990.
36) Holdsworth, pp. 50–65.
37) Bruce Holdsworth, "Marion Richardson (1892–1946)," *Journal of Art and Design Education,* Vol. 7, No. 2, 1988, pp. 137–154.
38) Peter Smith, "Another Vision of Progressivism : Marion Richardson's Triumph and Tragedy," *Studies in Art Education,* Vol. 37(3), 1996, pp. 170–183.
39) 当時千葉大学教授,美術評論家.
40) 小池新二「マリオン・リチャードソン」『スクールアート』芸術学会,1949年7月号,10–12頁.

41) *Art Education,* H. M. S. O., 1946.
42) *Athene,* Special Issue Dedecated to Marion Richardson, Vol. 4, No. 1, Society for Education in Art, Summer 1947.
43) トムリンソン，久保貞次郎訳『芸術家としての子供達』美術出版社，1951年．
44) 熊本高工，霜田静志，湯川尚文，鼎談「美術教育の履歴書」『美育文化』第8巻2号，美育文化協会，1958年，22－40頁．
45) 当時茨城大学教授．
46) 稲村退三訳『愛の美術教師』白揚社，1958．
47) 稲村退三「愛の美術教師」『教育美術』第19巻第5号，1958年，36頁．
48) Taizo Inamura, "Letter to Kathleen Richardson," 10th May, 1958.（MRA 1707）
49) 茨城造形教育センター，創造美育協会茨城支部「マリオン・リチャードソン女史を偲ぶ会」案内状，1958年．
茨城造形教育センター『茨城造形教育センターニュース』第13号，1958年8月20日．
50) 井出則雄（当時白梅女子短期大学教官），島崎清海（当時小学校教諭），国領経郎（当時中学校教諭），間所春（当時小学校教諭），真鍋一男（当時中学校教諭）．
51) 茨城造形教育センター，座談会「M.リチャードソンの『愛の美術教師』を読んで」『茨城造形教育センターニュース』第14号，1958年9月20日．
52) 間所春「愛の美術教師をよんで」『教育美術』第19巻第6号，1958年，64頁．
53) 塚原明義「鉛筆からペンに」『教育美術』第19巻第10号，1958年，6－13頁．
54) 北條聰・淳子訳『リチャードソンが指導したイギリスの子どもの絵』現代美術社，1980年．
55) ウィリアム・ジョンストン，周郷博・熊谷泰子訳，『思春期の美術』，黎明書房，1958年．
56) 新井哲夫「M.リチャードソンとW.ジョンストンにおける『主題』の指導について」『日本美術教育研究紀要』第21号，1988年，13－16頁．
57) 新井哲夫「絵を描くことへの問いからの出発－M.リチャードソン著『リチャードソンが指導したイギリスの子どもの絵』－」『アートエデュケーション』第18号，1993年，58－59頁．
58) ドン・エバンズ「20世紀イギリス美術教育の流れ－マリオン・リチャードソンとニューアートティーチング」『アートエデュケーション』第7号，建帛社，1990年，50－62頁．第12回美術科教育学会（1990年3月）における講演の再録．
59) Marion Richardson, untitled lecture notes about the prison work.（MRA 3398B）
60) 筆者のこれまでに発表した研究論文と，本論文との対応関係は，以下の通りである．下記に指摘する以外は，原則として本論文における新規執筆である．
・直江俊雄「リチャードソン研究の基本的問題点」『藝術教育學』第7号，筑波大学芸術学研究科，1995年，45－58頁．この論文による成果を，序章第1節「本研究の目的と背景」ならびに第2節「先行研究の評価と問題点」における考察に一部取り入れて，加筆し発展させている．
・直江俊雄「よみがえる『マインド・ピクチャー』－歴史研究の拠点『マリオン・リチャードソン・アーカイブ』のもたらすもの－」『アートエデュケーション』第26号，

建帛社，1996年，118-126頁．この論文による成果を，序章第1節「本研究の目的と背景」ならびに第2節「先行研究の評価と問題点」，第5章第1節(2)「マインド・ピクチャーに関する認識の変遷」における考察に一部取り入れて，加筆し発展させている．
・直江俊雄「リチャードソンの初期指導計画書に見るマインド・ピクチャーの機能について」『美術教育学』第17号，美術科教育学会，1996年，177-187頁．この論文による成果を，第5章第1節(3)「学習活動におけるマインド・ピクチャーの機能」における考察に一部取り入れて，加筆し発展させている．
・直江俊雄「マインド・ピクチャー作品の保管状況とその分類方法について－マリオン・リチャードソン・アーカイブ所蔵資料調査より(1)－」『宇都宮大学教育学部教育実践総合センター紀要』第22号，1999年，203-212頁．この論文による成果を，第5章第2節「アーカイブにおけるマインド・ピクチャー作品の保管状況と分類方法」における考察に一部取り入れて，加筆し発展させている．
・直江俊雄「制作年代によるマインド・ピクチャー作品の分類－マリオン・リチャードソン・アーカイブ所蔵資料調査より(2)－」『宇都宮大学教育学部教育実践総合センター紀要』第22号，1999年，213-222頁．この論文による成果を，第5章第3節「マインド・ピクチャー作品の年代による分類と特徴」における考察に一部取り入れて，加筆し発展させている．
・直江俊雄「『リチャードソン・メソッド』における実践上の問題について－『フーパー書簡』による批判をもとに－」『美術教育学』第18号，美術科教育学会，1997年，177-187頁．この論文による成果を，第6章第2節「リチャードソンの教育方法における実践上の問題点」における考察に一部取り入れて，加筆し発展させている．
・直江俊雄「現代におけるリチャードソン・メソッドの適用」『美術教育学』第20号，美術科教育学会，1999年，267-277頁．この論文による成果を，第5章第3節「現代における適用の試み」における考察に一部取り入れて，加筆し発展させている．

第1章　思想形成と初期改革

第1節　社会的・文化的背景

1. 20世紀初頭の英国社会と教育

　リチャードソンが教育を受け，また，中等学校の教育実践において成果を示した20世紀初頭の英国社会は，社会的・経済的変革を背景に，学校在籍者が急速に増加し，それに対応する種々の教育制度改革によって，全国民への教育の基盤が，徐々に形成されていく時期であった[1]。

　産業革命を成し遂げた英国が，世界経済を主導して未曾有の繁栄を享受した時代は，1851年のロンドン万国博覧会やヴィクトリア女王の治世に象徴される19世紀中葉を絶頂期として終焉を迎え，19世紀末からの度重なる不況，20世紀の二度にわたる長期の総力戦などを経ながら，徐々に，その相対的地位を低下させていくことになる。不況下における労働運動の展開や，社会主義諸団体の活動が新しい政治思潮をもたらす一方で，新規産業の創出や，輸入品価格の下落等による，中流および労働者階級の生活水準向上，都市の下層中流階級を対象とした大衆ジャーナリズムや廉価販売産業の勃興など，大衆社会の出現の萌芽を示す現象[2]が見られることは，この時代の背景として重要である。

　このような社会変動を背景として，教育の大衆化への動きが漸進的に模索されていくのを，英国教育史に見ることが出来る。19世紀における英国の教育制度における初等教育と中等教育の間の区別は，事実上，親の所属階級を反映したものであった。いわゆる労働者階級の家庭の子どもたちの大部分は，初等学校において読書算を中心としたカリキュラムを学ぶが，実際には児童労働に従事しながら学校に在籍することも例外ではなく，国民全体の初等教育の享受への道のり自体も平坦なものではなかった。しかし，19世紀末には，初等教育の無償化，ほぼ全国民の就学などが達成される。同時に，その水準向上が求められ，初等教育における上級生徒のための，中等教育に相当する内容や，カリキュラムの拡充などが求められるようになった[3]。

1899年の教育法改正は、それまで分散していた教育行政の組織を、教育省へと統合し、1902年の教育法（バルフォア教育法）では、新設の地方教育行政当局に中等学校から教師養成まで、広範な運営の権限を与え、主として中流階級から要望の高まってきた中等教育の拡大へと備えた。1918年の教育法では、学校修了年齢を14歳まで引き上げている[4]。統計によれば、1914年から1929年までの15年間で、中等教育の生徒数は、ほぼ2倍に増加している[5]。

　このように、教育の機会がより広い階層へと拡充されていく一方で、中等教育を、非職業的、学芸的な内容を中心とした中流階級対象のものとして定義し、「社会秩序」の再生産と階級区分の固定化を図ろうとする傾向は、20世紀に入っても強固な伝統を保っていた。近代英国における国民教育の歩みは、しばしば、社会階級間の政治的対立を反映したものとして説明される。初等学校卒業者（主として労働者階級の子ども）から、選抜して無償で中等教育に進ませる「無償席」制度（1907年）等の奨励策が導入されたが、これらの施策は、階級区分は温存した上で、一部の生徒を階級間移動させることを基本としたものであった。一方、R. H. トウニーら労働党が、全国民への中等教育の普及を政策綱領に掲げて論争を展開するが（1916年）、こうした動きは、すべての人に教育の機会を、という博愛的思想とともに、社会改革の手段として教育を用いようとする意図を含んだものであったと考えられる。

　デーヴィッド・ウォードルは、今世紀初頭における中等教育の発展の要因を、概要以下の4点から説明している。すなわち、支配階層から見れば、両大戦を通じて軍事力と産業の増強の必要から、労働者側から見れば、個人における教育機会の拡大と政治的貢献、さらに、労働者と同様に高度な教育の機会から閉め出されていた女子教育への要求の高まり、そして、より本質的には、初等教育の普及を基盤とした、教育内部からの発展への動きである。ウォードルは、「1902年以降、中等教育の概念に関する解釈においてエリート主義者と平等主義者のあいだに、着々と緊張が増大している」[6]と指摘した上で、こうした「政治的考慮」は、一般に「教育」と考えられているものの境界を越える問題である、としている。

　しかし、今日から俯瞰してみれば、中等教育がすべての国民に対して開かれ、初等・中等の区分が社会的階級の問題よりも、生徒の年齢と学習の水準の問題へと変化していく過程は、迂遠な道のりながら、すでに開始されていたと見ること

ができる。そしてまた，読書算や職業教育に限定されないカリキュラムの拡充が可能であったという点において，学習者中心主義の教育的実験は，むしろ，中等教育が先導したという指摘[7]は，本研究にも関連する視点である。すべての人々のための学校教育，とりわけ，中等教育段階までの教育の拡張と，そのカリキュラムの模索がなされつつあったこの時期は，普通教育における，すべての学習者のための美術教育の目的と方法を，学校の中から新しく構築しようとした，リチャードソンの取り組みに対応する状況が作られつつあったということができる。

2. 20世紀初頭における英国美術の動向

　19世紀後半から，20世紀初頭の英国における美術は，一つの大きな転換点にあった。それは，主としてフランス近代絵画の動きに影響された，モダニズムの潮流と，それによる自国の美術に対する批判的態度の形成という文脈でとらえることも可能である。

　19世紀の英国美術は，今日では，ヨーロッパ大陸中心の基準に必ずしもあてはまらない，独自の発展と貢献をした文化として認識されている。その特質を代表する側面としては，一つには工芸，デザインなど，生活と実用に結びついた領域において，例えば，庭園のデザイン，建築，陶器，細密画，印刷・出版などの分野や，「アーツ・アンド・クラフツ運動」などの成果を挙げることができる。また一つには，特に19世紀ヴィクトリア時代の絵画などに見られる，物語性や象徴主義の傾向を挙げることができる。そこには，詩や文学，社会的・政治的な目的，風俗・風刺などとの文脈と強い関わりを持ってきた英国の絵画における歴史的な背景が，反映されているのを見ることができる。

　アンドリュー・コージー（Andrew Causey）によれば[8]，20世紀初頭の英国絵画におけるモダニズムの動きには，主として絵画におけるこうした複雑さに対する，フォーマリズムからの批判として展開された側面を認めることができる。その運動の起源となったものは，美術批評家ロジャー・フライ（Roger Fry, 1866-1934）が，フランス絵画の動向を中心に企画した，1910年と1912年のポスト印象派展である。これらの展覧会は大きな批判と反応を呼び，対象の写実的再現と物語性に重きを置いてきたヴィクトリア朝の価値観が，セザンヌらを模範とする，絵画における形態や構造という価値観によって，問い直される最初の契機となった。

『第2回ポスト印象派展』[9]カタログに寄せた解説においてフライは，英国人について，「絵の中で何よりも芸術家が幻影を作り出す技術を称賛してきた公衆」「美的感情を，ある種の気まぐれとして扱う習慣の国民」と形容し，ヴィクトリア朝文化への反発，英国国民の審美眼への幻滅と，写実的な再現描写技術への嫌悪を露わにする。それとともに，文学的連想を排除したものが美術の本質であるとする，フランスの芸術家たちの「古典的」精神を高く評価している。フライの思想は，その影響を受けたクライヴ・ベルによって，美術から再現的要素を排除するという極端なフォーマリズムの主張にまで推し進められ[10]。それ以降の英国美術は，これらの主張に対する同調と反発の中で進展することになった。さらに，フライらの思想が20世紀中葉以降のアメリカにおけるフォーマリズム理論の発展に影響したことは，留意すべき点である。

20世紀半ばに，「芸術地理学」の試論として，英国の国民性と美術との関連を主題に考察したニコラウス・ペヴスナー（Nikolaus Pevsner）は，「ヨーロッパ諸国の中で，英国ほど，自身の美的能力について救いがたい劣等感を抱く国はない。」[11]と述べた上で，ロジャー・フライによる論考に，その一つの表明を見ている。しかし，ペヴスナーは，フライの見解に対し，過去100年間における絵画の衰退という事実に拘泥しすぎていると指摘し，建築やデザイン，都市計画を含め，さらに中世をも視野に入れて，英国美術を評価すべきであると主張した[12]。また，実用性とのつながりのある建築よりも，絵画や彫刻において，英国人に優勢な理性的側面が一つの制約として働く側面があることも指摘している[13]。いずれにしても，絵画における表現の世界では，当時の英国民がある種の自信喪失の状態にあったという認識においては，両者は共通している。

フライはまた，フランスの前衛芸術家たちに倣って，アフリカや，いわゆる文明化されていない社会の人々の美術について，最も早い時期に英国に紹介し，また，それらの美術と子どもの描画との，様式上の平行関係などについて発言するなど[14]，多様な美術様式に対する認識や，子どもの表現活動への認識を広める上で，重要な役割を果たした。今日から見るならば，多くの場合，無名性や社会集団による様式の継承が見られる非西洋文明圏の美術と，当時の英国における子どもたちの自発的な描画について，ある種同質の機能を見ようとする観点は，歴史的限界を免れていないと指摘することも可能である。しかしながら，当時のモダ

ニストたちの一つの観点は、産業化された文明社会における画一化の進行に対して、個人による表現の価値を再認識する上で、標準化された西洋美術の様式や写実的技巧とは異なった表現の世界を示すものとして、これらの表現に着目したという事実は認めるべきであろう。

20世紀前半の英国美術には、ポスト印象派以降、抽象美術への傾向、シュールレアリスム、未来派等、ヨーロッパ大陸を起源とする運動が順次紹介されるが、いずれも、大きな動きとはなっていない。その一つの要因として、フライを中心とする、ブルームズベリー・グループの芸術家たちの傾向性－フォーマリズムの構築性に依拠しながらも、日常的な人物画の主題に固執して完全な抽象化への移行に躊躇し、また、芸術の心理的な側面からの探究にも関心を示さない－が反映していたとする見方もある[15]。

フライの死（1934年）と同時に、彼がシュールレアリスムや表現主義、あるいはドイツ美術一般を無視した点、知的階級の環境にはぐくまれた嗜好の限界などを糾弾したのが、ハーバート・リードであった[16]。リードは、フォーマリズムの観点に立脚しながら、心理学的な解釈や社会改革への関心を交えた芸術論を展開して、彫刻家ヘンリー・ムーア（Henry Moore, 1898-1986）ら英国の美術家を世界的に認知させるなど、当時の現代美術批評を主導する一方、その後の美術教育思想においても、きわめて重要な影響を残している[17]。

フライは1917年頃から、リードは1934年頃から、リチャードソンと直接親交を持ち、彼ら自身の美術教育観を発展させる上できわめて重要な啓発を得る一方で、彼女の先駆的な実践を理論的に支持する論陣を展開している。また、リチャードソン自身の美術観の形成は、彼らとの影響関係なしには考えることはできない。例えば、彼女が講演などで度々示した、ヴィクトリア朝美術に代表されるような描写的技巧への嫌悪や、英国民の美的感受性への不信感、フォーマリズムと接点を持つと考えられる形態分析的な学習の導入などには、そうした交流の中で共有された美術観の反映を読みとることができる。一方で、内的ビジョンに基づいた、抽象的な描画トレーニングの試みは、フライの美術観を超えた領域を示しているし、リードが指向したような子どもの描画の心理学的分析を否定した点なども、リチャードソン独自の立場を示すものである。

リチャードソンは、このように、フライとリードに代表されるような、20世紀

前半の英国におけるモダニズムの動きに直接的な影響を受けると同時に，美術運動の側でも，彼らの，美術による社会的な改革の理想の中に，リチャードソンの教育を位置づけようとした側面が見られた。こうした，美術と教育の相互影響のもとに，リチャードソンによる，学校における美術教育の改革が展開していくのである。

3. 美術教育改革前史

　19世紀後半から20世紀初頭の英国における公的な美術教育制度は，1850年代に文化行政を掌握したヘンリー・コウル（Henry Cole）とリチャード・レッドグレイヴ（Richard Redgrave）らによって強力に推進された，手本の模写による厳格な描画訓練の階梯を基準とした，統一的な指導体制に支配されていた。19世紀末に始まり，20世紀中葉にリチャードソンらによって一つの到達点に至る，美術教育の改革運動は，そのような体制からの離脱と，新しい指導原理の確立をめぐって展開されたと見ることも可能である。

　英国における，公的な制度に基づく機関による美術教育の開始は，1768年のロンドン王立美術アカデミー設立に求めることが出来る。選ばれた職業美術家の団体であり，美術の専門教育機関として，国王の認可を受けた同アカデミーは，初代会長ジョシュア・レノルズ（Joshua Reynolds, 1723-92）らの時代には，英国美術の進展に貢献が認められたが，ヴィクトリア朝の絶頂期を含む19世紀の大半は，教育機関としての機能をほとんど放棄した状態であった[18]。

　王立アカデミーの評価と，一般大衆への美術教育の問題を審議した「美術，およびその製造業との連携に関する英国議会下院特別委員会」（1835年）は，アカデミーへの厳しい批判と，特にフランスなどとの競合における英国工業デザインの遅れを指摘し，労働者階級への美術教育制度の導入の必要性を強調した[19]。この方針を受けて，1837年，商務省はデザイン師範学校をロンドンに設立し，その後，各地に分校（デザイン学校）を設置していく。英国政府による直接的な美術教育への関与の始まりである。この教育機関は，1849年頃には運営上の問題を抱えて行き詰まり，その批判の急先鋒として権力を掌握した行政官のコウルが，やがて科学・芸術局の長として，同校（のち中央美術訓練学校，国立美術訓練学校，王立美術カレッジ等と順次改称）と，のちのヴィクトリア・アンド・アルバート美術

館を擁するサウス・ケンジントンを拠点として美術教育の統一的な制度化を推進する。いわゆる「サウス・ケンジントン・システム」と呼ばれる英国政府による統一的な描画教育体制の確立である。

　デザイン師範学校とその後継教育機関は，産業美術の振興を目的とした政府による美術教育の中心的な機関と位置づけられ，地方の美術学校の指導者養成を担っていたが，実際にはその教育方針は指導者の交代とともにアカデミー的な純粋美術指向と，実用主義的な装飾美術指向との間を揺れ動いており，当時の英国美術への貢献については疑問を呈する論点もある[20]。むしろ，美術教育にとって，より広範で実質的な影響があった施策として，1852年，コウルのもとで，レッドグレイヴらによって作成された国定指導課程を挙げることができる。この課程は，4つの領域からなり，総計23の段階を含む，平面，立体，および自然物等からの厳密な模写の演習であったが，時として美術学校生の半数がようやく第2段階に到達できたといわれるほど，困難で到達不可能なものであった[21]。コウルは，課程の統一性を維持するための手本を製造させ，この課程に基づいた美術学校生の競技会と試験制度を全国的に導入し，制度による強制的な改革を急速に推し進めていく。

　それとほぼ同時に，この指導課程の原則を，初等学校の学習に反映させる施策が実行に移された。現職教師らを対象とした養成講座（国定指導課程の中の初歩的な段階を用いる）と免許制度，子どもを対象とした描画の試験制度（1853年導入）などによって，全国の初等学校で統一的に描画が教えられるようになる。その内容は，直線的な幾何学と遠近法，平面手本からの外形線の模写，立体の幾何形態の模写等が段階的に配列されたものであり，専門教育における国定指導課程と同様，手本に沿って正確に描けることが描画の基礎であり，大衆の能力を高めることであるという認識に貫かれていた[22]。

　初等教育における，こうした模写による試験制度は，公式には1914年まで存続し，その後も，1930年代にリチャードソンらの改革が最盛期を迎える時期まで，実質的な影響力を保ち続けた[23]。統一的な指導方法が専門教育から初等教育までを制度的に支配する中で，それに対する異議の表明は，個々に行われることはあっても，少なくとも20世紀初頭までは，大きな改革の動きへと連動することはなかった。免許や教師の任命権，試験制度などを通し，教育活動自体がそれに依

存するように築き上げられた体制が，いかに仮構的で学習者の実態から遊離したものであっても，制度として再生産されていく力を持ち得るか，ということを示す，歴史的事例の一つと見ることができる。

　国定指導課程による統一的な模写の訓練に対して，学校教育者の側から明確な反対が表明された最も初期の例としては，描画の教師であったエビニーザー・クックによるものを挙げることができる。クックは，一時ジョン・ラスキン（John Ruskin, 1819-1900）の講義を受けるとともに，フレーベルやペスタロッチの影響を強く受け，子どもの自然の発達を重視した描画教育論を形成しつつあった。1884年の教育者国際会議における「デザインと装飾の仕事の準備としての描画と色彩の指導」とされるテーマに関する議論の中で，クックは，サウス・ケンジントンのシステムに対して公然と批判，後にその主張が教育研究誌に掲載された[24]。

　クックの思想は心理学者のジェームズ・サリー（James Sully, 1842-1923）に直接的な影響を与え，1895年に出版されたサリーの『児童期の研究』における描画の発達段階説の展開では，クックの提供した子どもの絵が主要な事例として分析されている[25]。サリーは，「子どもが初めて描こうとする試みは，前芸術的なものであって一種の遊びであり，ものの似姿を見つけたりつくったりすることへの本能的な愛好の結果である。」[26]とし，あくまでも子どもの描画は未発達な美術の萌芽に過ぎないと限定しながらも，そこには，「感情や目的についてある程度の個別性が表現されており，本来の芸術家のように個人的な印象を伝えている」ことを認めている[27]。すなわち，限定された表現ながら，少なくとも，子どもについて，描画における個人的な表現活動の主体となる資質を備えた存在であることを示唆したという点においては，子どもの美術という方向性を支持する初期の思想的企ての一つと考えることができる。

　1884年の会議で，クックと同様，サウス・ケンジントン方式に否定的な見解を表明したロンドン教育委員会描画部長のトマス・ロバート・アブレット（Thomas Robert Ablett, 1848-1945）は，「教育の手段としての描画」を主張して，「王立描画協会」を設立し，独自の試験制度や展覧会の運営などを通して，その考えと方法を普及させた。一般的な教育の手段としての描画，という考えは，1889年に出版された『初等学校における描画の指導法』[28]に詳しく述べられている。すなわち，従来のような，製造業の品質向上や美術家の育成を目的にした訓練ではな

く，一般の学校の子どもたちの教育に有効な「教育的描画」が教育課程の中に，必須の分野の一つとして位置づけられるべきであるという。彼のいう「教育的描画」とは，「精神の充分な発達に有効な訓練」としての側面と，「他の教科の修得を促進する」側面とから正当化される。「精神の充分な発達」への貢献とは，美に対する知覚力，観察と思考の正確さ，視覚的記憶力，想像力，創造と発明の力，心と目と手の協調，記述説明の能力，等々であるという[29]。

しかしながら，このような主張にも関わらず，本書で紹介されている方法の大半は，シリーズで刊行されているアブレットの模写用手本の解説であり，「科学・芸術局の要求に完全に合致」しながら，同時に冒頭で主張したような教育手段としての役割を果たすことにより，教師の時間を有効に活用できる[30]という宣伝が述べられている。したがってその内容は，幾何学図形の描画，手本からの描画，遠近法，器具を用いない図形の模写である，いわゆる「フリーハンド」，陰影，そして試験の実施方法というように，政府の統一課程に完全に沿いながら，部分的に子どもの関心にも配慮するという，折衷主義の範囲を出ていない。ことに，「記憶画」の効用について，専ら「正確な観察の習慣を養う」[31]という観点でとらえている。

「スナップショット描画」は，上記の「記憶画」の変形に写真術の連想から特殊な命名をしたものと考えられるが，アブレットは，ベルンで行われた1904年の「描画の指導法の発展に関する国際会議」において，この描画の訓練方法を「絵のような観察の技術」を発達させる手段であると主張している。アブレット自身の説明によれば，それは，以下のような方法であるという。

> 子どもたちに1，2分を超えない短時間，一枚の絵が与えられてすぐに隠される。それを素早く観察し，見たものを記憶力によって絵にすることが求められる（再現的想像力）。その情景から創造的な想像力に訴えたものも一緒に絵にすることが求められる[32]。

普通教育のための描画という観念を普及させようとしたアブレットは，描画を観察力や他の教科で役立つ一般的能力を養う手段としたことによって，美術そのものの学習，美術的な表現の価値を持つ子どもの描画，という地点に至る道を，自ら閉ざしてしまった，ともいうことができる。この点は，のちにリチャードソンが厳しく非難したところである。

中等教育における試験制度は，オックスフォードやケンブリッジ等の複数の試験機関によって，1858年に開始され，諸教科に加えて，描画はその選択科目に含まれていた。政府による初等教育における描画の試験とその内容を比較してみると，例えば，オックスフォードの試験では，15歳未満の下級受験者用の問題は模写による描画が大部分を占めており，その傾向において類似している。政府機関において実用主義的な教育内容を策定したダイスやレッドグレイヴがその代表団に名を連ねている点からも，その背景となる方向性に共通点が存在したことは確かであると考えられる。18歳未満の上級受験者の内容は，上記描画に加えて，色彩を伴うデザインの実技と，歴史や理論に関する内容が含まれていた点などに相違が見られる[33]。これは，当時の労働者階級出身の子どもたちに対応する，下級受験者のための教育内容との相違の反映でもある，と見ることができる。

　20世紀初頭には，これらの外部機関による試験の機械的な内容に対して美術教師等からの批判が高まり，中等教育修了試験の内容は徐々に「美術」への接近を見せる。例えば，試験のタイトルに「美術」を用いることや，水彩絵の具の使用，幾何学形態のみでなく静物や自然物を扱うこと，そして，人体モデルの使用などである[34]。アブレットの王立描画協会による試験も，従来のような硬直した内容の試験に対する，代わりの選択肢の一つとしての機能を果たしていたことが考えられる。しかし，仮に，より「美術」的な内容を求めたとして，それを統一的な方法の試験で評価することの矛盾は常に存在する。この問題は，のちに1922年に，リチャードソンが政府諮問委員会における発言で，同業の美術教師組合の利益に反しても，あえて指摘した観点であった[35]。初等教育における描画の統一的な試験制度は，1914年で一応の終焉を迎えるが，中等教育における試験制度は，他教科とともに存在し続けることになり，美術教育の思想と方法の変化に対応しながらも，美術とその試験という困難な課題を問われ続けている。

　19世紀後半から世紀の変わり目までの美術教育は，より多くの人々のための教育の大衆化と，子どもの自然に基づいた教育思想の発展を背景にしながらも，階級の区別と産業技術教育を前提とした実用主義的な体系による支配を温存させていた。1908年にロンドンで開催された第3回世界美術教育会議には，チゼックやアメリカのアーサー・ウェズリー・ダウらによる子どもたちの作品が展示され，美術教育改革への外国からの刺激が，一部の英国の教育者たちに伝達された[36]。

しかし，歴史的経過を振り返ってみるならば，英国内部からの独自の動きとして，すべての子どもたちが表現としての美術の意味を理解し，自ら美術の表現者となり得るという，認識の跳躍を実現するには，今しばらくの時間とともに，美術と美術教育の双方からの，強力な働きかけを必要とした。すなわち，英国における近代美術運動を理論的に支えたロジャー・フライと，子どもの表現の中に美術と同様の作用を見いだしたリチャードソンとの接触が，美術と美術教育の連続性を生み出したとき，より本来的な意味での改革運動が，出現することになるのである。

第2節　バーミンガム美術学校卒業まで

1．家庭環境と教育

　マリオン・リチャードソン（図1-1）は，1892年，ケント州アシュフォードに，父ウォルター・マーシャル・リチャードソン（Walter Marshal Richardson）と，母エレン（Ellen Richardson）との間に生まれた。彼女は，6人兄妹の4番目であり，すぐ下の妹キャスリーン（Kathleen Richardson, 1894-1971）は，のちにマリオンに共鳴して，姉の死後も美術教育運動を引き継ぐなど，重要な役割を果たしている。また，末弟のドナルド（Donald Dyer Richardson）は，のちに，マリオン・リチャードソン・アーカイブの基礎となる，リチャードソンの遺品を，当時のバーミンガム・ポリテクニックに提供している。

　リチャードソンの幼少時に関する証言は，彼女の死後，母エレンが直接記したものが残されている。その中で，とりわけ強調されている点は，マリオンの見せた，強い想像力と，物語を作ることへの関心である。彼女は，床につくと，二人の姉妹に，連続物語を語って聞かせたり，地元のペンクラブの最年少メンバーとして，作品を発表したりしていたという[37]。イメージする力と，言葉で物語る力とは，いずれも，後年，マリオンが教師

図1-1　マリオン・リチャードソン

として子どもたちの想像力を刺激するために、その潜在力を最も発揮した特質であった。

　リチャードソンの家庭は、酒造業者の父のもとで下層中流階級に属していたと考えられ、裕福とは言えないまでも、知的好奇心の強いマリオンが、自ら学ぶための文化的な環境は整えられていた。母親によると、家族は、休暇には、作家である知人の別荘を借りて滞在し、マリオンは、その膨大な蔵書の恩恵を味わったという。ただし、彼女が12歳の頃に、父親が死去したことは、困窮とまでは行かなくても、家族の経済状態と、マリオンの進路に、少なからぬ影響を与えたと思われる。彼女が主婦として家庭に入らず、教師として生計を立てる道を選んだことには、こうした環境の変化が背景となっていたことは一つの要因として考えられる。

　当時の英国人の背景を知る上で、個人的特質、社会的・経済的環境とともに重要な要素の一つとして、信仰的立場を考慮する必要がある。アーカイブの資料には、彼女とその家庭が、多数派である英国国教会とは別の、少数派の新興教団に所属していたことを示す記録が確認されている[38]。その教義には、多数派のキリスト教会派よりも、観念の世界を重視する傾向があり、主体である精神世界の確立が、従属する物質や身体の世界を正していくとして、観念による「癒し」などの実行が見られたという[39]。一般に、この時期の西欧世界における新しい少数派のキリスト教信仰は、例えば多数派の教義における「原罪」の思想などから自由であったために、新しい教育における子ども中心の思想などを発展させる要因になったとする見方がある。リチャードソンにおいても、こうした文脈から、「新教育運動」との共通性を示唆する論点も見られる[40]。

　しかしながら、リチャードソン自身が、自らの教育思想とこれらの教義との関係を直接的に述べた資料は見つかっておらず、この関連を過大視することは適切ではないと考えられる。近代的な個人の思想は、一つの体系的な教義に従属するものではないし、個人の思想史の展開と、それに関連する思想とは独立した存在と見るべきであろう。むしろ、彼女が、独立した個人としてその信仰を選択した行為の中に、彼女の思想の傾向性と、対象とした教義との接点を見いだしていく方が、より適切であるかもしれない。例えば、彼女の、人間の可能性に対する限りない信頼の態度、物質の外観に対して「内的ビジョン」を優位に位置づける観

点，孤立や批判を恐れずに自らの信念を貫く姿勢などは，おそらく，彼女本来の個人的特質に属するものであると同時に，少数派の教義に接点を見いだした彼女の選択に関わるものであり，そしてまた，歴史的には，この社会における美術教育の改革者として，求められる資質でもあったと思われるのである。

次に，彼女の受けた教育の環境について検証していきたい。マリオンは，当時の中流階級の娘たちの多くがそうであったように，最初は，家庭内を教室として教育を受けた。しかしやがて，姉とともに小規模な私立学校に通学し，その後で，セント・レナードにある教会団体運営の寄宿学校に入る。のちに，家族はオックスフォードに移り，彼女は，同校の姉妹校に通学することになる[41]。彼女は，このように，学校において中等教育まで受けさせるという家庭の方針を受けて，当時の女子としては，比較的進んだ教育環境に育つことになった。1904年にはウィンチェスター中等学校に，1906年にはアップランズ学校に在籍した記録があるが[42]，同年秋には，オックスフォードのミラム・フォード・スクールに移り，彼女の中等教育の修了校となった。同校は，歴史が新しく，まだ，女性のための中等学校が一般的でなかった時代に，ヘルバルト派などの影響を受けて，実験的な教育を試みていたという[43]。また，同校は，のちに，ハーバート・リードが，『芸術による教育』の中で，マインド・ピクチャーと無意識との関係について言及したときに，作品例として示した図版を提供した学校でもある[44]。マインド・ピクチャーは，リチャードソンが用いた最も独創的な教育方法の一つであるが，これについては，のちの章で述べることとする。

彼女は，ミラム・フォード・スクールでの生活には満足していたようだが，描画という教科の学習には，親しみを持っているわけではなかった。そのことは，のちに彼女が新しい美術教育について講演するときに，自らが受けた描画の学習方法を，苦痛に満ちたものとして度々語っていることからもわかる。また，彼女が晩年にまとめた回想録『美術と子ども』の冒頭には，中等学校在学中に，バーミンガム美術学校の奨学金に応募することになったものの，「私は学校を離れたくなかったし，描き方を学ぶことに興味はなかった。」[45]という気持ちを持っていたことを告白している。

しかしながら，描画に対する積極的な関心の欠如とは関わりなく，彼女自身の描写の能力は，のちに，子どものための教育方法としては彼女が否定するような，

外観の正確な再現という意味では，一定の水準を示していた。例えば，『美術と子ども』に収録された，彼女が8歳の時に描いたという静物画は，単体の壺を，鉛筆とセピアの淡彩のみを用いて誠実に描写したものである（図1-2）。形は，かなり慎重に観察したのであろう，ゆがみが少なく，左右対称にきちんとした比率で再現されている。左手前からの光源によって，陰影と反射ができている様子も正確にとらえており，背景は，白いままの紙に，壺の落とす影だけが描かれている。確かに，8歳の子どもの描く作品としては，几帳面な感じを受けるが，それは，今日の視点であって，おそらく，当時の教育課程の中では，目標とされる達成を示していたものであった。

図1-2　マリオン・リチャードソン（8歳）「壺」
鉛筆，セピア淡彩

　彼女自身は，同書の中で，「私は子どもの時，ある程度の描画の技能をもっていた。」[46]と回想するのみで，この作品自体に関しては，特に何も説明していない。したがって，彼女自身が自らの作品を，のちの講演などで厳しく批判していたような，再現描写の技術指導の結果である，「洗練されてはいるが感情のない，あるいはおそらく正確ではあるのでしょうが生気のない，また器用ではあるが内容のない作品」[47]に属するものと考えていたのかどうかは，確定することはできない。ただ，1920年に教育者を対象とした講演において，次のように，伝統的な指導法について述べた箇所は，このような作品を生みだした学習の性質と一致する要素を含んでいる。

　　　鉛筆による輪郭線，一色による淡彩などです。そのようにして一つかその他の非常に非現実的な材料を用いて，子どもは本物らしく描くことを要求されるのです。［中略］…物体の縁をたどった輪郭線が精巧でむらがなく，正確な外形を囲んでいれば，こぢんまりとしてはいても（もう一つの習慣であることに気づくかもしれませんが），その絵は良く，正しいのです[48]。

　また，1925年に教師養成のための講義で，まず訓練によって描写技術を獲得し，将来の表現に役立てるとする見解を批判する中で，自らの受けた教育を回想し，

自分は期待されたような健全な方向で育ち，描写がかなり得意だったので，家庭用品などをモデルとした外観描写の絶え間ない課題に時間を費やしたが，ついに自分自身を表現する地点には到達しなかった，という趣旨のことを述べている[49]。

　このように，後年，美術教育に情熱を傾けるようになってからも，自らの生育歴において，絵を描く喜びの経験について語ることは，ほとんど見られない。少なくとも，学校で行われる学習としての描画については，決して満たされることのない虚しい訓練として振り返るのみである。これは，子どもにとって不適切な指導方法が，彼らを美術から遠ざけてしまう主要因であると，彼女が確信する背景となっていったであろうし，また，それゆえに，改革への使命感を強く抱いたであろうことが，理解されるのである。

　また，同じ講義において，自らを，天才ではなく，ただ描画の好きな平均的な子どもであったと述懐し，そうした大多数の子どもにとって，こうした描写の訓練は，自分の表現を生み出すことのない危険な抑制であるという信念を語っている[50]。この点は，のちに，才能のある特別な子どもではない，地方の普通の中等学校の生徒たちを対象に，子どもたちの表現と美的発達の可能性を信じて教育に献身した，彼女の信念を支える一つの背景となっていると考えられるのである。

　これらの，当時の教育に関する回想は，ある面から見れば，改革者としての彼女の立場を強化する意識から，否定的な面が誇張されている可能性はある。しかしながら，ここでは，彼女自身が，そのようなものとして過去を規定したという事実に着目しておく。このように，彼女自身の受けた美術教育への違和感が，のちの彼女の美術教育において目指した，すべての子どもたちが，普通の学校における学習を通して自分の表現を実現する，という目標を決定づける遠因として理解できる点は，彼女の初等・中等教育時代の位置づけとして重要である。

　ところで，こうした，後年語ったような，否定的な回想にも関わらず，実際の描写の技術に関しては，彼女は，当時の美術に関する複数の中等教育試験に合格している[51]。これらの成績は，先に述べたように，父親の死による経済的自立の必要性から，教師養成を目的とした美術学校の奨学金の受験を勧められるきっかけとなった。母親の記事によると，彼女の能力を見いだし，この試験を受けるように促したのは，当時の美術教師であった[52]。彼女はリチャードソンにこう書き送っている。

あなたは，描画を教えるべきだと私は思います。あなたは，可能な限りで一番良い資格を手にするべきです。バーミンガムが何とかうまくいくといいのですが。ただ，それは，今のあなたの希望を大きく損ねることになることは，わかっています[53]。

　リチャードソン自身が回想しているように，美術学校での教師教育への道は，家庭の経済状態を考えると逃すことのできない好機であった。しかし，少なくとも，先に述べたような，描画の学習に対する不信感と，まだ中等学校に留まって勉強を続けたいという意志などから，進学に対しては複雑な心境を抱えていた。そのことを彼女自身は，試験の題材として出された恐ろしい「蟹のはさみ」が，自分につかみかかってくるように感じた，と述懐している[54]。「蟹のはさみ」は，結局，彼女を捕まえてしまい，以後4年間，奨学金を得て，教師教育の課程に進むことになった。

2．バーミンガム美術学校

　バーミンガムは，英国中部にある，国内最大の工業都市であり，特に，金属加工などの装飾に優れた技術を持つ職人たちの工房によって栄えていた。バーミンガム美術学校は，1843年に政府の援助を受けたデザイン学校として開校したが，地域の産業社会からの強力な支援のもとに，中央政府の統御から離れる道を模索し，1884年には，全国でも最も初期の市立美術学校として，独立を果たしている[55]。市の中心部にある，現存する中央イングランド大学美術学部の主要な建物でもあるマーガレット・ストリートの校舎は，この時期に建てられたもので，ジョン・チェンバレンの設計になる，ラスキンの思想を反映したといわれる自然のモチーフを中心とした装飾が特徴的である（図1-3）。

　バーミンガム美術学校を社会から支えた地域の産業界や政界の援助者たちは，多くがラスキンの信奉者であり，ラファエル前派やアーツ・アンド・クラフツ運動に連なる作品のコレクターたちでもあった[56]。バーミンガムには，「バーミンガム・グループ」と呼ばれる，アーツ・アンド・クラフツ運動の影響を受けた集団があり，19世紀末頃には，彼らのメンバーのうち，金属加工とイラストレーションで知られたアーサー・ガスキン（Arthur Gaskin, 1862-1928），美術家のヘンリー・ペイン（Henry Payne, 1868-1940），刺繍とステンド・グラスのデザイナーで

あったメリー・ニューウィル（Mary Newill, 1860-1947），イラストレーターのチャールズ・ゲア（Charles Gere, 1869-1957）らが，同美術学校で教えていた。彼らは，ラスキンの書物や，北イタリアのルネサンス，バーン・ジョーンズらラファエル前派などに触発を受け，中世やルネサンスの技法の実験等も行っていた[57]。

アーツ・アンド・クラフツ運動は，ヴィクトリア時代の英国に起源をもち，ラスキン，モリスらに触発され，英国内のみならず，海外にも影響を及ぼした理論家，建築家，デザイナーたちの様々な活動の総体である。彼らには，工業的生産方法の弊害に抗して，中世の職人工房を理想化し，設計と制作を分離せずに，小さな集団の親密な協力による手作業を中心とした工程

図1-3　中央イングランド大学マーガレット・ストリート校舎正面装飾（1993年）
1884年，バーミンガム市立美術学校校舎として完成時の姿をとどめる。

によって，精神的調和をはかる，というような理想主義的側面が見られる[58]。バーミンガム美術学校は，そうした環境から，早い時期から，設計だけではなく，手で実際に制作するデザインの内容を導入した点や，教官と学生とが，一種の「ギルド」（中世商工業者の団体）に相当するような単位を形成し，共同して外部からの注文に応えて生産する慣行をもった点などに，具体的な運動の影響を見ることができる。一方で，19世紀末までには，中流階級からの女子学生の入学者が増え，彼女たちが地方の競技会において，好調な成績を収めていたことも特筆される[59]。

ところで，アーツ・アンド・クラフツ運動の代表的な実践者，社会改革者であった，ウィリアム・モリスは，バーミンガム美術学校の学長を務めてはいたものの，ほとんど正規の美術教育には関心がなかったとされている。しかしながら，彼の強い影響を受けた芸術労働者ギルドの会員たちは，各地の美術学校の指導者へと相次いで就任し，この運動の「教育における原動力」[60]となった。同会員であった，ロバート・キャタソン-スミスのバーミンガム美術学校マスター長への就任（1903年）は，同校のアーツ・アンド・クラフツ運動との連携を，一層強め

第2節　バーミンガム美術学校卒業まで

るものであった。同校は，1900年までには，学生数4,268人，教官数87人に達し[61]，当時，英国において最も大規模で，かつ，工芸教育に関する環境の整備された美術学校へと発展していた。

　このように，19世紀末から20世紀初頭にかけて，地域産業との連携を背景に，独立性を強め，工芸教育と，女子学生の台頭に特色を示しつつ発展していたバーミンガム美術学校に，リチャードソンは，1908年から4年間，学ぶことになる。ただし，彼女自身の学生生活には，アーツ・アンド・クラフツ運動の伝統とも，女子学生の賞歴とも，直接的な関係を見ることはできない。その一つの理由は，彼女が描画の教師のための養成課程に在籍したためであろう。より正確に述べるならば，普通教育における工芸学習の導入は，専門教育に比べて大幅に遅れ，少なくとも制度上は，1926年のハドウ報告書による提案以降まで，一般への普及は待たなくてはならなかったのである[62]。したがって，工芸制作等の授業も受講したが，彼女が取得した教師免許のための科目は，主として描画の実技に関するものであった[63]。

　また，後年彼女が中等学校に勤務した時の描画の授業の指導計画書を参照しても，描画の授業として当然ではあるが，立体的な工芸の制作に関する内容は，含まれていない。この指導計画書と授業の内容については，第5章以降で詳しく触れることとする。ただし，中等学校の課外授業として，リチャードソンが子どもたちとともに演劇を創作しながら手作りした家具やテキスタイルが販売されて注目を集めたことは，この方面に対する彼女の個人的関心を示している，と見ることができる[64]。同僚の教師たちもこの「美術クラブ」に参加して家具の塗装を経験したことを報告している[65]。その家具装飾の過程においては，表面の下地づくりから，厳密な工程や技術的な正確さにリチャードソンが強い関心をもっていたことが，元同僚の記述から明らかである[66]。このような工芸の活動を通して，子どもたちと一種の小さな「ギルド」のような集団を形成していたと考えれば，彼女が学生時代に経験した，アーツ・アンド・クラフツ運動の精神と実践が，一つのモデルとなって反映していたと見ることも可能かもしれない。彼女自身も，大量生産による低品質のデザインへの批判的な視点の育成を，この活動の教育的意義の一つとしてとらえていた[67]。ただし，この関連を過大視することはできない。むしろ，演劇を中心とした家具や装飾への関心は，のちの，ロジャー・フライか

らの影響関係のもとで，彼の主宰した美術家たちによる装飾美術の工房，「オメガ工房」とのつながりの方が直接的であると見るべきであろう。この問題については，1917年のフライとの邂逅について扱う箇所において再び述べる。

彼女の学生時代に関しては，もと同級生であり，のちにバーミンガム市内のグラマースクールの教師になった，H.F.ワーンズが，2回にわたって記事にしている[68]。彼女の死（1946年）を追悼するものであるが，その内容は，主として彼女の在学中の印象と，キャタソン－スミス教官の影響の大きさの二点について触れたものである。彼らはともに，教育省の教師免許状，すなわち，一般の学校で教えるための「美術クラス教師免許状（Art Class Teacher's Certificate）」と，美術学校で教えるための「美術マスター免許状（Art Master's Certificate）」を取得するための課程で学んでおり，彼女は，その課程を修了する前に，教職に就いたという[69]。彼の印象によると，リチャードソンの学業の様子は，「特別に目をひくものではなかった」という。

ワーンズは，彼自身が在学時に，学生当時のリチャードソン（1910年，17－18歳）を描いたスケッチ（図1－4）を，この記事に添えている。興味深い資料として，リチャードソンが同じ頃描いた自画像が『美術と子ども』に収録されている（図1－5）。おそらく異なった目的で描かれたこれら二点の絵について，単純に比較することはできないが，両者の傾向を知る一助にはなるかも知れない。ワーンズのスケッチは，短時間で描いた即興的なものであり，顔の主要部を除いては粗い素描のまま残しているが，ある種の熟達を見ることもできよう。おそらく内面的な描写よりも，まず最初に比率，形態，陰影による立体感などを，手慣れた線のタッチで把握することを目指したものであろう。リチャードソンの方は，例えば特に肩から胸の部分の形や厚みの再現などの正確さには，あまり配慮していないようであるが，丁寧に時間をかけて細部まで誠実に描いている

図1－4　H.F.ワーンズによるリチャードソンのスケッチ
1910年，リチャードソン17－18歳

第2節　バーミンガム美術学校卒業まで

ことや，特に目や表情の描写に現れているような，ある種の精神性などが伝わってくるように感じられる。

ワーンズによる記事は，むしろ，彼らの共通の教官であった，キャタソン-スミスの業績の紹介の方に文面を割いている。記憶画に関する彼の著書を示し，その研究と教育への熱意を称え，その理想を学校に適用したのがリチャードソンである，とするのである。彼らはともに，授業後，キャタソン-スミスを囲む自主的な勉強会に参加していた。この記事からは，キャタソン-スミスの教えを受けながらも，自分自身は新しい教育方法の発展には積極的に進まなかったワーンズの，リチャードソンの立場との相違を読みとることができる。最後に，ダドリーでリチャードソンに教わった元生徒たちが入学してくると（ワーンズはバーミンガム市内の進学校，キング・エドワーズ・グラマー・スクールで教えていた），彼らが決まって，リチャードソンへの心からの尊敬と，卒業して彼女からのインスピレーションが得られない，と述べていたことを紹介して結んでいる。

図1-5　リチャードソン（17歳）「自画像」
鉛筆

3．キャタソン-スミスによる啓発

『美術と子ども』にも回想されているように，リチャードソンは，美術学校に入学してからも，その教育課程における美術の学習に，疑問を抱いていた。彼女によれば，器物や自然の対象の外観を描写したり，古典作品の鋳造物を美術の基礎として模写したりする学習の意味が理解できず，さらにそれを子どもに教えることへの疑問は高まっていったという[70]。ワーンズの追悼文も，また，彼女自身も認めているように，美術と美術教育に対する態度について，解決の道筋が見え始めたのは，上級学年になって，キャタソン-スミスの授業に参加するようになってからである。

のちに発展する，リチャードソン独自の教育方法の中心は，当時優勢であった

外観の観察描写を中心とする描画教育と決別し，各学習者に固有の内面的イメージの表現を重視することにあった．それ以前に英国で，いわゆる「サウス・ケンジントン・アプローチ」に代わる方向を目指した教育の例としては，アブレットによる方法とそれを体系化した王立描画協会の試験があるが，リチャードソン自身は高校時代にその教育の影響を受けたものの，自分の教育方法としては採用しなかった．1925年に彼女が行った講演では，アブレットの方法が道徳的訓練の性格を帯びやすいことや，年代とともに観察中心へとその重点が変化してきていること，試験制度としての弊害などについて批判的に紹介している[71]．また同時に，当時流行となりつつあったというのいわゆる「自由表現」について，指導を欠いた自由放任はかえって安易な模倣を助長すると指摘する．一方で，ルコックやキャタソン－スミスらの記憶に基づいて描く教育方法の書籍を推奨している．これらのことからも，リチャードソンの教育方法の創始に至る最も直接的な起源は，キャタソン－スミスの延長上にあるものとしてとらえるのが妥当である．

　キャタソン－スミスは，先に述べたように，アーツ・アンド・クラフツ運動との関連が強いデザイナーであり教育者であったが，一方で，記憶による描画教育の開発を進めたことが特筆される．記憶による描画教育の方法自体は，キャタソン－スミスの創始ではない．当時までに国の指導基準の一部にも取り入れられており，特に，バーミンガム美術学校では，すでに彼の前任者であったテイラー（E. R. Taylor）によって，記憶による練習が必修科目へと拡大されていた[72]．また，フランスのルコック（Horace Lecoq de Boisbaudron, 1802–1897）の，『美術における記憶の訓練と芸術家の教育』の翻訳が1911年に英国で出版されている[73]．リチャードソンも，おそらくキャタソン－スミスを通じてその情報を得ていたことは，資料庫に残る彼女の蔵書からも確認される[74]．

　同書は，ファンタン－ラトゥール（Henri Fantin–Latour, 1836–1904）ら著名な美術家にも影響を及ぼしたとされる教育者であったルコックが1847年から1877年までに出版した，記憶の訓練に基づく美術教育についての3種の冊子を1冊にまとめたものである．この書は，基本的に，「貯蔵された観察」である記憶[75]に基づく描画を，従来の直接観察に基づく描画と並行して導入することを主張したもので，著者の教育経験に基づいた見解や指導方法の例などが述べられている．特に，最後の章では，手本や対象を一時的に記憶に貯蔵し，単純な幾何学的な図形から，

古典作品の模倣，自然からの描写などへと，段階を踏んで初学者から発展していく指導法の例を示している。

　ルコックの記憶による描画の方法は，美術の基本的能力の訓練として，視覚的な記憶を用いることによって観察力を研ぎ澄まし，正確に再現することに目的を置いたものであった。したがって，その訓練の到達点は，古典作品の再現や，自然主義的な風景の描写などにとどまるものであり，たとえそれが記憶のみによって描き出したとは思えないほど精巧なものであっても，その訓練を越えて独自の表現を確立する過程については，この教育方法が直接の目的とする範囲ではなかった。

　キャタソン－スミスの教育方法は，内面にイメージを保持し，それらを変換させたり組み合わせたりして新しいイメージを生み出していく能力の育成に言及し，イメージのとらえ方を各個人特有のものへと変えていく姿勢の萌芽を示している。キャタソン－スミスが退職後の1921年に出版した『記憶からの描画』には，ルコックによる『美術における記憶の訓練』を，記憶による描画教育に関する，これまでで最も重要な研究と位置づけながらも，これと比較して，学習者の心理的な側面への視点を加えたところに，キャタソン－スミスの教育方法の独自性があることを強調している。そして，記憶による再現描写能力のみではなく，その助力によって，「創造的，建設的な」心理的活動の力を発達させることが，彼の教育方法の主要な目的であることを明記しているのである[76]。

　キャタソン－スミスがバーミンガムの美術学校で用いた「ビジュアライゼーション（イメージに思い浮かべる，Visualisation）」あるいは「閉眼描法（Shut-Eye Drawing）」とは，概要，次のような方法であった[77]。

　　1．ある「対象」が数分間提示され，学生はそれを注意深く見て「心の眼」に描いてみるように指示される。
　　2．対象が取り除かれ，学生たちは目を閉じた状態で，彼等の内面的イメージを小さな紙の上に描く。
　　3．さらに，目を閉じて描いた絵を取り除き，今度は目を開けた状態で，心の中のイメージを頼りにもとの「対象」を描く。あるいは「消えた」部分を再構成させる場合もある。
　　4．対象とされたものは多岐にわたる。a．静止した平面（スライド，絵

など），b．静止した立体（はさみなど），c．動画（映画など）d．動く立体（動物，人体など）。また，視覚的対象を提示せず，言葉による指示で内面的イメージに描かせることもあった。

しかしながら，この教育方法が当時の専門教育において，個性的な芸術家を輩出するのに効果を発揮したかどうか，という点については疑問がある，という指摘もある[78]。地域の産業との結び付きが強く，主として金属装飾などの専門家を養成していたバーミンガム美術学校の学生作品は，結果的には，個人差よりも様式の共通性を多く保ったものであった，ということができるかもしれない。彼の『記憶からの描画』に掲載された学生作品に見られる「創案（invention）」とは，基本的に，記憶された要素の組み合わせ，組み替えによるデザインの例を示している（図1-6）。キャタソン-スミスによれば，図のような例は，閉眼描法の好例であり，単に要素を併置しただけではなく，自発的な創案からもたらされる一体感を示しているという。

しかし，リチャードソンの教育への影響という観点から見るならば，バーミンガム美術学校の職業訓練的性格という限定を受けたキャタソン-スミスの学生作品の質という問題よりも，彼の教育方法あるいはその思想の，どのような側面が啓発を与えたか，という観点の方が重要である。バーミンガム美術学校における，キャタソン-スミスのこうした教育方法のリチャードソンへの影響については，ここでは，彼女の回想録から，次の記述に着目しておきたい。「彼は，手の技能よりも視覚の力に頼れ，主題の明確なイメージをつかむまで決して描き始めるな，と私たちに教え，私を弟子に引き入れてしまった。」[79] ここでは，描き出す技能と，精神に宿るイメージの二つを，ある面で対立的にとらえ，どちらをより根本のものにするかという問題がたてられている。彼女の認識では，初等・中等教育時代から訓練を受けてきた描画の学習は，前者に偏っていたため，その

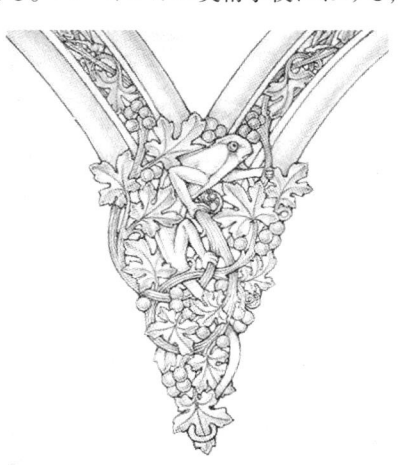

図1-6 キャタソン-スミス『記憶からの描画』図版から

意義についての疑念を取り去ることはできなかった。それにはまた、彼女自身が、現実的な成果として、前者に依拠した熟練には到達できなかったことも影響していたかもしれない。しかし、キャタソン－スミスの教えは、ある意味で、その基準を転倒させる契機をも含んだものであった。明確なイメージが主であり、描く技能自体は、そのイメージを実現するために、試行錯誤しながら、その時々に応じて、新たに見いだされる手段である。したがって、教育においても、描写能力を身につける訓練よりも、イメージそのものを高める学習の方が、優先されるべきではないか。こうした、価値観の転換が、彼女の中で起こったことは、その後の彼女の生涯の方向性を、また、広く英国とその影響を受けた地域の美術教育の在り方を、転換していく原点となった。

このように、バーミンガム美術学校の4年間で、彼女に決定的な影響を与えたものは、この学校を特徴づけていた、ギルド的な工芸制作の伝統でも、学生としての優秀な成績でもなく、彼女がそれまでの教育においてつのらせていた、従来の描画教育の方法への不信感を脱却し、新しい枠組みでこの問題を見るための啓発を得たことであった。それは、描写の技能から、内面的なイメージへの、価値と方法の転換である。少なくともこの一点において、描写試験の基準を通過した平凡な美術学生が、それまで彼女を束縛していたこの基準におびえることなく、教育の改革を推し進めて行く原点を、手にすることができたと考えられるのである。

第3節　ダドリー女子ハイスクールにおける初期改革

この節では、主としてリチャードソンがダドリー女子ハイスクールに教職を得る1912年から、その描画教育の価値が、初めて社会的認知を得る1917年頃までを中心に、同校で始められた改革の概略を明らかにする。

1. ダドリー女子ハイスクール

リチャードソンは、バーミンガム美術学校在学時に、夜間の美術学校で、一時、学生教師としての経験を持ったが[80]、本格的な教職歴は、1912年6月に、ダドリー女子ハイスクールにおいて開始された。わずか19歳の時であり、採用面接に望んだときには、若さを隠すために、黒いベールを身につけていったという回想

が語られている[81]。1914年に，S. フルード（S. Frood）が校長として着任したとき，リチャードソンは最も若い教職員であった[82]。

　ダドリーは，「ブラック・カントリー」とも呼ばれた，イングランド中部のバーミンガムを中心とする大工業地帯に近接した小都市であった。ダドリー女子ハイスクールは，19世紀末からの，女子中等教育の発展を反映して設立された学校であり，リチャードソンの赴任当時には，学校行政の権限を中央から委譲されつつあった，地方教育行政当局によって運営されていた。フルード校長は，進歩的な手法を学校経営に積極的に取り入れて，その後のダドリー中等学校の名声を確立した実績を持っており，またそれと関連して，リチャードソンが新しい美術教育の試みに専心する上で，強力な支持を与えたという点で，彼女の思想と方法の形成に，重要な役割を果たした人物である。フルード校長は，1941年まで同校を指導するが，リチャードソンの晩年（1946年）にも，彼女が回想録をまとめるために過去の生徒にアンケートを依頼するのを援助するなど[83]，終生の支持者であった。

　リチャードソンは担当教科として，描画，刺繍，レタリングに加えて，全校の美術の運営と，のちに下級学年の文字の書き方の責任を任されていた[84]。通常の教科に加えた，後の二つの責任範囲は，リチャードソンの教育の発展を特色づける上で，重要である。全校の美術の運営は，彼女の教育活動の特徴の一つである，美術教室の環境の徹底した改革や，美術を中心とした全校的な活動を可能にし，また，文字の書き方については，独特なリズムによる書き方の教育方法の開発と，それを応用したパターンの学習の，美術への発展へと結びついて行くからである。このように，独自の教育方法の開発に献身できる環境と理解者を得たことは，リチャードソンが，20歳代前半の教職歴の最初期において，美術教育の改革の主要な基礎を事実上確立するという，特筆すべき成果の背景の一つとして理解できる。

　この，ダドリーにおいて遂行された改革の特質を探ることは，本研究全体に関わる問題ではあるが，ここでは，次章以降の考察の基礎という意味も含めて，教育者の側からの子どもの美術に関する見方と，教育方法の二点の変革について，次項以降で指摘しておきたい。

2. 美術教育観の変革とポスト印象派展

　リチャードソンが，学生時から抱いていた，従来の美術教育の目的と方法に対する違和感は，自らが中等学校で教えるようになっても彼女を離れることはなかった。描画の授業において，彼女が当初用いた方法と基準は，手本の厳格な模写ではないものの，自然を対象として，主として記憶によって，注意深く観察して描くという，比較的穏健なものであった。しかし，この指導を行いながらも，通常の評価基準からすれば，不正確で不完全な子どもの描画の中に，彼女自身の指導の意図を超えた，予期せぬ美しさがあることに，次第に心を奪われていったという[85]。この，子どもたちの表現の中に直観的に感じられた，未熟で率直な，しかも技巧を超えた価値の魅力を追究し，その発現という喜びを子どもたちと分かち合うことが，これ以降のリチャードソンの，美術教育への飽くなき献身の，一つの原動力となっていった。

　しかし，このように，すでに確立されてきた基準を離れ，子どもたち一人一人が独自に生み出す表現の特質を認めるということは，従来との比較で見れば，非常に不明確な基準のもとで学習を進めることを意味する。これを指導するためには，子どもたちに，自らの感じ方や表現に自信をもたせ，新しい表現の意味を理解させるための，教師の役割は，ますます重要なものとなっていく。そのためには，彼女自身が，自らの開始した改革の方向を見失わないための，指標が必要であった。その第一のものは，教師として，じかに子どもたちと触れ合う中で発見する，彼ら自身の表現そのものの示す特質に対する，教師自身の感受性であった。また，すでに述べたように，バーミンガム美術学校でキャタソン-スミスによってもたらされた，内面的イメージへの関心は，こうした改革へ踏み出す準備を与えたということができる。

　さらに，彼女がこうした初期の方向性を定める上で，重要な影響を与えたのは，当時の英国美術界における新しい動向であった。その，最も初期の接触といえるものは，美術評論家ロジャー・フライが「ポスト印象派」[86]と名付けて英国に紹介した，セザンヌ，ゴーギャン，ゴッホ，マティス，ピカソらをはじめとする画家たちの試みである。リチャードソンがバーミンガム美術学校に学び，ダドリー女子ハイスクールに勤め始める1910年から1912年は，フライが，ロンドンで，初

めてポスト印象派の展覧会を世に問い，英国美術界に対して，伝統の打破を鮮明にしつつある時期であった。リチャードソンの回想によると，この展覧会に訪れたことが，子どもたちの美術の価値に気づき始めた，自らの方向に自信を深める上で，重要な意義をもつことになったという[87]。

フライの側から，リチャードソンの価値を明確に認識したのは，1917年のオメガ工房での邂逅以降のことと思われ，ポスト印象派展の時点で，両者に直接の個人的な交流があったという証拠は認められない。しかし，これらの展覧会の示す美術の方向性を確認しておくことは，リチャードソンによる美術教育の初期の改革の背景を理解する上では，重要であると思われる。

ロジャー・フライは，1910年にロンドン，グラフトン・ギャラリーで「マネとポスト印象派展」を開き，また，1912年に「第2回ポスト印象派展」，1913年に同展の再構成を同ギャラリーにて開催している。「マネとポスト印象派展」は，当時すでに英国でも知られていたマネを筆頭にして，セザンヌ，ゴーギャン，ゴッホなど印象派以後のフランス美術の動向を紹介したものであったが，世評の注目を浴びたものの，その大半の反応は批判と嘲笑，あるいは「恐ろしい興奮」であった[88]。しかしながら，これらの動向がフライによって「ポスト印象派」と名付けられ，それまでの英国絵画を特徴づけていた，肖像や物語性などの主題の要素とは別の，新しい美術の成立要件について，強く印象づけた点において，その後の英国美術の動向に影響を与えた，一つの記念碑的な企画であったといえる。また，その2年後に開かれた「第2回ポスト印象派展」は，フランスに加えて，ロシアと英国の芸術家の作品からなる3部構成で，展覧会カタログには，フランス部門の解説に，ロジャー・フライがポスト印象派の意義を強く擁護する論陣を展開している。

リチャードソン自身は，これらの展覧会の，自らの仕事への影響について，「誤解されることを恐れて」30年以上経過した，晩年の病床での回想録の執筆時に，初めて述べているため，正確には，どの展覧会に訪れたのを特定する根拠は乏しい[89]。間接的証拠としては，チャールズ・ホームズ（Charles J. Holmes, 1868–1936）が，「マネとポスト印象派展」に際して出版した『ポスト印象派の画家たちに関する覚え書き』[90]がリチャードソンの蔵書としてアーカイブに残されている。同資料には，最後のページの空白に，「M. E. Richardson」とペンで記名がさ

れており，リチャードソンと，この展覧会との結びつきをうかがわせる資料である。また，「第2回ポスト印象派展」のカタログ（1913年に再構成された時のもの）も同様に所蔵されている。

　ここでリチャードソンの所有していた文献の著者，ホームズの観点について，若干触れておきたい。ホームズは，当時国立肖像画美術館の館長を務めていた絵画理論の専門家であり[91]，この展覧会に関しては，美術界からの非難が渦巻く中での，数少ない「同盟者，あるいは，ほとんど同盟者に近い者」[92]であって，全体の論調は，これら展示された芸術家たちの方向を認めるものであった。しかし，例えば，それぞれの作品に対する解説の箇所では，セザンヌの作品についても，一点一点について，あるものは称賛し，あるものは明確に，「失敗」「残念」「重要でない」と手厳しく判定するなど，独立した鑑定眼をもっていたことが表れている。ただし，彼のこの小冊子に表明された，セザンヌらの一部の作品に関する否定的評価については，フライは「ホームズ氏はあまりにも学校教官のようであり過ぎる。決まった原則を持ち歩いて一つ一つの作品に当てはめ，結果を読み上げる。」[93]と即座に反論している。仮にこのたとえが正しければ，ホームズは，いわばリチャードソンが離れようとした教師像を代表していたことになるであろう。

　ホームズの「序論」と名付けた小論には，ポスト印象派の原則とは，「個人的なビジョンの表現」であり，それを，印象派から受け継いだ純粋な絵の具の筆触と，東洋美術から影響を受けた，線と色彩への単純化という，二つの主要な方法によって目指すものであるという。一方で，飾り気のなさ，空虚さ，子どもらしさは，この単純化がもたらす危険であると指摘している。そして，この展覧会を通して考えなくてはならないことは，それぞれの人間の個人的観点は，果たして表現するに値するものかどうか，という点である，と主張している[94]。「子どもらしさ」を危険の一つであると指摘した彼の観点は，専門家として質の高い作品を要求する意識の現れであり，また，個人の表現の価値を，手放しで肯定していない点も，伝統的な価値にも配慮した，慎重な理論家の姿勢を示したものと考えることができる。

　ホームズの見方とは対照的に，子どもの表現を中心に考えるリチャードソンのような立場の人間には，この展覧会は，全く異なった意味を持つように受け取られた。『美術と子ども』には，次のように記されている。

見当違いで途方もない考えのように思われるかもしれませんが，ただ私が言えることは，子どもたちの芸術的経験の，限りなくつつましい暗示と，これら偉大な現代の巨匠たちの力強い表明との間にある，共通の性質は，私にとっては，明白だったということです[95]。

　リチャードソンは，子どもの素朴な表現と，美術家が専門的な領域で優れた仕事を示すこととを，直接的に関連させているような誤解を招く危険があると考え，この着想については，死の直前まで公にすることはなかった。当然のことながら，技法上，写実的な再現を追究していないという点で，表面的な様式上の類似点を指摘することは不可能ではないが，例えば，子どもがセザンヌの構図における，造形的な探究の効果などと同様の問題を意図したわけではないことは明らかである。あるいはそれは，子どもの絵のもつ単純な力強さが，フライがポスト印象派たちの主要な成果として称えた，「具体的な形をその通りに描けば，弱まることが避けられない」「想像力に最も訴える，情景の要素を発見する力」[96]と共通する印象を，リチャードソンに与えたのかもしれない。しかし，ここではただ，リチャードソンは，子どもたちが最も喜びながら描く作品に認められる「生命力のようなもの」を，それ以外の場所でも初めて見つけられた，ということが，それ以降の，教育における彼女の先駆者としての孤独な道のりにおいて，ひそかな確信の拠り所になっていた，ということを示唆するのみである。

　フライの美術理論とリチャードソンの教育との関連については，後の章においてあらためて関連的に検討する。ただここでは，英国美術界に衝撃を与えたポスト印象派の価値が，少なくとも，形の単純さという様式上の問題と，個人の表現の価値という目的論の問題において，前述の批評家と教育者が，対照的な認識をもったことを指摘した。子どもの表現が，美術という領域に，遠く及ばない稚拙な練習に留まるのではなく，美術における本質的な作用－ここでいうならば，「個人の表現」という，美術においても，いまだ充分には認知されていなかった目的－と，何か共通する価値を有するものであるという，教育者の抱いた個人的な信念が，あらゆる献身と，方法の改革への基盤の一つとなっていたことは確かである。

3．方法上の変革

　リチャードソンは，どのような指導法であれ，方法が固定化することは避けるべきだと考えており[97]，また，新しい方法の効果を試みることに対して常に開かれていた。したがって，単に，彼女の用いた教育方法を，確定したものとして列挙することは，その本来の意図とは異なった方式化を招く危険を含むことに，注意しなくてはならない。彼女の用いた方法の全体構造とその特質については，のちの章であらためて追究するので，ここでは，彼女がダドリー女子ハイスクールにおいて，初期に試みた方法上の改革について，その主要な方向性を特徴づけると考えられる観点を，指摘しておく。それは，第一に，外観描写からの離脱の過程であり，第二に，「美術とは何か」を考える学習であり，第三に，学習への刺激と環境，である。

　外観描写からの離脱の過程は，概要，次のように跡づけることができる。器物などを対象とした外観の正確な再現描写の階梯をたどる訓練について，従来から強い不信を持っていたリチャードソンは，当初，自然物の中に発見した美を，主として記憶によって描く学習を用いていた。しかし，これについても，細部の観察の正確さという基準は引き継がれていたので，「芸術家ではなくて，博物学者の視点を育てるものではないか」[98]というような，目的と評価に関する疑問は消えなかった。

　一方，バーミンガム美術学校において，彼女にとって，報いのない外観描写の階梯からの解放でもあった，キャタソン－スミスの記憶画の指導方法，とりわけ強い印象を持っていた，スライド映像を用いた練習を試みたいという願望はあったものの，当時の学校にはその種の設備が充分ではなかった[99]。彼女が子どもたちのために編み出したのは，教師の心を，あたかもスクリーンのようにして，そこに彼女が心を引かれた情景，子どもたちが興味を引くような主題等を映像として思い浮かべ，その描写を言葉として子どもたちに語って伝えるという方法であった。

　ワード・ピクチャーと呼ばれる，この試みの成功は，彼女に自らの方向性への確信を与えるものであった。それは一つには，言葉によって喚起された子どもの内面のイメージに依存するため，当時彼女ができるだけ排除したいと考えていた，

実際の対象物の正確な再現という基準から，かなり自由になることができたことによるものであろう。このことによって，彼女がそれまでも時折，子どもたちの絵に見いだしていた，細部の描写とは別の価値を，より直接的に表すことができるようになったのである。また，リチャードソン自身の内面にイメージしたものを伝えるため，それまで自分で画面を構成する経験の乏しかった子どもたちにも，絵として成立する構図を描き出す援助や示唆を与えることができたことも，この方法が成果を収めた理由として考えられる。

　このことは，極端に見れば，子どもたちはイメージの構成に関してリチャードソンに依存しているとして，その学習の主体性を疑問視することもできないわけではない。彼女は，自らの強い影響力のもとに，いわば子どもたちとの協同関係の中でイメージが紡ぎ出されていくことの喜びを隠そうとしなかった。それだけではなく，絵の主題について彼女に依存することは，目的ではなく手段に過ぎないので，子どもたちがより独立して表現することを目指していることを，子どもたちに明確に教えていた[100]。この問題については，第6章において，当時の視学官によるリチャードソン批判の検討でも，さらに考察する。いずれにしても，この試みの成功は，リチャードソンの教育方法における，外観描写からの離脱の過程の次の段階を示すものであった。

　ワード・ピクチャーにおける教師のイメージへの依存あるいは協同から，さらに子どもたち自身のイメージ体験に基づいた描画のあり方を求める上で見いだしたのが，マインド・ピクチャーと呼ばれる描画活動であった。これは，子どもたちが，静かに目を閉じた状態で自然に現れた内面的イメージを記憶し，それをもとにして描くというものである。描かれた絵は，多くが非具象的なイメージを含んだ，多様な特色と，不思議な美しさを備えたものである。リチャードソンは，マインド・ピクチャーを，あくまでも予備的な活動として位置づけながらも，すでに確立されたいかなる外部的基準からも離れ，従来の意味での描写能力に依存しない，子ども自身の内面に導かれた描画を実行することができる，という意義を強調する。ここに至って，方法の系譜からは，外観描写からの離脱の過程が，最も極限にまで推し進められたと見ることができる。ただし，リチャードソンは，後には，自然の描画も復活させており，この方向は，「反動」として必要な，過渡的なものであったとも認めている[101]。

その他に，パターンの構成が試みられている。これは，初期の段階では，やはり内面的イメージをもとにして，規則的な繰り返しなどを用いた例が見られるが，後には，文字の書き方のパターンと組み合わせた方法へと発展するものである。

　第二に，「美術とは何か」を考える学習への転換を跡づけてみたい。子どもたちは，学習における達成の基準を示すものに敏感である。先に述べたように，リチャードソンが描画を教え始めたとき，それまでの基準では評価できない，個人的な表現の要素が子どもたちの作品に現れていることに，心を奪われていた。しかし，予期せぬことに，子どもたちは，何も言われなくても，評価の基準に変化が起きたことに気づいて，リチャードソンが高く評価した子どもの様式を，単に模倣する現象が発生した。これを憂慮した彼女は，子どもたちと，美術の性質について話し合う活動を導入し，やがてそれは彼女の指導の重要な部分を構成するようになっただけでなく，教師自身の思想形成をも助けたという[102]。

　これに関連して，子どもたちの作品に対する，相互の批評活動も導入された。1918年に行った講演では，毎回の授業は前回の作品について学級全体で批評し合うことから始まり，また，それぞれの学級の選んだ方法によって，子どもたち自身が作品の採点に関わる経験を持ったことを述べている[103]。このような形式の批評活動の結果が，教師による学習の評価と常に一致するとは限らないが，それよりも，批評的な活動を通して，表現の特徴や美的な問題に気づくようになること，また，表現の水準を向上させることを目的とした学習であった，という。

　さらに，表現の過程においては，教師が子どもの絵の間違いを正す「審査員（あるいは裁判官）」であることをやめ，それを理解しようとする鑑賞者の立場に立つとともに，その代わりに，子どもが自己評価をできるように訓練することが，教師の役割であることを強調する。学習者が，権威からの評価におびえる存在ではなくなり，自らの内的思考を判断の主体としていくことによって，積極的な学習への集中と能力の発揮を促すことができるというのである。また，これを最もよく示す方法が，マインド・ピクチャーであるという[104]。

　第三に，学習への刺激と環境の工夫としてリチャードソンが取り組んだ活動の，いくつかの側面について指摘したい。この方面における変革の一つは，描画の主題に関して，学習者の興味を反映したもの，あるいは学習者が直接経験できる日常的な情景を用いたことである。1918年の講演では，模型，自然，記憶など定め

られた題材が週ごとに与えられるような，当時の典型的な学習計画を「想像力にほとんど訴えかけない」と否定し，「正しい主題とは，まさに，子どもが本当に興味を持つもので，それを考えることが楽しいもので，そのために，アイディアをあふれんばかりにして次の授業にやってくるようなもの」であると主張している[105]。

　また，多様な材料経験や方法上の実験を授業に導入している。この背後には，リチャードソン自身が，学校教育において，自らの表現意図に適さない単一の技法しか許されなかった経験への反発が存在している[106]。彼女はこの問題を様々な箇所で語っているが，その断片を総合すると，以下のような主張にまとめられる。

　すなわち，子どもたちを正確な再現描写から解放し，自らの内面に導かれて表現することを励ますことによって子どもを表現の主体にした上で，その意図に従い，あるいはそれを刺激する多様な選択肢が用意されている必要がある。この原則が確立されているならば，技術指導はむしろ奨励されるべきであるが，それでも，教師が示す方法は，学習者が選択できる解決策の一つとして示されるべきであって，最終的な選択は，学習者が自身の内面的イメージに基づいて判断する。また，これらの過程が成功したとしても，教師と学級相互の影響から一定の表現傾向が「伝統のように」形成されてくることは避けられない。もしその傾向があるところまで高まってきたならば，未知の材料経験を導入して，その固定化を揺り動かす機会である。

　その一つの成功例としてリチャードソンが繰り返し紹介するのは，身近な材料を用いて絵の具の代替物を作ったときの子どもたちの熱狂ぶりであった[107]。創造的活動の過程における，秩序形成と無秩序への解体の間の動的な往還を，教師は授業の中で作り出していたのである。

　若くして全校の美術の運営の責任を任されたリチャードソンは，美術教室と校内の環境の整備にも，献身的な活動を見せている。その一部は，当時の同僚の証言にも明らかである。ダドリーでリチャードソンの助手を務め，後に後任者となったアイリーン・ワード（Irene Ward）は，採用面接のために初めて同校を訪れたとき，美術室の環境を見て，全く新しい世界に入り込んだような，強い印象を受けたという。

　　　工房は，大きくて明るく，そしてとても輝いて見えました。なぜなら，壁

は，本当にたくさんの絵で，完全に覆われていたからです…一つ一つが，明るいオーク材の細い額縁に，丁寧に額装されていました。…その効果は，魅惑的で，思いもよらないものでした！学校の美術教室がこんな風に見えるとは，想像したこともありませんでした。…私は絵に引き込まれて，いつまでも，いつまでも見ていました[108]。

このように，リチャードソンは，子どもの絵を美術作品のように，個人のかけがえのない表現として尊重する，という思想を，早くも学習環境の中に体現させていた。子どもの絵の誤りを探す審査員から，その声に耳を傾ける聴衆への教師の立場の変革を主張した，リチャードソンの意図を反映するように，初めてそこを訪れた教師は，見事に，子どもたちの作品を「鑑賞」することを余儀なくされている。

1919年からダドリーに勤務し，リチャードソンと終生の交友を続けたM. D. プラント（M. D. Plant）[109]は，美術教室の魅力に引かれて，授業後の彼女の準備や課外活動などを手伝うようになった。彼女によると，教室の机は可動式で，基本的には，子どもたちが出入りしやすいように2列に並べられ，中央は大きなテーブルのために空けてあり，できた作品などを提出するために使われたという。床には真鍮製の釘で印がしてあり，活動に応じて机の配置を換えたときも，すぐに位置がわかるようにされていた[110]。

環境とも関わって，美術を通した全校的な活動への寄与も，彼女の同僚たちに強い印象を残している。全校の「装飾委員会」では，校内の作品展示，掲示板の改善指導を行い，子どもたちの手作りのカーテンが校内を飾り，「美術クラブ」は，演劇の舞台や家具，衣装などを制作し，他の教師もこれに加わって，工房は，美術を通した自主的な交流の場となっていた[111]。これらは，フルード校長が推進した，子どもたちの自主的な活動を学校運営に導入する動きの一環としても機能していたのである。

以上，外観描写からの離脱，美術の意味を問う学習，学習への刺激と環境の，概要3点から指摘した，リチャードソンによる初期の方法上の変革は，総じて，学習の主体を既存の外的基準から，学習者中心へ移行させていく過程を表していると理解することができる。ただし，正確な外観描写からの離脱自体は，必ずしも，学習者中心の教育にとって必須条件とは考えられない。元来，それは様式上

の選択の問題である。しかし，当時の歴史的文脈において，正確な模倣を中心とした学習が，学習活動を外部的な基準に依存する性質に固定する役割を果たしていたことを考えれば，学習の主体を子どもの側に転換させる過程としては，それからの離脱は，相当の効果をもっていたと考えられる。この点に関しては，現在においても，適切に用いれば，同様の機能は果たしうると考えられるのである。

第4節　オメガ邂逅から啓蒙的活動へ

　この節では，美術評論家ロジャー・フライが，リチャードソンの指導した子どもたちの美術の価値を認める1917年のオメガ工房での邂逅から，リチャードソンが，地方の一美術教師にとどまらず，ロンドン等での子どもの美術展覧会，教育者への講演活動，その他の社会的活動を通して，啓蒙的な活動を展開していく1923年頃までを対象に，その行動と思想の発展経過をたどる。

1. オメガ工房と1917年子ども絵画展

　「オメガ工房」とは，ロジャー・フライが，1913年にロンドンのフィッツロイ・スクエアに設立した，実験的な装飾美術の工房である。自ら画家でもあったフライは，ヴァネッサ・ベル（Vanessa Bell, 1879-1961），ダンカン・グラント（Duncan Grant, 1885-1978）など，同工房に集まった若い芸術家たちとともに，自らの美術観と生活環境との問題を追究しようとしていた。彼らが生み出した作品は，家具，テキスタイル，陶器，グラフィック・アート，絵画，彫刻など多岐にわたり[112]，伝統的な装飾の様式を脱した，モダニズム，あるいはポスト印象派に同調した，単純化された形態による斬新なデザインなどに特徴を見せていた。

　フライは，ポスト印象派からいわゆるフォーマリズムの理論によって，英国美術におけるモダニズムの勃興を指導する一方で，オメガのような生活環境の変革に関わる実験，また，モダニズムの発想の一つの源泉となった原始美術や，子どもの美術など，多方面にわたる関心を持ち続けていた。子どもの美術に関しては，例えば，1909年の「美学における一小論」[113]では，子どもは，自然の模倣でなく，彼らの想像の生活である心のイメージを表現するということに言及し，また，1910年の「マネとポスト印象派展」のカタログでは，子どもの美術と原始美

術の類似性にも触れ、教育によって子どもが対象の外観の描写技能を身につけると、その本来の表現性が失われてしまう、という考えを述べている[114]。

1917年3月、フライは、従来からの子どもの美術に対する関心を実行に移し、オメガ工房の展示室に、子どもの絵を展示する。この展覧会は、主としてフライの知己の芸術家に呼びかけて、その子どもたちの作品を集めたものであったが、子どもの描画を、近代的な意味での「美術」としての性質を帯びたものとして認めた、最も早い動きの一つとして位置づけることができる[115]。彼によれば、自由に自分自身のビジョンを表現した子どもたちの作品と、学校において型にはまった指導を受けた作品とが展示されたが、両者の差異は、歴然としていたという[116]。彼の意図は、子どもの本来の表現のもつ価値を示すとともに、当時の学校教育における一般的な描画の指導が、それを損ねるものであることを主張することにあった。

フライの理論的実験という側面を持っていたこの展覧会が、子どもの「美術」としての価値を公衆に印象づける上で、リチャードソンという美術教育者との邂逅は、予期せぬ効果をもたらした。リチャードソンはすでに、遅くとも1916年には、視学官と教員養成大学の職に応募を試みているが[117]、折しもこの展覧会の会期中に、ロンドンで採用面接があり、ダドリーの子どもたちの作品を持参してきていた。しかし、面接官たちの見解は、フライが批判したような教育者の立場をまさに代弁したものであり、リチャードソンの仕事は全く評価されなかった。彼女は自信を喪失しながらオメガ工房の展覧会を訪れ、そこで偶然面会したフライは、直ちにダドリー作品の価値を認め、それらを展示に加えることを提案したのである。

この邂逅については、リチャードソン自身が回想録に詳しく記しているが、ブルームズベリー・グループでフライと親交の

図1-7 フライによるリチャードソンのスケッチ
1917年、オメガ工房の展覧会でリチャードソンに出会ったことを娘に報告した手紙から。

あった作家ヴァージニア・ウルフによる彼の伝記でも触れているほか[118]，フライ自身も，家族へ宛てた書簡に綴っている。例えば，会見直後の記述と思われる，3月7日付の，娘パミラへの書簡には，フライ自身が描いたリチャードソンのスケッチ（図1-7）とともに，次のように記されている。

> 素晴らしい子どもたちの絵を手に入れたことを，知らせなくてはならない。リチャードソン女史という，Ha［ロジャー・フライの妹マージェリーの愛称。リチャードソンは学生時代，彼女が管理者を務める学生寮に入っていた。］の学生の一人が現れたのだ。彼女は，ブラック・カントリーの学校で，本当に貧しい子どもたちを教えている－むしろ，彼女は彼らに，自分たちのやり方をさせる方法を発見したというべきか。彼女は，彼らに目を閉じて構図を思い浮かべさせ，そこから描かせているのだと思う。彼らは，家や生活の場面や，あらゆるものを描いているが，それらを見た人々は皆，驚いて，この幸運な子どもたちをうらやんでいる[119]。

続けて，当時のフィッシャー教育大臣にこれを見せ，現在の美術の教え方をやめさせられないか，試みたいと記している。

また，妹マージェリーに宛てた，5月2日付けの書簡には，会見の経過だけでなく，フライが美術教育の将来に希望を見いだしたことなどが，次のように記されている。

> リチャードソン女史という，ふくよかで，赤い顔をした，とても感じの良い人が，オメガにやって来た。ロンドンで職を得ようと，彼女の教える子どもたちの絵を入れたポートフォリオを持って来ていたのだ。教育行政官たちは，だれだか知らないが，即座に彼女をだめだとして却下した。そして我々の展覧会のことを聞いてやって来た彼女は，幸運にも私を見つけたのだ。私は，彼女の持ってきたものを見て，本当に驚いた。…彼女は実に優れている－教える（teach）のではなく「引き出す（educate）」方法を，本当に見いだしたのだ。私は，そんなことは不可能だと思っていた。…もし私たちに運があるなら，多くの英国の子どもたちの未来を，大きく変えられるかもしれない。…それは，真のプリミティヴ・アートだ。最も偉大で純粋な種類の美術というわけではないが，真の美術だ…[120]。

このように，リチャードソンとの出会いは，フライにとって，単に当時の美術

第4節　オメガ邂逅から啓蒙的活動へ　｜　61

教育の状況を悲観するのみでなく，積極的に，その改善を提案する姿勢に転じさせる契機をもたらしたということができる。「美術」として子どもの表現を認識するという，オメガ工房での展覧会の性格は，ダドリー作品の参加によって，より鮮明なものとなったのである。

同書簡ではその他，フライは，マージェリーがバーミンガムで世話をした彼女と再び出会った巡り合わせを語るとともに，教育大臣がこの展示に感銘を受け，リチャードソンのロンドンでの職探しに協力するほか，彼女の方向に沿って，新たな教育事業を計画することを話し合ったと伝えている。

この時期，フライからリチャードソンに宛てられた書簡も，彼のこうした動きを裏付けるものである[121]。アーカイブに残された書簡から見るだけでも，例えば，同年の3月28日付の短い書簡には，彼がフィッシャー教育大臣と接触を試みていることが記され，4月4日付の書簡では，「昨日，フィッシャー氏に会いました。彼は，とても共感してくれて，これらの絵がどれほど優れているか，良く理解していました。彼は，あなたのために何ができるか，考えてみることを約束してくれました。」と述べ，7月28日付の書簡では，フィッシャーが教員養成大学の職への応募を勧めていることなど，フライが盛んに彼女の進出のために動いていることを知らせている[122]。また，フライが計画中の出版物にダドリーの絵を載せることや，子どもたちの絵を購入する計画などが話し合われている。フライの，こうした促進活動を背景として，ほどなく，リチャードソンの成果は，様々な形で公に認められる機会を得ていく。

代表的な教育新聞『タイムズ教育付録』4月5日付に掲載された，クラットン－ブロック（Arthur Clutton-Brock, 1868-1924）による記事は，リチャードソンの教育に関する，公刊された最も初期の紹介である[123]。彼は，この前年に『究極の信念』[124]を著し，教育における美的活動の重要性を説いているほか，のちに，1920年代の英国におけるチゼックの子ども美術展の諮問委員も務めている。『タイムズ教育付録』紙の記事には，リチャードソンの名は挙げていないものの，オメガ工房に展示されている「ブラック・カントリーの公立学校の子どもたちによる絵」は，美術教育に携わるすべての人々必見である，と推奨している。

この記事の一つの特色は，これらの描画の指導方法について，およそ3点にわたって，比較的詳しく紹介している点にある。その一つは閉眼描法によるもので，

詩の朗読を聞き，目を閉じたままで，思い描いた想像を素早くスケッチする。のちに，そのスケッチをもとに，水彩画を描く，というものである。このことによって，ためらいや抑制を避け，想像を表現することができるという。第二には，パオロ・ウッチェルロ（Paolo Uccello, 1396/7-1475）の，狩猟の情景を描いた作品の絵はがきを示し，後に記憶によって，子どもたちが遊んでいる情景に翻案したものを描く，という活動である。これによって，奴隷的な模倣に陥らずに，原作の魅力が与える喜びを表現することに成功しているという[125]。第三に，花や植物を記憶によって描く作品である。これは，通常，学校で行われている観察による描画よりも，その完璧な単純さのために，遙かに優れている，というのである。

　リチャードソンとの接触の経緯の詳細は不明であるものの，これほど初期に，第三者が，具体的な指導の方法に関する記述を示している点は，注目に値する。前述の指導例の紹介の中には，他の資料ではあまり見られない方法を含んでいる。そしてこの紹介は，クラットン－ブロック特有の観点によって結論づけられている。その前週の記事から彼が子どもの描画教育について主張してきたことは，彼らの自然な力や技能の範囲を超えて，巨匠の水準を模倣させようとすることが，彼らを美術に失望させる原因であり，子どもには，素朴で単純な表現を励ますべきである，ということであった。

　のちに，リチャードソンは，美術教育に関する講演の中で，繰り返し，クラットン－ブロックの『究極の信念』を引用し，彼の思想への傾倒を示した。しかし，少なくとも，この記事に見られる彼の描画教育観は，大筋でリチャードソンと共通の方向性を示していながらも，どちらかといえば，子どもが「大人の」美術と隔絶した，素朴な表現に安住することを強調している点において，微妙な相違を見せている。

　フライによるフィッシャー教育大臣への啓蒙は，彼女の職業的地位には直接結びつかなかったが，6月22日に行われた教育問題に関する大臣演説の中で，彼は，リチャードソンの教育を高く評価し，その概要が翌週の『タイムズ教育付録』紙に掲載された。彼は，教師たちは，子どもの想像力の価値を過小評価する傾向にある，と指摘した上で，次のように，オメガ工房に展示された作品の魅力を紹介する。

　　それらは，偉大な想像力と，芸術的な構図と，調子と色彩に関する高度な

感覚を示していた。それらの絵は，非常に卓越した女性による刺激のもとに描かれたものであり，普通の授業ではなく，子どもたちの想像の能力に訴え，発展させる方法によってなされたものである[126]。

　この講演における教師への助言の結論は，子どもの知識の欠如よりも，その知恵と想像力への信頼に基づいて行動すること，という子ども中心の観点を唱えるものであった。

　1917年のオメガ工房における子ども絵画展の意義と，ダドリー作品への評価について，最も重要な文献は，フライ自身の考えを述べた，『バーリントン・マガジン』6月号の論文である。これについては次項で検討する。そのほか，オメガ工房におけるダドリー作品に関連する記事としては，「手仕事の価値」(『タイムズ教育付録』1917年7月24日)，ローレンス・ビニヨン「赤ん坊と乳児」(『ニュー・ステイツマン』1917年10月20日) がある[127]。前者の匿名記事は，手仕事の教科としての確立を訴える視点から，ダドリー作品に見られた「自己表現」とのバランスを取ることを主張したものであり，後者は，大英博物館の版画・素描担当職員であったローレンス・ビニヨン (Lawrence Binyon, 1869-1943)[128]から，フライの記事に対して，子どもの描画を真剣に扱いすぎると疑問を提示されたものであった。リチャードソンは，フライの激励も受けて[129]ビニヨンに作品と手紙を送るなどして熱心に「啓蒙」し，彼を共感者に引き入れている[130]。

2．フライの美術教育観への影響

　フライによって，この時期に著された「子どもの描画」(1917年6月)[131]，ならびに「美術の指導」(1919年9月)[132]の二つの論文には，リチャードソンとの接触が，フライの美術教育観に明確な影響を与えたことが示されている。

　「子どもの描画」では，まず1917年のオメガ工房における子ども絵画展の意義を総括して，芸術的衝動の性質と，その「育成と抑制の可能性」に関するフライの仮説を検証するものであったという。すなわち，一定の様式を模倣させるような通常の美術教育の影響を受けていない子どもの作品の方が，「芸術的価値」をもつ，という主張である。

　そこでフライは，ここでいう本来的な子どもたちの美術の価値を定義するのに，「プリミティヴ」の概念を使用する。この，「プリミティヴ」とは，一般的には，

イタリア美術において，ダ・ヴィンチ（Leonard Da Vinci, 1452-1519）やフラ・バルトロメオ（Fra Bartolommeo, 1472/5-1517）らによる，完全な再現力の段階に先立つ段階を指すとしながらも，より厳密には，時代ではなく，心理的な態度によって区分すべきであるという。すなわち，物事に動かされた感情表現の直接さが，リズミカルな形態を生み出している，中世写本挿し絵や，ピサネルロ（Pisanello, 1395-1455？）などの画家を代表的な「プリミティヴ」とし，感情よりも，形態への強い感覚に支配されているピエロ・デラ・フランチェスカ（Piero della Francesca, 1410/20-1492）らを，「フォーマリスト」と定義するのである。

そして，もはや我々の自意識的な文明の中では，「プリミティヴ」な態度，すなわち，「ビジョンの新鮮さ，驚きと衝撃，表現法の親密さと明確さ，『予想外の』性質」を保持することは，極めて困難であることを述べている。ただし，例外は，子どもである。環境に対して，強い感情的価値を与えることのできる子どもの視覚は，大人よりも鮮明で強烈である。現在の，誤った教育方法による抑制がなければ，子どもは，鮮明な知覚を，直截さと簡潔さを持って表現することができるのではないだろうか，と彼は推測する。

この仮説を検証するために，オメガ工房への出品作から，画家オーガスタス・ジョン（Augustus John, 1878-1961）の息子が9歳の時に描いた「ヘビ」の絵と，ガスキンという少女が7歳で描いた「散歩」の絵が提示される（図1-8，1-9）。いずれも，学校での指導の影響を受けていない子どもの作品であり，心のイメージを単純に表現する力にあふれていると評価する。一方で，同じ少女が成長して

図1-8　1917年オメガ工房子ども絵画展の作品より　(1)「ヘビ」
作者オーガスタス・ジョンの息子，9歳。

図1-9　1917年オメガ工房子ども絵画展の作品より　(2)「散歩」
作者ガスキン，7歳。

図1-10　1917年オメガ工房子ども絵画展のダドリー作品より(1)
　　　　「土曜日の晩」

図1-11　1917年オメガ工房子ども絵画展のダドリー作品より(2)
　　　　「ブラック・カントリーの風景」

から描いた作品は，フライを失望させた。子どもが成長するにつれてその芸術の価値を疎外する「意識」の作用として彼が問題視したのは，概要，以下の四点である。すなわち，自由な記録の抑制，心のイメージの鮮明さの喪失，窮屈で臆病になること，対象との親密な接触や生命感の消失，である。ここで，「プリミティヴ」な民族同様，子どもたちも，たやすく西洋近代文明の影響を受け，その無意識的な表現を放棄してしまう，という考えが述べられる。この議論の前半では，子どもの無垢な表現の力が失われる原因を，学校における指導法に置いているのであるが，後半で，学校による指導を受けていない子どもも，近代文明そのものの影響を被ることは避けられない，としている点において，極めて悲観的な論点を提示している。

ある意味で，唯一の救済の可能性として，最後に言及されるのが，会期中にオメガ工房に持ち込まれて，フライの関心を引きつけた，ダドリー女子ハイスクールの子どもたちの作品である。彼を驚かせた点は，それらの絵が，中世写本挿し絵と極めてよく似た特徴を示している，という点であった。子どもたちの表現と，彼の「プリミティヴ」理論とを結びつける「典型的」な証拠が，現れたのである（図1-10，1-11）。

彼は，リチャードソンは，一定の芸術様式を押しつけず，個人の知覚と発想を刺激する方法を発見した，と紹介している。その方法は，第一に，互いに批評し合うことによって，彼ら自身の様式を発展させることであるが，彼は，これを15世紀のイタリアの小都市で行われたことになぞらえている。子どもの美術と，中世の工房で作り出された写本挿し絵との間に，単に画面上に類似した特徴が見いだされるだけでなく，その様式の発展の過程にも，共通の作用が働いているという解釈を強調しているのである。個人の主観性の強化のみではなく，一種の共同体における相互影響のもとで，ある様式が醸成されてくる様子を，理想の工房，理想の教室として思い描いているのではないだろうか。第二に，心のイメージを定着させ，それを絶対的に信頼する力を訓練することであり，これによって，絵が内面的ビジョンの，直接的な表現になるようにする。そのために，詩の朗読がしばしば行われることを紹介し，いくつかの題材を例に挙げて，子どもたちの作品に，どのように描かれたかを比較している。リチャードソンの探究した方向性は，まだ未開拓ではあるが，この一事例の証拠は，教育における想像力の欠如に

対する我々の不満を解消するものである，と結んでいる。

　1919年の，「美術の指導」は，モダニスト的な美術の定義から，この問題に接近している。すなわち，美術の本質とは，これまで存在しなかったものを作り出すことにあるが，この，「知られざるもの」は，「ビジョン」への感情的・感覚的特異性を伴った個人の反応であると同時に，個人の精神を通して，客観的な真実を共同体に提示するものである，という。したがって，この「知られざるもの」としての美術は，従来の，段階的な試験基準が支配してきた教育方法によっては，「教える」ことは不可能である。

　そこで，問題となるのは，経験に対する反応の個人的な力を探究し，実現するような，「もう一つの種類の教育」が可能かどうか，ということであるが，その回答は，リチャードソンの実践している教育にある，とするのである。この記事では，フライは，方法としては，専ら，目を閉じて内面のイメージに集中する活動をとり上げている。

> そこで彼女は，彼ら自身の個人的なビジョンに興味を持つように活動を設定する。特に，心のビジョン，彼らにそのビジョンがどうあるべきか一切暗示を与えないで，目を閉じた状態で生じるビジョンについてである。この方法によって，彼女は，非常な鋭敏さと明確さをもった心のイメージを，生徒たちの中に育ててきた…[133]

　この部分は，名称こそ出していないが，リチャードソンが指導計画案や講演の中で，マインド・ピクチャーと定義する描画活動と一致する。フライは，この活動によって，詩の朗読やその他の語りかけによっても，明確なイメージを思い描くことができるようになり，同時に，通常の退屈な練習によって獲得される技能をはるかに超えた，確かな手の動きや材料の合理的な使い方などを発揮することができる，と述べている。また，従来の描画訓練からの解放は，怠惰を生むどころか，自発性に基づく，新しい技法の探究や，授業時間を超過して取り組む自主的な規律，すなわち，芸術家が自らに求めるような集中力を示している，というのである。この主張は，特に，リチャードソンが，1925年に行っている講演の趣旨と非常に近い[134]。おそらく，フライとリチャードソンが，一つ一つの作品を見ながら，教室で行われている活動の性質について，詳しく語り合ったことが反映されているものと思われる。

しかしながら，フライは，素朴な楽観主義に基づいて論じているのではない。彼は，子どもについて，「未開人」と同様，文明の中で，その特質をすぐに失ってしまう「弱くて不完全な芸術家」であると認識する。そこで，美術教育の取り組むべき問題は，子どもが通常の教育において人類の蓄積された経験を吸収する過程と並行して，ビジョンへの個人的な反応を保持し，発展させることによって，「子どもの芸術家」の中から，少数の「文明化された芸術家」と，より深く美術を理解し享受する一般の観衆を育てることにある，と結んでいる。

1917年と1919年のこれら二つの論文は，フライの美術論の文脈の上で，前者は主として「プリミティヴ」の観点から，後者は主として「モダニズム」の観点からの，子どもの美術への接近が試みられているということができるが，当然，両者は相互に関わり合っている。すでに見てきたように，フライは，逸話と対象の描写に彩られた伝統的なヴィクトリア時代の絵画を離れ，ポスト印象派の擁護などを通して，モダニズムの美術運動を推進していた。その際に，彼が非西洋文明や，盛期ルネサンス以前の中世的な特色を帯びた画家たちに認めた「プリミティヴ」な性質を，写実的再現技術の卓越性に依存しない美術の指標の一つとして用いていたことは明らかである。こうした理論との平行関係が，子どもの表現活動を理解する際にも適用されているのを見ることができる。フライの側から見れば，リチャードソンとの出会いによって，子どもの美術に関する彼の理論の閉塞を打開する，具体的な事例を得ることになったということができる。そして，リチャードソンの側にとっては，直観と共感に基づく彼女の具体的な実践が，一つの思想的潮流の中に，位置づけられていくのを見いだしたものと考えることができる。

3．展覧会と講演

1917年のオメガ工房での展覧会を契機に，新しい教育方法の先駆者として認知され始めたリチャードソンは，その思想と方法を，他の教育者へと伝え拡げる活動を開始する。その主要な手段となったのは，子どもの作品の展覧会と，一連の講演活動である。この年代における主な活動の記録を，以下にまとめてみる。

アーカイブには，「ダドリー女子ハイスクール美術展覧会1917年12月」と記された手書きの資料が残されている[135]。おそらく校内かダドリー近郊で開催された展覧会における紹介文と推測される。これは，短い文章で必ずしも整ったもので

はないが，リチャードソン自身が記した，子どもの美術に関する見解としては，記録に残る最も早い時期のものである。その要旨は，展示の作品は，小さな美術作品と見なされるべきであること，教え方には固定した指導計画や直接の技術指導はなく，「明確な考え」を浮かべることが最も重視されること，風変わりだからといって拒絶せず，「プリミティヴ」や外国の美術が風変わりであるのと同じように，受け止めるべきこと，等の考えが記されている。ここには，1917年のオメガ工房における展覧会と共通する思想を見ることができる。子どもの作品を，不完全な練習の結果としてではなく，一つの美術としての作用をもたらすものとして位置づけるという，子ども美術運動の特質を体現する場としての展覧会である。

1919年2月には，オメガ工房で，ダドリーの子どもたちの作品展が，フライによって開催される。同展覧会は，当時，ロンドンで注目を集めていたロシアバレエ団のデザイナーであった，ミハイル・ラリオノフ（Mikhail Larionow, 1881-1964）による素描の展覧会と同時に開催されているが，子どもの作品としては，ダドリー女子ハイスクールを単独でとり上げたものである（図1-12）。

その案内書に寄せたフライの文章は，ほぼ，1917年の論文の主旨に基づいて展開したものである。すなわち，1917年にオメガ工房で開いた子ども絵画展が明らかにしたことは，学校で教育を受けた子どもたちが，世界に対する自分自身のビジョンに対して自信を失っているのに対し，教育を受けていない子どもたちの方は，自分の見た世界に関して，個人的に表現するものを持っている。この法則の例外は，リチャードソンの生徒たちであり，16, 7歳で学校を卒業するまで，そうした力を保持している。彼女の方法で特筆すべきものは，個人のビジョンを自由に発展させる訓練を開発したことであり，また，仲間同士で批評し合うことにより，ルネサンス時代のイタリアの小都市の工房における共同体のように，一種の共通の伝統を作り上げていることである，という。そして，「彼らの描

図1-12 1919年オメガ工房におけるダドリー展覧会のパンフレット

いたものは，明確な表現としての価値をもっている。もちろん，それは一流の美術というわけではない。それは，経験の豊富さと一流のデザインのもつ論理的な制御を欠いている。しかし，それは偽りのない高貴な美術である。」[136]と述べ，このような実験が，国家的な問題として，可能な限り望ましい状況において試みられるべきである，とまで記している。この発言は，教育大臣への紹介や説得などを含むフライの様々な啓蒙活動を背景としたものであろう。

フライがヴァネッサ・ベルにあてた1919年2月22日付の書簡には，この展覧会の状況が報告されている[137]。同展覧会について，フライは，「本当によい展覧会です。」と，かなり満足した心境をヴァネッサに書き送っている。大部屋には，壁中にダドリーの作品を展示し，工房には，ラリオノフによる「マリオネット」のデザイン，そして階下の部屋は，当時フライがほとんど一人で塗装して仕上げたという，家具の労作の数々で埋められていた。

同書簡には，1917年の展覧会の紹介記事を書いたクラットン－ブロックを招いたものの，子どもの絵に関する彼の鑑定眼は乏しかったので，彼を信じていたリチャードソンは，ひどく失望した，ということが記されている。同じ批評家，しかも，ともにリチャードソン擁護の論陣を張っていた，フライとクラットン－ブロックの関係がどのようなものであったかは不明であるので，彼の鑑定眼に対するフライの評価を過大視することはできないが，少なくとも，リチャードソンが，クラットン－ブロックに傾倒していたことは，ここでも確認することができる。会期中には，フライとクラットン－ブロックによる，子どもの美術に関する講演会が催された[138]。また，この展覧会については，『タイムズ教育付録』，『ヘラルド』，『サンデー・タイムズ』にも，全面的な好意を持って紹介されている[139]。

オメガ工房は，1914年から1918年の第一次大戦の影響を受けて，経営的に行き詰まりを見せており，商品の家具の塗装作業から金銭的な処理まで，かなりの部分をフライ個人の努力によって維持している状態であった。同年3月には，フライはついに同工房を閉鎖する意志を，ヴァネッサに書き送っている[140]。学期間の休暇にしか来ることのできないリチャードソンの都合を考慮し，オメガの仕事に疲弊しながらも「延期することはできなかった」[141]としてフライが開催したダドリーの展覧会は，同工房による企画展の最後を飾るものとなった。しかし，オメガが消滅しても，ダドリー作品を展示することに対する社会からの要求は，もは

や消滅することはなかった。

　1919年のオメガ工房展の後には，ダドリーの子どもたちの展覧会が，6月にリバプールとベッドフォード，7月にケンブリッジ，10月にレディングと，各地で開催され，リチャードソンが，革新的な描画教育の指導者として，全国的に認知されていく時期を迎える。とくに，7月の末から8月にかけてのケンブリッジでの展覧会は，画期的なものであった。これは，「教育における新しい理想」と題する会議において，他の教育者の指導による作品とともに展示されたものである。この会議は，元来，主としてモンテッソーリ主義の限界を打破しようとした人々によって開始された経緯があるが，組織や団体ではなく，毎年の会議ごとに参加費を払って集うもので，1919年のケンブリッジ会議には，450人の教育者が参加する盛況であった。この会議の主題は，子どもの創造への衝動と，教育にそれをどのように生かすか，ということであり，美術や工芸などを通しての自己表現の支援のあり方は，会議全体を通しての関心事であったという[142]。

　しかし，当時の『ケンブリッジ・マガジン』8月2日付の記事，「描画の指導法」[143]は，会議の模様について，専門化した教育の弊害を指摘し，生活を全体として見る教育が望まれることが述べられたものの，それに続くとりとめのない議論は，危機に対応する実際的な方法の成果には乏しかった，と厳しく批評している。会議そのものとは対照的に，併せて開催された展覧会では，学校における最高の描画の例を見ることができるとし，特に，キャタソン-スミスによるバーミンガム美術学校生，パリで教えるチューダー・ハートの生徒，そしてリチャードソンの生徒たちの作品について評価を寄せている。その中でも，前二者には批判的観点が加えられたのに対し，ダドリーの子どもたちの作品には賛辞を惜しまないなど，特筆すべき扱いを見せている。

　1917年のオメガ工房展以降，講演によって，リチャードソン自身がその考えと教育方法について，聴衆に訴える機会が持たれるようになっていく。晩年まで続けられていく，講演活動の開始である。リチャードソンは，それぞれの講演の中で，自らの美術観・子ども観を語るとともに，従来・そして当時の美術教育の問題点を鋭く指摘し，また，巧みな比喩や逸話によって聴衆を引きつけ，自らの指導経験に基づいて，具体的な方法の事例を提示していった。これら一連の講演は，リチャードソン自身がその思想を発展させていく機会であるとともに，それに対

する共感者を拡げていく場でもあった。

　講演原稿が残されているなど，明確に確認できるものとしては，1918年8月の日付のあるものが，記録に残る最も初期の講演である。次いで，1919年4月の日付も見られる講演原稿は，数次にわたって改編された跡があり，2回目のオメガ工房展によって，さらに注目を集めるようになったことを受けて，講演内容の拡張，思想の形成を積極的に進めていたことがうかがわれる。その後，各地を巡回した展覧会での一連の成果を受けて，1920年にダドリーの一般教育者を前に行われた講演は，内容がよく整理されており，初期における思想形成の一つの到達点を示すものと考えることができる。これらの講演の内容については，第3章において詳しく検討することとする。

4. 社会的活動

　この時期に特筆される，教育者としてのリチャードソンの，その他の社会的な業績としては，教育省教師登録評議会の試験委員（1922年），教育省諮問委員会美術部会への発言（1922年），および，1921年から23年頃まで実施された，刑務所における美術・工芸活動の指導などが挙げられる。

　この内，教育省諮問委員会美術部会は，翌1923年に，美術学習における男子と女子のカリキュラムのあり方と，美術を大学入学資格の試験教科に位置づけるべきという勧告などをまとめている[144]。これに関連して，公式な記録には出ていないものの，同委員会においてリチャードソンの提出した文書が，アーカイブに残されている[145]。ここで注目すべきことは，彼女が，美術教育団体の代表的な意見に反して，美術を試験教科として位置づけることに，反対の表明を記していたことである。その概要は，以下のようなものであった。

　美術教師組合は，当時，高等教育への入学資格となる試験の科目に，美術を含めることを目的として運動を進めていたが，リチャードソンのこの文書は，同組合の3点の主張に対する反論の形式を取っている。同組合の第一の主張は，「一般教育の一部をなす教科は，この教育の保証として認められる，どのような学校の証明書にも，不可欠な地位を占めるべきである。」であった。これに対してはリチャードソンは長い反論を記しているが，その要点は，例えば，「試験は，試験の方法が適用可能な種類の教育を奨励すべきである。」「この段階での試験は，

本当の自己表現の力を完全に抑制してしまうような，強い外部的な利害関係をもたらす以外の何ものでもない」等のような記述に表れている。すなわち，組合の見解が，試験制度によって教科の地位を確保しようとしているのに対し，リチャードソンは，試験制度によって教育の内容が弊害を被ることの方を憂慮しているということができる。

第二の主張は，「現在の状況では，受験者たちは，美術の学習を続ける意志があっても，通常は，美術の教育的価値や，継続的な努力の必要に対して真剣に考慮しないような資格試験の準備をしている間，この教科を断念しなくてはならない。」というものであった。これに対しては，「もしそうなら，校長がその価値を認め，生徒たちの熱中が継続するように，美術教育が活力を持たなくてはならない。」と，明快である。制度的保証に依存せず，教育活動そのものの魅力によって現状を打開すべき，とする気概が伝わってくる。リチャードソン自身が，現実に，美術に対する全校的な認識を得ることに成功していることから来る自負もあったものと思われる。

第三の主張は，「美術が高等教育入学の資格検定試験の科目と認められなければ，合格を重視するあまり，美術を職業とする意志のある受験者は，最も感じやすい年齢に，その学習を中断させられてしまう。」というものであった。これには，美術を志望する受験生も，美術の学習を中断する理由は何もないし，むしろ，美術の専門家が，全般的な教育を受けないことの方が問題である，と指摘している。

美術が，中等教育段階のみではなく，高等教育入学資格段階の試験に含まれること自体の是非は，ここでは一概に論じられない[146]。しかし，リチャードソンが，同業者団体の意向に反しても，教育の理想を守ろうとした一貫した姿勢は，ここに，浮き彫りにされている。この背景には，彼女が現実の学校における指導で，彼女の教え方の価値観と全く異なる基準に基づいた，地方の中等教育修了試験への生徒たちの合格を求められるという矛盾と闘わなければならなかったという経験が作用していることは，充分に考えられる。

刑務所における指導は，当時，社会改善活動の一環として，刑務所の機能のあり方に関心を抱いていた，マージェリー・フライ（Margery Fry, 1874-1958）の提案によって，リチャードソンと数人の同僚が，ボランティアとして，受刑者たちに美術や工芸などの創造活動を経験させる実験的な教育活動に協力したものである。

リチャードソンは，学生時代の後半2年間を，バーミンガムの大学女子寮で過ごしたが，当時，寮の管理者を務めていたのが，ロジャー・フライの妹，マージェリーであった。彼女は，オックスフォードで教育を受け，1904年から14年まで，同大学寮に勤めて，学生たちの知的交流の要の役割を果たしていた。また，クウェーカー教徒としての思想に基づいた熱心な社会教育家でもあり，第一次大戦中はフランスでの戦災者救援の活動に携わり，1919年から26年には，刑罰改革の団体の名誉書記を勤め，学校教育団体などにおいても指導的な役割を務めた[147]。リチャードソンとの個人的交流は，卒業後，彼女がダドリーで新しい教育方法の成果を示し始めると，特に親密なものになり，彼女が社会的承認を得られるよう様々な励ましや保護を与え続けたことは，リチャードソンの活動の背景を理解する上で重要である。

　中でも，マージェリーの明確な関与が見られる事柄は，第一に，彼女が力を注いでいた受刑者たちの待遇改善にも関わる，この実験であった。これは，バーミンガムのウィンソン・グリーン刑務所[148]の精神科医ハンブリン・スミス博士の研究に協力したもので，受刑者たちの精神構造を観察するために，刑務所内の抑圧的な雰囲気を改善する目的から考え出されたものであった。当初は女性受刑者の小グループを対象に，後に青少年の入所者へと拡大され，刺繍や描画などが行われた。受刑者たちにとっては概してこのような手作業の経験は新鮮だったようで，リチャードソン自身による講演原稿や著書の中には，彼らや看守たちとの精神的な交流が描かれている[149]。マージェリーによれば，刑務所の更生的な役割を重視した改革としては，最も早い試みとして成功したものであったという[150]。

注

1) John Dunford and Paul Sharp, *The Education System in England and Wales,* Longman, 1990, pp. 11-14.
2) 秋田　茂「パクス・ブリタニカの盛衰」川北稔編『イギリス史』山川出版社，1998年，316-319頁.
3) デーヴィッド・ウォードル，岩本俊郎訳『イギリス民衆教育の展開』協同出版，1979年，57頁，61頁，143頁．1890年には，初等教育への就学率は，90％を超えた.
4) John Dunford, p. 16. ただし，1918年の終了年齢の引き上げについては，各地方行政の財政難のため，実現にはさらに年月を要した.
5) イングランドおよびウェールズにおける「第二段教育」［中等教育］生徒数は，1914年に187,647人であったものが，1929年には，386,993人に達している．(ブライアン・サイモン，岩本俊郎訳『イギリス教育史Ⅲ』亜紀書房，1984年，449頁，「第1表　第二段教育：学校および生徒数」．)
6) ウォードル，前掲書，204頁.
7) 前掲書，137頁.
8) Andrew Causey, "Formalism and the Figurative Tradition in British Painting," Compton, Susan (ed.) *British Art in the 20th Century, the Modern Movement,* Munich, Prestel-Verlab, 1986, p. 15.
9) Roger Fry, "The French Group," *Second Post-Impressionist Exhibition,* Exhibition Catalogue, London, Grafton Galleries, 1913, pp. 25-29.
10) 「美術作品における再現的要素は，有害な場合もそうでない場合もあり得るが，それは常に無関係なのである．なぜなら，美術作品を理解する上では，私たちは，人生における思考や出来事に関する知識，人生における感情との親しみなど，人生からなにものをも持ち込む必要がないからである.」Clive Bell, *Art,* New York, Frederick A. Stokes, 1914, p. 25.
11) Nikolaus Pevsner, *The Englishness of English Art,* Penguin Books, 1976, p. 25. (first published by Architectural Press, 1956.)
12) Ibid, p. 205.
13) Ibid, p. 199.
14) Roger Fry, "The Art of the Bushmen," *Burlington Magazine,* 1910, reprinted in *Vision and Design* [1920], New American Library, 1974, pp. 85-97.
15) Causey, p. 16, p. 20.
16) Herbert Read, "Roger Fry," 1934, reprinted in *A Coat of Many Colours,* Batler & Tanner, London, 1945, pp. 282-291.
17) Herbert Read, *Education Through Art,* London, Faber and Faber, 3rd ed. 1961, (first published 1943)．リードは，この著作をはじめとする美術教育論を展開するとともに，英国における美術教育学会（Society for Education in Art），国際美術教育学会（International Society for Education Through Art）の組織化に関わるなど，美術教育運動における世界的な指導者としての役割を果たした.

18) Stuart Macdonald, *The History and Philosophy of Art Education,* University of London Press, 1970, pp. 62-63.
19) Richard Carline, *Draw They Must-A History of the Teaching and Examining of Art,* London, Edward Arnold, 1968, p. 76.
20) Macdonald, p. 265.
マクドナルドは，1875年のエドワード・ジョン・ポインターの科学・芸術局芸術部長の就任による純粋美術指向の高まりを，「公的な美術教育における際限のないシーソーゲームの継続」と評し，デザイン学校を率いたウィリアム・ダイスの「ドイツ的，実用主義的」，チャールズ・ヒース・ウィルソンの「イタリア的，アカデミック」，科学・芸術局を率いたコウルとレッドグレイヴの「ドイツ的，実用主義的」，ポインターの「フランス的，アカデミック」というように，中央機関の長の交代によって方針に大きな振幅があったことを指摘している．
21) Ibid, p. 188.
22) Ibid, pp. 166-169.
1858年の教育省の回状には，機械的な模倣が手と目の協調，正確さの獲得を目的とするものであることが明記されている．「ここで教えることを提案されている種類の描画は，厳密な意味で目と手の教育であり，偉大な芸術家の経歴の第一歩であるかもしれないが，いずれにせよ，普通の労働者が自分の仕事を，より手際よく巧みに行えるようにするものである．」ここにはまた，階級による教育目的の区別という思想が反映されているのを見ることが出来る．("Minutes of the Committee of Council on Education, 1857-8", p. 27, *Circular letter* of 27 February 1858, quoted in Macdonald, p. 168.)
23) Macdonald, p. 169.
24) Ebenezer Cooke, "Our Art Teaching and Child Nature, a review of the discussion-Art Section, International Conference, Health Exhibition, 1884," *Journal of Education,* Dec. 1, 1885, pp. 462-5, and Jan. 1, 1886, pp. 12-15.
25) James Sully, *Studies of Childhood,* (1895), New York, D. Appleton, 1896, pp. 333-388.
26) Ibid, p. 331.
27) Ibid, p. 397.
28) T. R. Ablett, *How to Teach Drawing in Elementary Schools,* (1889), London, Blackie & Son, 1903.
29) Ibid, pp. 11-17.
30) Ibid, p. 31.
31) Ibid, p. 35.
32) T. R. Ablett, "Progressive Snap-shot Drawing as a Means of Developing a Science of Pictorial Observation", International Congress for the Development of the Teaching of Drawing, Berne, 1904.
33) Carline, pp. 100-113.
34) Ibid, p. 152.
35) Marion Richardson, "Memorandum for the Board of Education, Consultative Committee, Sub-committee of Art."（MRA 3421）

本章第 4 節参照.
36) Macdonald, p. 342.
37) Her Mother (Ellen Richardson), "As a Child" *Athene,* Vol. 4, No. 1, Society for Education in Art, 1947, pp. 6–7.
38) 1931年に記されたリチャードソンの手記には，クリスチャン・サイエンス教徒としての信条が綴られており，彼女は，1912年にオックスフォードで入信したことが確認されている．(MRA 537, quoted in Alasdair D. Campbell, "Marion Richardson : A Misunderstood Figure in Art Education," unpublished M. Phil dissertation, Birmingham Polytechnic, 1980, a chronological record.)
39) クリスチャン・サイエンス（Christian Science）は，メアリー・ベイカー・エディ（Mary Baker Eddy, 1821–1910）によって，米国マサチューセッツ州ボストンに1879年に設立されたキリスト教の一団体である．精神（神）が実在であって，物質，悪，罪，病気等は非実在との解釈をとり，「癒し」の実践によって病気や罪を正すことができる，とする．現在でも会員数は少数であるが，世界各地に支部をもち，出版等を通した伝道活動を行っている．(C. Lilias Ramsay, "Christinan Science," *Encyclopaedia of Religion and Ethics,* (1910), Edinburgh, T. & T. Clark, 1953, third Ed., pp. 576–579.
Stephen Gottschalk, "Christinan Science," *The Encyclopedia of Religion,* New York, Macmillan, 1987, pp. 442–446.)
40) Bruce Holdsworth, "Marion Richardson and the New Education," M. Phil dissertation, Birmingham Polytechnic, 1990, pp. 17–20.
41) Her Mother (Ellen Richardson), pp. 6–7.
42) MRA 6029.
43) Holdsworth, p. 25.
44) Read, *Education Through Art,* Illustrations 22–25.
45) Marion Richardson, *Art and the Child,* University of London Press, 1948, p. 11.
46) Ibid.
47) Marion Richardson, "An Expansion of the 1919 Lecture," MRA 3446, p. 9.
48) Marion Richardson, "Dudley Education Society," 1920, MRA 3388, pp. 4–5.
49) Marion Richardson, "L. C. C. No. 1. 1925", MRA 3442, p.13A.
50) Ibid.
51) 王立描画協会（MRA 4427），オックスフォード上級地方試験（MRA 6029）等の記録がある（Holdsworth, pp. 22–23, p. 27.）
52) Her Mother (Ellen Richardson), p. 6.
53) Gladys William, "Letter to Marion Richardson," 3rd September 1908. (MRA 861)
54) Richardson, *Art and the Child,* p. 11.
55) John Swift, "Birmingham and its Art School : Changing Views 1800–1921" *Journal of Art and Design Education,* Vol. 7 No. 1, National Society for Education in Art and Design, 1988, pp. 5–29.
56) Ibid, p. 14.
57) Elizabeth Cumming and Wendy Kaplan, *The Arts and Crafts Movement,* Thames and

Hudson, London, 1991, pp. 81-85.
58) Ibid, p. 9.
59) John Swift, "The Arts and Crafts Movement and Birmingham Art School 1880-1900," (Ed.) David Thistlewood, *Histories of Art and Design Education,* Longman, 1992, p. 24, pp. 30-33. Swift, "Birmingham and its Art School," p. 16.
60) Macdonald, p. 292.
61) John Swift, *Changing Fortunes, the Birmingham School of Art Building* 1880-1995, Article Press, 1996, p. 14.
62) Ibid, pp. 308-309.
63) リチャードソンの取得した資格の記録によると,「デザイン」「石膏からの明暗描画」「フリーハンド描画」「幾何学描画」「植物形態の記憶描画」「模型描画」「遠近法」等の科目を見ることができる.（Holdsworth, p. 31.）
64) Richardson, *Art and the Child,* pp. 33-35.
65) S. Frood, "Teaching at Dudley, I," *Athene,* Vol. 4, No. 1, Society for Education in Art, 1947, p. 9.
66) M. D. Plant, "Various Aspects of Marion Richardson's Work," *Athene,* Vol. 4, No. 1, Society for Education in Art, pp. 19-20.
67) Richardson, *Art and the Child,* pp. 34-35.
68) H. F. Warns, "Miss Marion Richardson, Teaching of Art," *Times Educational Supplement,* December 14, 1946.
　　H. F. Warns, "As a Student", *Athene,* Vol. 4, No. 1, 1947, pp. 7-8.
69) リチャードソンの母親の証言によれば,「1912年に美術マスター免許状を取得して, ダドリー女子ハイスクールの美術教師として採用された」という（Her Mother, p. 6.）. リチャードソン自身も, バーミンガムでの最終学年を終える前に, 同校への採用が決まったと述べている（Richardson, *Art and the Child,* p. 12.）.
70) Richardson, *Art and the Child,* p. 11.
71) Richardson, "L. C. C. Lectures, a 1925 No. 2." (MRA 3424B)
72) Swift, "Birmingham and its Art School," pp. 5-29.
73) Horace Lecoq de Boisbaudron, *The Training of the Memory in Art and the Education of the Artist,* translated by L. D. Luard, Macmillan, 1914, (first ed. 1911).
74) リチャードソンの蔵書は, 1914年出版の第二版であり, 全編にわたって書き込みが見られる. 書き込みは, 主として, 重要部を示したと思われる下線や印と, 不要箇所を示したと見られる, 節全体への斜線である. 一つの推測としては, 何らかの学習会のために, 必要箇所などを拾い上げた目的などが考えられる. いずれにしても, この蔵書自体は, リチャードソンがバーミンガム美術学校を卒業して後のものである. (MRA 2075)
75) Lecoq de Boisbaudron, p. 3.
76) Robert Catterson-Smith, *Drawing from Memory,* London, Pitman, 1921, p. viii.
77) Swift, "Birmingham and its Art School," p. 23.
78) Ibid, pp. 23-24.

79) Richardson, *Art and the Child,* p. 11.
80) Warns, "As a Student", p. 8.
81) Richardson, *Art and the Child*, p. 12.
82) Frood, p. 8.
83) 1946年，病床で回想録をまとめていたリチャードソンが元生徒に依頼したアンケートへの返信に，フルード女史が宛名書きをしたことや，同女史への感謝などが綴られている．(Phyllis Parker, "Letter to Marion Richardson." MRA 3060)
(Edeen Oliver, "Letter to Marion Richardson." MRA 3061)
84) Dudely Girls High School records, quoted in Holdsworth, p. 75.
85) Richardson, "L. C. C. No. 1, 1925," pp. 5-6.
86) 「ポスト印象派」(post-impressionism)
ロジャー・フライが，1910年，「マネとポスト印象派展」に際して，印象派以後の，セザンヌらの画家の動きを紹介するために使用した名称．従来，「後期印象派」の訳語もあるが，「印象派の後」という元来の意味を考慮して，高橋裕子が『イギリス美術』(岩波書店，1998年) で使用している「ポスト印象派」を用いることとする．
87) Ibid, p. 14.
88) Virginia Woolf, *Roger Fry,* New York, Harcourt, Brace, 1940, p. 157.
樋口　稔『ブルームズベリー・グループ－ヴァネッサ，ヴァージニア姉妹とエリートたち』中央公論社，1989年，p. 75.
89) 『美術と子ども』には，彼女がダドリー女子ハイスクールに勤務して初めての夏休みに，「最初のポスト印象派展」が開催されていたグラフトン・ギャラリーを訪れ，そこで得られた確信が，次の学期の教育活動への着想をもたらしたと読める文脈で記されている．「マネとポスト印象派展」は，1910年11月8日から，1911年1月15日まで，ロンドン，グラフトン・ギャラリーで，「第2回ポスト印象派展」は，同ギャラリーで1912年10月5日から12月31まで開催され，また，同展の再展示が1913年の1月4日から31日まで開催されている．(展覧会の会期については，次の文献を参照．Denys Sutton, *Letters of Roger Fry,* Chatto & Windus, 1972, p. 170. Grafton Galleries, *Second Post-Impressionist Exhibition, Re-arrangement,* London, Ballantyne, 1913.)
90) Charles J. Holmes, *Notes on the Post-impressionist Painters, Grafton Galleries,* 1910-11, Philip Lee Warner, 1910.
91) Roger Fry, "A Postscript in Post-impressionism," *The Nation,* 24 December 1910, pp. 536-40. (Reprinted in Christopher Reed, *A Roger Fry Reader,* The University of Chicago Press, 1996.)
92) Quentine Bell, "Roger Fry," *Vision and Design, The life, work and influence of Roger Fry,* exhibition by Arts Council and University of Nottingham, 1966, p. 9.
93) Fry, "A Postscript in Post-impressionism."
94) Holmes, p. 11.
95) Richardson, *Art and the Child,* p. 14.
96) Fry, "A Postscript in Post-impressionism."
97) Richardson, "August. 31. 1918," MRA 3394A, p. 6.

98) Richardson, "L. C. C. No. 1, 1925," p. 5.
99) Richardson, *Art and the Child,* p. 12.
100) Richardson, "L. C. C. No. 1, 1925," p. 11.
101) Ibid, p. 10.
102) Ibid, p. 9.
103) Richardson, "August. 31. 1918," pp. 7-8.
104) Richardson, "Dudley Education Society," pp. 16-17.
105) Richardson, "August. 31. 1918," pp. 8-9.
106) Richardson, "Dudley Education Society," pp. 22-23.
107) Ibid, pp. 21-22.
108) Irene Ward, "Teaching at Dudley, II," *Athene,* Vol. 4, No. 1, Society for Education in Art, p. 10.
109) リチャードソンは，1946年，病没に至る最期の時期をダドリーにあるプラントの家に滞在し，回想録を執筆した．
110) M. D. Plant, "Various Aspects of Marion Richardson's Work," *Athene,* Vol. 4, No. 1, Society for Education in Art, p. 19.
111) Frood, p. 9.
112) Crafts Council, *The Omega Workshops 1913-19, Decorative Arts of Bloomsbury,* Exhibition Catalogue, 1984.
113) Roger Fry, "An Essay in Aesthetics," *New Quarterly,* 1909, reprinted in *Vision and Design,* 1920.
114) Roger Fry, "The Post-Impressionists," Exhibition Catalogue, *Manet and the Post-Impressionists,* 1910, 7-13. Reprinted in *A Roger Fry Reader,* 1996.
115) クリストファー・リードは，これに先駆ける動きとして，イタリア未来派，ニューヨークのアルフレッド・スティーグリッツ，ベルリンの青騎士らが1910年代前半に，モダニストの文脈の中で子どもの美術を展示したことを指摘している．(Christopher Reed, "Art and Its Institution: Exhibition and Education," *A Roger Fry Reader,* The University of Chicago Press, 1996, p. 247.)

また，リチャード・カーラインは，これに先立つ王立描画協会の展覧会は，子どもがどれだけ大人の作品に近づいたかを示すという意味で，全く異なった着想に基づいており，1917年のオメガ工房の展覧会は，英国で「子どもの美術」を認めた最初の試みであるとしている．(Carline, p. 167.)
116) Roger Fry, "Children's Drawings," *Burlington Magazine,* June 1917, p. 225.
117) MRA 702, 3164.
118) Woolf, p. 206.
119) Roger Fry, "Letter to Pamela Fry," March 7, 1917. (D. Sutton, *Letters of Roger Fry,* Chatto & Windus, 1972, pp. 405-406.)
120) Roger Fry, "Letter to Margery Fry," May 2, 1917. (D. Sutton, pp. 409-410.)
121) Roger Fry, "Letter to Marion Richardson," March 28, 1917 (MRA 855) April 4, 1917. (MRA 856) July 28, 1917. (MRA 854).

122) これらの職の可能性は，この時点では実現しなかった．
123) Arthur Clutton-Brock, "Some Children's Drawings," *Times Educational Supplement,* April 5, 1917, p. 117.
124) Arthur Clutton-Brock, *The Ultimate Belief,* London, Constable & Co, 1916.
125) この方法については，1915年にリチャードソンが作成したダドリー女子ハイスクールの描画の指導計画書にも，類似の内容が記されており，ブロックの記述を裏付けるものとなっている．(Marion Richardson, "Drawing Syllabus 1915-16." MRA)
126) "Mr. Fisher's Advice to Teachers," *Times Educational Supplement,* June 28, 1917, p. 246.
127) "The Value of Handwork," *Times Educational Supplement,* July 24, 1917. Lowrence Binyon, "Babes and Sucklings," *The New Statesman,* 20th Oct, 1917.
128) D. Sutton, p. 702-703.
129) Roger Fry, "Letter to Marion Richardson," November 29, 1917. (MRA 851)
130) Lowrence Binyon, "Letter to Marion Richardson." (MRA 5974)
131) Roger Fry, "Children's Drawings," *Burlington Magazine,* June 1917, pp. 225-231.
132) Roger Fry, "Teaching Art," *The Athenaeum,* September 12, 1919, pp. 887-888.
133) Ibid.
134) 特に，Richardson, "L. C. C. No. 1. 1925."
135) "Dudley Girls' High School Art Exhibition December 1917." (MRA)
136) Roger Fry, an introduction to the pamphlet, *Exhibition of Sketches by M. Larionow, and Drawings by the Girls of the Dudely High School,* Omega Workshops, 1919. (MRA)
137) Roger Fry, "Letter to Venessa Bell," February 22, 1919. (D. Sutton, p. 447.)
138) Crafts Council, *The Omega Workshops 1913-19,* p. 75.
139) *Times Educational Supplement,* February 27, 1919. (MRA 3208)
The Herald, March 8, 1919. (MRA 3210)
The Sunday Times, March 2, 1919. (MRA 3211)
T. E. S. が，独自の取材で詳しく報じているのに対し，他の2紙は，フライによる案内書の文章の引用に依存している面はあるが，3紙とも，非常に肯定的な報道であることは共通している．
140) Roger Fry, "Letter to Venessa Bell," March 11, 1919. (D. Sutton, p. 448.)
141) Roger Fry, "Letter to Venessa Bell," February 22, 1919. (D. Sutton, p. 447.)
142) Alice Woods, *Educational Experiments in England,* London, Methuen, 1920, pp. 35-37.
143) "How to Teach Drawing," *The Cambridge Magazine,* 2nd August 1919, p. 895.
144) Gordon Sutton, *Artisan or Artist?,* Pergamon, 1967, pp. 236-240.
145) Marion Richardson, "Memorandum for the Board of Education, Consultative Committee, Sub-committee of Art." (MRA 3421)
146) 現実には，この時も正式な試験科目への導入は見送られた．(Carline, pp. 156-157.) なお，ゴードン・サットンは，リチャードソンがこの委員会に関わっていたことを報告しているものの，ヴォーガン (W. W. Vaughan) が試験科目への導入に反対したことを伝えるのみで，リチャードソンの反対については，述べていない．(G. Sutton,

  pp. 237-240.)
147) *Vision and Design, The life, work and influence of Roger Fry,* exhibition by Arts Council and University of Nottingham, 1966, p. 18.
148) 資料によって刑務所名の綴りが一定でないが，その中の一例に基づく．
149) Richardson, untitled lecture notes about the prison work. (MRA 3398B).
  Richardson, "Classes in Prisons," *The Woman's Leader,* October 20, 1922.
  Richardson, *Art and the Child,* pp. 38-39.
150) Margery Fry, "Arts and Crafts in a Prison," *Athene,* Vol. 4, No. 1, Society for Education in Art, 1947, p. 15.

第2章　美術教育改革の展開

第1節　ロンドン移転

1. ダドリー離職とロンドンでの教室開設

　1923年6月の学期終了とともに，リチャードソンは，マージェリー・フライの勧めによって，ダドリー女子ハイスクールの常勤職を離れてロンドンにフライ兄妹と滞在し，その後の新しい活動に備える時期を過ごした。この決断を下した理由には，ダドリーでの仕事には満足していたものの，それは，一地方の学校でのみ可能な事例ではないかという批評に対して，より広い世界での適用を証明したいという意識があったと，リチャードソンは後に語っている[1]。より直接的には，フライらの援助による，新しい職への進出計画を，より円滑に進める意図も存在したであろう。このロンドン滞在は，リチャードソンに，ロジャー・フライらを中心として彼らのサロンで展開された，いわゆる「ブルームズベリー・グループ」周辺の知識人たちによる，芸術や社会についての議論に「狂喜した見学者として」[2]加わる機会をも与えた。

　その後，1924年秋にダドリーでの非常勤等，複数の学校での指導をはじめ，ロンドン・デイ・トレーニング・カレッジ講師等として教師教育への関与を開始するまでの約1年間は，比較的自由な立場で経験の拡張がなされていった時期である。その間の活動としては，個人の美術教室の開設，ロンドン市の子どものための美術教室の開設，展覧会などが特筆される。これらについては，以下の項で順次言及していく。また，リチャードソンは，この期間に妹キャスリーンと共に，ロシアを訪れている。主目的はロシアの学校や刑務所などを見学する人道的な使節の役割であったが，学校での乏しい材料や指導にも関わらず，自由な活動が行われていたことをのちに記している。また，帰路にウィーンを訪れ，フランツ・チゼックと面会している[3]。

　子どもを対象とした美術の個人教室の開始に際しては，当時の生徒募集の案内が残されている。その内容としては，「描画，色彩，文字の書き方を含むデザイ

ン」が挙げられており，10回の授業からなる学習を，学校，または家庭での出張教師として提供することが記されている[4]。

この案内には，ロジャー・フライ，アーサー・クラットン-ブロックらによる記事からの抜粋に加えて，画家で，当時ロイヤル・カレッジの学長であったウィリアム・ローゼンシュタイン（William Rothenstein, 1872-1945），バーミンガムにおける恩師のロバート・キャタソン-スミス，大英博物館のローレンス・ビニヨン，バーリントン・マガジン編集者ロバート・ラトレイ・タトロック（Robert Rattray Tatlock, 1889-1954）らからの推薦文が寄せられていた。フライを中心とした美術関係者からのリチャードソン支持の拡がりが，より確かなものになっていることがわかる。

例えば，ローゼンシュタインは，「彼女のように，若い人々に明確にインスピレーションを与える力を持った人を私は知らない。そのような教師が1ダースもいれば，美術の訓練における困難な問題は解決されるであろう。」と，彼女の傑出した感化力を称賛している。一方，かつて，ダドリー作品に関するフライの論文に対して批判的な記事を寄せたビニヨンは，「制作のために選ばれた方法は，優れたものと思われる［中略］…想像力を刺激することは，今日の生活，-とりわけ，英国においては-大きく求められているのである。」と，抑制された表現ながら，方法上の同意を記している。キャタソン-スミスは，「彼女自身の心の清新さと独創力によって，彼女は，極めて興味深い，そして，私の意見では健全な方向性を切り開いている。」また，最後のタトロックの意見は，全体の意図をよく示したものである。

> 何千人もの人々が，子どもに描き方を教えてきた。彼女は，彼らに，創造することを教えたのである。通常の美術の指導は，子どもに，大人の製図工の技術的準備を押しつけることを目的とする。それはあたかも，子どもにシルクハットとフロックコートを押しつけるようなものである。しかし，ついに，子どもが自分のやり方で，普通，自分の脳に豊かに満ちているイメージや空想を解き放つ方法を見つけた人がいるのである。こうして作られたデザインや描画は，本当に驚くべき美術作品である[5]。

大人の美術と子どもの美術に関する言及があるので，若干整理しておきたい。両者は等しいか異なるかという議論は，どの大人の美術と比較するかという限定

なくしては無意味である。上記タトロックの文にあるように，製図工のための技術的訓練を唯一のモデルにした場合，それは否となるであろう。しかし，例えば近代の画家の中で，個人的なビジョンと，それに導かれた表現方法を独自に探究する立場をとる者たちをモデルにするならば，その行為のもつ内面的過程は，水準の差こそあれ，子どもたちの行為の中にも共通する作用を見いだすことは可能である。このような意味で，子どもの描画を「美術作品」と形容する彼の推薦文は，妥当なものであったと考えられるのである。

こうして始められた，ロンドンでの個人教室の経験は，彼女に，富裕な上流階級の家庭との接触をもたらした。後に，ダドリーでの仕事を非常勤で再開するようになってから，召使いにかしずかれ，家庭でのみ教育されている子どもたちと，地方都市の「貧しい」公立学校の子どもたちの間を往復し，互いに，「別の世界」の子どもたちの様子を語って聞かせたり，作品を交換したりしたという[6]。リチャードソンは，確立された階級差に伴う「社会的不平等」に対する認識よりも，異なる環境に育つ子どもたちの精神的な活動とその所産に見る共通性の方に，関心を持ち続けていたようである。こうした個人教授は，1930年にリチャードソンがロンドン市の視学官に就任してからも長く継続され，のちに美術史家ケネス・クラークの息子も生徒の中に加わっている。

また，こうした個人教室とは別に，ロンドン市の許可を得て，子どものための任意の絵画教室を設けている。リチャードソンによれば，この教室の設置は，「決然とした意志を持って」当局を説得した結果であったという[7]。教室は，週2回，普通の学校が終わった後に3時間行われ，8歳から14歳まで，40人の男女生徒を教えていた。「自由にやらせてもらった」と彼女が述べているように，学習内容は，通常の学校における拘束を離れて行われたものと考えられる。したがってこの絵画教室の意義は，より自由なカリキュラムの実験，より広い年齢層の男女生徒への適用という面で，リチャードソンの教育活動の範囲を拡張するものであったということができる。

2．インデペンデント・ギャラリー展覧会

展覧会活動においても，新しい展開が見られる。1923年12月から1924年1月にかけて，ロンドン，グラフトン街のインデペンデント・ギャラリーにおいて，ダ

ドリー女子ハイスクールの子どもたちの展覧会が開催された。これは、一般の画廊において、入場料を設けて開催したもので、リチャードソンの序文と全作品のリストを掲載したカタログ[8]を制作し、作品の販売にも応じるという、本格的な形式をとっていた。カタログ序文には、学校の紹介、教育方法とその考え方などがまとめられている。

　そこで強調されていることは、まず、ダドリーは公立の中等学校であり、ほとんどの生徒が、小学校から進学するという背景、すなわち文化的に恵まれていると考えられる上流階級出身ではないということである。ここに、階級的相違に関わらず、すべての学習者が中等教育段階で表現を行う学習の意義と成果を求める、リチャードソンの姿勢が示されている。次に、教育方法の主な原理について、子ども自身の観察に基づいて形成された心のイメージに集中し、それを表現するよう奨励すること、その際に、既成の方式を与えないという原則について述べられる。その上で、具体的な指導形態として、工房での授業は週に1時間半、ただし大半の制作活動は授業時間以外に行われること、また、具体的な教育方法として三種の例が挙げられている。第一に主題による描画であり、教師は、子どもたちに適切な主題を与えるが、それに続いて、子どもたちが自分で主題を作り出すことも多いこと。第二に、美術からの構図の学習であり、巨匠の作品（複製）に関する学習によって、形のデザインの本質を理解させること。第三に、子どもたちの自己批評、相互批評を重視すること、である。これらの原理と方法の効果として、学習を共にする中で、予想できなかったような共通の伝統や様式が、子どもたちの中から育ってきたことを強調している。

　ここに述べられた要点は、内面的イメージへの依存と個別化（マインド・ピクチャーやパターンの学習に関連）を最大の原則としながら、教師による主題の提示からの描画（ワード・ピクチャーに関連）、過去の美術作品の構図からの学習、美術批評などの方法の相互作用によって、美術に関する理解と表現を促進するような環境が、学校内部に形成されていくという、リチャードソンの教育方法の構造の一端を、適切に要約したものといえるであろう。単なる手本の模写からの解放ではなく、学習者中心の原則と、既存の知識や言語による学習の効用とが矛盾なく連携していくあり方を、そこに見ることができる。

　この展覧会への出品作品は総数76点に上っており、カタログには作者名、年齢、

主題が列挙されている。それによると，年齢は11歳から17歳の範囲であり，主題は，大多数が，例えば，「ある夏の夕べ」「市場の女性」「劇場の外で」「夕方の新聞売り」「夜の通り」などリチャードソンの語りや子どもたちの観察による，身近な情景である。夜や夕方の情景が多いことは，のちにリチャードソンが，画面全体の統一感を与えやすいという効果から，暗い場面を選択することが多かったと述べていることと一致する[9]。その他には，数点の人物肖像，フラ・アンジェリコとピカソ作品からの「翻案」が1点ずつ，詩や物語をもとにした作品が2点，そして，リチャードソンが語る「ロシアバレエ」の舞台を想像して描いた一連の作品が10点，出品されている。

　この展覧会は，1919年のオメガ工房における企画よりも，さらに広い範囲での注目を集めることになった。前回は数件であった新聞・雑誌等における報道は，今回は，少なくとも20件に上っている[10]。しかし，その評価の観点は，各紙によって様々である。たとえば，『タイムズ教育付録』紙[11]では，ウィリアム・モリスが，芸術を，仕事に関する喜びの表現と見なしていた点を引いて，リチャードソンの指導のもとで描く喜びを見いだす授業の意義を評価している。特にロシアバレエの絵に関して，「言葉の想像的な理解」の側面として，また，基礎的な遠近法が見られることから，自発的に幾何学的な側面を探究する科学の学習の側面を持ったものとして位置づけている点に特色が見られる。

3. フライ「子どもの描画」

　インデペンデント・ギャラリーでの展覧会に際し，フライは再び，『バーリントン・マガジン』誌にリチャードソン擁護の論陣を張った[12]。この「子どもの描画」と題された小論文の特色として見るべき点は，リチャードソンの改革の位置づけ，その方法における美学・美術批評的活動の紹介，ダドリー作品の形式上の解釈の試みの三点に集約できる。

　第一の特色は，インデペンデント・ギャラリーに示されたリチャードソンの教育の意味を，当時の英国の美術教育と，英国の美術とを覆っている「サウス・ケンジントン」主義の効果に「疑問符を突きつける」もの，体制に対して革新の反旗を掲げる旗手として位置づけている点にある。また，子どもの美術と専門家の美術作品との関係について言及し，同様の水準にあるものと認めているのではな

いことをことわりながらも，子どもの示す感覚と描かれたものとの直接的な関係は，今日の専門の訓練を受けた画家が獲得しようと目指すものであり，その過程自体が普通の子どもにとって教育的価値があることを述べている。

さらに，子どもたちは，19世紀的な方式を身につけていないが故に，彼ら独自の素朴な表現方法を編み出すのであって，その特徴は，「プリミティヴ」な種類の美術との共通性を感じさせるものである，と述べている。今日的観点からするならば，当時の英国人から「プリミティヴ」と認識された地域・民族の「大人の」美術家たちの精神的過程が，子どもたちの自発的な表現と同様の特質をもっていたかどうかは疑問のある点ではあるが，少なくとも，フライはここで，「サウス・ケンジントン」方式と表裏の関係にある19世紀ヴィクトリア時代英国美術の様式的拘束及びそれに伴う精神的価値からの解放，すなわち，フライの目指していたモダニズムの運動の指標あるいは象徴として，「プリミティヴ」な美術や子どもの美術をとらえていた点は指摘できるであろう。

第二の特色は，リチャードソンの方法は，単なる解放や指導の放棄ではないことの一例として，美術作品について見たり考えたりする学習を明確に与えていることを指摘した点である。その活動の様子を，彼は次のように伝えている。先日，彼女が当時教える「ロンドンのスラム街の学校」で，彼女は「絵について一番大事なことは何か」と子どもたちに尋ねた。その質問は，美術批評家を必要とするようなもので，彼らにとっては惨めな結果になるだろうと思われたが，杞憂であった。長い沈黙ののち，11歳の男子が「先生，僕は絵が韻を踏む［rhyme 韻を踏む，一致・呼応する］のが好きです。」と発言し，それを契機にクラス中が，どの形がどの形と韻を踏んで（呼応して）いるかを探ろうと，熱中したという。

この，絵が「韻を踏む」という表現は，リチャードソンが『美術と子ども』において，ダドリーにおける初期の指導法の発見について綴った中で，日常の風景が「一種の調和，形の音楽」すなわち絵になっていくのを見たという自身の経験を述べた箇所で紹介されている，ある子どもの発言と共通するものである。すなわち，子どもたちに，「絵を成り立たせるものは何か」と聞いたときに，「すべてのものが韻を踏むとき」という答えがあったことを忘れることができない，というものである[13]。『美術と子ども』の記述は，一般に，文章構成の一貫性と期日の特定に関して，曖昧な点が多い。したがって，この記述と，フライの紹介した

ロンドンの学校での事例が同一の出来事を指しているのか，あるいは，「韻を踏む」という表現が最初ダドリーで見いだされ，それをのちにリチャードソンが各所で子どもたちに教えていたものであるのかは，知る手段はないが，何らかの関連をもっていることは確かであろう。

ヴァージニア・ウルフは，フライの伝記の中で，彼が1920年代後半，一般のための講演会において，スクリーンに映し出された絵を前に，作品の中の形相互の関係性について，「リズミカルなフレーズ」，「連続体」，「対角線」などを示しながら，その時初めて発見したような「認識の瞬間」を言葉にすることで，聴衆を魅了したと記述している[14]。画面上の形態相互の関係について子どもたちが熱心に議論するという風景は，フライがこうした講演や，『セザンヌ：その発展の研究』[15]などで示したような，いわゆる形態分析による美術作品の探究と，ある意味で方向を同じくするものと，見ることもできる。

第三の特色は，ダドリーの子どもたちの作品について，その様式上の特色や技法について，比較的詳細に分析し，特に，「プリミティヴ」な表現との類似性を指摘しようと試みている点である。作品は二点示される。一つは，15歳の生徒が水彩で描いた「聖家族」である（図2-1）。この作品は，イタリアのプリミティヴ作品の影響を写真などから受けていることは間違いないが，様式上の模倣より

図2-1　フライが分析したダドリー生徒作品　(1)「聖家族」
作者フローレンス・ホムフレイ，15歳，水彩。

第1節　ロンドン移転　｜　91

も，調子の精密さや輪郭の鋭さは子どもにとって自然な現れであるとする。さらに，古風な作品は一般的に薄く，生硬で単に描写的であることが多いが，この作品は，真の「プリミティヴ・アート」のもつ厳粛さと堅固さを持ち合わせていると評価している。また，現代風の軽く示唆するような水彩絵の具の使い方ではなく，堅固で密度のある用い方をしている点が，中世の写本挿し絵を思わせることを指摘している。

　もう一点の「ボクシングの試合」（図2-2）は，12歳の生徒による水彩の作品である。非常に奇妙な構図をしたこの絵は，観覧席が階段式になっている近代的な競技場の情景を，新聞記事の記述をもとにして描こうとしたものである。視点はおそらく第二層の観客席にあり，同階の観客の後ろ姿や，帯の形に表されている見下ろした階層の観客席，絵の上部に見られる二重の曲線で表された，上層の席を見上げた視覚など，多くの方向や部分的な遠近法を独特な方法で一枚の紙の上に組み合わせている。これをもって，東洋や初期の時代の美術に見られるような，独特の遠近法によって表現することは，子どもにとって自然な探究の道筋であることを示唆している。

　結論的に，リチャードソンの生徒たちによる成果とは，どのような方式が選択されようと，形の統一性に到達している点にある，と結んでいる。本論文では，

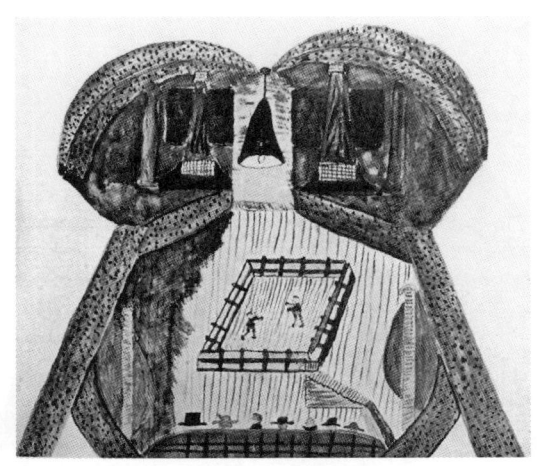

図2-2　フライが分析したダドリー生徒作品　(2)「ボクシングの試合」
作者ウィニフィールド・エドワーズ，12歳，水彩。

これ以前の彼の美術教育に関する論点が，内面的な価値に重点を置いていたのに対して，美学・美術批評に関わる積極的な学習や，作品に表れた形式的な特性などの観点から，リチャードソンの教育方法の総合性を意義づける側面をもっていたと考えることができる。前述したように，形式上の類似をもって，同様の精神的過程が「プリミティヴ」時代の芸術家と子どもとの間に作用するとまで結論づけることには疑問はあるが，例えば，単純な線による明確な構造をもった様式や，多視点を組み合わせたような歪んだ遠近法などを，現代の美術家が意図的に採用することがあるように，19世紀的な絵画空間を絶対視する美術のあり方が，子どもの表現の世界においても，また美術界においても，相対化されていったのが20世紀における変革の一側面であるととらえるならば，表現者固有のビジョンに即した，多様な探究方法の承認を促したという点において，フライのこの論点は意味を持っていたと考えることができるのである。

4．マーガレット・ブーリーによる美術鑑賞力調査

　この時期に，もう一つの面で，リチャードソンの教育について社会の認知を促したものとして，美術評論家マーガレット・ブーリー（Margaret Bulley）による美術鑑賞に関する調査がある。ブーリーは，同主題の一対の絵を用意し，どちらが美的価値が高いかを判断させるという一種の美術鑑賞テストを考案し，これを，子どもを中心とした広範囲な被験者に実施して，年齢や性別のみでなく，受けている教育の種類が及ぼす影響を明らかにしようと試みていた。その一対のテストとは，一方は評価の高い美術作品で正解とし，もう一方は現代人によるその模倣や，表面的な小ぎれいさの目立つ絵などで誤りとするものであった。アーカイブには，リチャードソンがダドリー女子ハイスクールに常勤で勤務していた1921年に，この調査に協力していたことを示す書簡やテストの問題，生徒による解答の一部などが残されている。

　1923年に，ブーリーが発表した論文[16]には，1925名の子どもたちと，399名の成人に対する調査結果として，複数の学校や成人のグループ別の正答率や，回答者による選択の理由などを比較している。その中で，ほとんどの親が「小売店主の階級」であり，家庭で美術に触れる機会のない，ダドリー女子ハイスクールの生徒の正答率が飛び抜けて高く，また，生徒たちが答えた選択の理由には，例え

ば、「小ぎれいさはないが、より表現力がある」「単純で力強い線」「調和を形作っている」など美術の鑑賞に関わる語彙や理解の豊富さを示すものが多く含まれていることを指摘し、「明確な美術理論」を教えているリチャードソンの教育の成果を強調している。この結果は、さらに外国（日本を含む）での調査を追加して、1925年に発刊された著書の中に再録された[17]。ブーリーはその後も、彼女が会員であった心理学会美学部門での講演にリチャードソンを招いたり（1925年）、彼女の在住するマンチェスターでの展覧会や講演会の企画（1928年）、美術史家のケネス・クラークに、リチャードソンの教えた子どもたちのデザインの産業界への宣伝を促す（1934年）[18]など、活発な支援活動を続けている。

第2節　多数の非常勤職と教師教育

1. ロンドン・デイ・トレーニング・カレッジ

　1924年には、リチャードソンは複数の非常勤での勤務を開始し、より多彩な方面での活動を兼務するようになる。個人教授やロンドン市の美術教室に加えて、ダドリー女子ハイスクールで週2日の他にベネンデンとヘイズコートの学校、ロンドン・デイ・トレーニング・カレッジ（London Day Training College）での美術学生のための教師教育を開始している。

　ロンドン・デイ・トレーニング・カレッジは、当時ロンドン市の運営のもとで、ロンドン大学に附属した教師教育機関であった（1932年にロンドン大学教育学部へと移管）。ロンドン市は、地方教育行政当局への教育運営権の広範な委譲を定めた、1902年の教育法改正を受けて、1904年に発足した地方行政の単位であり、1902年開学の同カレッジの運営を引き継いでいる。同カレッジで学ぶには、大学の入学資格を必要とし、教師教育と高等教育との連結、そして拡大する中等教育への需要に対応する教師養成の強化を示すものであった[19]。これらの新設の教師養成カレッジでは、3年間を通常の学位取得を行う高等教育に、4年目を教師養成にあてる制度をとり、カリキュラムにも、子ども個人の特性の認識、子どもの学習における創造的・実際的活動の重視などの変化が進展した時期であった[20]。

当時の所長パーシー・ナン（Percy Nunn）は，イギリスにおける新教育運動の理論的指導者であり，個人の自己表現の教育的意義を重視していた。こうした観点から，ナンはリチャードソンの強力な支持者でもあった[21]。また，同僚であった教育心理学者のP. B. バラード（P. B. Ballard）も，リチャードソンの行動に注目しており，のちに1947年の彼女への追悼記事では，彼女の成し遂げた成果や，生前の講義の様子などを報告し，また，1948年の『美術と子ども』出版に際しても，書評で積極的に紹介している。

リチャードソンの回想録によると，彼女が担当したのは，この，4年目の美術学生のための講師であり，学生たちの学校での実習などを指導していたという[22]。また，同書で唯一，そこでの教育内容に触れた事例は，子どもたちと実習学生をグループ化して，多彩な毛糸の束を用いた色合わせゲームに熱中し，子どもたちが色彩の高度な弁別能力を示したことであった[23]。一方で，アーカイブに残る同カレッジでの「美術教育法最終試験」（1929年）の問題[24]には，心理学，子どもの絵に対する批評，教育修了試験における描画に対する賛否の議論，室内デザインの様式，子どもの色彩鑑賞の発達，共同学習の計画，教師自身の美術制作の教育への影響，主要パブリック・スクールや実験学校での教育，想像の性質と機能，など多岐にわたる設問がなされており，理論的な面での要求にも厳しいものを課していたことがうかがえる。また，上記の設問の例は，リチャードソンによる授業内容をある程度反映したものと理解できる。

1926年から28年に同カレッジに学び，のちにバース美術アカデミーの学長に就いたクリフォード・エリス（Clifford Ellis）は，当時を述懐して次のように述べている。

> 私たちがマリオン・リチャードソンを初めて知ったときは，彼女は孤独な先駆者であった。数年のうちに，彼女の理想は伝播し，伝播は時に曲解を生み，商業化されさえした。彼女にとって，子どもの美術は精神的な生き方の表現，一つの信仰であった[25]。

このカレッジの学生からは，その他にも，同カレッジにおける彼女の後継者となったクラレンス・ホワイト（Clarence White），のちにケンブリッジ教育委員会美術アドバイザーとなったナン・ヤングマン（Nan Youngman）をはじめ，「彼女の理想を伝播」した指導的な教育者を輩出している。

2. ロンドン市教師講習会

　もう一つの教師教育への貢献は，ロンドン市の主催する，現職教師のための講習会である。ロンドン市は，1904年の発足直後，管轄下にある学校の実態調査の結果，無免許教師の問題改善の必要を認識し，大規模な現職教育課程を設置した。この結果1914年までには，この問題はほぼ解決されたが，その活動は小学校教育の水準向上のための週末・夜間課程として継続された[26]。

　リチャードソンは1925年から，この現職教育課程に携わっている。この課程は，講義と実習とからなっていたが，『美術と子ども』では，主として実習の回想のみが綴られている。それによると，幼児学校の教師を対象にした夜間クラスでの実習は，第1回目にライティング・パターン，第2回目に芋版，第3，4，5回目に絵を描き，また，指導法や「絵とは何か」という問題について，繰り返し話し合ったという[27]。

　この回想録ではわずかしか触れていないが，アーカイブには，1925年の同講習会で行われた連続講演の原稿が残されており，当時リチャードソンが現職教師を対象に展開した，思想的啓発の発展を読みとることができる。現在確認できるのは，1925年の日付のある，連続した三回の講演原稿である。第1回目は，1925年のクリスマス休暇明けに実施されたと思われ，現職教師対象の初めての連続講義の開講にあたって，相当な準備と決意をもって臨んだことがうかがわれる記述となっている。第1回目では，特に，リチャードソン自身の教育思想と方法の形成史を中心に，イメージの訓練を基盤とした教育の必要性を訴えている。第二回目では，19世紀からの描画教育の歴史的変遷を概説し，リチャードソンの提唱するもう一つの種類の「記憶画」の発展の可能性へと導く内容となっている。第三回目は，より具体的に，教育方法について提示するとして，パターンとマインド・ピクチャーの学習の効果について言及している。ダドリーを一旦離れて自由な立場で思想の再形成をする中でまとめられたこの一連の原稿は，『美術と子ども』が講習会の実技演習の部分のみ強調して欠落させていた，理論面での発展を示すものとして，重要である。これらの講演内容については，第4章において，より詳細に検討する。

3．その他の活動

　1923年のロンドン移転から，1930年のロンドン市視学官就任までの間にリチャードソンが行った，子どもの美術に関する主な講演としては，まず，1925年のロンドン市教師講習会以外に，同年に心理学会美学部門（1925年），ブリストル美術教師組合（1925年）での講演がある。これらの講演の原稿も残されているが，多くの部分で先のロンドン市講演と共通した内容である。ただし，心理学会美学部門での講演には，同学会にリチャードソンを招いたマーガレット・ブーリーの美術鑑賞テストや，チゼックの展覧会などへの言及が見られる点で，他の講演にはない内容も含まれている。

　1928年には，ブーリーの招きによるマンチェスターのウィットワース・ギャラリーでの展覧会と関連した講演，1929年には教育省講習会での講演が記録されているが，内容の詳細は明らかではない。マンチェスター講演には，聴衆であった教師から，後日手紙で質問がリチャードソンに寄せられている。それには，マインド・ピクチャーの定義や，その教育的意義は何か，というような内容が含まれていることから，1925年の講演に引き続いて，マインド・ピクチャーの効果を強調していたことが推測される。また，地元産業からの要請で実用的な教育内容が求められる現状の中で，リチャードソンが進めるような子ども独自の表現の追究は理解を得られるか，というような内容も含まれており，教育制度や目的論などについて，議論がなされたことが推測される[28]。

　オックスフォード「教育の新しい理想」会議における講演「直観と教授」（1930年4月）は，リチャードソンが，同年9月にロンドン市視学官に着任する前のものであり，整えられた講演原稿として残る最後のものである。非常に念入りに準備されたこの講演原稿は，これまでの主張に加えて，画面の形態上の関係，すなわちフォーマリズムに近い観点に踏み込んだ議論がなされていることが特筆される。これら一連の講演のうち，講演原稿が存在するものについては，のちの章で検討することとする。

　1923年インデペンデント・ギャラリー以降，リチャードソンが手がけた子どもの作品の展覧会については，1924年にバーミンガム，レスター，オックスフォード，スカーバラの各地で，1927年にインデペンデント・ギャラリーとロンドン・

デイ・トレーニング・カレッジ，1928年にマンチェスターのウィットワース・ギャラリー，ロンドンのクラリッジ・ギャラリー，ヒールズ，1930年にホワイトチャペル・アートギャラリー等が記録に残っている。

美術以外の活動の成果としては，『ダドリー・ライティング・カード』[29]の出版が挙げられる（1928年）。これは，かつてダドリーで発展させてきた「ハンドライティング」（手書き文字）の指導法をもとにした教材で，子どもたちの自然でリズミカルな手の動きに基づく練習法と様式を提案したものである。この教材は，「ジグザグ」「十文字」など基本的な線の動きを収めた「特別練習カード」と，ペンのサイズによって区別した「等級別ライティング・カード」の二種から構成されており，表紙には，ペン先の正しい角度を示す時計の文字盤が印刷されていた（図2-3）。

当時は，活字体の筆記法に対して，手の自然な動きを反映した美しい文字を素早く書くことができる，筆記体の教育が見直されはじめる時期であり，この出版は時宜を得たものとなった。その反響として，ハンドライティングに関する講演も行われるようになる。教育省講習会（1929年，美術に関する講演と両方），子ども研究協会（1929年）などである。また，1930年3月には，ロンドン市において教師のためのハンドライティング講座を開講している。

図2-3 『ダドリー・ライティング・カード』（1928年）の教材セットの一部

第3節　教育行政

1. ロンドン市美術視学官

　1930年9月，リチャードソンは，37歳でロンドン市の美術視学官に着任した。1923年より継続していた，複数の非常勤職からは離れ，一部の個人教授の他は，教育行政に専念することとなる。しかしながら，リチャードソンの行動は，単なる行政職にとどまらない，新しい提案や実験と献身を伴ったものであった。

　20世紀初頭の英国における視学官の役割は，一つの転換期に当たっていたと見ることができる。視学官職には，教育省の中央視学官と，各地方教育行政当局の地方視学官が存在したが，1902年の教育法改正による地方への教育行政の移管と一般民衆への教育の拡大により，特に，地方視学官の組織の拡大がもたらされた。それと並行して，中央視学官において，より顕著であった，学校での指導経験のないエリート視学官による学校訪問や評価に対する教師側からの抵抗が表面化し，一定の教職経験と年齢を経ることを視学官採用の条件とするなどの措置もとられるようになった。こうした，視学官資格における専門性と現場経験との歩み寄りがはかられる一方で，視学官のもう一つの新しい役割が創出される。これまでの，視察と採点による審査中心の活動よりも，啓発と援助による教師の指導水準の向上を目指す動きが現れてくるのである。現職教師のための講習会などの活動の普及は，その代表的なものであり，学校視学官の歴史をまとめたE. L. エドモンズは，こうした運動の中で特に成果を示したものとして，1930年代初期のリチャードソンの教師向け美術教室が，定員の十倍に上る応募者を集めたことに言及している[30]。

　リチャードソンはF. H. スペンサー（F. H. Spencer）のもとで視学官の業務を開始した[31]が，美術視学官としては，同僚にトムリンソン（R. R. Tomlinson）がいた。トムリンソンは，1925年よりロンドン市の視学官として勤務していたが，子どもの美術教育に関する新しい路線については，リチャードソンにその先駆者としての位置づけを譲っている。彼自身によれば，リチャードソンと初めて出会ったのは，彼が専門の美術学校で教えていた1920年の事であり，アカデミックで形式的な専門教育をしていた彼は，子どもの美術展会場で熱心に教育法の改革を説くリ

チャードソンの姿に感銘を受けたという[32]。ただし，新しい美術教育の動向を，書籍にまとめて出版することに関しては，『子どもたちによる絵とパターン作り』(1934年)，『芸術家としての子どもたち』(1944年) などトムリンソンの方が着実に先行して成果を残していたので，後世，あるいは海外においては，彼を通してリチャードソンの業績が知られる面もあった[33]。

　もう一人の関連が深い同僚として，シリル・バート（Cyril Burt）の存在が挙げられる。バートは，1913年，全国でも初めて，教育心理学者として，ロンドン市に採用されている。これは，子どもの心理に関する教育方面からの重要性の認知を反映したものであった[34]。少なくとも，リチャードソンがロンドン市に赴任する半年ほど前から，バートは書簡を通じて，彼女と接触を持っている。例えば，1930年4月の書簡は，バートが準備していた，教育省の諮問委員会のための報告書の中の「ジュニアスクールの時期の子どもたちの美的発達の心理」の箇所についてリチャードソンに意見を求めたものであった[35]。

　また，バートは，1932年には，アーサー・アレンの『美術と美術的工芸』に寄せた前書きの中で，リチャードソンのマインド・ピクチャーの方法に言及している[36]。この前書きは，15ページに及ぶ長文のもので，冒頭には，「英国の美術は19世紀初めに死を迎えた」「生きた芸術のない社会は地獄である」という認識を示し，そうした現状からの回復の方法として，著者のアレンやリチャードソンらの教育改革に期待する。19世紀以降の英国美術の衰微という認識は，フライらによって広められた，20世紀初頭の英国人の自国文化への批判的態度と共通の傾向を示している。そして，新しい教育に求められる種々の観点を論ずる中で，子どもたちを「自由に」させても模倣してしまう現状から，彼らに独自の表現をさせる方法として，リチャードソンの「マインド・ピクチャー」の効果を述べているのである。すなわち，誰でも，目を閉じると見たこともないような興味深い幾何学的なパターンが，魅力的な調和と色を形成するのを観察する。この現象は心理学者には以前から知られていたが，教育方法として導入したのはリチャードソンである。彼女は，この「マインド・ピクチャー」を意図的に観察させ，紙に描かせるが，子どもたちは驚くべき独自のデザインを生み出す。網膜的映像，内なる眼の助けによって構成し思い描く心的イメージへと目を向けることによって，外部にできあがっているデザインからの単なる模倣を離れさせ，創造的なデザイン

へと導くのである、という。後の章で検討するが、1930年代以降は、リチャードソン自身によるマインド・ピクチャーへの言及が弱まっていく傾向にあり、そのような中で、バートのような教育心理学者による、この方法に関する適切な要約が述べられていることは貴重である。

　この時期のリチャードソンの活動として現在知ることができる内容は、通常の学校視察と、前述の現職教師のための講習会、交渉の末獲得した「窓もなく、暖房もなく、コンクリートの床で、がらくたと古い絵の山積みになった」[37]地下室を画廊兼本部と変えて、子どもたちの作品を持ち寄って集ったという教師たちとの自主的な研究会に加えて、特に地域の小学校におけるライティング・パターンの方法の実験、大規模な子ども美術展の開催などを挙げることができる。

2．ゴレル・リポート

　1931年、英国商務省は、産業デザイン振興のための展覧会組織の設立等に関する検討委員会をゴレル卿を委員長として設置、同委員会の報告書『美術と産業』(「ゴレル・リポート」) が1932年に出版された[38]。同委員会の18人の委員の中には、ロジャー・フライ、マーガレット・ブーリーの二人が参加しているが、同報告書は、特に、二人からの意見を補足として巻末に掲載するなど、特筆する扱いをしている。フライによる記事は長文のもので、美術専門家としての立場から、当時の英国等におけるデザインの状況を分析した部分と、英国の産業界における「装飾デザイン」工房の発展のための提案を述べた部分の二部からなっている。後半の提案では、フライ自身のオメガ工房での経験を踏まえ、産業界と芸術家のデザイン工房を結びつける機能の重要性を述べた上で、工房への実習生の採用という形で、教育との接点に言及している。そこで、ロンドン市の小中学校において、すでにデザイン教育に多大な成果が示されていることを指摘し、リチャードソンの名を特に挙げて、彼女らにこの方面の組織化を委ねるべきこと、そのようにして開催される展覧会を通して、将来の実習生やデザインの源泉を求める工房と教育界との連携を確立するという未来図を描いているのである[39]。

　ブーリーの記事[40]では、展覧会の方針に関する委員会の趣旨とは直接関わらないが、デザイン振興のための雑誌の創刊と、子どもの美術学校の創立を提案している。後半の提案で彼女は特に、フランスにおける先行事例をもとに、子どもの

デザイン教育を源泉とした産業との連携の可能性に期待している。ブーリーの記事は，フライほど直接的にリチャードソンの貢献を述べているわけではないが，1923年の鑑賞教育に関する論文，1925年の心理学会講演への招へい，1934年にケネス・クラークに依頼して産業界へのリチャードソンの教える子どものデザインの認知を図る[41]など，彼女のリチャードソンへのこれまでの支援を考えれば，「子どもの美術学校」構想も，フライの記事と並んで，リチャードソンの思想と方法に基づく教育の変革を，デザインへの貢献を通して社会レベルにまで拡張させようとする共通の意図が働いていたことは充分に考えられる。フライはそれを，道半ばにして閉鎖せざるを得なかった，オメガ工房での実験の理想の再現ととらえていたのかもしれない。ブーリーもまた，彼女の著作活動を通じて目指していた，英国民一般の，美術に関する鑑識眼の啓発といった構想の中に，リチャードソンを通した教育との連携を位置づけていたことが考えられる。

3．1933年ロンドン市子ども絵画展覧会

　1933年には，リチャードソンは，ロンドン市庁舎において，初めての大規模な子ども絵画展覧会を開催した。これは廊下にある普通の掲示板であった場所を，視学官の上司であったスペンサーの援助と，多数の教師たちの協力によって，画廊に変え，ロンドン市内の学校から集めた子どもたちの絵を展示したものであった[42]。

　「初めて」といっても，リチャードソンの着任以前に，子どもの絵の作品展が開かれていなかったわけではない。現在，リーズ大学のブレットン・ホール・カレッジにある英国芸術教育アーカイブには，1914年のロンドン市の展覧会に出品された子どもの作品が保存されており，ロンドン市では子どもの絵の通常の展覧会は，以前より行われていたことが確認できる[43]。図2-4は，当時の展示作品の一部であるが，13歳の子どもたちが通常の授業で描いた，透明水彩で描いた野菜などの自然物の観察画を，一つの額縁の中に集合的に納めたものである。図2-5は，より雑多な主題の作品が納められているが，多くの作品に，自然から(from nature)という書き込みが見られる。年齢等の記述はないが，技術的に見て，図2-4の13歳より高いものと推測される。これらの資料に残された，1914年当時の作品（7種類の額縁に納められた，多数の小さな作品）を見る限りでは，ほとん

図2-4　ロンドン市による1914年の展覧会作品から(1)
　　右下に，「ロンドン市，ローランド・ストリート・スクール，女子，
　　クラスⅠ，13歳，普通の授業作品，1914年」と記入したラベル。

図2-5　ロンドン市による1914年の展覧会作品から(2)
　　作品の多くに「自然から（from nature）」と記入。

どが，透明水彩による，自然物や生物の観察画か，単位形による繰り返しパターンの模様であり，年齢層も，10歳から上の子供の作品が納められている。

　一方，リチャードソンらの開いた1933年の展覧会については，アーカイブに記

図2-6　ロンドン市子ども絵画展覧会（1933年，ロンドン市庁舎）の会場写真(1)
「ボーイスカウトの楽隊」作者6歳男子。

録写真が残されている（図2-6）。楽隊の行進を描いた絵を見つめる子どもが写されているその裏面には，次のような記録がタイプされている。

　　　子どもたちの描いたもの。ロンドン市による子どもの絵の特別展覧会。ロンドン市による，50のロンドン市の学校から集められた生徒作品の特別展覧会において，数百枚の水彩画がきれいに額装され，ロンドンのウェストミンスターにある市庁舎1階の廊下に展示された。ボーイスカウトの楽隊，6歳男子。1933年6月13日[44]

この記録写真には「特別の（unusual，普通でない，珍しい）展覧会」とあるが，これは，通常の展覧会とは異なる，リチャードソンによる新しい教育の方向に共鳴した教師たちによる，自主的な成果であることを強調したものと考えられる。この写真等の資料を見る限りでは，低年齢の子どもたちの作品も多く展示され，1914年の作品様式とは，大きく異なった素朴で奔放な表現を見ることができる。また，この展覧会には，ライティング・パターンの研究の成果が初めて展示されたことでも注目される。展覧会写真にも，絵とライティング・パターンの作品が並べて展示されている様子が記録されている（図2-7）。

フライは，この展覧会についての紹介記事の中で，専ら，ライティング・パ

図2-7 ロンドン市子ども絵画展覧会(1933年,ロンドン市庁舎)の会場写真(2)
絵とライティング・パターンが並べて展示されている。

ターンによる,色彩の感覚の調和について称賛し,テキスタイルなどの産業デザインへの応用を推奨するなど,これまでない領域でのとり上げ方を示している。

> 子どもたちは皆,いくらか,手書き文字に親しんでおり,少なくとも,準備となるS字型を作ることができるが,彼女は,これらの単純で楽に作れる形態を,様々な組み合わせで用い,そしてその空白を色彩で埋めさせることによって,パターンを作らせるのである。
> イーストエンド地区の最も単調なスラムの子どもたちが,何の助けもなしにこれらのデザインを描いているのを見るのは,大変な光景である。[中略]…私が見た何百もの作品の中で,不調和な色彩は一つも見られなかった。[中略]…これらの小学校低学年によるデザインの多くは,わずかな調節と整理によって非常に美しいテキスタイルに翻案できるであろうし,それらは,間違いなく,喜ばしい,予期せぬ発見によって,私たちの疲弊した産業美術を再び元気づけるであろう[45]。

このように,1931年のゴレル・リポートに続いて,フライは,産業への貢献というデザイン教育の観点から,リチャードソンの活動を援護する立場をとっている。特に1923年の論文まで顕著であった,専ら子どもの美術の価値を掲げて啓蒙

第3節 教育行政 | 105

を企てていたこれまでの論調から，重点が変化しているのを見ることができる。

4．海外における評価とフライの死

　1934年には，リチャードソンの成果が海外において評価される機会が，少なくとも2件訪れている。一つは，南アフリカにおける新教育協会[46]大会の展覧会であり，もう一つは，リチャードソン自身がカナダに招かれ，講演と展覧会が開催されたことである。1934年7月に南アフリカにおいて行われた大会の美術部門の記録によると，大会テーマは「子どもと原住民の作品」であり，期間中，ケープタウンとヨハネスブルクの学校を会場に，「子どもの美術と原住民の工芸展」が開催されている。この展覧会は，ヨーロッパ各国や北米，南アフリカなど世界各地の子どもたちの作品と，アフリカ南部の原住民の工芸作品を展示したもので，カナダ，トロント・アートギャラリーのアーサー・リスマーは，各国の作品の特徴を比較する記事を寄せている[47]。それによると，英国の特徴は，その職人気質にあるというが，ロンドン市のリチャードソンの指導によるものは例外で，英国の子どものもつ「生き生きとした叙情的な性格」を解放しつつあり，現代の教育において最も注目に値する貢献の一つであると評価している。

　これに関連して，新教育協会の雑誌『新時代』の1934年12月号は，同じくリスマーが「芸術による教育」等の論文を寄せている美術教育の特集号であるが，「子どもたちの美術とロンドン市」と題して，リチャードソンの影響下にあった当時のロンドンの小学校を取材した記事も掲載されている（無記名記事）[48]。この記事において特筆すべき点は，デザインにおける高い達成度を示すライティング・パターンと，ここでは「自由絵画（free painting）」と呼ばれている，ワードピクチャーの方法とが，並立し，相補う二つの側面として位置づけられていることである。これは，のちのリチャードソンによる講演原稿などに示される考えと同一の方向性に立つものである。また，教室に取材して，その授業の経過を記述している点と，刊行間近であったリチャードソンの『ライティング・アンド・ライティング・パターンズ』からの図版が紹介されている点が注目される。

　カナダでの講演活動は，カーネギー・トラストの招きによって，新しい美術教育について各地の大学の夏期講座で講演するよう，カナダのナショナル・ギャラリーを通じて依頼されたものであった。その旅程は，1934年7月から約2か月半

に及ぶもので，大西洋を渡り，ケベックやオタワ，バンクーバーなど各地を鉄道で移動し，講演と展覧会を行っている。カナダの人々の開放的な性格と熱狂的な歓迎ぶりは，『美術と子ども』にも輝かしい思い出として記されている[49]。

　リチャードソンの人生において，記念すべき栄光に満ちた経験の一つとなったカナダ講演旅行の間に，一つの大きな喪失が待ちかまえていた。ロジャー・フライの死である。彼は，67歳を越す年齢にも関わらず，ケンブリッジでの講演を通した壮大な美術論執筆の構想に取り組み，この夏には，フランス各地などを旅して帰国したばかりであった。自宅で転倒，骨折した事故がもととなり，1934年9月9日に死去[50]。リチャードソンがすべての日程を終えてケベックを出航したのは，9月15日のことであった。

第4節　美術教育改革の成果

1．ライティング・パターンの発展

　小学校を対象としたライティング・パターンの導入の試みが，地域の教師の協力を得て，かなり体系的に行われたことは，『美術と子ども』にも述べられている[51]。『ダドリー・ライティング・カード』で示したような手書き文字の練習と，描画との中間に当たるような活動と言われる，ライティング・パターンの構想は，リチャードソンと，協力を申し出たいくつかの学校での実験により実現していった。アーカイブには，その成果の一部と思われる，年齢グループ別にまとめられた作品の記録が，残されている（第6章，図6－10～6－11参照）。

　リチャードソンの，手書き文字の練習と，ライティング・パターンに関する教育研究の成果は，1935年の『ライティング・アンド・ライティング・パターンズ』[52]の出版で確定的なものになる。出版の形態は，子どもが使用する手本と，教師用の解説書のセットである。子供用の手本は，年齢段階に合わせて，最も低年齢の6歳用の見開きカードが2セット，以降，年齢段階に応じた書籍形式の教本が5種類，それぞれの教本の中に，手書き文字とパターンとが段階を追って高度になるように配列してある。教師用の解説書は，子どもの作品写真や方法，材料の解説を含んだものである。この出版は，大変な成功を収め，翌1936年には第

二版を，1953年には第10刷を発行している。

本書の特色を挙げるならば，ジグザグや波線などの，なぐり書き的で自然な腕の動きを基本とする点は，『ダドリー・ライティング・カード』を継承しているが，それに加えて，次の二つの点が特筆される。第一は，ロンドン市の学校における研究の成果を踏まえて，小学校段階の子どもの発達に対応している点である（図2-8は，小学校においてライティング・パターンに取り組む子どもたちの写真）。第二には，パターン（同一形態の反復による模様づくり）という学習の領域を，このリズミカルな曲線からの発展として提示している点である。図2-9は，高学年の教材の内容について，文字の書き方の模範例（右上）と，二つのアルファベットを組み合わせるライティング・パターンの例（左下）を示したものである。

これらの特徴は，小学校段階の広い教育需要に対応すると共に，リチャードソンの本来の分野である，美術との接点を確保する意味を持っていたと考えられる。文字の練習と美術という二つの分野を，自然でリズミカルな動きの発展という，一貫した原理に基づく教育活動として位置づけたことは，彼女自身にとっても，自らの教育方法の全体像を調和させる上で，重要な意味を持っていたのではないかと考えられる。

ある意味でこの点を裏付けるのが，正確な日付等は不明であるが，ロンドン市

図2-8　ライティング・パターンを描く子どもたち

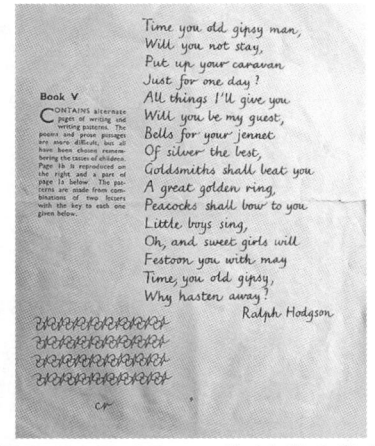

図2-9　ライティング（文字の書き方）とライティング・パターンを並行して扱う教材の解説

視学官時代の数少ない現存する講演原稿2点である。「子どもたちへのデザインの指導」[53]と,「パターンと絵」[54]と題された講演は,いずれも,平面デザインの領域と考えられていたパターンを作ることと,絵を描くことは,分離したものではなく,一致した活動であるという主張に貫かれている。これは,絵画を,描かれている内容,物語性以前に,色面の構成としてみるという,ある意味で,フォーマリズムの考え方と基本的な立脚点を共有した主張である。外面の正確な描写を,美術における唯一の卓越性とは考えない,「表現」としての美術教育の在り方を主張してきたリチャードソンは,より確かな判断の基準を探究する中で,このような形態の調和をもたらすパターンとして絵画を見る視点に到達した。このように見ると,子どもの想像による絵,パターンづくり,手書き文字の指導という,それぞれリチャードソンが成功した代表的な分野を,「パターン」の原理を結節点として,統一的に結びつける解決を図ろうとしていた側面が,この時期のリチャードソンの関心として存在したことがわかる。

2. 絵とパターン－リチャードソンとリードの議論

ライティング・パターンに関する出版と前後して,リチャードソンの教育に関する,ハーバート・リードからの接近が見られることが,注目される。1934年に出版されたリードの『美術と産業』には,リチャードソンのデザイン教育に関する貢献への言及が見られる[55]。同書では,ほぼライティング・パターンのことを指していると思われる単純な図式の繰り返しから,リチャードソンの指導によって,幼い子どもでも優れたデザインを作り出すことができることが証明されたと述べ,この方法をデザイン教育の基礎として発展させていくことを示唆する。この点では,1933年の展覧会に際して述べられた,フライの見解とほぼ相違はない。ただし,同書の付録においてリードは,1932年の『ゴレル・リポート』に言及し,同レポートにおける,大衆のための大量生産の必要という現状認識と,美術家をデザインに参加させるという,かつてのアーツ・アンド・クラフツ運動のような,経済性を無視した勧告とは矛盾すると指摘し,フライによる同レポートへの補足はこの矛盾を解消するに至っていないことを批判している[56]。

この時期には,リードとフライという二人の指導的な理論家とリチャードソンの教育とが,美術とデザインの教育をめぐって接近と相違を見せている。以下に,

アーカイブに残される書簡等から，リチャードソンとリードの交流の経過を跡づけてみる。1934年1月8日，当時『バーリントン・マガジン』の編集をしていたハーバート・リードから，記事の掲載に関してロジャー・フライへ宛てた書簡の中で，リチャードソンの子ども美術展のために，画廊を紹介する用意があると書き添えている。フライは，これをリチャードソンに転送して関心を促した[57]。1935年2月のリードからの書簡は，「私の関心は極めて大きく，そして正しい種類の教育（あなたが大きな貢献をしてきたような）は，私たちの問題の唯一の解決策であると思います。」と，リチャードソンへの深い共感を示し，近い将来の協力を約束している[58]。同年5月のリードからの書簡には，リチャードソンが『ライティング・アンド・ライティング・パターンズ』を贈呈したことに対する感謝とともに，書評を執筆する意向，そして6月初旬のロンドン市の子ども絵画展覧会を訪れる予定であることが記されている[59]。次いで6月5日，リードから『リスナー』誌に発表する書評の草稿への意見を求める書簡があり，13日，リチャードソンはそれに応じている[60]。リチャードソンからは，種々の点にわたってこの書評に対する意見が示されており，このやりとりの中に，両者の観点の一致と相違の一端が示されているので参照してみたい。
　リードの草稿は当初，「美術指導の一方法」[61]と題されており，文字の書き方とパターン作成の指導書である『ライティング・アンド・ライティング・パターンズ』を，むしろ美術教育の改革という視点で位置づけようとしている点に特徴がある。それは冒頭で，同月に短期間で開催されたロンドン市の教育に関する展覧会（公開授業を伴っていた）について紹介し，そこに示された美術教育の「革命」に貢献したリチャードソンの著作からこの問題を考察する，という導入をとっている点にも表れている。リードによれば，文字の書き方における線の動きによるリズム感と，パターンの作成における色彩感覚の両者を結びつけたところに，リチャードソンの方法の特色があり，それによって子どもが生来の感覚をもとに優れたデザインを生み出しているだけではなく，それはあらゆる美的な活動の基盤となるものであって，さらには教育制度における美的感覚の「再生」へとつなげて結んでいる。
　これに対するリチャードソンからの意見は，およそ以下の3点に集約できる[62]。第一に，『ライティング・アンド・ライティング・パターンズ』という，文字と

パターンの指導書のみで，リチャードソンの美術教育の全体像が語られてしまうことへの危惧である。これについて，同書は本来「文字の書き方」の技術的な方法に関するものであり，自分としては，これとは別に，心的イメージに重点を置いた描画教育の著作を企画していることを述べた上で，より根本的な問題は，子どもの「イメージを浮かべる」能力の育成であり，文字の書き方におけるリズムはその材料を与えるに過ぎない，と述べている。

　第二に，パターン作成が基礎となって，描画に発展するという段階が想定されているようにも受け取れる文脈に対して，パターンと描画は，最も初期の段階から並行し，互いに影響しあう学習活動であることを明記するよう要望している点である。第三に，年長の生徒の成果について，より着目するよう促している点である。これは直接的に記事への意見という体裁をとってはいないが，リードが先般ロンドン市の展覧会を訪れた際，彼が年齢の高い子どもたちの作品に注意を払わなかったこと，13歳以上の子どもたちの創造的活動の停滞という通説に対する反論等を述べた上で，15〜16歳の子どもたちの図版を使用することをリードに提案している。

　リードの草稿に対するリチャードソンの第二と第三の意見は，おそらく，草稿中の以下のような表現から喚起されたものであろう。

　　　この方法によって子どもたちの作り出したパターンの美しさはすぐに理解されるし，この方法がそれ以上の結果をもたらさないとしても，それだけで充分な教育的意義を有している。この方法のさらなる効果が試されるのは，子どもがパターンの作成から絵画制作へ移るときであろう。この段階において，私たちは，大人の偏見に遭遇するのである。個人的には，私は，このような，より進んだ段階におけるリチャードソン女史の成果も，すでに述べたものと同様，重要なものであると信じている[63]。

　リードは，この箇所に続いて，パターンで培われた色彩の調和，連続する形態のリズムなどが絵画制作に影響し，この二つの要素があらゆる芸術活動の基礎となる，という考えを展開している。リチャードソンのもとに保管されていたこの草稿には，おそらく彼女の手によるものと推測されるが，上記に引用した節の傍らに手書きで印が付けられ，また，「パターンの作成から絵を描くことへ移る」という箇所に下線が引かれている。リチャードソンが，内面的イメージに基づい

た表現，という過程の側面から芸術活動を見ていたのに対し，リードは，リズムと色彩という，造形的な要素の側面を基礎としてとらえていた点で，考察の次元は異なっていたのであるが，リードの記事では，それをパターンから絵画への発展という時間的な段階があるかのように記述した点で，実際の学習過程との相違を生み出してしまったのである。また，パターンによる成果の「次の段階」のように記述された，絵画に関する説明の箇所では，リチャードソンへの擁護の姿勢は弱まっているように感じられる。この点が，年長の生徒たちによる絵画の成果を強調した，リチャードソンからの意見を喚起したのではないかと考えられる。

　これに対し，リードは即座に返答を送り，描画が後の段階の活動であるような印象を与えたことを反省するとともに[64]，前回の草稿に追加挿入する原稿を添付している。追加部分では，観察とイメージを浮かべる活動の相違について言及したほか，形を発見することとイメージを発見することに相違はなく，抽象化の程度が異なるだけである，とする見解を付け加えることによって，パターンと描画を同次元にとらえようと修正した跡を見ることができる。しかし，『リスナー』誌に掲載された記事[65]では，結局，リチャードソンが下線を引いて抗議した，「パターンの作成から絵を描くことへ移る」という文を含んだ節はそのままであり，また，末尾に追加した修正は，必ずしもリチャードソンの意図と合致したものであったかどうかは疑問である。また，15〜16歳の子どもの図版の使用を示唆した件については，6月13日付のリチャードソンからの書簡に，翌日担当者と写真の件で面会すると記されており，また，リードからの返信では，さらにリードに面会を求めたようであるが，都合がつかず直接会見は実現しなかった。返信でも写真のことはいっさい言及がなく，記事には7歳から8歳までの絵とパターンの写真が掲載されたのみであった。

　リードは，1934年にロジャー・フライが死去した際に，彼に関する記事を発表し，英国において初めて形態的な分析を用いた美術批評を広めた功績を認めながらも，その出身階級の中で醸成された「エリート主義」の限界を指摘するとともに，「彼の美術批評は，［個人的な好みという］この非科学的な態度の過大なる正当化に他ならない」として，ドイツ美術，とりわけ表現主義を無視した点を批判している[66]。リードはまた別の評論の中で，「表現主義」について，それは現代の様式というよりは，「北方」の美術に，外界の影響が弱まったときに繰り返し

表れる傾向の様式である，とした上で，近代におけるムンクやゴッホなどに代表される「表現主義」の再生は，英国には届かなかったものの，スタンレー・スペンサーなどに表現主義的な特質が見られる点を指摘している[67]。

なお，ゴッホとスペンサー，そしてリードがスペンサーと関連の深い異端者として挙げているウィリアム・ブレークは，すべて，リチャードソンが講演の中で積極的にとり上げたことのある画家である[68]。この点からすると，彼女自身には，リードのいう「表現主義的な傾向」との隔絶は見られず，表現主義を無視したとされるフライの路線との差異が顕在化してくることになる。リチャードソンの美術観における内面重視の傾向は，「外界の影響が弱まったときに」表れるという表現主義的傾向の特質と共通する側面ととらえることも不可能ではない。リードは，フライ亡き後，英国の美術評論と美術教育の理論化において無視できない影響力を及ぼしていく。フライ，リード，リチャードソンの三者は，近代美術の思想を背景として，より個人の価値を重視した美術教育への変革を指向していた点では共通していたものの，それぞれの傾向と立場には，独自の観点が存在していたことが，この，1930年代半ばにおける交流を通して，浮かび上がってくるのである。

3．1930年代における美術教育改革の諸成果

1930年代の半ばは，総じて，子ども自身の想像力を尊重した美術の学習が，リチャードソンら少数の先駆者のものから，多くの教師たちによって共有され，またそれぞれが独立して追究される，大きな潮流となっていく時期と見ることができる。それは，例えば先の雑誌『新時代』の美術教育特集に見られる記事や，トムリンソンの著作，また，1934－35年のチゼック展巡回とそれに伴うビオラの講演ならびに1936年の『子どもの美術』[69]出版，リチャードソンの影響がうかがえるイヴリン・ギブス等の教育者による出版物[70]などに，表れている。

アーカイブには，1934年にラベンダー・ヒル・スクールで行われた校内展覧会（図2-10）の他，同時期のものと思われる，美術の授業の様子などの写真がまとめて残されており，1930年代における子どもの美術活動の発展を伺い知ることができる。図2-11は，子どもたちが顔料から絵の具を練っている場面であり，背後には柄の長い筆や，子どもの作品などが展示されているのを見ることができる。

粉絵の具や大きな筆などの普及は、かつての固形絵の具による透明水彩調の小さく繊細な作品様式から、大きく素朴な表現への転換と関連した現象であった。一方で、材料や様式の転換が新しい美術教育の内容ではないことは、リチャードソンや理解ある教育者が常に警鐘を鳴らさなければならなかった問題でもあった。図2-12は、より年齢の高い生徒が描画を行っている様子であるが、壁面には、かつての手本の模写からは自由になった、子どもたちの人物画が展示されている。

1936年のロンドン市の年報に記載された、リチャードソンによる報告[71]は、新しい美術教育の成果を伝える、一種の「勝利宣言」の趣を呈している。この報告は、同年の同市における二つの注目すべき教育上の成果の一つとして掲載されたものである。リチャードソンは、ロンドン市の学校における美術教育が、ここ数

図2-10 当時の学校展覧会風景（1934年、ラベンダー・ヒル・スクール）

図2-11 絵の具を練る子どもたち（1930年代）

図2-12 授業で絵を描く子どもたち（1930年代）

年の間に，大きく変革を遂げたことを明確に述べている。その変革は，いくつかの観点から指摘されるが，一つには，美術を，ものの外観を模倣する学習から，ものに潜在する調和の認識を表現する学習へ，子ども自身が探究する学習へと変えたこと，その結果，学校は，子どもたちにとって，より自然で幸福な場所となり，描画は今や子どもたちの最も好きな時間となっただけではなく，それを通じて子どもたちの発達が最も顕著に見られる教科となったと述べている。ただし，ただ自由で楽しいのみではなく，単なるかわいらしいだけの願望充足の表現や，事実の記録としての描画と，内面的な真実に対応する，「小さな美術作品」とを区別し，奨励しなければならない，と訴えている。その他の報告内容として，材料の選択の重要性，子どもの作品が繊維産業のデザインに影響を与えたこと，心の中のイメージを刺激し訓練することの重要性，美術専門ではない教師が，様式を子どもに押しつけることなく優れた教育をしていること，ワード・ピクチャーを通して描画が子どもと教師の楽しい協力になっている点，等々が指摘される。最後に，こうした学習を通して，美術を理解する内面的な基礎となる感覚を身につけた世代の成長を期待する言葉で締めくくられている。

　リチャードソンの著作ではないが，教育省による教師のための『提言』にも，こうした変化が反映されている。かつてリチャードソンが講演などで各論併記であるとして批判した[72]1927年版と比較して，1937年版では明確に，「美術・工芸」の目的を，「子どもの自然の衝動が，自らのアイデアに，見える形を与えるよう励ますこと，子どもの内部に，それを勇気，誠実さ，躍動をもって行う力を育てること。子どもが，自然と美術の美，職人の技能の洗練と誠実さに積極的に気付くようにすること」[73]というように，子ども自身の表現と，美的な知覚の教育という，リチャードソンの従来より主張してきた方針と共通する内容を示している。

　1937年11月24日，リチャードソンは，王立美術協会に招かれて講演し，同協会よりメダルを授与されている[74]。講演の詳細は明らかではないが，リチャードソンの業績への社会的認知の高まりを示す一つの評価である。

　1938年5月には，ウィルヘルム・ビオラと会見している。リチャードソンの側からのまとまった記録はないが，ビオラはリチャードソンの死の直後，チゼックについて述べた記事の中で，彼女と対話したことについて報告している。それに

よると，チゼックとリチャードソンの方針は多くの点で類似していたが，大きな相違として，チゼックは14歳程度で多くの子どもが想像からの表現をできなくなると認識していたのに対して，リチャードソンは，思春期以降の表現の停滞は，生物学的な要因ではなく，教育制度に原因があるとして，15, 6歳の子どもたちによる優れた作品を提示したという。ビオラ自身は，それでも思春期以降の想像的な表現の継続に対する疑問を完全に払拭することはできなかったと述べている[75]。チゼックの，あるいはビオラを通してみたチゼックの教育観との相違として注目できる言及である。

4．1938年ロンドン市子ども絵画展

　リチャードソンにとって，ロンドン市の視学官としては，おそらく最大の，そして最後の美術教育への貢献となったのが，1938年のロンドン市子ども絵画展覧会である。この展覧会は，美術史家で当時ナショナル・ギャラリーのディレクターであったケネス・クラークによって開会され，女王も来訪して，かつてない規模で盛大に開催された。当時のパンフレットには，7月12日より23日まで，ロンドン市庁舎にて開催されたことが記録されているが[76]，『美術と子ども』には，8週間にわたって開催され，2万6千人の入場を数えて8月20日に最後の来場者を見送ったとあり[77]，会期は延長された可能性がある。

　パンフレットに載せられた，リチャードソンと教育行政官 E. M. リッチ（E. M. Rich）による解説には，ともに展覧会の特色について，1933年の初めての市庁舎での展覧会からの発展について強調している。前回の展覧会では，ロンドン市内の約50の学校からの参加があり，主として低年齢の子どもたちの作品を展示していた。今回は規模を大幅に拡大し，ロンドン市のすべての学校から募集し，多種多様な学校から少なくとも500人の子どもたちの作品，約600点を展示した。また，主として高学年の子どもたちの作品を選定している。これは，単なる規模の広がりというだけではなく，美術教育の改革運動の進展を示すものであるというのが，リッチの見解である。すなわち，前回の展覧会に参加した教師たちは，旧来の方法を自ら積極的に離れた先駆者たちであったが，彼らがこの数年の間に子どもの作品を交換したり授業を公開したりして，新しい方法を広めていった成果が，この展覧会を可能にした背景の一つであった。ただし，この改革はまだ日が浅いた

め，子どもの学校生活の初期から高学年までを通しての適用事例はそれほど多くなく，上級の子どもたちへの効果への確信は，まだ広く支持されているとは認めがたい。この展覧会は，こうした課題に応える意義をもっていた。そのため，高学年の子どもたちの作品を中心に据え，あるセクションでは同じ子どもの表現の発達を継続して展示するなどの構成をとっている。このように，新しい美術教育の方法に関して，この5年間の成果と課題を示す役割を果たしたのが，この展覧会の大きな意義であった。高学年における成果を重視したことは，この展覧会の直前にもたれたビオラとの会見の中で，思春期以降の子どもたちの表現について見解が分かれた問題についての，リチャードソンからの一つの実証的な回答という意味も込められていたと考えることもできる。

　会場の具体的な構成は，10の区画と中心部の衝立とからなっていた[78]。第1の区画は3歳から7歳半までの幼児学校 (infant school)，第2の区画は7歳半から11歳までの小学校 (junior school)，第3と第4の区画は，11歳から14歳までのシニア・スクール (senior school)，第5と第6の区画は，11歳から15, 6歳までの，試験で選抜された中央学校 (central school)，第7と8の区画は広い年齢範囲で，17, 8歳までの中等学校 (secondary school)，第9区画はパブリックスクールなどの特別な学校，第10区画は，教師と教員養成大学の学生たちの作品となっていた。また，中央の衝立は，三つの部分からなっており，第一に，外側の衝立は，個々の子どもたちの表現の発達を継続して見せたものであった。第二に，衝立の内側は，学校の美術における新しい様式と古い様式の作品を対比して見せたものであった。これらは単なる様式の変化ではなく，生命の有無に気づいてほしいと述べている。第三に，中心部では，学級全体の作品を示すために，無作為に選ばれた各々約20点からなる8組の作品群を展示していた。

　展示された作品の特徴として，500人もの異なった子どもたちの作品を集めたにもかかわらず，そこには「家族のような類似性」があることを，リチャードソンも，リッチもともに認めている。それは，一言でいえば「子どもらしさ」，旧来の特定の写実的再現法の模倣から離れて，子どもの誠実な感覚と方法で描いたことによる共通の特質である。これについて，リッチは，そのような類似性の中にも多様性が現れており，それを注意深く守ることの重要性を指摘し，新しい方法が，例えば大きな紙に木炭で描くなどの特定の技法や様式に限定されてしまう

ことに対して警鐘を鳴らしている。

　一方，リチャードソンは，作品の類似性の問題から，彼女独特の美術教育に関する思想を簡潔に提示する。すなわち，「子どもらしい」という特徴は，必ずしも好ましい作品の充分な条件ではない。応募されたものの選に漏れた多数の作品[79]も，「子どもらしい」特徴を見せていた。両者を分ける基準は，「小さな美術作品」であるかどうかである，という。彼女のいう美術の基本的な条件とは，写真のようにものの外観を似せることではなく，「啓発された心の状態」の表現である。その根本は，作者自身のアイデアである「啓発されたビジョン」であって，そのアイデアが正しければ，表現の手段としての技能を見いだすことが可能であるという。リチャードソンの講演等で繰り返し語られてきた，内面的価値の確立を主とし，技術的・物質的な実現はそれに従うもの，という思考方法の反映がここでも述べられている。ここでいう「芸術家のアイデア」とは，心眼と肉眼とを問わず，視覚的なものであって，世界の中に関係性，秩序，調和を見いだす作用であるという。それは意識的，計画的なものではない。少なくとも子どもにとっては，意志や努力によるものではなく，神の恩寵であり，その発生には，誠実で自由であることが必要である，という。

　しかし，そのための教育者の役割は，決して自由放任ではない，とするリチャードソンの教育観が，この後に強く打ち出されている。こうした美術活動の発生を支えるような，人間的影響を含めた全体的な環境を与えるために，教師の役割が重要なのであり，そこには，「愛」ともいえるほどの関係が子どもと教師の間に不可欠であるとする。その実践に関しては，単なる無意識的な模倣に陥りやすい，いわゆる「自由表現」を否定し，教師自身の想像力が重要な役割を果たす，「訓練された活動」が必要であるとする。その具体的な方法は，個々の教師が多様な解決を自ら見いだして行くべきであるが，一つの原則は確立されているという，それは，「常に子どもの絵を完全に真剣に扱うこと」である。子どもたちの芸術活動に価値があることを確信させ，安易な出来合いの受容を止めさせる上で，教師の態度の影響は大きく，この成功が子どもの真価を引き出す鍵となる。そして，子どもたちとともに行う活動が，広い意味での芸術の理解につながることを教師自身が悟れば，教師の真剣な取り組みを容易に引き出すであろうことを述べて結んでいる。

このように，1938年の展覧会の解説には，これまでリチャードソンが様々な講演で述べてきた美術観・教育観の要点が改めて示されている。それは，写実的再現技法の訓練としての描画学習と，自由といいながらも「隠された模倣」を生み出す「自由表現」の両者を否定し，彼女のいう，「美術」，すなわち内的ビジョンの表現を実現するために，教師が積極的に関わり，主導していくこと，そしてその活動の総体の中に広い意味での芸術的特質が実現されていくことを目指そうとする立場であると，まとめることもできるであろう。リチャードソンの考える子ども中心主義は，積極的な教師の主導による学習とも，また，美術そのものの学習に基づく本質主義とも矛盾せず，むしろ，一致しているところに，その特質の真価があったことをうかがわせるものである。

　各紙はこの展覧会について好意的に報じているが，初期の展覧会に対するような絶賛の調子よりも，展覧会の構成や意義を客観的に述べているものが見られる。『タイムズ教育付録』紙は，リチャードソンの功績と展示内容について詳細に報じるとともに，ケネス・クラークの開会の言葉を紹介している。その中で彼は，わずか25年ほどの間に起こった，子どもの美術への認識の変化は，プリミティヴ絵画への称賛に端を発する一般の態度の変化を背景としていること，芸術が直観に基づくものであるなら，子どもの絵にも美術の本質が宿ることは可能であり，それは感情の表出などの教育における重要機能の一つとして理解されるべきであることなどについて言及している[80]。エリック・ニュートンの記事は，「子どもの美術－教育における革命」とやや大仰な見出しであるが，専門家養成ではなく，より健全な人間としての発達を促す意味での描画教育の意義を述べるとともに，画家たちに対しても新しい視覚的アイデアの宝庫として展覧会を訪れるように勧めて結んでいる[81]。ジャン・ゴードンは，「美術教育－古いものと新しいもの」との見出しで，リチャードソンによるロンドン市の子ども絵画展と，パブリック・スクールや，ゴールドスミス・カレッジ，ロイヤル・カレッジなどの学生の展覧会とを併せて紹介し，子どもの美術における改革が，専門教育に影響を及ぼしていく動きについて指摘している[82]。

　しかし，かつてのロジャー・フライのように，リチャードソンの教育改革の意義について，さらに新しい観点を見いだすような論考は，この展覧会に関しては見ることはできなかった，ということもできる。リチャードソンは，『美術と子

ども』の中で，ケネス・クラークの助言と激励がこの企てにおける強力な支えであったことを述懐しているが[83]，リチャードソンに関する彼の認識が出版されるのは，彼女の死後，1948年出版の同書の序文の中であった。その中でクラークは，同書は「教育における一つの偉大な改革を物語る」と述べているが，主として改革における彼女の先駆的な貢献と，その個人的資質を称賛するのみであり，かつてフライが，確立された美術教育の弊害に対して論陣を張った姿勢とは相違を見せている。これは一つには，歴史的に，改革がある一つの段階を越えたという認識でもあり，すでに一人の改革者の孤独な闘争から，多数の共鳴者，また競合者がこの流れを支える段階に入ったことの現れである，と見ることもできる。

　『美術と子ども』に記されたこの展覧会に対するリチャードソン自身の回想は，同書の中でもとりわけ幸福感に満ちている。無償で準備と運営に協力した教師たちと，毎晩遅くまで労を惜しまずに準備にあたったこと，王室や美術評論家など公的な権威からの承認と栄光，そして，観衆が去った後一人で会場に残り，展示された子どもたちの作品が語りかける声を受け止めることの喜び，等々である。そしてこの部分は，同書の末尾に綴られる，第二次大戦の戦況の悪化を背景とした，暗澹たる時代の直前を飾る，最後の幸福な記憶として対照をなしているのである。

第5節　回想録執筆と追悼

1. 引退と回想録執筆

　1938年のロンドン市子ども絵画展覧会を成功裏に終えてしばらく後，リチャードソン自身の健康に障害が現れ始める。一時病気休暇を取って職務を離れるが，1939年9月3日，英国の対ドイツ宣戦布告，第二次世界大戦への突入とともに呼び戻され，完全に回復していない体を抱えながら，ロンドンからオックスフォードへの子どもたちの疎開に関わる業務のために奔走する[84]。それから数年間は，オックスフォードを中心として，ウィッチウッドの学校での指導なども継続しており，そこでの最後の時期の生徒の一人である，チェルシーの美術学部に進んだ学生が，のちに当時の印象を綴った文も残されている[85]。しかし，その後も

病状は回復せず，1942年にはロンドン市視学官を退職，各地で療養を重ねた後，1945年9月にはダドリーへ転居，それから死去までの一年余を，闘病と回想録の執筆に費やした。

リチャードソンの病状については，リウマチ性関節炎などの記録があるが[86]，背景としては，長年にわたる無私の献身による過労，戦時下の不安と子どもたちの疎開に関わる過酷な業務などが関連していたことは想像に難くない。『美術と子ども』には，一時的な病気休職，開戦を迎える1939年の春から夏にかけての社会の動乱を背景にした心労や苦痛などが記されている[87]。また，リチャードソンの母は，戦争と疎開に関わる困難が，彼女の衰弱をもたらし，医療関係者や友人たちの献身的な手当にも関わらず，全快することはなかった，と記している[88]。ダドリー女子ハイスクールの校長であり，リチャードソンの晩年までを見届けたS.フルードは，「この病気は，彼女が仕事に徹底して専念し，自身の健康を顧みなかったためであることは疑いがない。」と述べている[89]。

ダドリーでは，ダドリー女子ハイスクールでの同僚であったプラントら旧知の友人の援助を受けて[90]，回想録『美術と子ども』の執筆に着手した。リチャードソン自身は美術教育の改革に生涯を捧げてきたといっても過言ではないが，著書としては，文字の書き方の指導書であった『ライティング・アンド・ライティング・パターンズ』（1935年）が広く評価されたものの，本来の美術教育に関する著作を刊行する機会については先延ばしにしてきた側面があった。彼女自身は現役当時よりこの課題に関する意欲をもち，長期にわたって構想を進めていたことは明らかである。例えば，1935年に，ハーバート・リードに宛てた書簡の中で，「私は今，長らく構想してきた描画の指導に関する本をまとめようとしています。この新しい本では，子どもの想像力豊かな生来の能力であるように私には思われる，心的イメージに焦点が当てられています。」[91]と述べ，それに対するリードからの返信にも，彼女の描画に関する著書に期待する旨が記されている[92]。しかし，この計画は結実を見ることなく，さらに10年の歳月が経過した。そして不本意ながら病による公職からの解放という運命を経て，ようやく着手する機会を得たのである。

1946年の1月には，第1章の草稿をロンドン大学出版局に送っている。2月1日付の同出版局長スタンリー・マレルからの返答[93]は，この出版が長らく待望さ

れてきたものであるという好意的な見通しを伝えている。同書簡からは，最初の草稿が「子どもとして（AS A CHILD）」と題されたものであったこと，リチャードソンがその原稿を，かつての同僚であった，ロンドン大学教育学部のバラード博士らに，すでに渡していることなどがわかる。また，マレルは，挿し絵の必要性，バラードに序文を依頼すべきこと，本の体裁や価格の検討の必要など，いくつかの具体的な助言を添えて，出版への助力を惜しまない姿勢を見せている。同年8月14日付の同出版局からリチャードソンへの書簡は，その前日に彼女が執筆の進展について書き送ったことに対する返答であり，出版局からはケネス・クラークが序文を執筆していることや，出版の具体的な相談のために面会したい意向などが記されている[94]。また，同年9月11日付のバラードからリチャードソンへの書簡には，彼女から送られた原稿について，字句上の訂正や，絵の具の成分など科学的な知識に関して助言を書き送っているのを見ることができる[95]。

2．元ダドリー生徒からの資料収集

　1946年の夏には，リチャードソンが同書の執筆のために新たな資料収集を試みた記録が残されている。ダドリー女子ハイスクールの卒業生に，かつてのリチャードソンの授業の印象やその影響などについて，8項目の質問からなる一種のアンケートを送っているのである。リチャードソンの遺品のうち，トランクに納められた雑多な書類の中に，同年7月14日付のリチャードソンからの書簡があり，執筆中の美術教育に関する著作のために，質問に対する返答への協力を依頼し，続いて質問文が記されている[96]。アーカイブの別の箇所には，この質問への元生徒からの返答と考えられる一連の書簡が保管されており，少なくとも20件が確認できる[97]。これらの返答には，複数の箇所に赤で「引用」等と書き込みがなされており，リチャードソンが回想録に加えるために準備していたことが推測される。しかし，その約4か月後に死を迎えるリチャードソンには，返答の結果を原稿に反映させる余裕はなかったのか，死後に出版された『美術と子ども』には，これら元生徒たちの声は，直接には引用されていない。しかしながら，著作には直接反映されず，公にされることのなかったこの資料からは，これまで明らかにされなかった観点が含まれている可能性があるので，その一部を指摘しておきたい。

　この資料に関しては，上記の往復書簡が残されているのみであるので，対象の

選定や，回収状況などの調査方法の詳細については不明である。ただ，返答の中には，ダドリーの校長であったフルードが依頼状の宛名書きをしたことを推測したものや[98]，フルード，およびプラントらへの挨拶を書き添えたもの[99]などがあり，彼らダドリーの元教職員らによって，連絡可能な卒業生らに送られた可能性が強い。これらの背景も考慮すると，この調査は結果を体系的に集計する性質のものであるというよりは，具体的な記述を収集する目的が主であったと見られる。したがって，各質問に関する回答の集計はあまり意味を持たないが，その質問内容から，リチャードソンが，自らの教育について，何を評価されたいと考えていたか，すなわち教育の目的と効果についての関心のありかを知る手がかりとすることは可能である。

　8項目の質問は，在学当時の美術学習に関する最初の3問と，その学習のその後の生活に対する影響などに関する5問とに，大きく分けることができる。前者は，(1) 描画の授業で最も鮮明に記憶していること，(2) 授業は楽しかったか，その理由，(3) 学校に展示した絵に関心を持ったか，またそれについて記憶にあるか，についてそれぞれ尋ねたものである。(2)では，授業における学習者の心理的な状態について，(3)においては，校舎内の美術に関する環境の形成について，リチャードソンが重視していたことを確認することができる。これら3項目の質問については，学習当時から二，三十年を経て，彼らの中にどのように授業が評価されているのか，という問題に加えて，かつて出版局から，草稿の中で「一人称の使用が多い」ことを指摘されたことがあるように[100]，リチャードソン個人の視点からの回想として語られる制約に対して，他者からの視点を含めて膨らみと客観性をもたせたいという意図も存在したのではないかと考えることができる。

　これらの質問に対する回答からは，リチャードソンの行った教育活動に関するこれまでの知識を補う情報を得ることができる。例えば，第1問や第2問には，様々な観点から，具体的な活動の断面が寄せられている。共通して多く見られるのは，教師を囲んで半円形に座った授業の情景や，落ち着いた開放的な雰囲気，理解と励ましなどに関する肯定的な感情などであるが，中には，授業の導入場面などに関する詳細な記述や，具体的な学習の題材例などについて報告したものも見られる。例えば，北米の先住民になったと仮定して毛布のデザインをするなどの活動は，多文化主義の教育の浸透が図られている今日の英国社会ではすでに一

般化されている観があるが，当時の文脈の中で行われた活動には，改めて注目することができる。第3問への回答は，校内に多くの絵画および複製画が展示されていた状況を確認させるものである。回答者らの記憶からは，ダ・ヴィンチ，ボッティチェリ，ホッベマ，ドガ，ゴッホ，バーン・ジョーンズ，そしてロジャー・フライなどの画家の名が共通して挙げられている。

後半の5問は，(4) 回答者の一般的な趣味あるいは美的感覚（taste）の形成について，(5) 回答者が教師である場合，その教育活動に関して，(6) 舞台芸術などへの関心について，(7) 卒業後に行った表現活動について，(8) 美術に関する鑑賞活動について，それぞれ，かつて受けた美術教育の影響を認識しているかどうかを尋ねたものである。この質問の構成からは，美術の学習を通して一般的な美的感覚を形成し（第4問），それが成人後の職業活動や，個人的な生活などに適用されていく基礎となっていく（第5問から第8問）という，学習者の生涯と社会生活における美術教育の目標への検証を行いたい，という質問者の意図を読みとることができる。

いくつかの質問には，それを補足する例が添えられており，そこからさらにリチャードソンの観点を確認することが可能である。例えば，第4問の美的感覚の形成に関しては，「絵，家具，［中略］…陶器，衣類などの選択に関して」とあり，美術の表現や批評の活動で養った感覚が，一般的な生活における視覚的対象物の選択眼にも反映されることを検証したいという立場をとっていることが明らかである。また，第6問では，「バレエ，演劇，映画など」に関する興味への美術教育からの影響を探っており，これらの文化領域と美術の学習を関連したものととらえていた面がうかがえる。第7問では，表現活動の例として，絵の他に，演劇の背景や衣装のデザイン，木版画，工芸などを挙げていること，また第8問で，展覧会の鑑賞のみではなく，美術に関する文章を読むかどうか尋ねている点などは，リチャードソンの行った教育の内容との関連を見ることができる。

これら後半の質問に対しては，肯定的な回答が多いものの，回答者自身の中にも，当時の授業と，その後の美術に関する態度とを明確に関連づけて認識することは，必ずしも容易ではない様子を見ることもできる。これらの質問で問題としたことは，専門家教育を行うわけではない中等教育段階において，すべての人がそれぞれの表現者となる学習者中心の美術教育の目的は，存在意義をもちうるか

という，現在まで続く基本的な問いの一つについて，中等教育修了後の一般的な活動の中に，美術教育の成果がどのように反映されていくかという関心から接近しようとしたものであると見ることができる。

3．追悼と展覧会

　病床にありながらも，支持者たちの援助を受けて執筆活動を続けていたことが前述の書簡などからも確認できる1946年の9月[101]から2か月後，11月12日にリチャードソンは，終生の協力者であったプラント宅にて息を引き取った[102]。フルードによれば，彼女のほとんど最後の言葉は，「そして，私はもう一度ダドリーの不思議な魅力のもとにいる」であったという[103]。リチャードソンが，かつての輝かしい教育活動の舞台となった原点の地において，その生涯の記録を著して最期を迎えたことに，何か重要な意義を感じていたとしても，不思議ではない。

　ロンドン・デイ・トレーニング・カレッジの講師時代（1924年）からの知己であり，晩年の『美術と子ども』執筆にも助力を与えたバラードは，彼女の死を知らせる追悼記事を新聞紙上に発表した[104]。その中で彼は，教育省によって当時発行されたばかりの美術教育に関する冊子に示された思想や子どもの作品例などは，リチャードソンが30年前にダドリー女子ハイスクールで子どもたちと生み出し，ロジャー・フライらとともに啓蒙に努めた内容と全く一致するものであるとし，彼女はこうした「普通の学校における，より新しく，幸福で，啓発的な美術教育の方法」の先駆者の一人というよりはむしろ，彼女こそが本当の先駆者であった（not only a pioneer ; she was the pioneer），と顕彰している。同記事は，リチャードソンの多方面にわたる貢献を，1917年のオメガ工房における展覧会の成功から細やかに描き，特に彼女の講演における機知について述べた箇所は生彩に満ちている。その後，H. F. ワーンズによって寄せられたもう一つの追悼記事は，バーミンガム美術学校時代の同窓として，バラードの記事に欠けていた，同校での教官キャタソン－スミスのリチャードソンへの影響の重要性について，補ったものである[105]。美術教育学会（Society for Education in Art）の機関誌『アテネ（*Athene*）』は翌年，リチャードソンの追悼特集を組み，ハーバート・リードの論説を筆頭に，家族，同僚，かつての学生などからの貴重な証言を収めた[106]。

　また，相次いで企画された追悼展覧会が，リチャードソンの成し遂げた変革の

成果を，改めて社会に示した。その中でも最も早期に行われた1948年11月のオックスフォードでの展覧会は，ブリティッシュ・カウンシルの後援により企画されたもので，1918年から1948年に至る，98点もの，リチャードソンの生徒たち，および彼女に教えを受けた教師たちによる生徒の作品等を展示した大規模なものであった[107]。リチャードソンの妹キャスリーンによって選定されたこの展覧会の内容は，その後の追悼展の基礎になり，同年に美術教育学会の後援によりロンドンのヴィクトリア・アンド・アルバート美術館で開かれた展覧会[108]，翌1949年に企画されたアーツ・カウンシルによる追悼展[109]などのカタログからは，それぞれ50点前後ある出品作品に重複したものが存在するのを確認できる。追悼展覧会はその後，英国内のみならず，カナダなど海外へも巡回した[110]。

4.『美術と子ども』出版

リチャードソンの死後約2年を経て，1948年,『美術と子ども』が出版された。母の手記によると，著者は死の前日に同書を完成したということであり[111]，同書の献辞にもその日付が記されている[112]。しかし，病没に至る過程において，リチャードソンがどの程度，原稿の完成度に責任をもてる状態にあったかというと，客観的に見て，疑問が残ることは否めない。妹のキャスリーンが編集にあたったという証言があるが[113]，一つの説明としては，その校正・編集作業の期間が，公刊まで2年を要したという日程の背景にあった可能性が考えられる。本書中に掲載されている図版については，成人による作品などを除くと，そのうちの相当数がキャスリーンによって選定された追悼展覧会，とりわけ1948年のヴィクトリア・アンド・アルバート美術館での展覧会，翌年のアーツ・カウンシルによる展覧会に出品されたものと重複していることが確認できる[114]。したがって，本書における図版の編集作業と，キャスリーンによる追悼展覧会の準備が，時期的にも内容的にも密接な関連をもっていたことが推測される。また，一部の図版を除いて，そのほとんどは本文中に対応する説明がなく，したがって本文との関連における選定の必然性が弱いことは，図版の選定過程に著者自身がどの程度関わることができたのかを推測する，一つの根拠となりうると考えられる。

本文は13章からなり，ほぼ，リチャードソンの経歴に沿って回想が綴られているが，おそらくそれぞれが充分完成された記述であるとはいえず，これを一読し

ただけで、読者が明瞭な事実関係や思想を再構成することは、容易ではないと思われる。こうした問題も作用して、本書は、バラードのようにリチャードソンの先駆的な役割とその献身を知悉した理解者からは、むしろ遅すぎた出版として最大の賛辞をもって受け入れられた反面[115]、浅薄な批判や誤解を招く要因をも包含していたと考えられる。例えば、『タイムズ教育付録』紙の書評欄[116]では、同書で述べられた子どもの美術に関する見解は、「こうした自己表現の試みは生き生きとしていた。すべての本物の美術は生き生きとしている。だからこれらの努力は本物の美術である」という「三段論法」であると断定し、また、あたかもリチャードソンが遠近法を教えることを完全に否定したかのように述べ、子どもたちを解放した一方で、芸術家を目指す生徒に必要な専門的指導の道を閉ざしてしまったかのように批判している。無論これらの批判は事実と異なる根拠に基づいている。これに対して、リチャードソンの教えを受けて、ロンドンの教師時代に1938年の展覧会に協力、その後ケンブリッジの教育委員会に移ったナン・ヤングマンは反論を投書し、この書評における事実誤認を一つ一つ指摘している[117]。その論点をいくつか要約すると、(1)「三段論法」との批判は恣意的であり、リチャードソンの意図は、芸術的活動における「心的イメージ」という過程の重要性に基づいた教育にあること、(2) リチャードソンは専門的指導を否定しなかったばかりか、個人的なビジョンの育成はその基礎となること、(3) この書評が無視した、専門家への道に進まない99％の子どもたちが芸術を享受できる教育を、リチャードソンは目指したこと、(4) 当時流行の「抑圧の解放」路線の例に見られるような「いたずら描き」礼賛は、リチャードソンが否定したものであり、彼女の生徒たちの作品は、それらと全く異なり、細心の注意を払われたものであること、などである。

　ヤングマンは、すでに1947年のリチャードソン追悼文においても、リチャードソンの教育に関する誤った解釈が広まる状況に対して警告を発している[118]。例えば実際の授業の過程の詳細な観察を経ずに、単にリチャードソンの影響力の強さを「催眠」であるとまで批判したり、リチャードソンが方法の固定化を否定していたにもかかわらず、粉絵の具と大きな紙、大きな筆で、実物の観察を一切否定するような方式が、「ニュー・アート」「リチャードソンのアート」等と称して伝播するなどである。こうした、リチャードソンの教育に対する誤れる解釈の広ま

りと，その誤った根拠に基づく批判とを解消する上でも，『美術と子ども』の出版が期待されたが[119]，現実には，リチャードソンの考えと教育方法を充分に伝えることは，容易ではない状況があったことを，ヤングマンらの議論からも読みとることができる。

　本研究の役割の一つは，リチャードソン晩年の苦闘の成果であるこの著作においても充分に果たされなかった課題について，改めて，当時の原資料から解明を目指すことにもあるといってよい。ここまでで，リチャードソンの生涯に関する事実関係を中心とした探究に一応の区切りをつけ，次章からは，主としてリチャードソンが生前に行った講演原稿の解読から，その思想の発展を跡づけていく。

注

1) Marion Richardson, *Art and the Child,* University of London Press, 1948, p. 42.
2) Ibid.
3) この旅行の日程について，『美術と子ども』には「1926年」と記されているが（Richardson, *Art and the Child,* p. 51.），1925年の履歴書には「1923年」の記載がある（MRA 3153）．その他前後の出来事を比較すると，1924年の可能性が高い．
4) 「マリオン・リチャードソンは，描画，色彩，文字の書き方を含むデザインの出張教師としての契約を受け入れる用意があります．ロンドン近郊の学校，または個人の家庭の子どもたちを対象に，火曜，水曜，木曜，金曜日．料金：10回の授業，生徒一人 2ギニー」(An advertisement for Marion Richardson's private lessons. MRA 3163)
5) Ibid.
6) Richardson, *Art and the Child,* p. 43.
7) Richardson, "L. C. C. Lectures 1925 No. 3," p. 6.（MRA 3426A）
8) *Catalogue of the Exhibition of Drawings by the Girls of the Dudley High School,* London, Independent Gallery, 1923.（MRA）
9) Richardson, *Art and the Child,* p. 16.
10) アーカイブに切り抜きが保管されている記事や批評．
11) "Children's Drawings," *Times Educational Supplement,* January 19, 1924.
12) Roger Fry, "Children's Drawings," *Burlington Magazine,* January 1924, pp. 35–41.
13) Richardson, *Art and the Child,* pp. 13–14.
14) Virginia Woolf, *Roger Fry*, New York, Harcourt, Brace, 1940, pp. 261–263.
15) Roger Fry, *Cézanne : A Study of His Development,* London, The Hogarth Press, 1927.
16) Margaret Bulley, "The Child and Art : An Experiment," *Burlington Magazine,* October 1923, pp. 179–184.
17) Margaret Bulley, *Art and Counterfeit,* Methun, 1925.
18) Kenneth Clerk, "Letter to Mrs. Armitage [nee Bulley]," 1934.（MRA 177）
19) Stuart Maclure, *One Hundred Years of London Education* 1870–1970, Allen Lane The Penguin Press, 1970, p. 91.
20) Ministry of Education, *Education 1900–1950,* London, His Majesty's Stationery Office, 1951（reprinted 1966）, pp. 83–84.
21) ナンは，1930年にリチャードソンがロンドン市視学官に応募した際の推薦状をしたためている（MRA）．また，ナンのリチャードソンに対する支持については，トムリンソンも記している（R. R. Tomlinson, "As an L. C. C. Art Inspector," *Athene,* Vol. 4, No. 1, Society for Education in Art, 1947, p. 13.）．
22) Richardson, *Art and the Child,* p. 42.
23) Ibid, pp. 43–45.
24) "London Day Training College, University of London, Final Examination in Methods of Teaching Art, June 1929, Paper I".（MRA）
25) Clifford Ellis, "Various Aspects of Marion Richardson's Work," *Athene,* Vol. 4, No. 1, So-

ciety for Education in Art, 1947, p. 21.
26) Maclure, pp. 83-84.
27) Richardson, *Art and the Child,* pp. 68-70.
28) John Millard, "Letter to Marion Richardson," 20 March, 1928. (MRA 406)
29) Richardson, *Dudley Writing Cards,* London, G. Bell and Sons, 1928.
30) E. L. Edmonds, *The School Inspector,* London, Routledge & Kegan Paul, 1962, pp. 138-146.
31) Richardson, *Art and the Child,* p. 53.
32) Tomlinson, "As an L. C. C. Art Inspector," pp. 12-13.
33) R. R. Tomlinson, *Picture and Pattern Making by Children,* London, The Studio, 1934 (first ed.), 1950 (revised ed.).
R. R. Tomlinson, *Children as Artists,* King Penguin, London, 1944.
34) Maclure, p. 86.
35) Cyril Burt, "Letter to Marion Richardson," 16th April, 1930. (MRA 112)
36) Cyril Burt, "Forward," Arthur Allen, *Art and Artistic Handicrafts for School,* Vol. I, London, Harrp, 1932, pp. 1-15.
37) Richardson, *Art and the Child,* p. 53.
38) *Art and Industry, Report of the Committee Appointed by the Board of Trade under the Chairmanship of Lord Gorell on the Production and Exhibition of Articles of Good Design and Every-day Use,* London, His Majesty's Stationery Office, 1932.
39) Roger Fry, "Memorandum, " *Ibid,* pp. 44-49.
40) Margaret Bulley, "Memorandum, " *Ibid,* 1932, pp. 50-51.
41) Kenneth Clerk, "Letter to Mrs. Armitage [nee Bulley]," 1934. (MRA 177)
42) Richardson, *Art and the Child,* pp. 76-77.
43) 1997年，同アーカイブにて確認した限りでは，1914年の日付のあるロンドン市の子どもたちの作品には，透明水彩による細密な植物画と装飾的なパターンなどが多く，リチャードソンらが1933年の展覧会に出品したような，素朴な様式の絵は，皆無であった。
44) 1933年ロンドン市子ども絵画展覧会の写真裏面の記述。（MRA 1115）
45) Roger Fry, "Children's Drawing at the County Hall," *The New Statesman and Nation,* June 24, 1933, p. 844.
46) 新教育協会（New Education Fellowship）：1921年に設立された教育者の国際的団体。
47) Arthur Lismer, "The Exhibitions of Child-Art and Native Crafts at the New Education Fellowship Conference," *New Education Fellowship Conference, Art Section,* 1934.
48) "Children's Art and the London County Council," *The New Era in Home and School,* December, 1934, pp. 240-241.
49) Richardson, *Art and the Child,* pp. 73-76.
50) Virginia Woolf, *Roger Fry,* New York, Harcourt, Brace, 1940, pp. 297-298.
51) Richardson, *Art and the Child,* pp. 55-58.
52) Marion Richardson, *Writing and Writing Patterns,* University of London Press, 1935.

53) Marion Richardson, "Teaching Design to Children." (MRA)
54) Richardson, "Patterns and Pictures." (MRA 3189)
    文中に資料として『ライティング・アンド・ライティング・パターンズ』が挙げられていることから，1935年以降の講演であると推定される．
55) Herbert Read, *Art and Industry, the Principles of Industrial Design,* London, Faber and Faber, 1934, p. 127.
56) Ibid, pp. 134-136.
57) Herbert Read, "Letter to Roger Fry," 8. 1. 1934, transferred to Richardson. (MRA 1282)
58) Herbert Read, "Letter to Marion Richardson," 27th February, 1935. (MRA 1281)
59) Herbert Read, "Letter to Marion Richardson," 21. v. 35. (MRA 1825)
60) Herbert Read, "Letter to Marion Richardson," 5. 6. 35. (MRA 3371)
    Marion Richardson, "Letter to Herbert Read," June 13th, 1935. (MRA 3373)
61) Herbert Read, "A Method of Teaching Art," a draft for the book review for the *Listener,* 1935. (MRA 3372)
62) Richardson, "Letter to Herbert Read," June 13th, 1935. (MRA 3373)
63) Read, "A Method of Teaching Art."
64) Herbert Read, "Letter to Marion Richardson," 13. 6. 35. (MRA 3374)
    6月13日という日付は前回のリチャードソンからの書簡と同日であり，いずれかの誤記であるのかどうかは不明である．
65) Herbert Read, "Writing into Pattern, A New Way of Teaching Art to Children," *Listener,* 19 June 1935.
66) Herbert Read, "Roger Fry," 1934, reprinted in *A Coat of Many Colours,* Batler & Tanner, London, 1945, pp. 282-291.
67) Herbert Read, *Contemporary British Art,* Penguin Books, 1951, pp. 18-19.
68) Marion Richardson, "Intuition and Instruction, New Ideals in Education : at Oxford, Easter, 1930." (MRA 3477)
69) Wilhelm Viola, *Child Art and Franz Cizek,* Austrian Junior Red Cross, Vienna, 1936.
70) Evelyn Gibbs, *The Teaching of Art in Schools : an illustrated description of children's imaginative painting and its effect on craft,* London, Williams & Norgate, 1934.
71) Marion Richardson, "Children's Drawings and Designs," *Annual Report of the Council,* London County Council, 1936, pp. 3-6.
72) Marion Richardson, "Lecture on Drawing, Board of Education Course at Oxford, July, 1929." (MRA 3449)
73) Board of Education, *Handbook of suggestions for the consideration of teachers and others concerned in the work of public elementary schools,* London, His Majesty's Stationary Office, 1937, p. 224.
74) MRA 3047, 3048.
75) Wilhelm Viola, "Cizek's Work in Vienna," *The Listener,* 16 January 1947, p. 103.
76) London County Council, *Exhibition of Children's Drawings,* Catalogue, 12th to 23rd July, 1938.

77) Richardson, *Art and the Child,* p. 79.
78) London County Council, "Exhibition of Children's Drawings," 1938.
79) 当時の新聞報道では，4,000点の応募の中から500点が選ばれたと報じている．("Children's Drawings, Exhibition in London," *Times Educational Supplement,* July 16, 1938.)
80) Ibid.
81) Eric Newton, "Children's Art, a Revolution in Education," *Sunday Times,* July 17, 1938.
82) Jan Gordon, "Art Education, the Old and the New," *The Observer,* August 28, 1938.
83) Richardson, *Art and the Child,* p. 79.
84) Ibid, pp. 83-84.
85) Penelope Alington, "Various Aspects of Marion Richardson's Work," *Athene,* Vol. 4, No. 1, Society for Education in Art, 1947, pp. 20-21.
86) ダドリー市に残るリチャードソンの死亡記録には，死因として「(a) 心不全，(b) リウマチ性関節炎，(c) 貧血症」が記されている．(Certified Copy of an Entry of Death. MRA)
87) Richardson, *Art and the Child,* pp. 83-84.
88) Her Mother [Ellen Richardson], "As a Child," *Athene,* Vol. 4, No. 1, Society for Education in Art, 1947, p. 7.
89) S. Frood, "Teaching at Dudley, I," *Athene,* Vol. 4, No. 1, Society for Education in Art, 1947, p. 10.
90) リチャードソンの母の手記には，晩年の病床での看護と励ましを与えた人物として，プラント（Miss Plant）とスペアーズ（Miss Speirs）の二人が挙げられている．(Her Mother [Ellen Richardson], p. 7.)
91) Richardson, "Letter to Herbert Read," June 13th, 1935. (MRA 3373)
92) Read, "Letter to Marion Richardson," 13th June, 1935. (MRA 3374)
93) W. Stanley Murrel, "Letter to Marion Richardson," 1st February, 1946. (MRA 998)
94) University of London Press, "Letter to Marion Richardson," 14th August, 1946. (MRA 999)
95) P. B. Ballard, "Letter to Marion Richardson," 11th September, 1946. (MRA 1000)
96) Marion Richardson, "Letter to Francis," 14th July, 1946. (MRA)
97) Letters from ex-pupils to Marion Richardson, 1946. (MRA 3059, 3060, 3061, 3062, 3063, 3064, 3065, 3066, 3067, 3069, 3070, 3071, 3072, 3073, 3074, 3075, 3076, 3077, 3078, 3079)
98) Phyllis Parker, "Letter to Marion Richardson," 16th July, 1946. (MRA 3060)
99) Edeen Oliver (Barnsley), "Letter to Marion Richardson," 26th July, 1946. (MRA 3061)
100) Murrel, "Letter to Marion Richardson." (MRA 998)
101) Ballard, "Letter to Marion Richardson." (MRA 1000)
102) リチャードソンの死亡の日付および場所については，ダドリー市の死亡記録の写し（Certified Copy of an Entry of Death. MRA），母の手記，ならびに新聞紙上の追悼記事から確認できる．
103) S. Frood, "Teaching at Dudley, I," *Athene,* Vol. 4, No. 1, Society for Education in Art, 1947, p. 10.

104) P. B. Ballard, "Miss Marion Richardson, A Tribute," *Times Educational Supplement,* November 30, 1946.
105) H. F. Warns, "Miss Marion Richardson, Teaching of Art," *Times Educational Supplement,* December 14, 1946.
106) *Athene,* Vol. 4, No. 1, "A Special Number Commemorating the Work of Marion Richardson," Society for Education in Art, 1947.
107) *Exhibition of Children's Paintings by Marion Richardson's pupils and their pupils 1918–1948,* Catalogue, Oxford, November 1 to November 14, 1948.
108) Society for Education in Art, *Marion Richardson Memorial Exhibition,* Catalogue, Victoria and Albert Museum, November 20 to 29, 1948. この展覧会の案内に収録された解説には，一般に「自由表現」として認識されているような，大型で粉絵の具を用いた作品と，展示にあるリチャードソンによる子どもたちの作品は異なっており，彼女の改革は材料や形式におけるものではなかったという本質を述べている．ただし，その説を補強するために1938年のロンドン市子ども絵画展覧会の案内からリチャードソンによるものとして引用した一節は，実際には，リッチによるものである．(London County Council, *Exhibition of Children's Drawings,* Catalogue, 12th to 23rd July, 1938.)
109) *Marion Richardson Memorial Exhibition,* Catalogue, The Arts Council of Great Britain, 1949．なお，このカタログの解説にも，ロジャー・フライがダドリーの作品を初めて認めたのが1919年であるとするなど，一部に不正確な記述が見られる．
110) 英国内ではその他にエジンバラ，チェスター，チェルトナム，また1952年から53年にかけてカナダ9都市を巡回した．(Bruce Holdsworth, "Marion Richardson and the New Education," unpublished M. Phil dissertation, Birmingham Polytechnic, 1990, appendix.)
111) Her Mother [Ellen Richardson], p. 7.
112) Marion Richardson, *Art and the Child,* p. 6.
113) *Express and Star,* 30th March, 1949 (quoted in Holdsworth, p. 296).
114) オックスフォード展，ヴィクトリア・アンド・アルバート美術館展，アーツ・カウンシル展のカタログとの比較によって，『美術と子ども』掲載図版のうち少なくとも26点の作品が追悼展に出品されたものであることを確認した．その中でも特に，ヴィクトリア・アンド・アルバート美術館展との重複は22点に上っている．
115) P. B. Ballard, "Art and the Child," *Teachers World,* 12th August, 1948.
　　ほかに，正確で肯定的な書評として，次のようなものがある．N. T. Lasenby, "Marion Richardson," *Journal of Education,* February 1949.
116) "The Inward Eye, Marion Richardson's Work," *Times Educational Supplement,* December 18, 1948.
117) Nan Youngman, "The Inward Eye," *Times Educational Supplement,* January 1, 1949.
118) Nan Youngman, "Various Aspects of Marion Richardson's Work," *Athene,* Vol. 4 No. 1, Society for Education in Art, pp. 21–23.
119) Lasenbyによる書評は，その代表的なものである．(N. T. Lasenby, "Marion Richardson," *Journal of Education,* February 1949.)

第 3 章　前期講演原稿

第 1 節　1918年講演

1. 講演の位置づけと構成

　1918年は，前年のオメガ工房でのロジャー・フライとの邂逅以来，記事による紹介や，展覧会などを通して，リチャードソンとダドリーの仕事が，社会的に注目を集めるようになりつつある時期である。リチャードソン自身の描画教育に関するまとまった思想表明としては，この1918年8月の本原稿が，記録に残る最も初期のものであり，そこで語られる中心的な思想の内容などから見ても，これ以降，リチャードソンの教育・啓蒙活動の一つの原点を示す，重要な資料の一つと位置づけることができる。
　この講演原稿については，3組の同一のものが，アーカイブに保管されている。体裁は，22枚にわたってタイプされたもので，表紙には，タイプを請け負った業者の連絡先，依頼者であるリチャードソンの名と住所，そして，「1918年8月31日，午後5時」という日時がタイプされている。原稿には題名や講演場所，聴衆などに関する記述は一切ないため，どのような機会に読まれた原稿であるのか，直接的に判定する根拠には乏しい。表紙に記録された日時は，実際に講演のあった時か，もしくはタイプ業務に関わるもの（納期など）とも考えられるが，いずれにせよ，1918年に発表されたものであることはほぼ確実であろう。
　リチャードソンは，これを初めとして，何編ものタイプ打ちした講演原稿を残している。このように，業者を通してタイプ打ちしたものを保存する行為が，当時の教育者の社会でどの程度普及していたかを知る根拠は多くはないが，少なくとも，リチャードソンが，自らの最も初期の意見表明の原稿から，整った形式で記録し，個人的な使用に加えて，おそらくは将来的な出版に備える可能性を含み，生涯にわたって保管したことは事実である。また，別の手がかりとしては，1923年に行われたと内容から推定される，刑務所における美術指導のボランティアに関する講演原稿の冒頭に，自分は，その場で話すのではなく，用意した原稿を読

む方を好む，という点をことわっている箇所があるため，他の講演原稿も，同様の経緯で準備・使用された可能性が高い[1]。

本文は，約239の文からなっており，リチャードソンの講演原稿の中では，比較的長い部類に属する。内容上，本原稿は，ほぼ3つの部分に分けることができると考えられる。第一に，主として「美術とは何か」という定義に関して論ずる部分である。昨今の描画教育の問題の一つは，その根本となる美術観が確立していないことであると指摘した上で，冒頭から，この難問に対して問いかけ，自らの美術観とそれを基盤とした教育の可能性を論じている。第二に，そのような美術観に基づく教育の方法について，主として自らの指導する授業の実例を挙げながら論ずる部分である。まず方法の基本となる考え方を述べ，それが可能であることを，ごく日常的な学習での子どもたちの様子と，教師による配慮の事例などによって，率直に示そうとしているところに特徴がある。第三に，従来の指導法と，新しい動きの両者に対して，その陥りがちな問題点に対する批判を述べた部分である。いずれの批判においても一貫するのは，冒頭で示した美術の本質という立脚点に絶えず立ち戻りながら，それに対応する人間観，教育観に基づいて指導方法を論じようとする姿勢である。以下の項では，本講演原稿におけるリチャードソンの主張の特徴を，原稿内容に沿って読み解きながら，明らかにしていく。

2．リチャードソンの美術観と美術教育観の原点

講演の冒頭で，リチャードソンは，描画という教科が，「自己表現と個性へ向かう教育の一般的な傾向の一部」[2]として，近年注目を集めていることを述べている。この新しい教育運動の傾向は，彼女の方向性からすれば，旧来の指導を改革するものとして，大枠は評価されるはずである。しかし，それについて楽観視せず，むしろ問題を指摘するところから説き起こしている点が注目される。すなわち，「運動としては，それは美術に対して大きな期待を持っているはずですが，実際には，それに熱心な人々の多くは，自分自身の中に美術の本当の性質に関するはっきりした考えを持っていません。」[3]これには，新しい教育運動の中に自らの教育を位置づけようとするよりも，これらの運動家とは一定の距離を置き，美術の専門家としての立場から，批判的に見ていこうとする姿勢を読みとることができる。この点は，わずかにこの一文に見られるのみではなく，これ以降の発言

においても，継続して現れるものである。ここではすべて事例を挙げて引用しないが，リチャードソンの思想的立場を読みとる上で，留意すべき観点の一つであることは疑いがない[4]。

続いて，美術とその教育に関するリチャードソンの基本的立場を明確にする，一つの重要な宣言が発せられる。すなわち，「私たちがいくら，美術と，学校で美術を教えることは別のものだと，自分たちを説得しようとしても，私たちは，本当は，そうではないことを知っています。なぜなら，美術は常に美術だからです。それは，すべての民族や時代で変わらない，普遍のものです。」[5]ここでは二つの観点が明らかにされている。一つは，社会一般における美術という文化と，学校で子どもが学習する美術とは，本質において一致するものであるという認識である。「子どもの美術」という場合，いわゆる「大人の」美術とは一線を画した，子ども期に特有の空想的な世界観の中で完結するような，一種の隔離された表現を指す傾向もあり得る。しかし，リチャードソンの場合，「子どもの美術」とは，「美術」であるがゆえに「子どもの美術」と呼びうる，とでもいうような，明確な一致を議論の初めから宣言し，そこに共通する「美術」の本質とは何か，と一貫して問い続けていくのである。

もう一つは，そのように共通する「美術」の本質は，あらゆる文化を通じて現れる普遍的なものである，という確信である。この点に関しても，「美術」概念の定義を，どの文脈において行うかによって，見解の多様性が生じることは明らかである。例えば，人類史上のあらゆる視覚文化あるいは造形芸術という領域を対象とするならば，リチャードソンが背景としているような，近代的な個人の価値を中心とした美術概念で，すべての美的造形物の成り立ちを説明できるとは限らない，という批判は容易になされうるであろう。したがって，少なくとも，この問題は，文化遺産としての造形物の分類というよりも，リチャードソンの思想においては，何を美術の本質的作用として認識するかという，価値観の問題として考える必要がある。

このように，美術と子どもの美術との本質における価値の一致を宣言した当然の帰結とも言えるが，この直後に教育の目的に関する見解を，「美術」を最優先にするべきという端的な表現で示している。すなわち，「子どもをきちんとさせ，その精神に事実を植え付け，あるいは，観察力を訓練するためなど」，「美術とは

何の関係もない理由」で教えること,「これらのいずれかを美術よりも優先させるならば」,「そういったものが教育の中でどれほど貴重なものであったとしても,それは美術ではないのです。」[6]

　ここでリチャードソンが,「美術以外の理由」とした教育目的の例は,主として彼女が批判した伝統的な観察描写の訓練の学習を想定したものと思われる。ただ,その例のみに限定されないでこの主張の意味をとらえ直してみるならば,美術の学習がそれ以外の何かの役に立つ,という,他の一般的な能力への転移の可能性によって,その学習の意義を正当化する立場をとっていない,と見ることもできる。美術学習は,美術という行為そのものが人間にとって価値があるため必要なのである。それ以外の二次的な理由によって正当化することは,美術学習の本来の目的,すなわち美術それ自体を経験すること,を妨げることになってしまう。こうした,美術至上主義,あるいは本質主義ともとれる,根本的な姿勢は,先に示されたような,美術の価値に対する強い確信によって貫かれたものであり,リチャードソンの教育思想の特質を理解する上で,重要な観点であると思われる。

　このように講演の冒頭において,自らの基本的な立場を示すとともに,美術教育の根本となる,美術そのものの定義を探る必要性を提起し,いくつかの角度からその問題への接近を試みている。それらの議論は,先に述べた,美術教育の目的に関するリチャードソンの本質主義的な立場を支える思想を解明する一助になるであろう。原稿本来の順序とは前後するが,それらをいくつかの観点から整理してみると,以下のような点が指摘できる。

　その一つは,比較的日常的な語彙で語られている部分であり,一種の反知性主義的な側面を感じさせる理解の仕方である。すなわち,美術は,「その不可思議な特質は説明されないままで,検査や言葉による説明はほとんど不可能なのではないかと思われるほどです。」[7]としながら,「実際には,ほとんどの人々にとって,それを認識することは不可能なことでは全然ありません。なぜなら,理由を挙げることはできなくても,私たちの多くは美術作品によって心を動かされるからです。」[8]とし,美術は,説明は不可能でも体験することはでき,それへの感受性は知性や教養によるものではない故に,「原始的な」人々を含めたあらゆる民族の間に共通する言語となりうるのである,というのである。

　そこへ導くものは,彼女の講演原稿における最初の引用となった米国の詩人ウ

ォルト・ホイットマン（Walt Whitman, 1819-1892）のいう，「魂から発する」「知恵」であるという[9]。また，「私たちは，美術作品を忘れません。私たちが美術作品に心を動かされたら，私たちはそれを決して忘れない，というのは，誇張ではありません。そして，その経験の後では，私たちは全く同じではあり得ないのです。おそらく，これが美術作品のもっとも確かな検査の一つでしょう。」[10]という記述も，体験的，主観的視点から「美術」の作用を説明しようと試みたものと見ることができる。したがって，美術の普遍性を説きながら，そこへ到達する道は極めて個人的な経験を通してのみ可能となるという立場を示していることになる。

　また，この「忘れない」という「検査」は，個人の人生における美術的体験の，ある種の絶対的な位置づけを想定しているところがあり，むしろ，「感情」「反知性」よりも，この「美的経験の絶対性」とでもいう性質の方が，リチャードソンの美術概念の中で，際だった特徴であるように感じられる。それは例えば，「それは，あたかも一瞬にして，世界のすべての謎と困難が溶け去り，私たちが事物の真の美を見るかのようです。私たちは，その内面的で，絶対的な意味を見るのです。」[11]というような記述に端的に現れている。ただし，このような絶対的な経験は，特殊なものではなく，誰でも事物の美を感じるときに出会うものであるという考えが，繰り返し提示される。ただし，それを表現する意志を持たない点で，芸術家と一般の区別が存するというのである。

　これに続く「ビジョンは訪れますが，私たちがそれをほとんど見ないうちに去ってしまうのです。」[12]という記述において，リチャードソンが美術の根源にある重要な体験を表す語として頻繁に使用する，「ビジョン」という表現が初めて使用される。この文脈では，これは，少なくとも，美の感受の後，表現の動機となって働く内面的な視覚体験のことを指していると考えられる。この概念に関しては，これ以降のリチャードソンの諸講演の中でも繰り返し使用されるので，それらの文脈の中で，さらに明らかにされていくであろう。

　このような，ある種の絶対的な内的体験として美術をとらえる見方は，特にリチャードソンの場合，美術と信仰との類似関係によって強化されていると見ることができる。まずリチャードソンは，卑近な例を挙げて，美術と信仰とを比較する。すなわち，我々の日常生活において，美術作品が単なる家具の一部のように，ほこりをかぶって忘れ去られていることが多いと述べ，それを「教会がつまらな

くて感動がないと思っている人々」[13]と同じように，生き方と精神を見失ってしまっている人々であり，誤りである，とするのである。そして，「美術は宗教のように，人生においてきわめて重要なものの一つです。なぜなら，それは，私たちが，私たち自身の外部で生きることを手助けするからです。」[14]と，ある意味で，両者に同一の価値を置いていることを明確にする。それは，日常の中で誰でも遭遇できるものでありながら，現実の自己の束縛を超越した体験を与える，一種の神秘的な世界への扉と考えられたのであろうか。

さらに，「その信仰のために死をもいとわない殉教者たちのように，芸術家たちは，美術を精神的な幸福，すなわち人生の目的の一部と理解していたのです。ですから，美術は，絶対的価値を持ったものなのです。」[15]とまで断言する。この言明，あるいは美術に対する信仰告白からは，リチャードソンの真剣な，そして一途に思い詰めたような調子が伝わってくる。上記の引用箇所の「美術」を「美術教育」に置き換えれば，それはそのまま彼女の「人生の目的」を表現したものになったであろう。リチャードソンが美術教育に示した献身と，他者に強い印象を与えずにはいられなかったその人格は，このような，美術に対する殉教の精神にも似た，全人格的な没入によって支えられていたと見ることができるのである。

リチャードソンの思想における美術と信仰との同一化という点に関しては，さらに，原罪の問題に関する言及に着目することができる。「私たちは皆，もともと悪として生まれたと，人々が一旦信じたら，その教義，原罪の教義は，人々を教えることを非常に困難にするに違いありません。私たちは，美術を教えるときにもこれととても似たようなことを実践しています。それにもかかわらず，善のように，良い美術は人々から自然に現れてきます。」[16]キリスト教の基本にある原罪の教義は，ある見方をすれば人間存在を堕落したものとする性悪説的な観点を助長する面もあるといえるであろう。ここでは，リチャードソンの批判する伝統的な教育方法が，子どもを，元来劣った存在であるという認識に立ち，矯正と訓練を基本的な方法論としている点を，性悪説に傾きやすい原罪の教義と重ね合わせているものと思われる。

西洋世界における伝統的な教育方法の背後に，支配的なキリスト教の原罪の教義が抜き難く作用していたという点については，ここであらためて論証する必要はないと思われるが[17]，少なくとも，リチャードソンのこの言明は，そうした支

配的な原罪の解釈とは異なる,肯定的な人間観を表明していると見ることはできるであろう。これらの主張を見る限り,リチャードソンにおいては,美術と教育と信仰(必ずしも支配的なキリスト教の教義を意味しない)とがほとんど同義であり,世界の本来の善の姿に到達する,純粋で絶対的な道としてとらえられていたことがわかる。それゆえに,「美術」と「子どもの美術」は,本質において一致するという観点が,矛盾なく存在し得たのではないだろうか。

3. 方法の提示

　先述の,いわば性善説的な人間観を基盤とした観点が語られたのち,話題は,それを実現する教師の役割へと移る。導入は,創造主義に典型的な植物の成長の比喩である。いわく,「美術は,あたかも貴重な種子のようにそれぞれの人の中に眠っていて,成長に備えています。それを,耕すのは,私たち描画の教師の仕事です。」[18]「それは,一つ一つの種子の面倒を見て,どんな方法がそれに合うかを見つけ,いつの日か開花するまで激励することです。」[19] 比喩は美しいが,極めて牧歌的な指導観であるともいえる。ただ,ここで「成長」するとたとえられているのは,子どもの「人格」でも「感情」でもなく,「美術」であることには留意しておきたい。先にも指摘したように,リチャードソンの考える教育の目的は,他に転移できるような能力の育成はもちろん,「全人格的な発達」などにまで責任を持つものでもなく,あくまでも「美術」を第一義に考える美術本質主義の立場を離れていない。

　このようなある種の理想主義的な調子は,しかしながら,この直後に現実への醒めた認識によって補われていく。「しかし,学校で,特に60人の子どもたちの教室などで,それぞれの子どもたちに別々の注意を払うことが,いかにしてできるのでしょうか。もちろん,それはできません。」[20] 先ほどの楽観的な比喩からすれば,意外な落差であるが,方法論においては,あくまでも自らの指導体験に基づいた現実的な主張を離れない,という点もまた,リチャードソンの思想の特徴であるように思われる[21]。

　一人一人に注意を払うことが完全にできないからといって,例えば「同じものを同じやり方で描かせる－おそらく黒板上のコピーから－」[22] というような画一的な方法も,また,「彼らに紙を与えて好きなことをしていいと言って,教室を

離れてドアを閉めて」[23]しまうような指導の放棄もできないわけであるから，何らかの現実的な方法を，探らなくてはならない。リチャードソンは，具体例に入る前に，まず原則としてつぎの点を提示する。

　　他人の教える方式がいかに優れていても，その方式が，それぞれの人が自分のやり方だと感じられるように，修正や追加を受け入れられるほど柔軟でなければ，だれも，それに本当の確信をもつことはできません。描画を教える方式には完璧なものはあり得ません。なぜなら，どんな方式も，常に同じように用いられると悪くなるからです[24]。

　これは，単に方式化を否定したものともとれるが，この後の部分で提示する，リチャードソン自身の指導方法の例を，唯一絶対のものとしてとらえないように，という，警告であるともいえる。ただこれを補って，「子どもたちは，決定的に良いというような唯一の描画の種類があると考えるべきではありません。主題の観点からでも，表現材料の観点からでも，作品を限定することは，確かに，間違っています。」[25]と，子ども自身の描画の理解，及びその表現の過程においても，多様性が容認されるべきことと，方法における主題観，材料観の原則が合わせて提示される。

　さらに，「大切なことは，私たちは，子どもたちが自分で描く対象や描く材料を発見するよう励ますべきである，ということです。」[26]「『あなたのアイデアを表すのに一番合っていると思うものを探しなさい』と言うべきなのです。」[27]と述べるが，この点は，具体的な教育目標と，方法論とを一致させる考え方が示されていると理解できるのではないだろうか。すなわち，自ら学習の課題や方法を発見していく，というのは，ある意味で学習者中心原理による教育方法であり，この場合は目標ともなりうるが，同時に，教師の用いる方法においても，自発性と多様性の原則を一貫させるべきである，という解釈である。

　このような全体の原則が提示されたのち，リチャードソン自身の授業の例が示される。そこでとり上げられている内容を，ほぼ実際の授業の展開に沿って記述し直してみると，以下のようにまとめることができる。

　第一に，導入は，相互批評の時間である。先週の作品について話し合い，採点には学級全員が関わる，という原則であった。ただし，採点の方法は，各学級の話し合いにより独自のものが選択される。ある場合には，まず作者が，続いて教

師が採点し，それらが一致しなかった場合に全員の投票を行う。またある場合は，最初から投票によって毎週の優勝者を選ぶというものであった。リチャードソンは，「そうした方法が，常に最良の作品を賞賛することにも，良くない作品を落胆させることにも成功するわけではないことはわかっています。」[28]と限定した上で，批評する能力の発達と，作品の水準を高める上での効果を主張している。

　第二に，教師からの，描画の主題の提示と，それに関する学級での話し合いである。主題の提示については，二つの原則がある。一つは，できる限り子どもたちが強い興味を持てる主題にすることである。それに興味がもてない子どもには，別の主題を探す。リチャードソンは，「正しい主題とは，まさに，子どもが本当に興味を持つもので，それを考えることが楽しいもので，そのために，アイディア[29]をあふれんばかりにして次の授業にやってくるようなもの」[30]とする。もう一つは，主題を前回の授業から発展させることである。従来の典型的な授業では，「毎回の授業は別々のもので，一般的には，単一の，切り離された主題を描くことから」[31]なっており，その断絶ゆえに想像力に訴えることが少ない。そこで例えば，詩について，毎週一節を選んで連続した挿し絵を描いたり，植物の成長の過程を描くなど，学校の授業を離れた時間にも，関心が継続するように配慮するという。主題についての話し合いは，主題への関心を高めるために，自由な発言によって行う。

　第三に，自分のアイデアを心に思い描く沈黙の時間である。子どもたちは，絵を思い浮かべるだけではなく，それを実行する方法や，必要な紙の大きさや形までも見ようとしなくてはならない。時間は，好きなだけおこなってよいが，約2分程度の最低時間が終わると，準備のできた者から，紙や材料を選択して，描き始める。

　第四に，材料や環境についてである。リチャードソンの考えでは，綴じられた冊子形式の紙は，「紙をアイデア全体の本質的な部分であると感じる代わりに，絵を紙に合わせようと」[32]してしまうため，一定の大きさの紙を基準に，多様な種類のものを用意しておくという。また，「インスピレーション」のもとになる様々な材料や資料，例えば，絵の具，染料，書籍，生地の見本帳，その他色の付いたものを戸棚に並べておく。

　第五に，描画活動の時間である。これについては，ここでは，わずかなことし

か触れていない。すなわち，教師ができるだけ中断しないようにしていること，子どもがよくアイデアをつかめば，少なくとも4分の1時間は援助がなくても仕事ができること。むしろ，上級生の学級では，授業はアイデアを得たり批評したりする機会として使われ，自宅へ持ち帰って描かれる場合が多いこと。そのための作品の入れ物や，採点の期日など。

　ここまで述べてきて，リチャードソンは，話題を余りに具体的な細部に限定してしまったことを意識したのであろう，「しかし，誰でも自分のやり方を，仕事をする環境に合わせなくてはなりません。中等学校では充分可能なことが，小学校ではできない場合もあるに違いないということはわかっています。」[33]と述べ，具体例の提示をここで収めている。リチャードソンは中等学校の経験をもとに話しているが，聴衆には小学校関係者も含まれていることを示唆する箇所でもある。いずれにしても，講演の冒頭からの，美術に関する高邁な理想を宣言した箇所に比べれば，かなり，日常的な些末な部分にも言及するなど，その落差は興味深いものがある。それは，思想と方法論との整合を確立していく過程と見ることもできるが，方法に関しては，あくまでも現実主義的な立場から，日常的に実行可能な範囲を意識しながら述べようとする，リチャードソンの姿勢を示すものと見ることもできる。

4．再現描写の訓練への批判

　リチャードソンによる授業の展開例に関する簡単な紹介を終えたのち，議論は再び美術とその教育の本質を問う話題へと戻る。その展開の構成は単純ではないが，主として，従来の指導法と，新しい指導の二つの観点に対する批判の形態をとりながら主張を述べていると見てよいであろう。前者に関しては，描画の主題，そして描写技術の問題に関して，旧来の指導法の立場からの反論を想定し，それに対して，リチャードソンの立場からの主張が述べられる。後者に関しては，「自由」の名の下に，むしろ弊害が隠蔽されてしまう可能性が大きくなることを指摘し，それを防ぐための美術観の確立を訴えている。そして，両者への批判を通じて，繰り返し，リチャードソンの美術観が主張されるのである。

　第一の批判については，先に，リチャードソンが，描画の主題に関して，できる限り子どもたちが強い関心を示すものを選ぶことを主張して，従来の典型的な

描画の指導において「非常に頻繁に描かれてきたこれらの対象」[34]とする日常的な器物の例（やかん，じょうろ，階段等）を否定したことに対し，次のような反論を想定する。すなわち，「それらは，想像力をかきたてることを想定したものでは全くない，それらは，単に描画の練習である。文法のように，美術を教える初歩として必要なものだ，という議論もあるかもしれません。」[35]

　これに関しては，まず，言語表現における文法の学習との類比を用いて疑問を投げかけている。模写による訓練を批判する際に，言葉で表現することと文法学習との優先順位にたとえることは，ハーバート・スペンサー（Herbert Spencer, 1820–1903）の美術教育観に由来することは，マクドナルドによって指摘されているが，クック，アブレット，チゼック，ビオラ，トムリンソンらも，同様のたとえを継承している[36]。言語表現の学習においては，体系的な文法の学習は，必ずしも文章表現能力の向上に必須でないばかりか，かえって停滞の要因ともなりうる，という主張は，当時，描画における状況よりも説得力があったのであろう。リチャードソンは，「私たちの古い観念では，『まず言葉が先で，次にアイデアが現れる』と言われてきました。私たちが考え始めているのは，『まずアイデアが先で，そして言葉を見つける』ということです。」と述べ，ついで，描画においても同様の構図が成り立つことを主張する。

　これに続いて，写実的な観察描写の訓練を表現の初歩として子どもたちに課すことが，描画教育の段階においてどのような弊害を持ちうるかということが，種々語られるが，その要点は次のような二つの段階に整理して理解できるであろう。一つには，写実的表現の技術が，目標とすべき優秀な美術の特質であるという観念と，現実の自分の能力との矛盾が美術からの疎外をもたらすという点である。二つには，正確な再現描写技術の獲得に失敗した子どもは，次善の策として，往々にして，それに準ずると彼らが考える見本，例えば，「実際のものを描いたほかの絵」や，特にリチャードソンが警戒した，「雑誌の絵や商業美術」などから「描き方のこつ」を取り入れようとし，彼らの絵を「中身に乏しい模倣」としてしまう，というものである。また，この議論の過程において，リチャードソンが考える2種類の子どもの典型が例として挿入される。一人は，決して立方体の外観を「正しく」描くことを身につけられないにも関わらず，「内面的なビジョンから」誰をも元気づけるような刺繍や絵を作り出すことのできる子どもであり，

もう一人は，内面から湧き出るものが何もないにも関わらず，まるで「表現」を暗唱させられるように，決められた様式に従う子どもである。リチャードソンが共感を持つ子ども像が前者であることはいうまでもない。
　この箇所における一連の議論では，いわば，訓練による洗練された表現技術の獲得と，内的必然性を持った表現内容の発展との優先順位を問題にしていると見ることができる。前者を優先させた場合，一般には，目標とする表現技術（この議論では，基本的には写実的な再現描写の技術を想定している）は高度であるため，それ自体が獲得される場合はまれであるばかりか，その訓練が学習者と表現内容との一体感を阻害するため，美術表現としても成立させることが困難となる。後者を優先させた場合，ある意味で表現技術は未熟であっても，それが強い内的必然性に導かれたものであれば，見るものに深い印象を与えうる美術作品の特質を備えることができる，というものである。
　こうした議論を受けて，リチャードソンが何を美術作品の特質と考えるかという点が再び，端的に言い表される。「良い描画には，一つの種類しかありません。それは，内面的根源あるいはインスピレーションから湧き出る描画であり，ビジョンの妨げられない表現である描画です。」[37]この講演の前半で示そうとした美術の定義が，どちらかといえば，鑑賞する立場からの経験的な基準に基づいていたのに対し，この箇所では，「ビジョン」という，表現する側の内面的な視覚体験に基づいた説明を試みている点が注目される。
　これに続いて，リチャードソンは教師の目指すべきことを強い調子で勧めているが，それはほぼ以下の点に要約できるであろう。すなわち，教師の目的は，ビジョン，あるいは表現の動機となって働く内面的な視覚体験を目覚めさせておくことにある。そのために，ビジョンを明確に把握する訓練をすること，他者や外部に基準を求めるよりも，自らの内面を信頼するよう促すこと。ここで，ビジョンの訓練の必要性について，初めて言及している点も重要である。こうした主張からは，「なぜなら，実際のものではなく，ビジョンこそが，美術作品を作るからです。」[38]と述べている箇所に明らかなように，現実の外界に存在するものよりも，内面的経験から形成されるものに重きを置いた美術観，そして教育観に強く傾いている点がうかがえる。
　いわばその必然的展開として，内面世界への信頼に基づいた教育観は，ここで

再び，人間の本質に関する楽観主義の主張を繰り返す。すなわち，「善が人生におけるもっとも大きな願望の一つであり自然なものであるように，美の実現もまた同様です。ただし，美は，ここでは私たちが通常用いるよりもずっと広い意味でなくてはなりません。」[39]と。人間の本性は善であり，美もまた必然であるから，その本来の発現を妨げない教育が必要なのであるという主張は，基本的には人間性への信頼に基づいたものといえるが，このような観点は，厳しい現実認識を経た上でなければ，説得力のあるものにはならない。リチャードソンの場合，『美術と子ども』[40]などの記述においても，どちらかといえば「甘い」現実認識を思わせるような箇所がないわけではない。しかしながら，この原稿を含めた一連の講演記録を見ていくと，理想主義的な主張と，現実の厳しい状況とを交互に行き来しながら，その思想を形成している点は，銘記されてよいであろう。この主張の後に，新しい「自由な」表現の教育に潜む，より困難な問題への警告を投げかけている点も，そうした姿勢の一つと見ることができるであろう。

5.「自由」への批判

　第二の批判は，広まりつつある新しい教育方法へと向けられる。これは，講演の冒頭で投げかけたように，新しい教育運動が，描画を重視しているものの，美術の本質への理解を欠いているとした批判を，再び別の面から掘り下げようとするものと見ることができる。まず，当時の状況に関する概括的な認識が示される。その要点は，この20年間で，学校における描画教育に大きな変化が起きており，前の世代が受けた教育を「奇妙で古い伝統」として捨て去りつつある。かつてのような「上品なたしなみ」や「忍耐の訓練」としてではなく，「自由表現」や「心に思い描く」というような用語が，かなり受け入れられている，というものである[41]。これは，全般的な状況に対する認識を示したものであるので，個々にどのような動きを指して述べているのかは特定することができないが，19世紀末から20世紀初頭の約20年間は，確かに，新旧の思想と方法が入り交じる，大きな変革の時代であったことは間違いないであろう。その中で，リチャードソンは主として旧来の教育の弊害を批判しながら，一方で，新しい動きが安易に広まることに警戒を投げかけている。

　それは，例えば，「心に思い描くという名の下に，私たちの教え方が再び硬直

した非創造的なものになってしまわないように，注意しなくてはなりません。」[42]というような逆説的な警告となって表されている。「これは，かつての模写の教科書よりも有害で，美術を破壊するかもしれません。」[43]と，かなり深刻な表現である。具体的には，次のような例を指摘する。「私たちは，独創的といわれながら，実は可能な限り影響されており，自発的ではない絵を見ることがよくあります。絵を本物らしくみせたい，あるいはむしろ，たいていの人々が本当らしく見えると受け入れるようなものにしたいという願望から，絵本挿し絵のあらゆる安っぽい描き方が盛り込まれています。」[44]

リチャードソンの価値観の中には，すでに出てきたような，当時の「雑誌の絵や商業美術」，また「絵本挿し絵のあらゆる安っぽい描き方」などを，おそらく，彼女が定義したような「美術」の本質からは遠い，どちらかといえば表面的な器用さをよりどころとして成立するものとして，とらえる傾向があったことはうかがえる。一方で，正しく導かれれば，子どもの表現は，「農民美術や原始的な人々の美術を純粋で優れたものにしているのと同じ生来の美の感覚に導かれる」[45]としているように，意識的な技巧を身につけていない（と，リチャードソンの認識した）表現に，彼女の考える本来の美術の本質を有していると見ていたことは，明らかである。しかしながら，ここで問題としているのは，それらの美術としての価値の判定ではなく，それらが子どもたちの描画に及ぼす影響についてであるので，その問題に議論を限定することとする。

こうした論点を再考してみると，次のような点に気がつく。すなわち，子どもが，何らかの手本から，表面的な器用さを「描き方のこつ」として取り入れることで，自らの描画の見かけ上の質を高めようとすることは，表現者の内的必然性に基づかない偽りの美術表現と，美術に対する誤った理解とを，子どもたちの中に育てることになる，という問題意識は，実は，先に批判対象とした伝統的な再現描写の訓練の，二番目の弊害としてすでに指摘した点と，本質において同一のことを問題にしているのではないだろうか。結局のところ，リチャードソンが批判している対象は，特定の「守旧派」でも「改革派」でもなく，「ビジョン」という用語で示されるような個人の内面的必然性との結びつきを欠いた，見せかけの「表現」という作用そのものであった，と考えられるのである。

当時の教育者一般に流布し始めていた「自由表現」等に代表される方法の問題

は，かつての，あからさまに模倣を目的とした教育に比較して，いわば「偽りの自由」に陥りやすく，教師にはそれを見抜き，また予防することが求められる，というのが，先に挙げた警戒の意図であろう。ここでは，この問題に対する処方箋はわずかに示唆されるのみであるが，一つには，講演の冒頭より問題にしてきたように，これに気づいて警告する役割を持つ，教師の美術観の確立の必要性とともに，もう一つ，子どもたち自身に，美術とはどのようなものであるかを理解させる必要があることにも言及している点が注目される。これはおそらく，具体的な方法としては，リチャードソンによる，対話などの方法を通した美術に関する理論的な学習へと発展していくものであると思われる[46]。

次に，現存する指導方法への批判からは離れるが，一般的な美的感覚の教育について，わずかに言及される。ここでは，英国の大衆の美的判断力の低さについての認識を述べるとともに，その改善は，やはり，外側からの基準ではなく，内面に元来存在する（と彼女の確信する），感覚による以外にない，という観点が示される。同時に，美への感覚は，善への感覚と類比して語られるのである。いわく，「私たちは，唯一の真の試験方法は，彼ら自身の内面にある善の感覚である，ということを知っています。（中略）そしてそれは，今日の私たちのほとんどすべてが，美術に関して持っていることなのです。」[47]そして，さきほど，農民美術や原始美術に生来の美の感覚を見たように，子どもたちの感覚から，貴重なものを学ぶことができる，というのである。

最後に，講演の冒頭で宣言した，美術教育の目的が，再び，強い調子で述べられる。すなわち，描画が，美術以外のことで役立つという理由で教えられるべきではない，という美術学習の目的に関する本質主義からの教育観を，一貫して主張するのである。

第2節　1919年講演

1．講演の位置づけと構成

1919年は，リチャードソンにとって，2月からロンドンのオメガ工房において開いたダドリー女子ハイスクールの展覧会[48]の成功が特筆される年である。この

展覧会が各紙で称賛され，続いて各地でダドリー展が開催されるようになり，その教育の成果が全国的に注目され始める時期となった。この「1919年講演」は，2月のオメガ工房での展覧会からしばらくのち，4月29日に行われたことが原稿の日付からも確認できるが，場所と聴衆に関する詳細は，原稿からは確定することができない。

　1919年の講演に関しては，複数の原稿が存在し，リチャードソンが修正を重ねながら，自らの思考を発展させていった形跡をうかがうことができる。いずれも，子どもの描画の教育に関する内容であり，1918年の最初の講演以降のリチャードソンの思想の発展を知る上で，重要な位置を占めるものと考えられる。その中で，完全な原稿形式にまとまっているものとしては，少なくとも次の3種類を確認することができる。第1には，ペンによる手書きで39枚にわたって記されたものである[49]。リチャードソン自身の手による草稿と見てよいであろう。第2に，その草稿をタイプ打ちしたと見られる13枚の原稿で，ほぼ同一のものが3組残されている[50]。その冒頭に，「1919年4月29日」と日付があるほかは題名等の表示はなく，本文のみで構成されている。第3に，「1919年講演拡張版」と題名表示のある，21枚にわたるタイプ原稿である[51]。この原稿には，月日等の具体的な記載はない。これらの諸原稿の相互の関係については，第一の手書き草稿が構想段階のものであり，第二の日付の入ったものが，実際にその日の講演で読まれた原稿に近く，第三の「拡張版」と明記してあるものは，当日の原稿をもとに，後日発展させたものと考えるのが，妥当と思われる。

　第二の日付入り原稿と第三の「拡張版」とで内容を比較すると，まず相違するのは，冒頭の導入部分である。いずれの原稿も，最初に，この講演では，先にダドリーの子どもたちを教える間に抱いてきた考えについて話し，その後で実際の子どもたちの作品を見ていく，という前置きをしている。しかしその中で，「拡張版」においてのみ，ダドリーで教えてきた期間を「この9年間」と示している。リチャードソンがダドリー女子ハイスクールの教職に就いたのは1912年であるから，この原稿の発表想定時は，1920年から21年頃ということになり，やはり，1919年の講演で実際に発表されたものをもとに，加筆されたのが「拡張版」であるという推測を裏付けるものとなる。ただし，1920年には，主要な講演としてダドリー教育協会における発表の原稿[52]があるが，その原稿は1919年の講演の

ものとは明らかに構成が異なっているので,「拡張版」が実際に1920-21年の間に発表に使用されたかどうかは疑わしい[53]。いずれにしてもこの時期に,リチャードソンは講演の機会を軸に,原稿を練り直す中で自らの教育思想を形成しつつあったことは事実である。

　第二の日付入り原稿と第三の「拡張版」の全体構成にはほとんど変わりはないが,後者の方に,より詳しい説明や逸話が補ってあり,確かに「拡張」されていることが確認できる。したがって,後者は内容においては前者をほぼ包含すると認められるため,この時期のリチャードソンの描画教育に関する思想の全体観をより包括的に把握するためには,「拡張版」を参照する方が適切であると考えられる。よって,以下では,これら3種の原稿のうち,「1919年講演拡張版」を主な対象として考察するものとする。

2.「1919年講演拡張版」の全体構成と導入

　「1919年講演拡張版」は,約256の文からなっており,現在確認できる講演原稿の中では,最も長いものである。その構成は,冒頭の前置きに続いて,大きく分けて前半は美術と美術教育における問題点を指摘し,後半は,その解決への示唆を示す内容になっている。前置きの部分はごく短いもので,前述のように,本講演の構成,すなわち,まず,ダドリーでの教育に関する「考え」を示し,次に,実際に子どもたちの絵を示していく予定であることを述べる。ただし,講演原稿として記録されているのは,前半の「考え」について話す部分のみであり,子どもの作品の提示の部分は,原稿を用いないで実物を提示しながら行われたものと考えられる。

　また,この前置きの部分では,リチャードソンの本講演における基本的な立場を示唆するような,短い表明に,いくつか注目することができる。その一つは,次のように述べて,あくまでも実際的な経験における事実から引き出された考えに基づくという表明をする箇所である。

>　私が真理であると示し,判断するような考えは決して存在しませんが,私にとってどうしても真理であるように思われる事実は存在しましたし,子どもを理解したり援助したりするためには,信じざるを得ないと思われるような事実は存在しました[54]。

リチャードソンの立場は，現実の子どもを指導する観点を離れないという点についis，おそらくどの講演においても一貫していることであろう。それとともに，この原稿では特に，観念的な真理よりも，子どもを指導する上で否定し得ない経験的事実に基づいて議論を進める，という点を強調する意志が，より明確に現れているのではないかと思われるのである。というのは，前回の1918年の講演原稿が，実際の指導例は示しながらも，美術に対する絶対的没入への確信や，「殉教」にもなぞらえながら直接的に信仰と美術の類比を語るような，どちらかといえば観念的ともいえる内容があったのに対し，1919年の講演原稿では，そのような表現はかなり抑えられているからである。むしろ，根底には昨年と同様な確信があるとしても，美学的な議論よりも，日常的な事例などをより多く挙げながら平易な表現で思想を表現しようとする努力の跡を見ることができる。

　これを受けて，この点を補強するように，自らの経歴について，「あまり重大な害を及ぼしそうもない人物として，一時的に雇われただけだった」というリチャードソン自身が，当初は「何の考えもなしに，始めた」という描画教育において，「本当の意味での高水準の教え方とはどんなものか」，「その本当の意味と思われるようなものに出会うと，私は真剣に私の職の条件を満たそうと努めた」[55)]というように，語っている。これは，一つの謙遜の姿勢であるともいえるが，また，描画教育に対する理解も献身も，実際に職に就き，子どもたちを指導する事実に出会う中で育まれてきたものであるという，自己規定の表明であったとも見ることができる。事実その通りであったかどうかは別として，リチャードソン自身が，おそらく，聴衆の大多数をしめると思われる教職者に対して，抽象的な理論から教育の在り方を示すのではなく，ごく普通の教師としての職務，すなわち子どもたちを理解したり援助したりする実際の活動という，共通の基盤から考察を進めようとしていることを示そうとしたものと考えることができる。

　このように，前置きの部分のいくつかの表明を見るかぎりにおいても，冒頭から個人的な確信の表明を全面に出して，あえて聴衆に投げかけたような観のある，前年の1918年講演に比較して，1919年講演では，より聴衆の意識に配慮し，共通の立場を出発点にして，より広い理解を得る内容へ発展させることを目指していたことをうかがわせるのである。

　このような表明を受けて，講演の前半では，まず，描画教育に関する現状認識

を示し，次に，その背後にある，国民一般における美術に関する価値の混乱を指摘する。これを受けて美術教育内部における価値の混乱の諸相を種々に述べていくことになるが，前年の講演の展開のように美術の定義へと直接進まず，現状の問題を平易なたとえを用いて指摘する点に特徴がある。後半では，解決への示唆を，特に「ビジョン」の概念を柱としながら展開する点が，前回の講演と異なる点である。以下の項では，前半の問題提起の部分と，後半の解決への示唆を含む部分とについて，それぞれの展開に沿いながら，リチャードソンの思想の発展の跡をたどってみたい。

3. 描画教育の現状認識

前半の議論は，当時の描画教育に対する現状認識と問題点の指摘から始まる。ここ数年の間に，描画という教科が学校の中で重要な位置づけを得るようになってきており，それが「自己表現と個性を目指す教育運動の一部」[56]であるという指摘は，前年のものと相違がない。ただし，リチャードソン自身は，自らの教育思想を語る際には，「自己表現」や「個性」等の概念をほとんど使用することがない，という点には留意しておきたい。このことは，そうした「教育運動」との距離と，彼女自身の思想の特色を示唆するものではないかと思われるのである。

前年の1918年講演との差異は，かつての模写教本による指導方法と，現在の，より自由な描画の学習とを比較しながら，より丁寧に問題点を指摘している点に見ることができる。当時から50年前には，「美術だとはだれも真剣に考えられなかったような種類の描画」[57]が教えられていたという。この認識と表現は，リチャードソンの美術教育観の根幹を確認させるものとして興味深い。すなわち，美術作品を作るのではなしに，その初歩的訓練と考えられた，模写を中心とした学習規範が支配していれば，価値観の揺らぎは少ない。しかし，それは，「美術」ではない。リチャードソンが描画の教科において教えようとしたものは，美術そのものであり，その指導には，固定的な規範の喪失に耐えて，なお学習の目標を見失わないための，美術に対する基本的な認識と感覚とが，教師の側にいっそう求められる，という主張が，講演の根底に流れているように思われる。

そして，「反対側のページに，例えば段階的に難しくなっていく線や曲線などを写させること」「想像とは何の関係ももたず，また持とうともしていなかっ

た」ような，「私たちの母親や，自分たちが学校で行った」，前世代の受けてきた描画教育から，「自由表現」あるいは「心に思い描くこと」と呼ばれることもある新しい教育への移行が行われつつあることを確認する[58]。ここでも，リチャードソンは，「自由表現」などの用語について，新しい教育運動の中で広く使用される傾向はあるものの，必ずしも全面的に賛同しているわけではないという姿勢を，限定付きの表現によって，にじませている。それはさらに，次のような警告の言葉によって，より明確に示されることになる。「しかし私たちは，心に思い描くことや自由表現の名において，私たちの指導が再び硬く非創造的にならないように注意しなくてはなりません。」[59]

リチャードソンの講演の中で，たびたび繰り返されるこのような逆説的な警告は，単に模写から子どもたちを解放すればよいというような，安易な理解と適用の中に，かえって本質を失う危険のあることを鋭く指摘したものである。なぜ，「自由表現」を標榜した教育が，かえって「非創造的」になる可能性を有しているのか。

> それらは，大まかに模写していたのであり，注意深さと少しの技巧を要しましたが，それだけでした。新しい方法は，時折，ただ単に自由である<u>ふりをしたり</u>，子ども自身の視覚からの自分自身の表現を励ましているような<u>ふりをしたり</u>することがあるのです[60]。

より具体的には，リチャードソンがしばしば軽蔑を隠さない「絵本の挿し絵や商業美術の安っぽいまやかし」が，心に思い描いたものと偽って絵の中に入り込んでいる例が多いことを指摘する[61]。果たして当時の文脈の中で，こうしたグラフィックデザインの作品の質が一般的にはどのようなものであったのか，あるいはより本質的には，そうした既成の文化の様式を借りたり，それに影響されたりすることが，表現の学習にとって本当に有害なことであるのかどうかというような，今日の視点から見れば，さらに議論を必要とする問題が，この認識からは派生しうるであろう。

前者の問題に関しては，英国における当時の印刷文化における美術的表現の特徴などを合わせて考察することも可能であろうが，ここでは対象が広がりすぎるので論じない。後者の問題に関しては，ここでは，ひとまず以下の観点を提示しておきたい。子どもに限らず，芸術家を含めた美術表現において，作者の表現し

たい内容に適した独自の表現形式を探究することは極めて重要である。また，表現形式の探究そのものが，作者の表現内容に影響を与える場合も同様に考えられる。いずれの過程においても，過去や同時代の美術作品に使用されている表現形式を意図的に取り入れたり，それに影響されて表現形式に変化が現れることは当然行われることである。特に作家の独自性が評価される近代以降においては，他の形式の模倣が明確に現れている作品には，高い評価は与えられない場合が多いが，それであっても，全く他からの影響を受けていないものが求められているわけではなく，美術の間の相互影響ということは，文化を理解する上での重要な要素でもある。しかしながら，そのような美術の間の，特に形式面における影響が働いている過程においてさえ，作者の内面において抱く，作品の生成を示唆する未確定の形を含んだイメージ（リチャードソンの言うところの「ビジョン」と近接した作用と考えられる）は，必須の役割を果たすものと考えられる。そのような作者の内面における解釈や吟味を伴わない制作は，確かに，対象の外観の機械的な引き写しや，他の形式の模倣に陥る可能性が大きいと言えるであろう。

　教育目的を限定するならば，リチャードソンの教育は，制作過程におけるこの，作品の生成を示唆する内面的なイメージに注意を向けさせ，それが充分な作用を働かせられるようにすることを目指したということもできる。そこにおいて，「自由」とか「独創的」という標語のもとに隠れながら，実態において，この場合は特に必ずしも質的に価値のあるとは思われない形式の表面的な模倣が行われてしまい，それが「自由表現」の成果として誤って評価されることがあるとすれば，それは，誤った教育目標を，また，誤った美術理解を，植え付けてしまうことになるであろう。既成の美術作品やその他の文化の優れた形式を学んで学習者自らの表現活動に取り入れるならば，それはそれを目的とした授業として計画され，学習者が参照する作品の質にも吟味が行われた上で，公然と行われるべきであり，また，その評価も，どの美術作品を学習した上で試みた表現か，という過程そのものを含めて行われるべきである。

　ただ，ここでは，リチャードソンは，この点にまで踏み込んで言及しているわけではない。特に，当時の状況において「偽りの自由表現」ともいうべき実態が，いかに本来の学習をゆがめるものであるかという点を，強調することに力点を置いている。また，「ふりをする，偽る」という意味の"pretend"が，繰り返し，

否定的な行為を表す語として用いられる傾向があるのも，表現における，根底からの誠実さを求めるリチャードソンの思想の特徴の一つを示すものとして理解することができる。「自由」の名を借りた指導放棄のもとに，いかに本来の目的と離れた教育が行われやすいか，それ故にこそ，教師自身の資質と，より適切な指導が求められるという主張は，今後も様々な形で展開されていくことになる。したがって，リチャードソンの教育においては，子どもの自発的な表現を促すことを目的としながらも，教師の存在とその役割は，ますます重要なものとしてとらえられることになるのである。

　ここでもう一点，注目できる発言として，いわば美術教育の社会的役割について言及した点を挙げることができる。

　　　　すべての学校が，本当に描画をよく教えることができるようになったら，美術に関して聡明な大衆の意見をもてる時代がすぐに到来するでしょう。
　　　　またおそらく，現在のようにごく少数の人々ではなく，大多数の人々が真剣にそれを欲する時代になるでしょう[62]。

　学校における美術を通した創造的な活動が，単に学習者個人の健全な発達上望ましいというだけではなく，社会一般において，より優れた美術を創出し発展させていくための基盤としての，大衆の美術への理解と審美眼というものの啓発へつなげていく作用を視野においている点は，リチャードソンの教育思想の一つの顕著な特徴と見てよいのではないだろうか。これは，「子どもの美術」を子どもだけの隔離された世界の問題とせず，美術と「子どもの美術」の本質における一致を明確に主張した，前年の1918年講演から続く認識を背景にしているものと見ることができる。

4．美術に対する価値観の混乱と「ポスト印象派」思想

　この発言に続いて，英国民一般における，美術に関する価値観の混乱の様相が示されていく。まず，自国民の精神においては美術は重要でも真実のものでもないと，明確に断定を加えたのち，次のような表現でその見解を補足する。

　　　　ほとんどすべての人がいくらかの絵を所有していますが，彼らは全くそれらを気に掛けないことが多いのです。それらは，部屋のあちこちに，壁の上に高く掛けられ，見るにはとても遠く高すぎます。おそらくほとんどの

絵にはそれが最もよい場所なのでしょうが，絵を掛ける人々はそういう理由でそうするのではなくて，絵が彼らにとっては全く重要ではないからで，天井近くが慣習的な場所であり，絵がなければ壁が裸に見えてしまうというのが唯一の理由でしょう[63]。

　自国民の文化に対する態度の卑近なたとえ話は，あるいは聴衆の自嘲的な気分を含んだ笑いを誘ったかもしれない。熱心な宣教師のように一途な語り方を感じさせた前年の1918年講演と比較すれば，この原稿にはこのような皮肉を含んだ，表現上の余裕，あるいは膨らみのようなものが感じられる。また一方，やや冗長かとも思われるような平易なたとえ話を，これ以外にもいくつか挿入するなど，聴衆との共感の接点を求めて，ある種の脱皮への試みを加えつつある様子をうかがうことができるのである。

　このような自国民の文化的素養に関する，なかば軽蔑を含んだような批判の調子は，英国民の特徴の一つとして時折指摘される点でもある。とりわけ，20世紀初頭においては，19世紀美術批判などを通じて，自国の美術に関する自信を喪失した状況が広まっていたことは，ペヴスナーなどの指摘にも明らかなことは，第1章でも指摘したとおりである。とりわけ，ダドリーにおけるリチャードソンの成果の意義を見いだし，彼女への直接的な影響の大きかったフライが，ヨーロッパ大陸の美術の紹介を通して，自国の美意識の後進性を指摘する活動の，いわば急先鋒に位置していたことを考えると，リチャードソンの講演原稿における，英国民一般の美術に関する価値観の混乱の指摘は，こうした思想的背景との関連も，単に一般的なもの以上の影響関係があったことは想像に難くない。

　「天井近くに高く掛けられる絵」の挿話をもって，自国民の美術に対する関心のあり方が本質から離れていることを示唆したのちに，リチャードソンは，その要因の一つを，端的に，「人々が美術をそれ自身において評価する力を失っている」こと，言い換えれば，「ほかの事柄の見方によってのみ美術を理解する」[64]ことにあると指摘する。リチャードソンがここで例示している「美術それ自身でないほかの事柄の見方」をまとめ直してみると，以下のようなものになる。

　第一に，価格あるいは稀少さという，いわば経済的，資産的価値。第二に，芸術家の技巧，勤勉さ，忍耐等の道徳的価値。第三に，絵から読みとる物語や連想などの文学的価値。第四に，これはほとんど余談と思われるが，先の挿話のよう

に，壁の汚れを覆うという実際的価値。これらの，リチャードソンが美術の本質から見れば第二義的な価値観として示した諸観点は，彼女のさまざまな経験や思想から導き出されたものであろう。このうち，技巧を第二義的なものと見る態度は，先ほどのフライの思想とも共通する点であるが，それを身につけ，実現する訓練と努力を，道徳的価値と結びつけて批判する視点は独特のものである。そして，リチャードソンにおいては，1918年講演において信仰の価値との類似を述べたように，人間の根本的な善と美とをある面で同一視していながら，ここでいうような，勤勉などの道徳的価値は，美に対すれば第二義的なものとして除外されることにも留意する必要がある。

また，第三の，物語や連想などの文学的価値を軽視する点は，フライによるポスト印象派の観点との，もう一つの共通点を示していると見ることができる。例えば，前述の「第2回ポスト印象派展」カタログにおいて，フライは，フランスの芸術家たちの「古典的」精神を高く評価している。ここでいう「古典的」とは，伝統的とか，古典的題材を描くという意味ではなく，ロマン主義や写実主義の芸術家のように，絵から連想される観念にその効果を依存するようなあり方とは，異なる立場を意味するものであるという。そして，これは，英国の芸術家にはない特質であり，また，英国民の審美眼では理解しがたいものであると結論づけるのである[65]。

ここには，文学的連想を排除したものが美術の本質であるという認識の傾向が示されている。リチャードソンにおいては，子どもたちに与える描画の主題や，詩や彼女自身の創作した語りなどにおいて，物語の要素が入り込む余地は充分にあるといえるが，少なくとも，この講演原稿における主張では，それらは子どもたちの想像力をかきたてるための手段としては用いられても，それらを美術作品たらしめる本質的な要素とは見ていなかった，という点が指摘できる。

5．美術教育における価値の混乱と教師の要件

リチャードソンは，この文脈では，「美術以外の」第二義的な価値によって美術が評価されることの不毛を説きながら，それでは，美術がそれ自身の価値によって評価されるとは，どのようなことか，という解答には即座に進まない。「美術とは何か」という定義を率直に示した前年の1918年講演との明らかな態度

の相違が見られる。

　この講演原稿では，前述のような美術に対する価値観の混乱と，美術教育における価値観の混乱とは同根のものであるとして，本来の「美術」以外のものを教える目的で描画が指導されることについて，種々の現象例を挙げている。それらは，ある場合には，観察力の育成であり，また，手と目の訓練であり，「真面目な」学習の間を埋めるものとしても，あるいは，趣味のたしなみとしても教えられることがある，という。このような現象は，ひとえに，「美術とは何か」ということに関する混乱した考えを示したものである，というのが彼女の主張である。

　これを受けて，美術を教えることに関する，当時の様々な矛盾した状況が述べられていくのであるが，平易な事例や比喩を随所に盛り込んでいる反面，この箇所の文章構成は，話題が次々に移り，どちらかというと散漫で一貫しない印象を与えることは確かである。とり上げる事例は，馬を水辺に引いて水を飲ませるたとえ話に始まり，原始美術・農民美術・子どもの美術の共通性，低学年の子どもに見られた「美術作品」が，年齢が上がるに連れ，失われてしまうこと，その原因としての描写の訓練や教師の示す判断基準の弊害等を指摘していく。そして，1918年講演でも述べられた，正確な再現描写の訓練と，それに失敗した子どもの陥る，他者の方法の模倣への批判が繰り返される。そしてまた，ジオットの絵を鑑賞するのに写実性を求めないのと同様に子どもの絵も扱うべきこと，等々である。

　ただ，詳細に読み返してみると，基本的には，「美術は，教えられるのかどうか」という問題を一つの論点に展開していることがわかる。ここでの議論をあえて要約するならば，「美術」は，教えることができないにもかかわらず，何か教えることを作ろうとするために，本来の美術とは異なったものが教えられてしまう，という矛盾を指摘しようとしているようである[66]。そして，「子どもがとても幼い間はすべてがよいのですが。そして私たちが教え始めるまでは。」[67]というような，自然の無垢な状態の賛美，指導放棄の勧めであるような極端な表現にも至るのである。しかしながら，ここまで延々と，教え込むことの弊害を述べてきたにもかかわらず，最後にそれを翻し，積極的な指導の必要を訴える。その転換は次のように語られる。

　　私たちは，しごく当然のことですが，もし子どもたちを好きなように描か

せておいたら，彼等は興味を失って次第にやめてしまうか，極めていいかげんになり集中力を失ってしまうであろうと，感じます。非常に特別な子どもを除いて，こうしたことはほとんど常に起こります。子どもたちを放っておくことは，まったく検討に値しません。中等学校で働いたことのある人は，だれ一人としてこんなことが可能であると思わないでしょう[68]。

　この表明における矛盾は，それ以前に，幼い時期の自発的な表現（リチャードソンのいう「美術作品」の要素をもつもの）が失われてしまうのは，正確な描写の訓練と，それに付随する表面的な技巧の模倣の弊害によるものであるという主張をしていたにもかかわらず，ここにいたって，子どもたちを「好きなように描かせて」おくだけでも，自然に描画から離れてしまうと述べていることである。おそらく，後者の認識は，「中等学校で働いたことのある人は」と述べていることからも連想できるように，リチャードソンの実際の子どもたちの観察から来ている，動かしがたい事実だったのであろう。

　この主張と，前半で，教師による指導が子どもの無垢の価値を失わせる主要因であると断定した，と受け取られるような表現とは，一見するとやや矛盾を感じさせる点があり，理解するには慎重な考察が必要である。例えば，先に「美術は教えることができない」と表明しておきながら，後でそれを覆すのであっても，前者における「教える」と，このあとに指導の必要性を展開する中で述べる「教える」とは，同じ概念ではないことを明確に示しておくことによって，この箇所の曖昧さは避けることができたのではないかと思われるのである。

　この部分の論理的整合性は，むしろ次のようにとるべきだったのではないだろうか。すなわち，「美術作品」の本質と共通するものをもつ，内面からの率直な表現である幼児の描画は，年齢とともに次第に自発性を失っていく傾向が見られる。そこにおいて，正確な再現描写の訓練のみを主眼とするような指導は，失われていく「美術」をつなぎ止めていくことにはならず，むしろ逆の効果を生ずる危険が大きいから，私たちは，「美術」を発生させるような，「新たな」指導の考え方をもたなければならないのである，と。

　いずれにせよ，延々と示唆してきた指導放棄への道をここで転換し，講演の後半において，教師の積極的な役割を説いていくことになる。その説き初めとして，教師の要件について明確に示していることが，注目に値する。まず彼女は，教師

は子どもたちを「援助」しなくてはならない，といい，その援助が「つまらない指示」となるか，「インスピレーション」となるかは，教師次第であると述べている。すなわち，子どもが自ら表現のための「インスピレーション」を見いだすように援助することが教師の役割であり，これまで批判してきた模写を中心とした描画の訓練は，それとは異なる「つまらない指示」である，という図式であろう。

さらにそれを言い換えて，「描画をうまく教えるためには，私たちは子どもたちの想像力を目覚めさせ，あるいは目覚めさせておき，そして彼等自身の個人的な世界観の価値に対する確信を保つようにしなくてはなりません。」[69]と教師に求められる役割を規定する。ここで，「描画をうまく教える」と，前半であれば彼女が完全に否定したであろう目的が公然と提示されていることに，注意しなくてはならない。ここでは，「描画」は模写による観察の訓練から，個人の内的表現である美術作品を生み出すこと，すなわち「美術」に変わり，「うまく教える」は写実的な技巧を教えることから，学習者の内面の価値を鼓舞することへと，意味の転換がなされていると，解釈すべきであろう。

そして，学習者の美的活動を目覚めさせておくという役割のためには，「私たち自身の美的な活動が健康で目覚めていなければまったく不可能なことなのです。」[70]と教師自身の美的精神活動の重要性を主張するのである。この点は，この講演の最後に再び，クラットン・ブロックの美しい一節を引いて強調されることからもわかるように，本講演でリチャードソンが主張しようとした，最も主要な論点であると考えられる。

6.「ビジョン」と二つの困難

先に指摘したように，本講演では，まず当時の社会において美術が「美術以外の」第二義的な価値によって評価されるという混乱を指摘しながら，それでは美術それ自身の価値とは何か，という解答は即座には示さず，描画の教育においても同様の混乱が生じていることを論じている。それを受けてようやく，リチャードソンが批判の代わりに示す代替案は何であるか，という問いに答えていくことになる。「しかし，もしあらゆる種類の模倣を取り除いて，描画の正確さという基準を強要しないとしたら，その代わりに何を用いればよいのでしょうか。<u>良い描画の本質とは何でしょうか</u>。」[71]（下線は原文のまま）1918年講演で追究したよう

な「美術の定義」という問い方を避けたのは，先にも指摘したように，抽象的な議論を避けて，聴衆と関心を共有しようとする姿勢の現れでもあるように思われる。これに対するリチャードソンの解答は，極めて単純に，ただ一つ，「ビジョン」であるという[72]。しかし，それでは，ビジョンとは何か，という問いを改めてしなくてはならない。ここでは，リチャードソンの原稿に即した範囲で，彼女の思考を読みとってみたい。

まず第一に，この，ビジョンに関する簡潔な宣言には，括弧書きで次のような補足が付け加えられている。「私は visualizing［心に思い描く］とは言いません。特殊で矛盾する解釈がその語には与えられるからです。」[73] "visualizing" ではなく "vision" を用いる理由，「特殊で矛盾する解釈」とはどのようなものか，などについては，直接的には，これ以上の言及はない。ただ，実際には，講演原稿中に "visualizing" の語を使用した箇所は，わずかにあるので，それについて検討することはできる。この原稿中では，すでに触れたように，前半の，描画教育に関する現状認識を述べた中で，次のように指摘する箇所が見られる。

> 私たちはより大きく，自由なものを求めています。そしてそれを「自由表現 free expression」とも「心に思い描くこと visualizing」とも名付けたりしています。しかし私たちは，心に思い描くことや自由表現の名において，私たちの指導が再び硬く非創造的にならないように注意しなくてはなりません。「心に思い描きなさい visualize」と言いながら，なおかつ私たち自身がよく理解していない，ビジョンの本質を損なうことは有り得るのです[74]。

ここに明らかなように，"visualizing" とは，すでに広まり始めていた，模写を離れた自由な描画教育の運動一般の中で，"free expression" と同様に，しばしば使用される用語であると，リチャードソンは認識していた。しかし，先にも示したように，彼女は，こうした用語で表現される内容に対して，必ずしも賛同していたわけではなく，むしろ，その表題に隠れて，本来の目的と逆行する教育が行われる可能性があるとして，警鐘を鳴らす立場をとっている。ここから読みとれる限りでは，「特殊で矛盾する解釈」とは，そのような，美術教育の混乱した現状を生み出す素地を作り出している概念の一つとして，とらえていることを示唆するものであるかもしれない。自らの立場とそれらの矛盾した動きとの差異

を明らかにする意味においても,「ビジョン」の語の使用が選択されていると見ることもできる。しかし,それは相対的な理由であって,「ビジョン」そのものに関する説明ではない。

これに,いくらか踏み込んだ解釈を加えるならば,リチャードソンの表現からは,「心に思い描く visualize」とは,意識的な行為の結果として作り出される,虚構の形象であると見ている側面を感じさせる。したがって,意図的な模倣の侵入する可能性も大きいということができる。それに対して,「ビジョン」は,巧まずして根源から湧き出るもの,無垢な精神がありのままに発見する対象である,とでも表現すれば,リチャードソンの意図に近いのではないかと考えられる。それゆえに,幼い子どもの描画であっても,「ビジョン」に直接触れた誠実な仕事は,美術作品が内包するものとある意味で共通する内面的価値を有すると見るのである。

次に,以下のような目標が語られる。

> もし,あらゆる語りかけ,あらゆるモデル,あらゆる情景が,子どもたちにとって,彼等自身の想像力が導くままに,選択したり使用したりするための材料である,すなわちもう一つの世界にはいるための入り口である,というところまで,子どもたちの生来の力を引き出すことができれば,私たちは創造的な仕事の真の源を発見したことになるのです[75]。

すなわち,あらゆる外界からの刺激が,模倣の対象としてではなく,想像力が主体となって,もう一つの世界を紡ぎ出すための,選択される材料である状態を目指すのであるが,そのような状態が実現されたとき,そこには「創造的な仕事の真の源」となるものが存在する,というのである。この「真の源」が,彼女の言う「ビジョン」と等しいものであるのだろうか。

そして議論は,美術と「自然の似姿」との関係へと移っていく。この問題は,リチャードソンにとって,描画の教育法としての写実的な再現の訓練への批判という形で,随所で繰り返されるものではあるが,ここでは,「ビジョン」との関連で言及しているところが,やや特殊である。まず,「多くの人は,描画が模倣ではないという考えに衝撃を受けるでしょう。」[76]として,一般には依然としてそうした認識が強いという見方を示したのち,写実的な再現の基準と,美術作品の表現としてとられた形式との混同を指摘している。すなわち,「もしそれを美術

作品として見ることができたならば，雑な描き方や，比率の間違いなども，その絵には必要だったのだということにもおそらく気づいたでしょう。」[77]というように，あくまでも，外観の正確さは，第二義的なものであるという主張に基づいている。

　さらに，子どもたちが誠実に模倣しなければ正確さを欠き，自然から分離してしまうという，自然観察主義者たちの見解について，結果的に描かれるものが自然主義的な形象であったにせよ，常にそれに対して「ビジョン」が先んじていなければならない，という，「ビジョン」優位の原則を主張するのである。この原則は，基本的には，ポスト印象派の作品など，自然の再現から自立した，画面の造形上の価値を優先するような形式の芸術の範疇を想定していると考えると理解できる。しかし，より究極的に考えれば，当時としては前衛的であった抽象的な形式の作品でさえ，個人の「ビジョン」に由来するものであれば認めうるような広範さをもった規定でもあるといえるであろう。次のような要約は，この時点におけるこの問題に関する見解を，最もよく示すものであると考えられる。「言い換えれば，美術は，ビジョンを表現するために－創造するために－存在するのです。現実の幻を創造するのではなしに。」[78]

　この1919年講演は，前年の講演内容に比較して，美術に対する絶対的信念の告白といったような，観念的な議論を意識的に抑えた形跡がある，ということはすでに述べた。この引用箇所は，それでも，美術の本質に関する彼女自身の信条を端的に述べた，数少ない言明の一つである。リチャードソンにおいては，「ビジョンを表現すること」と「創造すること」そして「美術」の存在意義は，非常に密接な関わりのある問題であることを示している。

　このように，種々の観点から，リチャードソンの「ビジョン」に関わる議論は続いて行くが，「ビジョン」そのものとは何か，という直接的な説明よりも，その周辺との相対的な関連を述べることによって，彼女が「ビジョン」に置いている，ある種の絶対的な価値が，強調されていく傾向が見られる。表現者にとって，その都度，新しくもたらされる固有の内面的体験である「ビジョン」を，あらかじめ規定することの矛盾であるのかもしれない。

　リチャードソンは，この，「ビジョン」の表現に関して，明らかに，二つの困難が存在するという。それらは，「第一に，はっきりと感じたり見たりすること

のできないこと，第二に，心に抱いたものを実行することができないこと」[79]である。そして，それぞれの困難に対して，簡潔に解決法を示す。第一の問題については，「普通の子どもたちに，心のイメージに依存する勇気と力を与える」[80]トレーニングの有効性を述べるが，具体的な方法については言及しない。第二の問題に関しては，通常の解決とはいえない，独特な解答を示す。技術的な限界が，「ビジョン」をうまく実行することを妨げたとしても，それは成功なのである，というのである。すなわち，

> この限界こそが，子どもに特有なわけではなく，ほとんどの完成された芸術家においても存続しているものであって，それ自身がよいものである，ということは一つの真実なのです。多くの，芸術作品の実際の美は，それが言うことのできるよりも千回も多く言おうとしているという事実にあるのです。ビジョンは，常に技術に先立つものではくてはなりません。そうでなければ，技術はビジョンの貧困を隠そうと，それ自身を誇示します[81]。

リチャードソンの，内面的価値を重視する美術観が，ここでも示されている。しかし，これは，単に形式としての素朴な表現を肯定したものではない。失敗の原因は技術ではなく「ビジョン」の不完全さにあるという，これに続く主張を見れば，この点は明らかであろう。明確な「ビジョン」をもとにした，技術上の試行錯誤の痕跡としての表現であれば，内的過程の真実の記録として，美術作品として肯定されうる，ということではないだろうか。

このように，表現が美術作品として失敗するとすれば，それは，技術的な問題よりも，不完全な「ビジョン」によるものである，とする説は，次のような二件の引用によって補われる。その一つは，独特の「精神の哲学」を体系化したイタリアの思想家ベネデット・クローチェ（Benedetto Croce, 1866-1952）のものである。「私たちが内面の言葉を修得したとき，私たちが人物や彫像を生き生きと明確に思い浮かべたとき，私たちが音楽の主旋律を発見したとき，表現は生まれ完結する。それ以上はなにもいらない」[82]という箇所を引用し，特に解説は加えない。

膨大なクローチェの美学を要約することは困難であるが，後藤狷士の解説[83]によるならば，クローチェは，「すべての実在は精神に契機づけられてはじめて動的・具体的な形式をとりうる」というように，精神を哲学の中心問題とした体系の中に美学を位置づけたという。そして，芸術は「直観」であり，不統一な形象

の集積である空想とは異なり，想像によって統一性を与えられた単一な形象の産出である，そして，芸術作品には「心の状態」の完全な想像的形式への顕現が認められる，とする。さらに，直観は表現において自己を客観化する，という説をとり，一般人と芸術家の自己表現は質的に相違がなく，すべての人は多少なりとも芸術家であること，そして，「芸術品はつねに内的であって，外的といわれるものはもはや芸術的ではない」とするように，外的再現の技巧を芸術とはみなさない，という観点がみられるという。

クローチェの主著の一つである『美学』(1902年) の英語版は，遅くとも1909年に出版されていることが確認できる[84]。リチャードソンによるクローチェへの言及は，この箇所と，同一の引用を行った1920年のダドリー教育協会講演の 2 箇所が確認されるのみであり，必ずしも，クローチェの美学に対する解釈やリチャードソンの思想との関わりを自ら明確に説明しているわけではない。ただし，上記の要約にも示されたクローチェの思想の一端のうち，例えば，表現としての芸術の定義，すべての人が芸術的表現をなし得るという観点，精神的，内的なものを優位に位置づける傾向など，リチャードソンの講演原稿などに見られる考え方と，一致する点がいくつか認められる。

なお，ケネス・クラークは，リチャードソンの『美術と子ども』に寄せた序文で，リチャードソンによる改革は，「クローチェの『美学』に表現された哲学的運動の一部」[85]である，と，述べている。クラークはこれ以上クローチェとの関連については言及していないので，やや唐突に思われるが，思想的運動としてのクローチェの哲学という背景は，詳細な説明を用いなくても，当時の英国において共通の認識を得られたのではないかと考えられる。

リチャードソンの1919年講演における，「ビジョン」概念を補強するためのもう一つの引用は，クライヴ・ベル (Clive Bell, 1881-1964) のものである。

> 感情のビジョンに対応しないために，当然大多数の絵画は失敗する。しかし，興味深い失敗は，ビジョンは現れたものの，不完全に把握されたものである。自分が感じ修得したことを留めるための技術不足のために失敗した画家たちは，もし実際にいるとしても，片手の指で数えられるほどであろう[86]。

この引用は，先に，リチャードソンが，「二つの困難」について述べた箇所で，

技術的な限界が,「ビジョン」をうまく実行することを妨げたとしても,それは成功なのである,という趣旨のことを主張している点と,非常によく対応する。ベルは,フライの美術思想に直接影響を受けた,ブルームズベリー・グループの代表的な人物の一人であり,『芸術』（1914年）[87]等の著作によって知られていた。主として「意味ある形式」という概念や,再現的要素を排除した明確なフォーマリズムの方向性を示した点などで後世に影響を残しているが,リチャードソンは,ここではむしろ,内面におけるビジョンの重視という観点からベルをとり上げている。

このあと,描画の技術的方法に関する指導について,自らの教え方と,また自らの受けた教育などを例に語り,また,批評を用いた教育活動についても事例を用いて言及がある。これらの具体例については,翌1920年の,ダドリー教育協会講演でも,再度整理されて述べられる。

最後に,リチャードソンは,「私たちが子どもたちの描画に見ることができるのは,私たち自身が彼らにもたらすものだけである」として,教師自身の美的な感覚が働いていることの重要性を,再度強調する。そして,クラットン・ブロックを引用して,「私たちは,宇宙の真理と美を把握する精神的な活動を常に働かせていない限りは,美術の真理と美を把握することはできない。」[88]と語り,自らの周囲で絶え間なく生じる美の啓示を見失うことは,「生命それ自身の一部を見失っているということ」であると主張して終わる。

ブロックの,壮大な規模で美の価値を謳い上げる表現は,前年の,1918年講演で,美への絶対的帰依を告白したリチャードソンの信念と強く呼応するところがある。フライの書簡にも,リチャードソンがブロックに相当傾倒していたことを伝える箇所が見られる[89]。ただ,前年と異なるところは,こうした,一種の哲学的議論を,自らの言葉でというよりも,クローチェ,ベル,ブロックらの引用で代替させている点である。美学的な議論を抑えて,平易なたとえや事例を多数挿入しながら,やや散漫な構成となっていること,美術の直接的な定義よりも,「ビジョン」概念の導入を試みた点などの特徴ともあわせて,この「1919年講演拡張版」は,1918年講演でその原点を示したリチャードソンの思想を,より社会と共有可能なものとして表現するための,過渡期,発展期にあるものとして位置づけることができると考えられる。

第3節　ダドリー教育協会講演（1920年）

1. 講演の位置づけと構成

　本講演は，1920年3月19日に，地元ダドリーの教育者の会合において，描画の指導に関して行ったものである。この講演は，それまでよりも整然とした構成に加えて，地元地域の一般教育関係者対象という状況も反映してか，自信と余裕のような態度も感じられる点に特徴がある。子どもの描画教育に関する整った講演原稿は，これ以降，1925年のロンドン市議会の講習会に至るまで残されていないため，1923年にリチャードソンがダドリー女子ハイスクールの常勤職を退くまでの，初期の思想形成を知る上では，この原稿を一つの到達点として見ることもできる。

　ここで対象とする講演原稿は，25枚にわたってタイプされたもので，1枚目の冒頭に，「ダドリー教育協会，1920年3月19日」と，場所と日付が明確に記されている[90]。また，1枚目の左上に，"M. E. R."（リチャードソンのイニシャル）と手書きで記されている。その他，形式上で以前の原稿と異なる点は，各頁の末尾で節が区切られるように構成されている点である。そのため，視覚的，形式的に，より整っている印象を与える。この講演については，完成原稿と思われるこの1種類が確認できるのみである。

　原稿の本文は，約220の文からなっており，これまでの講演の中では最も短いが，同じような内容を反復したり，細かな逸話によって散漫になったりするところが少ないため，むしろ，よく練られた緊密な構成を感じさせる。その構成は，講演の目的などを述べる前置きの部分に続いて，学校における描画の指導に関する理論を，大きく4種に分類して概説し，それを受けて，技術的訓練と「ビジョン」に基づく美術表現に関する議論を展開し，最後に教師論と指導事例を述べ，子どもの表現を一つの美術作品として理解する可能性を簡潔に示唆して，結んでいる。

　次に，講演の導入部から，このときの聴衆とリチャードソンとの関係，講演の目的と，その方法に関する限定を明確に示している点を指摘したい。

　本講演の導入は，これまでの二つの講演原稿とは異なり，特定の文脈をもった

ものである。リチャードソンは、ある会議の回想から始める。すなわち、前年の夏に、1週間を費やして美術教育の専門家が議論する会議の、日程の最後に参加したが、実際に教える方法について、期待したような解決は見いだせなかった、とするものである。彼女は、この会議について具体的に特定するようなことは述べていない。しかしながら、一つの見方としては、ダドリーの子どもたちの作品が展示された、ケンブリッジでの1919年の「教育における新しい理想」会議である可能性が高いと考えられる（第1章参照）。時期的にも一致している上に、『ケンブリッジ・マガジン』[91]で報じられた会議の模様と、リチャードソンが講演で述べている失望感とに共通するものを見ることができるからである。いずれにしても、会議における抽象的な議論への失望と、一方で、展覧会などの評価を通じて、新しい教育の道を自分が実際に示しつつあるという自負とは、この時期の経験を通して、リチャードソンが感じていたものであることは、間違いないであろう。

講演の最初に、「昨年の夏までに、もし、『美術の教え方』と宣伝されている講演を見たら、私は、間違いなく今夜の皆さんのようにして、それに参加したことでしょう。」[92]と切り出した上で、前年の夏の会議への失望を語り、「すべて教科の専門の知識のある数百人の人々が参加した状況でも、そのようだとしたら、今夜の1時間という短い機会に、私たちは何を期待すればいいのでしょうか。」[93]と述べるのであるから、受け取り方によっては、美術専門ではない聴衆に対して、自分は、ある種の専門的権威として教える側である、という自負は伝わってくる表現である。

聴衆の主要な構成をなしていたのは、初等教育を中心とした、美術専門ではない教師であったことは、ほかにも、例えば、「皆さんのように、たいていは多くの教科の指導に関わっておられる方々」[94]が美術に関する会議に来ること自体が、学校カリキュラムにおける描画の位置づけが重要になってきた証である、と述べたり、「教師からも視学官からも、その重要性はますます強調されています。」[95]など、教育界一般に対して、美術の重要性を強調するような姿勢からも見ることができる。

ただ、リチャードソンが、会議における議論の不毛を述べたのは、本来的には、「美術や、美術の教え方は、それについて話したり他人が話すのを聞いたりしても、ほとんど不明確で、得るものは非常に少ない」[96]という経験から、本講演で

は，あまり過大な期待を広げるよりも，目的を明確に限定する必要がある，という，実際的な理由によるものであった。その目的とは，「私たちの先入観をできるだけ交えないで，問題に哲学的な側面から取り組み，実際の教え方の詳細よりは，子どもの美術の目的を探るようにすること」[97]であるという。

　リチャードソンが講演において，自らの立場を「哲学的」と表明したのは，これが始めてである。1919年講演では，むしろ，観念的と思われる議論をできるだけ避けて，具体的な事例やたとえ話から語ろうとする姿勢があったが，そのことがかえって主張の一貫性を見えにくくしていた面もあった。この点において，本講演では，何を優先させるか，という立場が明確になっている。すなわち，美術に関する議論の限界は認識しつつも，理論的な仕事を避けずに啓発を試み，目的という根本を探ることを主眼として，具体的な方法の提示は従とする，というものである。

　これと関連して，リチャードソンの思想に繰り返し見られる，ある種の傾向について，若干指摘しておきたい。先に，美術に関する議論の限界を述べた箇所で，リチャードソンは続けて次のように述べる。

　　それは，本質的には，自分自身で考えて感じなくてはならないものであって，宗教的な事柄においてそうしなくてはならないのと全く同じです。他の人々が，私たちがより活発に思考し感じるように，そして私たちの信念を再検討するように，啓発することは可能ですが，それは私たちの願いと同意がなくてはできません[98]。

1918年の講演であれほど強く主張され，1919年では控えられていたように思われる，美術と信仰との類似という問題が，ここで，副次的な文脈の中ではあるものの，再び，言及されるようになっていることが注目される。美術を理解するためには，論理では伝えきれない個人的な体験を必要とするため，啓発される側の「願いと同意」，言い換えれば「信じる」という行為に通じるような，没入の態度を必要とする，という前提は，リチャードソンの思考にしばしば反映されている。

　また，本講演で，実際の教え方の詳細を教えることを主眼としないと表明したことは，これまでの講演で，折に触れて具体的な事例を示してきた方針とやや矛盾するようにも思われるが，次のような発言によって，これはリチャードソンの思考の傾向から，一貫したものであることが理解される。

そのような詳細は，私たちが筋の通った原則を確立すれば，そこから発展するので，見つけ出すのは本当に困難というわけではないのです。今夜，私が最もしそうにないことは，美術を教えるためのできあがった方法を提示することでしょう[99]。

一つの，決まった方式としての教え方を伝授することについては，1918年の講演から，否定してきたことである。それでは，何を共有することができるのか，というと，その根本となる原則である，という。根本を正しく確立すれば，枝葉はそれを基盤として自ずから発展するのであって，逆に，具体的な方法のみが優先して伝えられることによって，本質を損なう危険がある，という思考の枠組みは，リチャードソンの思想の随所に見ることができるものである。例えば，繰り返される「技術」と「ビジョン」の関係についての議論などである。

2．描画教育の諸理論Ⅰ－観察描写の系譜

次に，リチャードソンによる描画教育の諸理論の比較について，その概要と，意義を考察したい。

リチャードソンは，実用的な価値が明確ではない美術においては，それを教えることに関して，対立する理想が存在しうることを認めた上で，それらを，おおよそ4種に分類して，順に，それぞれの目的と方法を検討する。第一のものは，手と目の訓練として美術をとらえる立場であり，第二には，芸術的表現の準備であり，第三には，観察力の訓練であり，第四には，芸術的な知覚の刺激である。このうち，第一と第二は，観察描写の方法に属しており，また，第三と第四は，記憶画の系譜に連なるものと考えられるので，この二つの系譜に分けて，まず観察描写の系譜からリチャードソンの観点を整理してみたい。

観察描写の系譜に連なる第一と第二の理論は，手本となる物体を観察して正確に描写するという方法の上では類似しているが，その目的において異なっているという。第一の手と目の訓練は，手際の良さと正確さを目標として，方法としては，手本となる物体などを，特定の形式で正確に模写することを特徴とする。手本は，たとえば家庭用の鍋などであり，特定の形式とは，鉛筆による精巧でむらのない輪郭線，一色による淡彩など，古くからの慣習となっている描画法の型を指している。型どおりの形式の遵守については，リチャードソンによれば，例え

ば,「一つかその他の非常に非現実的な材料を用いて,子どもは本物らしく描くことを要求される」「シチュー用の鍋を輪郭線で描くよりも,黒い絵の具を荒く塗った方が,はるかに本当のシチュー鍋らしい,という事実は,全く考慮されない」[100]というように説明されている。この点に関しては,単に批判のために誇張しているわけではないことは,彼女が,自らが受けた描画教育について,具体的に語っている箇所との対応を見れば,明らかである。

  私は,庭の花を描こうとしたときに感じた失望を覚えています。それぞれの花の周りに,褐色で,花の背後の土を描こうとしていたのです。私はそれを完成しませんでしたし,私が望んだようには全くなりませんでした。しかし,私は,絵の具をきれいに薄く保たなくてはならないとか,チャイニーズ・ホワイトを使うのは恐ろしいことだとか,そうした教えの正しさを決して疑わないだとかいう教義を完全に受け入れていたのです[101]。

 上記の引用は,この講演の後半において,教師の役割と指導法に関する示唆を述べる文脈において,自らが学校で受けたかつての描画教育の問題点を指摘した箇所であり,1919年講演拡張版でも触れられたことのあるものである。花の周囲にのぞいて見える,背景の土を描く試みが失敗した理由については,この記述からは,詳しくはわからない。あるいは,不透明な絵の具の用い方で,花の輪郭の一部を覆いながら塗り重ねることができれば,彼女の表現の意図は実現されたのかもしれない。しかし,少なくとも,彼女が,当時教えられたとおりの,伝統的な透明水彩の描き方の束縛のもとでは実現し得なかった事実を,苦い思いで回想していることは,確かである。

 絵の具が濁らないように透明に保つことや,チャイニーズ・ホワイト(不透明な白の絵の具)は,わずかに器物などのハイライト部分の反射を加えるのに許容される程度で,通常は色を濁らせる要素として,多用が推奨されないのは,こうした,いわゆる淡彩画風の静物画や,特に,英国で隆盛したような伝統的な水彩画の様式を成功させる上での秘訣であり,その制限自体が常に有害であるとはいえない。しかし,鍋を描くには,黒い絵の具で荒く塗った方が適することもある,と先に述べているように,その時の表現の内容や意図に関わらず,すでに決められた特定の形式と技法に束縛されることの問題を,述べたものと考えられる。

 この方法のもう一つの特徴である,細部の正確さへの固執については,リチ

ャードソンは，次のように表現している。

> もし取っ手が長すぎたり，幅に対して側面が高すぎたりした場合は，たとえそのほかの多くのシチュー鍋が，その子の描いたような取っ手や側面を持っていたとしても，その作品は間違いであり，直されなくてはならないのです[102]。

　この学習が，ある種の写実的な正確さを重要な目標としているのであるから，ある一点からその対象を見たときの各部分の相対的な比率について，注意を払うのは当然である。しかし同時に，「たとえそのほかの多くのシチュー鍋が，その子の描いたような取っ手や側面を持っていたとしても」という表現は，リチャードソンの考える描画の基準においては，目前にしている対象ではない，「ほかの多くの」同類の物体が示す特徴であっても，容認されるべきことを示唆しているように思われる。それは，鍋というもの一般に対するその子どもの観念であるかもしれず，また，家庭やその他の場所で親しんだ鍋の記憶を反映しているかもしれず，また，目前に見た鍋の印象に影響されて，技術的な未熟さも加わって，結果的に誇張した比率を示しているのかもしれない。

　「子どもがあるアイデアをもって，それをとても真剣に描くときには，私たちは，その結果を真剣に受け止めるべきです」[103]という，1919年講演拡張版において示された見解にも見られるように，子どもの内面にある基準こそが，描画を主導するものである，とする視点からの批判であることは，明らかである。同時に，現実の事物の外観の描写よりも，表現者のアイデアに存在する姿の方を本質ととらえる，一種の観念論的傾向をうかがわせる箇所でもある。

　このような指導法は，やや過去のものになりつつあると認めながらも，依然として，子どもたちが「正しく」描かないと鞭打ちの罰を科す学校があると，リチャードソンは指摘する。リチャードソンは，さらに進んで，このような学習を計画する側の動機については，唯一，忍耐と勤勉の習慣を発達させるという「道徳的な」根拠しかあり得ず，したがって，「美術」が目的としている理想の寄与には何ら関わりのないものである，と結論づける。この場合の「道徳的」とは，内面的な価値観に導かれる行為の問題というよりは，むしろ，生活習慣上の，規律や訓練という意味合いで用いられているものである。地元での講演らしく，学校経費の増大の正当性について疑問を投じた地元紙の社説をとりあげ，こうした学

習法によって「美術の指導と呼ばれているもののために費やした努力と鞭」が，一般の審美眼や鑑賞力のために何をなしてきたか」と問うとき，「見事に非生産的であった」と判断するのである[104]。

第二の理論としてリチャードソンが示す立場は，方法としては，第一のものと類似しており，家庭用品などを対象とした，外観の正確な描写の訓練を用いているが，その目的を，のちの芸術的表現の準備であると規定する点において区別されるという。そのような正当化の方法を，言語表現における文法学習になぞらえて批判する点は，1918年の講演における内容を繰り返したものである。ただし，1918年講演の場合には，この立場のみが，旧来の指導法からの反論という形でとり上げられていた点に相違がある。すなわち，器物などの手本の正確な描写を方法とする，旧来の支配的な描画学習について，道徳的訓練をその隠された目的としたものと，美術表現の準備として明確に目的を示したものの両者に区別して，それぞれに批判を加える，というように，議論が整理され，発展してきているのを見ることができる。

今回のダドリー講演では，このような学習理論を，自分自身を表現するような「美術」には決して到達しない「難しさを増していく終わりのない行列」「袋小路」であると述べ，年長の子どもたちが描くことを恐れるようになるのは，このような型にはまった指導法に原因がある，と結論づけている。

美術教育の基礎として，段階を踏んで難易度を増していく，主として器物などを対象とした再現的描写の訓練に対して，リチャードソンが根本的な否定の立場をとっていることは，当初から一貫している。しかし，こうした指導法に関しても，リチャードソン自身が学校で受けた教育の経験が影響していることは，これよりさらにのちの講演で明らかにされる。1925年のロンドン市議会による第1回講習会の原稿には，リチャードソン自身が，このような，絶え間ない段階を踏んだ課題に相当の時間を費やしたものの，ついに自分自身の何かを表現するという地点に至ることはなく，むしろますます遠ざかるように感じられた，という苦い経験が語られるようになる[105]。

ただ，リチャードソンは，基礎的練習そのものを否定していたわけではない。この講演では必ずしも直接に言及されてはいないが，彼女の用いた教育方法の中に，色彩や画材に関する練習が含まれていたり，のちに触れるマインド・ピクチ

ャーを,独立した美術作品としてよりは,発想と技術の練習と位置づけようとしていた傾向などから考えても,このことは明らかである。したがって,ここでの議論においては,何が子どもの美術表現にとっての基礎であるのか,という問題を問い直さなくてはならないことを指摘している,と考えるべきであろう。

3. 描画教育の諸理論Ⅱ－記憶画の系譜

次に,リチャードソンは,記憶画の系譜としてとらえることのできる描画教育の理論について,二つの立場を対比させて述べていく。これを,ここでは,第三,第四の理論として,次にその要約と解釈を示したい。

第三の,観察力の訓練としてとらえる立場とは,第一,第二の理論のように,直接外部の対象を観察して描く訓練というよりも,記憶などの内面的なイメージに関係したものととらえられる。この原則に基づいた描画法として,リチャードソンは,記憶画,スナップショット描画,ランタン・スライドからの描画などを例示している。スナップショット描画は,トマス・アブレットの提唱による方法として知られており,また,ランタン・スライドによる描画は,キャタソン－スミスがよく用いた方法で,リチャードソンが,自らの教育方法を生み出す直接の母胎となったと『美術と子ども』でも記しているものである[106]。いずれも,広い意味での記憶画の系統に属するものとして,直接描写よりも記憶による再現を用いるという点には共通性がある。

リチャードソンは,これらの方法は皆,ある程度,想像力の働く余地を許すかもしれないという点で,先の第一,第二の理論よりも評価できる可能性をもっているという。ただし,この記憶画の系統にも,二種類あると峻別している点が,極めて重要である。なぜならば,ここにおいて,リチャードソンは,初めて,キャタソン－スミスらの先行する記憶画の指導法と,自らの立場との相違を,明確にすることになるからである。彼女は,記憶画には二種類があり,一つは心で行う模写の訓練であり,もう一つは,芸術的な知覚の刺激となるものであると区別している。したがって,彼女が第三の「観察力の訓練」として示そうとした立場は,記憶画の系統のうち,前者の,心で行う模写の訓練のことを指していると理解できる。

リチャードソンによると,この,心で行う模写の訓練は,文字通りの正確な再

現が作品の基準であることは，直接観察による描写の訓練と変わりないが，対象を直接見ないで記憶に基づく必要があるため，より以上の精神的困難を強いられるという。具体例として，「例えば，皿の上に置かれた物体を何秒も見てから描いたり，学校の入り口への階段を描きなさい，何段ありますか？とか，学校の壁は何色ですか？というようなテスト」[107]などの課題の具体例を挙げるとともに，自らが経験した逸話を示している。

　それは，リチャードソンの学校を訪れた，ある女性校長の事例である。リチャードソンは，その女性校長と，描画の指導について意気投合したように感じたが，帰り際になって，彼女が子どもたちにテストをしたいと申し出る。その内容は，下級クラスの子どもには，人参の断面を，上級クラスの子どもには，1ペニー切手を，記憶に基づいて描くように，というものであった。結果は，出題者の意図からすれば全く不満足なもので，その女性校長が，それまでもっていた好ましい印象を覆してしまった，というものである。リチャードソンは，「最も優れた芸術家は1ペニー切手がどんなふうか必ずしも知っているとは限らないとか，そのテストは，ある特定の種類の知性の一つに過ぎなかったとか」[108]あえて反論しようとはしなかった。この問題は，リチャードソンに教えられた子どもたちの能力の問題ではなく，描画の学習の目的に対する認識の不一致なのであるが，リチャードソンの側でも，この認識の隔たりに，幻滅を感じていたのである。

　リチャードソンは，この種のテストに代表されるような練習を，「頭の体操の一方式」あるいは，「ペルマン式記憶術」[109]ともいうべきものであると批判し，こうした「特別な種類の精神の敏感さ」は，芸術的な能力の証としては認められない，という見解を示す。

　　そのような，ものに対する注意力の鋭さというのは，別のことの成績もそうであり得るように，ある芸術家にとって役に立つかもしれません。しかしそれは，確かに，芸術家を育てることはないでしょう。この方針に基づいて描画を教えられた子どもたちは，ボーイスカウトに有益で必要な種類の美術以上のものは，決して得ることはできません[110]。

「ボーイスカウト」の訓練としての描画というたとえは，唐突なように思われるが，リチャードソンはこの表現を，別の講演でも用いている。例えば，
　　しかし描画は，ボーイスカウトの活動でも手の鍛錬でもなければ，人目を

引くためのものや，お座敷芸でもないのです。そしてこれらすべての混合された理由は，ただ単に，美術とは何かという問いに対する私たちの混乱した考えを示しているにすぎないのです[111]。

リチャードソンが，繰り返し，ボーイスカウトと結びつけて揶揄している，記憶による描画のテストの例は，アブレットによる，スナップショット描画の方法が念頭に置かれていることは，ほぼ間違いない。その理由の一つには，スナップショット描画は，ベイデン・ポウエル卿（Lord Baden Powell）によってボーイスカウトのテストに導入され，アブレットがその試験官を務めていた[112]ことが挙げられる。

アブレットの描画教育は，方法の上では，リチャードソンの開発した教育法に先行した面もあるが，アブレットらが，「子どもの美術の美的な価値にたいする特別な理解からというよりも，主として子どもに関する研究や心理学の当時の新理論から」[113]到達したのに対し，リチャードソンは，これまでも見てきたように，まさに，子どもの美術の美を見いだす地点から出発し，一般社会の美的感覚の形成を教育の目的に置いていた[114]。この，基本的な立場の相違が，「美術とは何かという問いに対する私たちの混乱した考えを示している」，あるいは「頭の体操の一方式」であって，美術ではない，というような，リチャードソンによる厳しい非難をもたらす要因になっているのではないかと考えられるのである。

さらに，ここでのリチャードソンの主張は，間接的な表現ながら，彼女が学生時代に大きな啓発を受け，ダドリーにおける新しい教育方法の直接の出発点とした，キャタソン-スミスの記憶による訓練の方法との決別をも，示唆しているように思われる。なぜなら，彼女がここで説明している，「心で模写をする」訓練は，ランタン・スライドを例に挙げているように，キャタソン-スミスによる閉眼描法の方法の主要部分を占めるものであり，このあとでリチャードソンが提示する，もう一つの記憶画の範疇には，彼の教育法は入らないことは明白だからである。キャタソン-スミス自身は，この訓練が，学生たちの仕事をより個性的なものへ発展させていくことを意図していたにもかかわらず，実際に制作された作品例は，通常の描画法と大差ない，モデルの再現にとどまる傾向があったと後年指摘された点[115]も，付け加えておきたい。リチャードソンは意図したかどうかはわからないが，「しかしそれは，確かに，芸術家を育てることはないでしょう。」

と述べたことは、この点と一致を見せているようにも解釈できる。キャタソン－スミスが、のちにリチャードソンの仕事に対して、「別の方向性へと新たに独立していった」[116]と述べたといわれる、最初の分岐点は、リチャードソン自身によって、すでにこの時点で示唆されていたとも考えられるのである。

　第四の理論、リチャードソンのいう、「別の種類の記憶画」とは、「芸術的な知覚を刺激する第一の直接的な方法」であるという。これまでの三つの分類が既存の方法を批判するものであったのに対して、ここでは、自らの立場を位置づけようとしている。学習者は、先の指導法と同様に、見るべき対象を与えられるが、今回は、文字通りの転写を要求されるのではなく、自分の印象を描く。ここで、リチャードソンの思考の特徴として注目される点が、以下に短く述べられている。

　　例えば、同じ種類の花を2、3本与えられるかもしれません。それぞれは細部において違っていますが、皆、その植物の本質的な性質を有しているという点で似通っています。それが、子どもが探して描くべきものであり、自分の心に焼き付いたものを記録するのです。こうして、彼は風景や、家や、学校やほとんど何でも描くでしょう。もとのものの正確な細部を奴隷のように再現するのではなく、自分が本当に覚えているもの、記憶によって自分で作り出したものを表現するのです[117]。

　種の本質を直観して描くということは、理念的には可能であっても、子どもの現実に即したものであるかは、疑問が残る。この場合、リチャードソンは、即座に、「記憶によって自分が作り出したもの」と具体的に言い換えて、観念主義のみで完結しない立場を確保している。これが意味することは、ある意味では描画の主体の所在の転換である。再現すべき対象の細部に隷属するか、学習者の内面における記憶像の発展に従うかによって、類似した記憶画の系譜において、学習者自身にとっての意味が全く異なった方向をもつことになる。後者のような記憶画に到達したとき、「描画とは表現である」[118]という最も一般的な理論へと導かれると、リチャードソンは考えていたと見ることができる。

4. 自己批評の原則

　こうして、前三者との比較の上に、細部の模写に隷属しない、個人の表現としての性質を持った記憶画を、自らの立場として提唱したあと、この方向における

指導上の問題へと，話題は絞られてくる。

　まず，当時，「自由表現」等の用語で行われていた描画が，いかに安易に，「妖精と少女と木」といったような，決まりきった方式の普及へと堕落してしまうか，という危険を指摘するが，これは，1918年の講演から一貫して訴えている点である。結局のところ，その問題の核心は，模写を離れることによって，学習者の側に表現の主体が移されたように見えるのは，表面上のことだけであって，依然として子どもは，自らの外に基準を求め，大人がどの形式を評価するかを探り，その表面的な形式を模倣しようとするため，自らの表現になり得ないのであると，リチャードソンは考えているようである。そのことは，次のような表現に示されている。

　　　子どもは，自分の心の中に抱いたものか，それとも私たちがそこにあるべきと考えるべきものか，どちらを描くべきなのでしょう？［中略］…価値のある子どもの描画は，私たちのアイデアとは少しも似ていないものであって，もし，それに似るように私たちが期待するならば，自由表現という言葉は，全く意味がなくなります[119]。

　この言葉は，「子どもの絵は大人の絵と違う」という，子ども美術分離論のようにも聞こえるが，実は，子どもを一人の芸術家と同じように，独立した表現者と見なしているという点においては，大人の美術と子どもの美術の本質的な一致の観点を表しているのである。そのような学習の態度を実現するためには，模写から想像へと，学習の形式を転換するのみではなく，学習者の内面にまで踏み込んで，より根本的に学習の主体の転換が図られなくてはならない。

　本来的な「自由表現」のあり方をもたらすために，リチャードソンが強く勧めることは，学習者の自己批評の原則の確立である。「子どもが必要としているのは聴衆，話しかけるべき誰かであって，審査員ではないのです。」[120]芸術家が表現の過程において規範とするのは，本来は，他者である審査員の基準ではなく，自己の内部に展開するアイデアと，現実の作品との相互作用である。対話すべき聴衆は求めるが，表現の達成を判断するのは，自己の内面のアイデアと対話する自己である。この原則を，子どもの表現にも適用することを目指したものと考えられる。子どもが怠惰な場合には，当然，それを正すべきであるが，それ以外では，子どもが自分自身の審査員となるように訓練することが，教師の役割である，と

主張するのである。

　子どもを自分自身の審査員にすべし，というこの主張に対して，実際の描画を指導した経験のある者なら，二つの憂慮すべき事態を予想する可能性があると，反論を想定している。その第一は，子どもが低い水準の作品で満足してしまうというのではないかという危惧である。これに関しては，リチャードソンは，自らの経験に基づいて，強い確信で次のように否定する。

　　　もし，子どもたちの中に，描画とは内的思考あるいはビジョンの表現であるという確信を，ひとたび育てることができれば，できる限りの表現を得るために彼らが払う努力には，限りがありません。しっかりと思い浮かべたアイデアを表現する努力ほど，正確さを要求するものはありません。そして，それに没頭する子どもは自分自身に高度の集中を要求するのであって，与えられた規則のために仕事をしている子どもたちよりも遙かに真剣であることは疑うべくもありません[121]。

　そして，このことを裏付けるために，証拠として示したのは，フリー・マインド・ピクチャーと呼ばれる，子どもたちの描画である。この種の描画は，リチャードソンが授業の中で実験的に編み出したもので，瞑想のように目を閉じて，自然に浮かび上がってくるイメージを描くものである。これについては，第5章で詳しく検討するが，アーカイブに保存されているマインド・ピクチャーの作品群からは，有機的な非具象形態を中心とした，多様な様式が発生していると同時に，子どもたちが，かなり複雑な技法を使用して，内面に浮かんだ，その独特の形態を表現することに集中した跡をうかがうことができる。

　講演原稿にマインド・ピクチャーの語が使用されたのは，これが最初であるが，その扱いは，この描画自体の価値というよりも，子どもたちの真剣さを示す文脈で関連的に用いられている。この講演原稿では，マインド・ピクチャー自体に関する説明は，明確にはなされていない。ただ，子どもたちが自らの内面のイメージに導かれるとき，どれほど自分に厳しい水準を課して，それに没頭するかという一つの証拠として，聴衆に，子どもたちの描いたマインド・ピクチャーを，模写してみることを勧めるために言及されているのである。しかしながら，もう一歩考えてみると，学習者自身の内発的な水準が確立されれば，外部から示された基準達成を目指すよりも，はるかに深い到達を示すことができるという，学習者

中心原理の根本に近い論点を示す上でマインド・ピクチャーの例を用いたことは，この描画のもつ意義の重要さを示唆しているようにも思われるのである。

　子どもを自分自身の審査員になるように勧める上での，第二の反論は，子どもが，自分自身の作品の惨めさに落胆してしまうという危惧である。これに関しては，すべては，何を基準に成功と失敗を判断するかによる，という回答が示される。子どもたちが文字通りの外面上の正確さを基準にしている限り，この悲劇から逃れることは困難である。それとは逆に，内面のイメージを基準に，表現という仕事にのみ没頭している子どもは，ためらいもなく，全体の一場面をとらえることができる。そして，子どもが，明確な概念を得ることができれば，そのアイデアの持つ力が，自ずから脱出する方法を見つけるのである，という。リチャードソンは，この見解は，実際の子どもたちの様子から，繰り返し確信させられた，実証的なものであることを強調した上で，1919年講演と同じ，クローチェとベルの言葉を再び引用して，表現の成功における内面的ビジョンの重要さを訴えている[122]。内面のビジョンが確立されれば，子どもたちは，それに導かれて，技術や方法を，自ら追究するようになるのであり，たとえそれが，外面的な描写の上では技巧を欠いていたとしても，表現としての価値は損なわれることはない，という見解である。

5．教師の役割

　このように，リチャードソンの考える本来の意味での，学習者中心原理による描画を目標とする場合，描画の基準も技術も，学習者の内面的ビジョンに基づいて自ら獲得することを基本にするため，一般的な意味での知識や方法を「教える」ということの不可能性が問題となってくる。これについて，リチャードソンは，ロジャー・フライが子どもの描画について述べた1919年の文章を引用する。

> 実は，美術は，正しく言えば，全く教えることはできないのである。言語と同じように，その慣習的な決まりは教えることができる。歴史的な出来事の日付や科学的な実験の結果などのような事実は教えることができる。存在しないものは教えることができない。そして，美術の本質は，芸術を志す者による，世界の歴史全体で過去に存在しなかったものの発見にあるのだから，この未知数のものはどのような教師によっても，いかに博識が

あり心を通わせていても，手渡すことはできないのである[123]。

　しかしながら，それは教師の役割が減少したということではない。学級全体に一律の指示により教える「蓄音機でも同じことができそうな」[124]教育の方式よりも，むしろ，個人的な学習への改革を選んだ場合の方が，教師はますます必要とされるだけではなく，学習の質は教師の指導如何によって大きく左右されることになる，と指摘する。そしてリチャードソンは，このような，「美的な感情の表現を見つけようとしている子どもたちを導く者に必要な種類の態度」を，およそ4点に分けて指摘する。その第一は，子どもたちの中に元来ある創造的な衝動を解放するための，直接的，あるいは環境を通した間接的な，刺激を与えることである。第二に，年長になるに従って失われがちである，「美術作品に霊感を与えるビジョン」を維持するための，励ましを与えることである。第三に，間接的に与えられる技術的指導である。第四に，子どもたちの審美眼と美的判断を導くことである。このうち，第三と第四の観点については，より詳しく例を挙げて述べている。

　第三の，技術指導に関するリチャードソンの考えを要約するならば，子どもたちが自分で方法を見つけるよう励ますことが基本であり，そのためには，慣習的な美術の方法を一方的に教授するよりも，できる限り多様な材料を与えることによって，間接的な方法で，潜在的な技術的解決の可能性を示唆することである。例えば，学校において，描画が特定の種類に固まってきたように感じられたら，新しい材料の用い方を経験させて，目を覚まさせるべきである，と勧めている。具体的な例として，身近な原料を用いて，自分たちで絵の具を作る実験を行ったことが示される。マスタード，肉汁，ビートの根など，多様なものを持ち込んだ実験は，相当な熱狂を引き起こしたようである。そしてそれは，「紙の上の結果のためではなく，それが，表現手段のほとんど無限の領域を示唆したという事実のため」に価値ある時間であったと評価している。

　これに関連して，リチャードソンの子ども観を示す，一つの興味深い分析が語られる。

　　　子どもには，原始人と同じように，禁止と命令の規則の中に安住する傾向が常にあって，それによって，考える苦労から救われるため，綱領や命令の一覧表が恐ろしい素早さで現れ，そして，権威や伝統の裏付けをあまり

にも早く獲得してしまうのです[125]。

　一部の「原始美術」と子どもの描画表現との，様式上の類似点をもって，その表現に，共通する心理的過程が存在するかのようにとらえる傾向が，「子どもの美術」概念の成立に関わっていたという観点は従来より指摘されており[126]，リチャードソンもそうした認識をもっていたことは，いくつかの講演原稿にも見られる。しかし，子どもや「原始人」が，「文明」に曇らされていないがゆえに，生来の創造的性質を発揮するものであるというように単純には，決してとらえていないことが，この引用箇所からうかがうことができる。むしろ，子どもたちは，権威や伝統による規則の中に，安易に解決をゆだねる傾向があるので，その安住から目を覚まさせるのが，教師の役割である，というのである。多くの材料の選択肢を用意し，また，その柔軟な用い方を促すのは，技術指導の側面から，その役割を果たすための方法である。

　第四の，審美眼と美的判断は，最も困難で重要な仕事と位置づけられる。いかに自由な教え方をし，基準を押しつけないようにしていても，教師は，教室において，国や地域に文化的伝統が醸成されるように，一定の美的判断の傾向性を作ることは避けられない。このように，学習者の内面に信頼を置く教育観を展開しながらも，決して現実を楽園のように単純なものとは認識しない点が，リチャードソンの思考の裏付けとなっていることに留意する必要がある。子どもたちが，教師の美的判断の傾向を察知すること自体は誤りではないが，それが絶対視されることは，教師の側において避けるようにしなければならない。彼女は，自分の指導経験の中で，子どもの判断の方が正しかったと悟らされた例を紹介している。

　結論において，リチャードソンは，描画の教師は，子どもたちの表現に対する美術批評家になりうるが，「本当の意味での批評家とは，間違いを見つけるのではなく，美術作品を経験する者のこと」であり，「それを美術作品として見たならば，粗雑な描き方や比率の欠如さえもそれにとって必要であったのだということも，おそらく理解するでしょう。」[127]と述べている。講演に参加した教育者たちに対して，子どもたちの絵に対する態度を，外観の正確さという観点から誤りを指摘するのではなく，美術としての作用をもったものとしてその表現を味わうように，変えていくことを促して結んでいるのである。

注

1 ）Marion Richardson, untitled lecture notes about the prison work.（MRA 3398B）
2 ）Marion Richardson, "August. 31. 1918," p. 1.（MRA 3394A,「1918年講演」）
3 ）Ibid.
4 ）ホルズワースは，リチャードソンが新しい教育運動の会合に参加したことがあるという記録や，その教育方法の基本的な考え方に類似する点があることをもって，彼女が新教育運動の中で中心的な役割を果たしていたと論証しようとしているが（Holdsworth, Bruce, "Marion Richardson and the New Education," M. Phil dissertation, Birmingham Polytechnic, 1990, pp. 50-65.），ここに見られるような，こうした運動との思想的な立場の相違については，立ち入って考察していない．
5 ）Richardson, "August. 31. 1918," p. 1.
6 ）Ibid.
7 ）Ibid, p. 2.
8 ）Ibid.
9 ）Ibid, p. 2.
10）Ibid, p. 4.
11）Ibid, p. 3.
12）Ibid.
13）Ibid.
14）Ibid, p. 4.
15）Ibid.
16）Ibid, p. 5.
17）例えば，ハーバート・リードが1943年に著した『芸術による教育』の冒頭で，キリスト教における堕落の教義と深く結びついた性悪説から自由な議論を進めるために，「自然中立」の仮説を言明することから始めなければならなかったことにも，このような思想的背景が強く影響を及ぼしていたことが表れている．(Herbert Read, *Education Through Art,* London, Faber and Faber, 3rd ed. 1961 [first published 1943], pp. 2-4.)
18）Richardson, "August. 31. 1918," p. 5.
19）Ibid.
20）Ibid.
21）なお，学級規模については，ある全国統計では，1920-21年の初等・中等学校の平均では，教師一人に対し，生徒33.6人という数字も示されている（Ministry of Education, *Education 1900-1950,* London, His Majesty's Stationery Office, 1951, Reprinted 1966, p. 247.）．しかし，これは生徒／教師数の比率であって必ずしも授業における学級規模を表しているとはいえない上，特に都市部では，大規模化する傾向にあったことも理解しなくてはならない．例えば，1912年にロンドン市議会の発行した，『初等及び中等学校における描画の指導に関する会議報告』では，40人から50人の生徒を一人の教師が受け持つことはまれではなく，70人の学級も見られたとして，一学級の生徒数削減を求めている記述がある（London County Council, *Reports of A Conference on the*

Teaching of Drawing in Elementary and Secondary Schools, London County Council, 1912, p. 20).

22) Richardson, "August. 31. 1918," p. 5.
23) Ibid, p. 6.
24) Ibid.
25) Ibid.
26) Ibid, p. 7.
27) Ibid.
28) Ibid, p. 8.
29) リチャードソンの講演原稿では，"idea"は，主として「心に描く考え」として使われており，これに対して，"thought"は，「理性に導かれた考え」として使われる場面が多い．これらを区別するために，本研究の訳文では，原文の"idea"を「アイデア」と訳し，"thought"を「思考」と訳すことを原則とする．ただし，特に区別を要しないような文脈では，単に「考え」とする．
30) Richardson, "August. 31. 1918," p. 9.
31) Ibid, p. 8.
32) Ibid, p. 10.
33) Ibid, p. 12.
34) Ibid, p. 9.
35) Ibid.
36) Stuart Macdonald, *The History and Philosophy of Art Education,* University of London Press, 1970, pp. 321–323.
37) Richardson, "August. 31. 1918," p. 16.
38) Ibid, p. 17.
39) Ibid, p. 18.
40) Richardson, *Art and the Child.*
41) Richardson, "August. 31. 1918," p. 18–19.
42) Ibid, p. 19.
43) Ibid.
44) Ibid.
45) Ibid, p. 20.
46) これについては，1925年のロンドン市講演でも触れている．
47) Richardson, "August. 31. 1918," p. 20–21.
48) *Exhibition of Sketches by M. Larionow, and Drawings by the Girls of The Dudley High School,* Omega Workshops, 1919.
49) Marion Richardson, "The 1919 Lecture." (MRA 3409,「1919年講演草稿」)
50) Marion Richardson, "29 April 1919." (MRA 3445A, B, C,「1919年4月29日講演」)
51) Marion Richardson, "An Expansion of the 1919 Lecture." (MRA 3446,「1919年講演拡張版」)
52) Marion Richardson, "Dudley Education Society," 1920. (MRA 3388,「ダドリー教育協

会講演」）

53) 1920年2月に，オックスフォードのラスキン・カレッジにおける講演の記録があるが，内容の詳細は不明（MRA 3416）．
54) Richardson, "An Expansion of the 1919 Lecture," p. 1.
55) Ibid.
56) Ibid.
57) Ibid, p. 2.
58) Ibid.
59) Ibid.
60) Ibid.
61) Ibid, p. 3.
62) Ibid.
63) Ibid.
64) Ibid, p. 4.
65) Fry, "The French Group," pp. 28-29.
66) 「そして美術が教えられないがために，私たちは何か教えられることを探し，その結果，当然のことながら美術でないものができてくるのです．」Richardson, "An Expansion of the 1919 Lecture," p. 5.
67) Ibid, p. 9.
68) Ibid, p. 10.
69) Ibid.
70) Ibid, p. 11.
71) Ibid, p. 12.
72) Ibid.
73) Ibid.
74) Ibid, p. 2.
75) Ibid, p. 12.
76) Ibid.
77) Ibid, p. 13.
78) Ibid.
79) Ibid, p. 15.
80) Ibid.
81) Ibid, p. 16.
82) Richardson, "An Expansion of the 1919 Lecture," p. 17.
83) 後藤狷士「表現学としての美学」竹内敏雄編『美学事典』，弘文堂，1974年，89-91頁．
84) Benedetto Croce, *Aesthetic, As Science of Expression and General Linguistic,* trans. Ainslie, Douglas, London, Peter Owen, 1953, (first in English 1909).
85) Kenneth Clerk, Introduction for Richardson, *Art and the Child,* p. 7.
86) Richardson, "An Expansion of the 1919 Lecture," p. 17.
87) Clive Bell, *Art,* New York, Frederick A. Stokes, 1914.

88) Richardson, "An Expansion of the 1919 Lecture," p. 20.
89) Roger Fry, "Letter to Venessa Bell," February 22, 1919.（Denys Sutton, *Letters of Roger Fry,* Chatto & Windus, 1972, p. 447.）
90) Marion Richardson, "Dudley Education Society," 1920, MRA 3388.（「ダドリー教育協会講演」）
91) "How to Teach Drawing", *The Cambridge Magazine,* 2nd August 1919, p. 895.
92) Richardson, "Dudley Education Society," p. 1.
93) Ibid.
94) Ibid, p. 3.
95) Ibid.
96) Ibid, p. 2.
97) Ibid.
98) Ibid.
99) Ibid.
100) Ibid, p. 4.
101) Ibid, p. 22.
102) Ibid, p. 5.
103) Richardson, "An Expansion of the 1919 Lecture," p. 14. MRA 3446
104) Richardson, "Dudley Education Society," p. 7.
105) Richardson, "L. C. C. No 1." 1925, p. 13a. MRA 3422A
106) Marion Richardson, *Art and the Child,* University of London Press, 1948, p. 12.
107) Richardson, "Dudley Education Society," p. 10.
108) Ibid, p. 11.
109) ペルマン式記憶術（Pelmanism）とは，1899年，クリストファー・ルイス・ペルマン（Christopher Louis Pelman）によってロンドンに設立された「精神，記憶，人格の科学的発達のためのペルマン研究所」（Pelman Institute for the Scientific Development of Mind, Memory and Personality）によって開発された，記憶の訓練のための体系的方法．転じて，「神経衰弱」などのカードを使った記憶ゲームの意味にも用いられる．（*The Oxford English Dictionary,* Clarendon Press, 1989. 他）
110) Richardson, "Dudley Education Society," p. 11.
111) Richardson, "An Expansion of the 1919 Lecture," p. 5.
112) Macdonald, p. 328.
113) Ibid.
114) 特に，「1918年講演」参照．
115) John Swift, "Birmingham and its Art School : Changing Views 1800–1921," *Journal of Art and Design Education,* Vol. 7, No. 1, National Society for Education in Art and Design, 1988, pp. 23–24.
116) Richardson, *Art and the Child,* p. 12.
117) Richardson, "Dudley Education Society," p. 12.
118) Ibid.

119) Ibid, p. 15.
120) Ibid, p. 16.
121) Ibid.
122) 「ベネデット・クローチェは，『私たちが内面の言葉を修得したとき，私たちが人物や彫像を生き生きと明確に思い浮かべたとき，私たちが音楽の主旋律を発見したとき，表現は生まれ完結する．それ以上はなにもいらない』と述べています．クライヴ・ベルは，さらに強調して，『感情のビジョンに対応しないために，当然大多数の絵画は失敗する．しかし，興味深い失敗は，ビジョンは現れたものの，不完全に把握されたものである．自分が感じ修得したことを留めるための技術不足のために失敗した画家たちは，もし実際にいるとしても，片手の指で数えられるほどであろう．』と述べています.」(Ibid, p. 18.)
123) Ibid, p. 19.
   原典は, Roger Fry, "Teaching Art," *The Athenaeum,* September 12, 1919, pp. 887–888.
124) Ibid, p. 20.
125) Ibid, p. 22.
126) Macdonald, p. 329.
127) Richardson, "Dudley Education Society," pp. 24–25.

第4章　後期講演原稿

第1節　ロンドン市講演（1925年）

1. 講演の位置づけと構成

　本講演は，ロンドン市の主催する現職教師のための講習会において，1925年初頭に行われた，描画の指導に関する，週一回程度の連続講義である。アーカイブには，少なくとも，3種類の講演原稿を確認することができ，それぞれ，この講義の初回から第三回までに対応するものと考えられる。以下に，この三回の講演原稿のそれぞれについて，資料の構成と位置づけについて，概観する。

　第一の資料は，「1925年第1回ロンドン市講演」である。この原稿はほぼ同一のものが3組保管されており，ここではそのうちの一点を参照する[1]。この原稿は，表紙に，「L. C. C. No. 1. 1925」（L. C. C. は London County Council の略）と手書きがあり，本文はタイプされている。表紙にはその他に，いずれも手書きで，「次の水曜日までに，ロンドン・デイ・トレーニング・カレッジの MR ［マリオン・リチャードソン］に返してください。」という記述や，「K. R. リチャードソン」（リチャードソンの妹キャスリーン）という名前とその住所，その他もう一名の氏名と住所などが記載されており，この原稿が，複数の人物に貸与され，参照された痕跡をとどめている。タイプされた原稿本文は，もと15枚のものに，3枚の追加頁を挿入し，また，手書きで修正が加えられており，入念な推敲の跡をうかがわせる。

　この講演の前置き部分では，「このコースの準備は苦しくてつらいものでしたから，私は，私のクリスマス休暇が無駄でなかったことを願うのみです。」[2]という心情が吐露され，多数の職を兼務して多忙な生活を送っていた背景や，教師教育へ乗り出す準備に注ぎ込んだ意気込みなどが伝わってくるとともに，この講演が休暇明けの1月頃に開始されたことが確認される。このことは，同年3月に行われた，ブリストルの美術教師組合での講演原稿に，冒頭の挨拶と結論以外の内容は，このロンドン市の講演原稿を使用する，と指示されていることによっても，

第1回ロンドン市講演はそれ以前のものであることが裏付けられる[3]。また，第1回ロンドン市講演における「私たちは今夜，明日の朝私たちを待ちかまえている，美術の指導に関する実際的な問題を抱えたまま集まりました。」[4]という表現からは，この一連の講義が，現職の美術教師を対象に，夜間に行われていることがわかる。この，第1回の講演内容は，リチャードソン自身の教育観と方法の形成史を語るという点で一貫しており，よく整理された明確な論点を示している。

第二の資料は，これに継続する，第2回のロンドン市講演の原稿である。手書き原稿，タイプされたもの，そのカーボンコピーの三組が保管されているが，ここではそのうちのタイプ原稿を参照する[5]。この原稿には表紙はなく，本文の第一行目に「L. C. C. LECTURES, a 1925 No. 2.」とタイトルが記されている。本文は20枚からなっているが，第一回の原稿と比較すると，綴り間違い等の修正のほかは，ほとんど推敲の跡が残されていない。第2回講演の内容は，特に，女子の美術教育を中心に，ヴィクトリア時代に遡って，その変遷を概観しようとするもので，内容は多岐にわたっている。原稿の導入部の記述からは，この講演が，第1回目の講演に引き続いて，翌週に行われていることが確認できる[6]。

第三の資料は，第2回目の原稿と類似した体裁で，本文の第一行目に，「L. C. C. Lectures 1925. No. 3.」とタイトルが記されている。手書き，タイプ，カーボンコピーの三種があるうちのタイプ原稿を参照する[7]。残されている原稿は6枚であるが，おそらくこれは途中までであり，後半が散逸しているものと思われる。一枚目の上部欄外には，リチャードソンの妹キャスリーンの名前と住所が手書きされている。講演の内容は，リチャードソンによる，新しい描画指導の理論と実際的な適用の提案である。

2. リチャードソンの教育方法の形成史

ロンドン市講演の第1回目は，連続講義の初回として，若干の挨拶と講義の基本方針の確認などを示す箇所を冒頭に設けた後に，リチャードソン独自の教育方法が，主としてダドリー女子ハイスクールにおける教育実践の中で形成されてきた経過を中心に語った明快な構成を持っている。

冒頭は，聴衆に対する自らの立場の表明であり，まず，次のような言葉が語られる。

もし，5年か10年くらい前にこうした講義を依頼されていたら，私は今感じているよりずっと確信をもってしたでしょう。その時なら，若さゆえの哀れな思いこみから，自分が完全に信じ切っていた理論と実践を示していたに違いありません。私は，幻滅したというわけではないのですが，それ以降，私の目は，若い頃には熱心さのために隠れて見えなかった困難や複雑さに対して，徐々に開かれてきたのです。そして，長い間，私の原則は変わらずにそのままで来たと信じていますが，美術の指導に関する質問には，より多くの解答がありうることを理解できるようになりました[8]。

　1918年の講演に見られたような，美術の価値に関する絶対的な確信を語った様子を想起すれば，「5年か10年くらい前」の指す内容は，ほぼ理解できると考えてよいであろう。その後，1920年の講演に至る過程に見られたような初期の思想形成がなされ，1923年のロンドン移住以降は，より広い世界でそれを試してきた。それらによって，もたらされた知見から来る，より控えめな謙譲の姿勢と，それらの困難を経ても崩れない根本的な原則への，静かな確信とが示されている導入である。したがって，これ以降の講演内容には，彼女の教育における「変わらない原則」と，経験とともに拡張された認識の変化とを示そうとしていると考えることができる。

　これに続いて，講演の基本原則となる美術観の確認として，極めて短い表現であるが，美術の定義を，「美術とは，個人による美の発見の結果として引き起こされる感情的な反応の表現である」[9]と提案する。それまでの講演で度々用いていた「ビジョン」の表現が美術である，とする見解，例えば，「実際のものではなく，ビジョンこそが，美術作品をつくるからです。」[10]，「美術は，ビジョンを表現するために－創造するために－存在するのです。」[11]，「もし，子どもたちの中に，描画とは内的思考あるいはビジョンの表現であるという確信を，ひとたび育てることができれば」[12]などの表現と，根本的には相違はないと思われるが，今回の定義では，「ビジョン」の語を一切用いないで，より一般的な用語で要約して述べようとしているところに特色がある。それはまた，本講演の目的が，現職教師の再教育であるため，実際的な経験をもとにした後半の話題に重点を置くために，このように簡潔に示す必要があったということもできる。

　比較対象として，例えばフライが1919年に発表した論文，「美術の指導」[13]の中

で示した美術定義では，これまで存在しなかったものをつくり出すこと，すなわち，ビジョンへの感情的・感覚的特異性を伴った個人の反応であると同時に，個人の精神を通して，客観的な真実を共同体に提示するもの，という見解が用いられている。第1章で指摘したように，この文章の中では，フライの方がリチャードソンの内的イメージへの傾倒に影響された側面が強く見られ，「ビジョン」の概念を共有するところに注目できる。

しかし，1925年のこのリチャードソンによる講演では，むしろ，「ビジョン」概念の多用のみに依存する見解から離脱していく傾向を認めることができる。試みに，講演原稿中における「ビジョン」の語の使用頻度を単純に集計してみると，1918年講演では10箇所，1919年講演拡張版では12箇所，1920年講演では8箇所見られた言及が，1925年の第1回講演では4箇所，第2回講演で2箇所，第3回講演では皆無，1930年の講演（「直観と教授」）で3箇所というように変遷を見ることができる。それを補うように浮上してくる概念は，画面上における形態の関係を重視したフォーマリズムの観点に接近した，「パターン」の概念である。この概念については，第1回講演の後半から，1930年の講演，あるいはそれ以降のリチャードソンによる言説に至るまで，内面的イメージの描画と並ぶ，美術の成立を支える二つの主要な概念の一つとして用いられていくことになる。関連的に述べるならば，これに対応するように，1924年のフライの論文「子どもの描画」，1933年の「市庁舎での子どもたちの描画」[14]は，リチャードソンの教育方法における形態上の価値への傾斜を援護する内容となっている。

1925年の第1回講演における，「個人による美の発見の結果として引き起こされる感情的な反応の表現」という，短い美術定義を補って，「新しい」美術観に基づく教育の勝利を巧みに描き出す，一つの挿話が語られる。それは，概要，以下のような内容である[15]。ある男子学校を訪ねて，「古い指導法を学んだ門弟」「最も感情に乏しい偏狭な人々」の代表であるような老美術教師から，子どもの絵を見せられたが，それらの大半は，「今時行われているとは信じがたいほどの，寂寞とした空虚なもの」であったという。しかし，彼が公式には認めようともしないにも関わらず，心の底では価値を認めてひそかに保管しておいた，「余りの時間に描いた」「ごみ」と称された作品の方に，「こんな逆境の中で」開花した子どもたちの「芸術的な衝動」を見いだして驚嘆したというのである。それらの作

品の中に，彼女は，労働者階級中心の初等学校から，選抜され奨学金を得てリチャードソンの中等学校に入学してくる，それまで表現的な活動の経験がほとんどない子どもたちが生み出す，教育されていない素朴な表現に類似したものを認めたという。

　これは，リチャードソンが講演の中で用いた挿話の中でも，最も特徴的なものの一つである。その状況説明や人物描写の巧みさ，旧来の指導法を体現するものとして語られた老教師の頑迷さと，彼が子どもの表現に対してわずかに見せた共感と戸惑いなどが，この人物への一種哀れみの感情とともに，新しい教育観へと，時代が移りつつあることを穏やかに示す勝利宣言としての意味を持っている。そして，すでに人生の方向を変えることの困難な老人ではなく，より若い教師であれば，これらの絵の中に感じ取った別の教え方の陣営の方に移ったかもしれない，実はそれが，彼女自身の歩んだ道であるという。聴衆にあえて明言しなくても，その「新しい陣営」に加わることが時代の趨勢であることを感じさせる効果をもっていたことであろう。

　子どもが表現したものの中に価値を見いだした，その発見を秘蔵して旧来の指導法に留まる老教師と，その可能性にかけて新たな道の開拓に向かう若者という対照を受けて，「彼女自身の歩んだ道」が語られるという展開によって，本題である，リチャードソンの描画教育の方法の形成史が示されていく。これまでも見てきたように，リチャードソンが批判した描画教育の形式にはいくつもの類型があるが，本講演では，専ら自然の描写からの離脱という文脈を中心に語られているところに特色がある。それは，彼女自身の経験としては必然性のある展開であり，また，本講演の筋道を非常にわかりやすいものにしている効果がある。それは，概要，以下のような構成によって示されている。

　第一に，自然描写の学習において子どもたちが見せる，従来の価値観とは異なる特質の発見の段階である。彼女が描画を教えはじめたとき，彼女は，「花，芽，羽」など，自然の題材を与え，その美しさを味わわせることに心を砕いていた。しかし，よく観察された初期の絵には，何かが不足しており，それとは反対に，従来の基準では不正確でありながら，彼女を引きつける魅力をもった絵が，時折現れることに気づきはじめたことから，葛藤が始まるのである。

　第二に，「奇妙さの衝撃」と子どもたちの迎合という，混乱の段階である。彼

女が自然の描写を目的とした指導をしながら，時折その基準をはずれた作品を高く評価するという矛盾に，子どもたちが気づきはじめたのである。振り返ってみれば，子どもたちの家庭には美術に対する感受性を養うような環境を望むことはできず，美しい自然の描写という，型どおりの傾向に沿った学習さえ，彼らにとっては進んだ基準であった。彼らに，近代美術の特質である，個人的な表現の価値を一足飛びに理解させようとすることの困難が明らかになったのである。

「奇妙さの衝撃」とは，キャタソン－スミスが頻繁に用いていたという言葉であるが，リチャードソンが評価した子どもたちの絵の特徴にも認められるものであり，また子どもたちも容易に気づく特質であったため，その風変わりな様式だけを表面的に模倣した作品が作られはじめたという。

このことから，リチャードソンは，子どもの絵について，次のような，三種類の識別を行うようになった。

> 普通の絵，すなわち，きちんとして，正確であるが，感動のないもの。普通でない絵，すなわち，感動があり，それが時には異常なほどであり，そして常に当惑させるもの。そして，三番目に，すべての中で最も不安なもの，普通でないものを模倣した絵－これらを無視することはできません[16]。

この三種類の類型は，やや飛躍はあるものの，リチャードソンが諸講演の中で繰り返し現存の描画教育を批判した枠組みとの，大枠での対応を考えることができる。すなわち，「普通の絵」を旧来の観察に比重を置いた学習に，「普通でないものを模倣した絵」を，誤った「自由表現」の流布に対応させて考え，いずれも，学習者自身の個人的「ビジョン」に基づかず，様式に従属している点において，表現としての美術の学習の目標とするところではない，とする観点である。

第三に，その解決のための葛藤から生み出されてきた，子どもたちとの美学的な対話の開始である。リチャードソンは，「なぜ，だれそれは10の評価をもらわなかったのですか？先生が先週気に入った絵と同じように，彼女の木は青いし，空は赤いでしょう。」[17]という子どもからの質問に誠実に答えようとした。そしてこの返答が，美術の性質についての，子どもたちとの初めての話し合いになったという。この活動は，その後も彼女の指導の重要な部分となり，また，彼女自身の思想を形成する上で重要な役割を果たした。その内容は，子どもたちとの相互のやりとりによるもので，体系的な計画などが残されているわけではないが，こ

の講演に短く示された例の中には，次のような経験も語られている。

> これらのものが優れていたのは，特別な才能による作品だからではなく，その作者が感じて持っていたものの表現だからであり，その感じたことを私たちに伝える力のためである，ということを説明しました。［中略］…そして，私の力の及ぶ限り，よい絵に不可欠な誠実さを強調しました[18]。

　第四に，自然描写からの離脱とマインド・ピクチャーの発見である。子どもたちに，それぞれが「個人的に貢献できるもの，真実との直接的で親密な接触の記録を持っているということを」理解させ，それを描くことを励ますうちに，従来の題材として提示していた，自然物の標本などを選択する子どもは次第に減少して，「消失点に到達してしまった」という。その理由は，内面のビジョンを描くという，「別の種類の描画」に，リチャードソンと子どもたちが熱中していったからである。そのことを彼女は，「まるで地下を掘り，芸術的な創意と表現の新しい源泉を発見したかのようでした。」[19]と形容している。

　「別の種類の描画」の第一段階は，授業ごとに描く主題を話して聞かせること，すなわち，ワード・ピクチャーの実践であった。その留意点は，教師自身が心の中の絵として思い浮かべたものから主題を選び，それをできるだけ完全に言葉で描写することである。その実践と同時に，教師の提示する主題に頼らず，彼ら自身の直接体験による表現の方が価値があることを，常に強調していた。その中で，マインド・ピクチャーと呼ばれる，内面のビジョンを描くという行為において，より純粋な段階への試みを初めて発見したのだという。この描画は，「これらの絵は，日常の事柄から精神が多少離れている時に起きる，自発的で不随意な，イメージを心に思い描いた記録」[20]であるといい，目を閉じてイメージを浮かべさせる方法や，その効果などについて，説明している。それは，抽象的な形態をも可能にする，リチャードソンの教育としては，最も極端な地点まで実験を推し進めたものである。また，内面に導かれる自発的な活動とその到達水準の高さという点において，彼女の目指した学習者中心の授業への転換を最も端的に示す方法であった。講演のこの箇所では，リチャードソンが持参したフォリオに収められた作品や，スライドによって，マインド・ピクチャーの例を紹介する時間を設けている。

　ただし，このような「ものごとの純粋に主観的な見方に向かう傾向」は，反動

としての意味もあった初期の試みであり，現在では，自然の描画に再び回帰してきていることを付け加えている。

このように，自然からの描画を出発点として，マインド・ピクチャーに至る，リチャードソンの教育方法の形成史が語られた後，その背景となる，リチャードソン自らが学校で受けた描画教育への批判が挿入される。これは，先に述べたような，学習者個人の内面的ビジョンに従った描画に対して，描画法の訓練を必要とする立場からの反論を想定したもので，自らが学校で受けてきた，段階を追って難しさの増す，家庭用品などを対象とした描写訓練が，一部の創造的天才を除けば，大多数の普通の学習者にとって，自分自身を表現する方法にはならないことを強調している。

最後に，まとめと，ダドリーでの成功の要因が述べられる。これまでの議論を総括して，中等・初等教育における美術の教え方は，系統立てて指導することよりも，方向を示したり，刺激したりすることにある，と提示し，次回以降でそれを裏付けていくことを述べる。そして，ダドリーでの常勤職を離れ，他の学校等でも教えたこの2年間の経験から，ダドリーの子どもたちが到達した貴重な成果に気づいたことを述べて結んでいる。それは，「自信」であり，描くことを恐れず，抑制されていないことである。ダドリーで実現したような，「誰でも描くことができ，それは価値あることだという伝統」を育成するには，長い道のりが必要であり，実は，その問題が，表現の学習の主要な部分を占めるのだという認識であった。一部の才能あるものだけではなく，すべての人が表現者としてその意義を認められるような美術学習が，中等教育段階まで可能であるかどうか，という，学習者中心の美術教育の根本問題が提示されているのである。

3．歴史的認識と改革への意志

ロンドン市講演の第2回目は，主として過去の世代の女子教育における美術の学習に対する，歴史的な概観と，そこからの改革の必要性を説く内容となっている。このような範囲の問題に対する言及は，これまでの講演原稿にも若干見ることはできるが[21]，一回の講演の大部分をこうした歴史的位置づけの考察にあてる例は，この原稿に限られる。

ここでは，リチャードソンの位置づけた19世紀以降の，女子学校における美術

教育の歴史的変遷を，ほぼ5つの段階にまとめ直して提示してみる。第一に，19世紀ヴィクトリア時代の典型である，「たしなみ」としての美術教育が行われた「古い学校」の時代。第二に，19世紀中葉に始まる，より高度な女子教育を求める「新しい学校」の中で，美術教育が衰退を迎える時代。第三に，20世紀初頭において，美術教育が着実に前進するものの，他の教科に従属した効用によって位置づけられる時代。第四に，ラスキンの精神を受け継いだ教育方法の変遷，第五に，新しい「自由表現」のはらむ問題，である。講演の流れとしては，第三の時代の後に，変則的に，リチャードソンの結論的主張が挿入されている。

次に，各時代に対するリチャードソンの認識について考えてみたい。

第一の，「古い学校の時代」は，英国人のヴィクトリア時代に対する一般的な感情をも反映して，幾分懐古の念をもって叙述されている。それは，母の世代の遺物として，寝室等に大切に飾られてきた，花を入念に描いた水彩画の例によって示される。今日では，子どものための教育としての不適切さが指摘される，それらの「かわいらしい絵」は，ヴィクトリア時代中期の家具によく似合う，アンティークとしての魅力をもっている，と。

半ば親しみと皮肉を込めて，この，古き良き時代の教育を例示した後，少なくとも，多くの時間と注意を美術に注ぎ込み，それだけ重視されていたという点においては，当時の教育にも利点があったことを指摘する。それを可能にした要因は，女子学校におけるカリキュラムの単純さ，非職業教育であったこと，著名な芸術家が教えていた学校による成果，そして，一種の芸術的なたしなみが，女性の教育の証明と見なされていた背景などによるものである，という。

ここで，ジェイン・オースティン（Jane Austen, 1775-1817）が19世紀初頭に発表した小説『分別と多感』[22]からの引用が用いられる。この小説は，エリナーとメアリアンという性格の異なる二人の姉妹を中心に，当時の中・上流階級の家庭における生活と価値観，作者の人間観などを描いたものである。この講演では，美術や美に対する審美眼が，女性の「たしなみ」として，当時の「社会」でいかに重視されていたかを示すために，その中の挿話を用いている。

第二の，「新しい学校」の時代は，女子のための高度な教育の整備を求める19世紀後半の運動を反映して，従来の男子学校のシステムを模した女子中等学校が設立されていく中で，むしろカリキュラムにおける芸術活動の地位は下落してい

く現象を迎えることになったと位置づける。その要因として，この運動を指導した改革者たちが，この時期に流布していた描画教育の無用さを認識していた点と，女子の地位向上のために，知的能力の証明に重点を置いたことが指摘される。

　結果として，描画は，「あまり能力のない女子のすることとして，そして時間割を埋める便利なものとして」「真面目な学習の後の，くつろぎの時間」としてカリキュラムに生き残り，一方で，オックスフォードやケンブリッジなどによって運営される中等教育の地方試験の中に，「ヴィクトリア時代の伝統である，たしなみとしての芸術」が，「自在画」（フリー・ハンド），「モデル」（模型・手本），「遠近法」などの技術的水準を求める「陰鬱な行進」に生まれ変わって正当化されたという[23]。

　単に費やされた時間によって評価される，「たしなみ」としてではあったものの，その活動に学習者がある程度の喜びを見いだしていた，過去の時代に比較して，カリキュラムにおける地位も低下し，試験のための訓練によって「喜び」からも引き剥がされたこの時代を，リチャードソンは「描画指導の衰退期」と見なしている。

　第三に，20世紀初頭に始まる約25年間は，「着実な前進」ではあるものの，リチャードソンにとっては，非常に不健全な状態へと，教科をおとしめている現象を伴ったものとして認識されている。すなわち，他教科における学習や，道徳的活動への効用によって，その地位を正当化しようとする，隷属的な精神の現れを，そこに見るのである。英文学の挿し絵，理科の知識のための植物画，地図を塗るための絵の具の練習，というような，「美術」それ自身のためではない観点によって教科の有効性を確立しようとする傾向は，少なくともヴィクトリア時代の美術教育者には見られなかった態度であり，かつては「描画，行儀作法，地球儀による地理学習，楽器，それぞれが教育について別々の，そして本質的な部分を表していた」[24]と述べる。

　このように，教科に階層順位が持ち込まれ，「あらゆる方面から侵略され」，それが固定化されていく背景には，一般の美術教師の，盲従する態度にも原因があると指摘する。それは，美術教師自身が，他教科での効用に利する挿し絵と，本来の創造である絵との区別がつかないので反対する理由を見いだせないか，あるいは，賃金格差を含めて，美術教師自身が教科の序列に対して劣等感を抱いてお

り，他教科の「召使い」としてその地位を確立することを望むような卑屈な精神に陥っているか，どちらかである，という。

　この問題を受けて，歴史的な概観の文脈からは逸脱するのであるが，リチャードソンは，現状改革への熱意に満ちた主張を，ここで挿入している。すなわち，「今が，私たちが申し訳なさそうな感情を捨てる，最高の時期」であり，この劣等感をいやすのは，「美術の絶対的な価値と，子ども時代における芸術的表現の機会の絶対的価値に対する，熱烈な確信」である，とするのである[25]。これまで，歴史的変遷を俯瞰し，それぞれの位置づけを検討してきた，ある種の客観的な態度は，ここで一転して，預言者的な態度とも言えるような確信に満ちた調子で，未来像を説き始める。（[　　]内は筆者補足）

　　　ひとたび，私たちが美術の絶対的価値に確信をもてば，それを身売りするようなことはしないでしょう。なぜなら，私たちには信条［あるいは「福音」］があるからです。その信条を説くなら，実を結ぶでしょう。しかし，この信条がなければ，描画を教えることは，単に，のちの人生で役に立つか立たないかわからない，ゲームの技能を教えることになってしまいます[26]。

　この引用箇所中，「信条」と訳した語は，a gospel である。辞書的な解釈によれば，定冠詞の the gospel は「福音」あるいは「福音書」というキリスト教的意味を持つが，この講演原稿のように不定冠詞で示される場合は必ずしも宗教的な文脈に限定されない「信条」の訳が当てられているのでそれに従った。ただし，preach the Gospel では「福音を説く」となるが，引用箇所でも，preach（説教する）が用いられている（上記訳では「（信条を）説く」）ことを考えると，belief や creed などのような，より一般的に「信じること」を表す語よりも，リチャードソンが，宗教的連想を思わせる用語をあえて選択していることを読みとることができる。リチャードソンが，ロンドン市第 1 回講演の冒頭で，変わらない原則と述べたものの一つは，紛れもなく，美術は，それ自体の価値のために学習されるべきである，という本質主義の立場と，その目的への宗教的といってもよいほどの絶対的確信であることを，この主張は示している。

　この主張を補うように，本題からはずれることをことわりながらも，クラットン-ブロックから長文の引用を読み上げている。それは，彼の『究極の信念』[27]

から，精神活動において，知的，道徳的とともに，美的活動が均衡をもって行使されるべきであるが，これまでの教育では，それがあまりにも抑圧されてきた，という考えを述べた箇所である。リチャードソンは，この書を，「何よりも私の助けになった」[28]と紹介しているが，前述の，第三の段階に当たる今日に至る歴史的認識の中で，「知的」教科や道徳的目的のために美術の学習が隷属させられている，という状態に対して示した強い懸念は，本書と問題意識を共有するものであることがわかる。

次に，歴史的概観に話題を戻し，第四の動きとして，ヴィクトリア時代全盛期に，ラスキンによって唱えられた改革の流れを指摘する。リチャードソンのラスキンに対する評価は，「道徳に偏って」いるものの，「たしなみ」としての描画の「小ぎれいさと俗悪さ」という，彼女のいう「古い学校」に典型的であった描画教育に反対する先駆者であり，また，現在の美術教育の問題点であると考えられた「実用主義」をも免れている，と考えていた。

「自然へ帰れ」という彼の信条の流れを汲む改革として，ビール女史（Dorothea Beale, 1831-1906）[29]のチェルトナム女子カレッジや，アブレットのビバリー・グラマー・スクールなどの描画教育への継承が指摘される。また，リチャードソンがこの講演の前年に，オーストリアのチゼックと面会した経験から，彼の実践が，ラスキンの思想に啓発を受けたものである，との言葉を紹介している。

次に，こうした，改革への啓発を与えたラスキンの思想は，時とともに，子どもたちに抑圧を与える訓練としての要素が強まっていることを，いくつかの例を用いて示している。それは，「ラスキンの亡霊」と彼女が呼ぶ，道徳的観点と結びついた観察の学習である。彼女は，1920年のダドリー教育協会講演でも触れた，「私は，しなくてはならない，ゆえに，私はできる。」と書かれたジンジャービールの瓶を描かされる「義務」としての描画を課す「先駆者」の校長の例を挙げているが，先の講演では，この例を，道徳的根拠に基づく手と目の訓練であって，美術の理解へは到達し得ないものとして批判していた。今回の講演では，この例を，「親は，自制心のために費やされたもの，すなわち，注意力と努力のためだけに，子どもの絵をほめるべきである。」[30]というラスキンの思想の残響として位置づけている。

次にラスキンの思想を継承した美術教育の改革の代表的なものとして位置づけ

られる，アブレットの指導方法にもとづく試験認定機関であった王立描画協会の方針の変遷について検討する。リチャードソン自身，この試験による証明書を複数所持し，子どもの時に「驚くべき短期間で」取得したものもある，と述べている[31]。彼女の観点によると，同協会の出版物の示す方針は，科学的な学習の補助としての描画と，観察を重視する傾向が，初期の頃よりも顕著になってきているという。特に，初期に比較して，「知覚」の用語に代えて，「観察」の用語が多用される点を指摘し，その傾向が，再現的な正確さへの要求を増大させることを問題視し，さらに，この傾向と，試験制度との相乗関係についても指摘している。リチャードソンの観点では，望ましい美術の学習のためには，「観察」よりも「知覚」の方が適切であり，可能であれば，それに感情的理解を含むべきであるとしている。ここには，1922年の教育省諮問委員会で主張したように，公的試験への導入は，その試験で測定可能な性質の美術のみを助長する，という視点と共通する問題意識を見ることができる。

1924年のインデペンデント・ギャラリーでのダドリーの展覧会を報じた『タイムズ教育付録』紙の記事と同じ紙面[32]には，アブレットの王立美術協会の年次総会で，「観察と記憶」のテーマで展開された議論について紹介しているが，その中で，同協会の方法は，子どもたちに正確に観察し記憶することを教える点で価値があるとする意見で締めくくっているのは，ここでリチャードソンが指摘する観点を裏付けるものとして興味深い。

ここで，聴衆のための参考文献として，いくつかの出版物が紹介されるが，その中で，特に，キャタソン-スミスの『記憶からの描画』[33]をとり上げ，その思想の要点を「観察と記憶を，精神の想像的かつ創造的領域の召使いと見なしていた」[34]と形容する。ここでは，外部の観察と，内面の創造的領域との，いわば主従関係が問題にされていると考えることができる。試験制度その他によって，測定の容易な外面的観察の要素に，学習者の内面的領域が隷属してしまう危険を，問題にしているのである。1920年の講演でも言及した，アブレットの指導法を揶揄している面もあると思われる，女性校長の与えた「人参の断面」や「1ペニー切手」の描画テストの挿話が，ここでも用いられ，「観察の原理に関するとても低い次元での経験」として批判されている。

第五に，「まさに今日の私たちとともに存在している，ある発展」として，「自

由表現」と呼ばれる，「自己表現と創造的学習へと向かう，教育の全体的な動きの一つの側面」が検討される。この問題は，これまでの講演で度々論じてきたものの再編でもある。すなわち，「独創的」と言われながら，その実際は，水準の低い雑誌の挿し絵などの技巧の「弱々しい模造品」である場合が非常に多い，という観点である。ただし本講演では，こうした「妖精と少女と木」というような，「ただ，きれいなだけの」絵が大量発生する原因について，教師が，「自由な表現」とは何か，という問題に対して，「妖精やシンデレラ」のような空想的なものの漠然としたアイデア以外，何の基準ももっていないことである，という指摘を展開している点に特色がある。

　これに関連して，リチャードソンが当時の学校で用いられた読本の「俗悪な」挿し絵の改善を目指して，出版社に提案した経験を踏まえながら，こうした低級な大衆文化の影響から子どもたちを隔離することの無意味さを指摘し，これに対して学校ができる最良の貢献は，「基準を示すこと」であると結論づけるのである。子どもたちを外部の文化の影響から遮断することによって問題を一時的に解決しようとする方向性で子どもの美術を考えるのとは，異なる立場であることがわかる。この講演では示されていないが，リチャードソンの記した指導計画案や，アーカイブに残る当時の現代美術家の複製写真などは，教師が責任を持ってある種の基準を示す姿勢を実践した証拠でもある。

　ただ本講演のこの箇所では，低水準の絵本挿し絵等の技巧の模倣に対抗するものとしては，現実の直接観察による想像力の喚起を推奨する。

> 想像力が材料を見つけるためには，妖精の国へ飛んでいく必要はないのです。現実は，想像力が働くための最も豊かな材料です。商店や街路，映画館や劇場，公園や庭園などが，子どもたちが自由に描くときに取り組むべきものなのです。これらのものは，わくわくさせます。雨模様の夜と人々は，絵のためにそこにいます。街の子どもにはそれがわかるのです[35]。

「妖精物語」のように，描かれる内容の空想性に依存しながら，形式は模倣であって想像力に乏しいものを否定する。一方で，内容は，ある意味で美術史上の写実主義の態度である現実の生活場面を題材としながら，形式は学習者の直接的な印象を介し，また再現的な正確さを目的としないために，写実性を帯びない表現を，望ましいものとしていると理解することができる。一般に流布している

「自由表現」とは前者の傾向を示したものと位置づけているのである。そして，旧来の模倣の訓練としての描画教育を存続させている要因は，こうした，誤った「自由表現」の流布に対する一般からの懸念である，と結論づける。

さらに，現在の状況に対する批判の，新しい観点として，「科学的記録としての描画」と美術との区別に関する見解と，それに関連して，「芸術的な見かけ」への反発が語られる。この問題は，それまでの現状認識と比較すると，より微妙な観点を扱っているが，直接的には，学校における科学や歴史学習などの活動に，例えば装飾的な要素を持ち込んで，芸術的な相貌を持たせようという当時の一部の主張に対して，先に述べたような，他教科，あるいは他の「知的」「道徳的」活動への美的活動の隷属の傾向を見いだし，美術という活動の独自性の確立の観点から批判したものと，理解することができる。

ただし，やや複雑であるのは，ここでリチャードソンは派生的に，美術内部における，「見せかけの芸術的基準」の氾濫との関連を指摘している点である。すなわち，「キュビスムや未来派」など「真の美的感情をもったある芸術家が，自分自身を表現した方法」の「本当の意味を理解し，あるいは理解しようとした人は，千人に一人も」いないにも関わらず，単にその方法や様式の中に，模倣可能なものを発見し，似たような相貌をもって「大げさに」飾り立てた空虚な精神が巷間に流布している，というのである。

当時のキュビスムや未来派などの美術の動向について，リチャードソンが講演で言及するのは初めてであるが，これらの，大陸からのモダニズムの動きも，ポスト印象派とほぼ同時期に，英国に流入してきていた。未来派は，1912年のロンドンのギャラリーによる展覧会で英国に紹介されたが，フライはこの動きを，19世紀の絵画と同様，生活の直接的な再現が強すぎることを理由に，第2回ポスト印象派展には含めなかった。また，オメガ工房でフライと決裂したウィンダム・ルイス（Wyndham Lewis, 1882–1957）を中心に展開されたヴォルティシズム（Vorticism）の動きは，キュビスムと未来派の影響を強く受けたとされる[36]。

リチャードソンがこの講演で「芸術的がらくた」とまで酷評する，安易な様式的模倣の流布を例示するに当たって，キュビスムや未来派の，英国への流入をとり上げている点には，若干の注意を要する。リチャードソンは，彼らを直接批判したわけではもちろんないが，英国美術界においていわば，「反－フライ派」に

位置していたこれらの動きに対する認識に，フライの観点からの影響が及んでいなかったと考える必要はない。しかし，より直接的には，これらの様式的特徴を「芸術的」な体裁を与えるために，日常生活の様々な場面に無節操に取り入れる風潮のことを批判していることは，明らかである。未だ近代的なデザインの揺籃期でもあり，機能的な必然性と結びつかない，表面的な装飾性の移植が，美術の分野との未成熟な関係の中で現象化していたことに対する認識を示したものと考えられる。

　次の箇所は，文脈から見て，第四番目に指摘した，試験制度による観察学習への傾斜，第五番目に指摘した，「自由表現」に隠れた，正確な再現や安易な様式の模倣などの状況認識を，再度，子どもの描画指導の上で，まとめて述べているものと考えられる。

　　　私は，現在広く教えられている描画が，ある時は，正確さという基準を押しつけることによって，いかに美的精神を妨げるものであるか，またある時は，見せかけの芸術の考えを支持することによって，いかに美的精神を誤解させ，混乱させるものであるかを，示そうとしてきました[37]。

この観点はまた，ロンドン市の第1回講演で，彼女の美術教育観の形成史の中で述べた，子どもの絵に関する三種類の区別にも対応する考えである。すなわち，正確な再現を目指した「普通の絵」，学習者の主体性に根ざす「普通でない絵」，その内面的必然性を伴わない模倣である「普通でないものを模倣した絵」である。リチャードソン本来の観点に戻るならば，表現する主体者の内面的な必然性（より実際的には，内面に自発的に想起される，表現活動を主導するイメージ）に基づかない様式的特性は，外観の正確な再現であれ，「芸術らしさ」の模倣であれ，すべて，美術の本質を損なうものとして，したがって，子どもの美術を指導する原理としては不適切なものとして，見なされるのである。それらは，いかにその所産が美術らしく，また高い完成度を見せていようと，基準が学習者の内面と関わりのない外部に存することによって，否定される。リチャードソンの教育観において，「美術」とは，内的イメージを媒介とした学習者中心の原則に則った活動を意味することが，理解されるのである。

4. 対案の提示

　第2回講演が、歴史的な認識を示す中で、専ら過去及び現在の動向における問題点を厳しく指摘し、改革の必要性を訴える内容となっていたのに対し、第3回講演は、改革のための対案を提示する内容となっており、「より新しい描画指導の理論とその実際的な適用」の二つの観点から構成されている。その「理論」の要点を、冒頭に、次のように簡潔に示す。

　　　　新しい理論とは、描画は表現の方法であり、その子どもの個人的な表現のみに価値がある、という信念です[38]。

　「理論」が「信念」であるとの表明は、やや矛盾した印象を与える主張である。しかし、リチャードソンの美術教育論においては、例えば、1920年のダドリー教育協会講演でも、描画の指導に関して複数の理論が存在しうるものであって、それぞれ、異なった価値観と目標から正当化されることが前提として認識されている。したがって、理論とは、統一的な客観的世界観を提示するものではなく、互いに異なる世界観を反映した、複数の競合する信念の体系としてとらえられ、教育者の美術観、教育観、および子ども観に基づき、より適切な解答が選択されうるもの、と考えられているのかも知れない。

　リチャードソンの場合、すでに「美術とは、個人による美の発見の結果として引き起こされる感情的な反応の表現」であり、表現者個人の内的ビジョンを経由しない、あらゆる外面的基準の模倣への傾向を、それに反するものとする彼女の美術観の要点を提示し、一方、クラットン－ブロックらに影響されながら、そうした美的活動が、人間精神の活動の一翼として教育において重視される必要があることを示してきた。本講演では、子ども観に関する解釈を補っており、芸術的活動への衝動が本来的なものであり、そうした表現の意欲の成就と充足を妨げることは、不自然で不幸な行為である、という信念に基づくものである。この観点に関しては、幼児の性質に関する研究、「人間は自由な自己活動を必要とする」というフレーベルの思想などから示唆を受けた点と、学校での子どもたちの観察などを根拠としている。

　「実際的適用」の具体的提案に関しては、本原稿では、マインド・ピクチャーと「パターン」に言及した箇所しか残されていないが、これらの方法は、ここで

は主として，二つの効用から支持されている。その一つは，写実的基準からの解放であり，もう一つは，画面構成の基礎的訓練としての側面である。

「子どもの個人的な表現」としての描画学習を確立する上で，写実的基準に基づいた様式のみを類型として与える一般の認識は，大きな障害と考えられていたことがうかがえる。リチャードソンは，東洋や他文化の美術の学習によって，様式の多様性に気づく必要性を強調しているが，描画行為の実際的方法としては，マインド・ピクチャーやパターンの，「正しいか間違っているか，似ているか似ていないかという問題は，入ってきません。」[39]という，いわば外面的基準との比較が本来的に生じない，という効果を指摘している。それと同時に，これらの画面構成上の訓練としての価値を指摘している点が，注目される。すなわち，これらの描画が判断される基準は，写実的類似性ではなく，リズム，バランス，間隔等の要素，そして全体と部分との調和の感覚である，という。

　　それらは，リズミカルかどうか，バランスが良いかどうか，間隔が良いかどうか，によって良いか悪いか判断されます。そして結局，これらが絵を作る特質なのです。もし子どもがパターンを作ることを学べば，彼は，それらを全体として見ること，統一と調和の感覚が良いパターンを作ることを認識することを学ぶでしょう[40]。

そして，この感覚は，絵を描くときに応用できるものであり，また，描画の成功の要諦であると位置づけるのである。そして次のように，全体と部分との関係に言及する。

　　例えば，良く描かれた家，良く描かれた木，人，馬，等々があっても，これらのものが，別々に表されていれば，それらは，絵としてまとまることはありません。ものが関係づけられておらず，断片的です。しかし，もし，全体の一部として表されれば，それぞれの細部は粗雑で子どもらしいかもしれませんが，そのように表されなかった非常に注意深い描画よりも，全体が構成し，よりよく表現しているのです[41]。

これらは，これまでのマインド・ピクチャーに関する言及を，さらに前進させたという側面もあるが，むしろパターンの描画と一体になったものとして，その連携による効用を説いたものと考える方が妥当であろう。そしてこれらは，リチャードソンの一連の講演の中で，造形要素に基づく画面構成上の問題に言及した，

初めての発言として位置づけることができる。特に前半の引用部分は，抽象的な形態による基礎的な構成練習の性質を帯びているという点において，また，後半の引用部分は，「家や木や人馬」などの内容的要素に対して，それらを関係づける形態的要素の優越性を認めた，いわゆるフォーマリズムの観点に近い見解を示しているという点で，それぞれ重要である。

　方法論的には，基礎的な練習から，実際の描画への間に，効果的な影響関係が実際に及ぼされるのかどうか，という点が問題になると思われるが，これは，のちの時代の基礎デザインによる訓練の有効性という問題にも通じる側面である。ただし，リチャードソンの場合は，あくまでも，学習者の内面的イメージにその起源を求めるという点で，基本的な立脚点を異なった地点に置いていることは，留意する必要がある。

　また，こうした，画面上の構成の問題に関する視点は，1924年のインデペンデント・ギャラリー展に関するフライによる論文において，リチャードソンの方法における美学的な対話の意義と，子どもの作品分析から示唆した，造形的な呼応関係や，形態の全体への統一といった観点と，ほぼ共通する方向を示しているものと見ることができる。

　記録に残るこの講演の最後は，決然とした気概を持って改革に踏み出すことを，聴衆に促す発言で途絶えている。すなわち，依然として試験のための基準に縛られている学校の状況では，理想は理想であり，制度的要請に対処せざるを得ない，とする反論を想定して次のように厳しく奮起を促すのである。

　　もしそうなら，私には援助することはできません。なぜなら，私は，それを信じないからです。そういうものは，観察とか，自然研究とか，そのほか何とでも呼びなさい。［中略］…あなた方がこの方針によって実験する機会があるかどうかは，皆さんの方が私よりもよくわかるでしょう。［中略］…私は幸運なのだと言われるかもしれません。しかし，私は決然とした意志も持っていたのです[42]。

　そして，その意志の表れとして，ロンドン市を説得して，夕方の任意の絵画教室を子どもたちのために開く許可を取り付けたことを示したところで，原稿は終わっている。

第2節　心理学会講演とその周辺（1925-29年）

　この節では，1925年のロンドン市講演と，1930年の講演「直観と教授」の間に発表された講演と論文から，この時期におけるリチャードソンの思想の発展を理解する上で重要なものをとり上げる。実際には，それぞれの原稿間で共通する内容もあるため，各々の特徴的な面のみを指摘することとする。

1. ブリストル講演と心理学会講演（1925年）

　1925年に行われた，ブリストルでの講演と，心理学会での講演は，前節で検討したロンドン市における現職教師のための講習会で行われた連続講義の内容と，相当部分が重複しているが，「ブリストル講演」「心理学会講演」はそれぞれ1回限りの講演であり，聴衆も異なっているので，その差異について確認しておきたい。

　ブリストル講演は，同地の美術教師組合に招かれた講演であり，同年の年明けから開講されたロンドン市講習会の後で，ほぼ，その第1回講演の内容を踏襲したものである。原稿については，5枚のタイプされた原稿で，同一のものが2組残されている[43]。本原稿には，講演場所，日時，聴衆について，1枚目の第1，2行に「BRISTOL, Saturday, March 28th 1925. ART TEACHERS' GUILD」とあるのに続いて，「1925年ロンドン市講習会第1回講演に，以下の挨拶とまとめを加える。」旨の指示がタイプされている。5枚の原稿の1枚目は，ロンドン市講演に比較すると簡潔な導入であり，当地の学校で行われた展覧会に招かれて，週末に美術教師を聴衆として語っていることが示されている。後の4枚は，リチャードソン独自の教育方法の形成の経過を中心に語ったロンドン市の第1回講演の主要部分を読んだあとに追加する，まとめである。内容としては，第2回講演のうち，特に，前半の歴史的概観を省いた，後半の現状批判の部分に対応する要約となっており，最後は，この美術教育は，専門家養成ではなく，子どもの精神にとって重要な，美術自体の価値のために行われるのである，とする主張で結んでいる。

　心理学会講演は，ブリストル講演からわずか2日後の，3月30日に，心理学会美学部門において，子どもの描画に関して行われた講演である。原稿は，21枚にわたってタイプされたものが残っているが，途中，10頁から12頁の3枚が欠落している。しかしながら，冒頭から11頁ならびに13頁から15頁の中頃までは，ほぼ，

ロンドン市の第1回講演と重複した内容であるので，欠落部分も大きな相違はないことが推測される。原稿の第1行目には，「The Psychological Society. March 30th 1925.」とタイプ打ちされた後で，The の後に手書きで「Aesthetic Section of the」と挿入されている。本文の導入部には，美術鑑賞に関する調査などでもリチャードソンと協力していた，マーガレット・ブーリーの紹介によって，同学会の講演者に招かれたこと，研究者を前にして理論を話すよう求められて多少困惑している心境などが書かれているが，この導入部分全体に手書きの×印が加えられているため，実際にはこの通り話されなかった可能性が高い。その他にも，手書きで修正の加えられている箇所が多数見られる。

内容構成は，前半が，美術の定義から，ダドリーの子どもたちが描くことを恐れない，と述べたロンドン市第1回講演の流れにほぼ沿った展開である。講演の後半は，これまでの講演の様々な箇所からの再構成であり，一般に「自由表現」と言われているものの欺瞞を指摘した箇所から，「ビジョン」と技術の優先関係，10歳前後からの表現の衰退に関連して，その要因を技術の不足よりも，アイデアの貧困に求める視点，対案として，子どもの心的イメージへの忠実さや自己批評の原則などについて述べていき，最後に，専門家養成でも，他の活動の役に立つためでもなく，美術そのものの価値のための学習であることを述べて結びとしている。

このように，心理学会講演は，ロンドン市講演の自らの描画教育方法形成史を語った部分を中心とした，これまでの思想の再構成であるが，他で触れられていない独自の観点も若干含んでいる。その中で注目できる点は，1920年頃から英国各地を巡回して評価を高めていたオーストリアのチゼック教室の子どもたちの作品展に関する言及である。リチャードソンは，当時の新しい美術教育の動きと考えられていた「自由表現」とされる描画が，実際には，「絵本挿し絵や商業美術の安っぽい描き方の弱々しい模造品」であることが多いという指摘を行う。これは，例えば1920年のダドリー教育協会講演でも言及された論点である。しかし今回は，これに関連して，次のような発言が見られる。

> 描画の指導において難しいのは，才能のない子どもを援助することの困難よりも，才能のある子どもがうわべだけの巧みな描き方，つまり，ビジョンと離れた，決まりきった方式を身につけてしまうのを防ぐことの方であ

る，ということに，皆様は同意してくださるのではないかと，私は信じます。ウィーンの子どもたちの描画が，こちらで展示されたとき，人々は，「春」のような絵の上手さに大変感銘を受けました。しかし，技術への過度の関わりや，どちらかといえば借り物の，薄められた考えあるいはアイデアなどに示された，マンネリズムの始まりを，その絵の中に見た人々もいました[44]。

　ここで言及しているウィーンの子どもたちの展示とは，1920年から21年にかけて，英国全土を巡回したチゼック教室の展覧会であることは，ほぼ間違いないであろう。「春」という作品は，チゼックの教室の作品の中でも有名な，ヘルタ・ツッカーマンによる1919年の作品か，あるいはそれに類似した主題の作品のことと推定される[45]。短い部分ながら，当時のチゼックの教育に対する明確な批判を公にした箇所として注目される。

　アーカイブには，このチゼック展の直後に記されたと思われる，同展に関するリチャードソンの批評を記した手書きのメモが残されていが[46]，本講演の意図を裏付けるものとして参照しておきたい。このメモは，公表されたことがあるのかどうかは不明であるが，形式的には，講演原稿のような体裁をとって，約7枚にわたって記述され，推敲の跡なども見ることができる。内容は，本講演における言及よりも，より徹底的にチゼック展への失望と批判をのべたものである。批判の観点は，主に，二点に集約することができよう。

　一点は，心理学会講演と同様の観点であり，子どもが自発的に表現したとは思えないほど完成された様式を示しているという点についてであった。リチャードソンは，ケンブリッジで開かれたチゼック展の開会式でスピーチを依頼された。それまで，実際にチゼックの子どもたちの作品を見たことがなく，記事などを読んで，描き方を教えない，子どもたちの絵の「誤り」を修正しない，技術的指導をしない，様式を押しつけない，などという彼の理想と理論に共感を示していたが，作品を見て，期待していたものとの相違に，愕然としたという。「私には，作品の4分の3は，意識的で，型にはまっており，技巧を凝らしたものであるように思われた。」と述べ，心理学会講演同様，「春」その他数点の作品名を上げている。そして，多くの教師が，「チゼック方式」として，その様式のみを教室で模倣する危険が大きいことを指摘している。

もう一点の批判は、チゼックが思春期における芸術表現の問題に、何ら解決を与えようとしていないという点についてであった。これについて、チゼックは、芸術をどこか離れた空想の世界のものととらえる傾向がある、と鋭く指摘し、我が英国の教育は、普通の現実の環境の中で、人々がそれぞれ自身の範囲で芸術家たり得るような、自由の教育に取り組もうとしている、ということを強調している。

　このメモにおける批判的見解ののち、前述のように、リチャードソンは1924年には直接チゼックを訪ねて会見しているが、ロンドン市講演の第2回に、その件が若干触れられたのみで、チゼックの教育に関する観点に大きな変更があったかどうかは、この時点では明確ではない。少なくとも、この心理学会講演には、やや控えめな表現ながら、彼女が従来から批判してきた、「偽りの自由表現」を代表するものとしてとり上げていることは事実である。チゼックの教育に関する、より寛大な解釈は、晩年の回想録になるまで控えられていたようである。

　こうした、リチャードソンからのチゼックの教育に対する批判については、当時の相対的な状況などを考慮した上で理解する必要があると思われる。1920年代という、リチャードソンの教育方法による改革運動が急激に拡大していく時期に、自らの独自性への自負と、理想追究への厳しい批判精神が働いたであろうこと、また、展覧会を通して英国にもたらされたウィーンの子どもたちの一部の作品例が、チゼックの教育思想・方法を包括的に正しく伝えたものであったのかどうかという点、さらには、一般の英国の教師たちが、チゼックの様式のみを模倣して教えてしまうという現実への警鐘という意味を持っていたこと、などが、これらの批判の背景にあるものと、考えることができる。

2．教育省講習会（1929年）

　この講演は、オックスフォードで1929年7月に行われた、教育省主催の講習会で行われたものであり、聴衆は現職教師であると考えられる。この講習会では、リチャードソンは、ハンドライティングに関する講演[47]と、描画に関する講演の両方を行っている。描画に関する講演原稿は、5枚にタイプ打ちされた、短いものである[48]。一行目には、「Lecture on Drawing, Board of Education Course at Oxford, July, 1929.」と、主題と場所、時期が明記されている。

　教育省の講習会であるためか、講演内容は、1927年に発行された教育省の『教

師のための提言』[49]に関するものとなっているが，その忠実な解説ではなく，リチャードソンの立場からの強い主張が盛り込まれている。1927年の同『提言』は，描画教育に関して変革期にあることを明言するもので，それゆえ，1905年版で，「正確な観察」を一貫した目標と掲げていたようには，統一的な見解を示すことができなかった。同書には，描画教育の意義として，「表現の手段」「再現の手段」「文化の道具」の三つの観点を併記し，判断を保留している。これに対し，リチャードソンは，明確に，「表現の手段」としての描画のあり方を最重要視するよう主張し，13世紀トスカナ地方の画家と，子どもの描いた聖母子像との類似から，子どもたちの作品の価値をより認めるよう促したり，教育省『提言』の音楽の章を引いて，パターン，リズム，調和を見いだす描画のあり方を示唆している。

この原稿は，分量が少なく，内容の言及も簡潔であることから，講演が短時間のものか，あるいは導入部のみを記したものである可能性もある。内容的には，ここで提示された話題のいくつかは，翌年の「直観と教授」講演の中で，より整理された形で用いられていることから見ても，すでに1925年のロンドン市講演の影響を離れ，1930年講演で一つの思想的結節点に至る準備をなしていると位置づけることができる。

第3節 「直観と教授」(1930年)

1. 講演の位置づけと構成

本講演は，1930年4月，オックスフォードで開催された「教育における新しい理想」の大会において，発表されたものである。この講演の半年後には，リチャードソンは，ロンドン市視学官としての勤務を開始しており，1923年から1930年までの，一つの公職に束縛されない時期における，最後の講演原稿としての位置づけを持っている。この講演の原稿に関しては，実際には使用されなかった初稿[50]が残されており，決定稿と考えられるものとは，相当異なった構成をとっていることから，準備に入念な作業を費やしたものと見られる。

決定稿[51]は，「この論文のために，考えをまとめている間，私は，コーンウォール地方沿岸の，美しく小さな入り江で，日差しを浴びていました。」という

書き出しに始まり，その情景を叙述するところから，主題である「直観と教授」へと話題を転移させていくなど，全体を統一した構成にまとめる上で，文章表現上の効果について，相当の工夫を試みている点が特筆される。原稿は，約10枚にわたってタイプ打ちされたもので，若干の手書きおよびタイプによる修正等が加えられている。約114の文からなる本稿は，これまでの講演原稿の中では，もっとも短い部類に属するものである。第一行目，第二行目に，「INTUITION AND INSTRUCTION. New Ideals in Education : at Oxford, Easter, 1930.」と，講演主題と場所，時期が記されている。

　講演の構成は，ほぼ4つの部分に分けることができる。第一は導入部であり，海岸で遊ぶ子どもたちの叙述を背景としながら，講演の目的と命題の意味を提示する。第二には，描画指導の目的について考察する部分である。ここでは，美術を目的とし，他の実用的な目的による教育を否定するという，美術本質主義の一貫した視点が示される。第三には，描画指導において確立すべき基準についての考察である。ここでは，「子どもの美術」と「大人の美術」の本質における一致を基盤としながら，「形態の調和」と「内的ビジョン」の重視，物語性と技術的指導の肯定など，リチャードソンの美術観の総合的な観点を示す内容となっている。第四には，まとめであり，中世の工房における理想郷を鏡としながら，学習者の「直観」と技術的指導を含む教育活動との結合を唱えて終える。以下の項では，導入部と描画指導の目的論，描画指導の基準について，そしてまとめと本講演全体から読みとれる描画指導の構造について，それぞれ述べていくこととする。

2. 描画指導の目的論

　コーンウォール地方は，イングランド南西端にあり，当時から，風光明媚な海岸風景で知られていた。英国における浜辺のリゾートの習慣は，産業革命による，所得と余暇の増大，交通手段の発達などを背景として，19世紀中頃から広く一般市民のものとして普及していくが[52]，この講演の導入部で語られている情景も，そうした行為を背景としていると考えられる。リチャードソンは，その浜辺の情景を言葉で叙述しはじめるという，これまでの講演にはない，斬新な導入を用いている。この講演のための構想をまとめている間滞在した，コーンウォールの入り江で，リチャードソンは，岩の上で戯れる三人の子どもの姿を眺めていた。そ

の叙述を，しばらく引用してみたい。

　　この沿岸をご存じの方なら，この，暖かい春の日の様子を思い描くことができるでしょう。潮は低いですが，満ちてきており，岩の浅い水たまりはいっぱいになり，刻々と，次に来る大きな波が乾いた地面を青い水と白い泡へと変えていきます。それは美しい場所で，この三人の子どもたちは，それに完全に調和しているように思われました。彼らの素早い動きを見ること，海が彼らの素足と戯れていると想像することは，魅惑的です[53]。

　これは，リチャードソンの教育の中で最も注目を集めた特徴的な指導法の一つであるワード・ピクチャーを，あたかも講演の聴衆に対して実演しているようなものである。聴衆は，「暖かい春の日の」海岸の様子を「思い描く」ように誘われ，彼女の語りに促されて，潮の満ちてくる様子と，そこに「完全に調和している」子どもたちの姿とを，それぞれの心のイメージの中に，描き始める。

　　ある意味では，その子どもたちは，遊んでいたのでは全然なくて，一生懸命働いていたのです。今，彼らは，特定の大きさの平らで灰色の石を集めることに没頭しており，それらを使って，壁のようなものが作られています。水が，島と城に入ってきてはなりません。今，運河が造られており，三人は皆，自分の道具の上にかがみ込んで，猛烈に働き，大西洋が入ってくる道を造りました。それは流れ込んできて，あふれました。1ダースものそのほかの計画が開始され，それを瞬く間に潮がさらっていき，そしてまた，さらに，掘ったり，積み上げたり，集めたり[54]。

　リチャードソンは，その本領を発揮して，子どもたちの遊ぶ姿を，現在形で，眼前にある風景のように描写してみせる。そしてまた，現実の風景を，利害を離れて「絵」として見る行為の中に，自然に聴衆を引き込んでいる。先に海岸風景の中に調和した点景としての子ども像を見せ，次いで，子どもの視点へとクローズ・アップし，小石や砂や水で次々に動いていく形の変化に聴衆の想像を向かわせる。上記の引用箇所には，遊びと労働，学習の自発性に関する示唆に一瞬触れたのち，いわゆる「創造主義的」な美術教育観が，現代の我が国の教育に至るまで，一つのモデルとしている，砂浜で造形的な遊びに没頭する子どもたちの姿の原型が，描かれているとも見ることができる。

　次に画面は，この，遊ぶ子どもたちと，海岸にいた，大人の群像との対比を示

していく。

> 潮が彼ら［大人たち］の場所に侵入すると，彼らは，エアクッションやランチバスケットや膝掛けなどをみんな持って，重々しく，苦心して，移動するように見えます。彼らは，彼らのやり方で楽しんでいることは疑いないのですが，子どもたちの方が，この機会をよりよく利用しているように思われます。彼らは，何も言われなくても，これらの岩や石や水や砂で何をすればいいか，知っているようです。状況は彼らにとって充分であり，彼らの時間の過ごし方は，その状況から直接生じるのです[55]。

　リチャードソンは，この情景の対比を，本講演の主題を象徴するものとして提示している。すなわち，海辺の子どもたちを「ものや絵を熱心に作っている子どもの芸術家」に，そして「重々しい」大人たちを，子どもたちの未来の姿である「絵画展にいる退屈した入場者」に，重ね合わせているのである。これは，子どもは本来，自発的に創造活動を行うが，「時」（思春期への到達を指すものと思われる）と「不自然なやり方」（旧来の学校教育の方法を指すものと思われる）によって妨げられてしまう，という彼女の描画の発達観を反映したものである。そこで，本講演の目的は，この「子ども」と「大人」の間の断絶をつなぐ方法を探究することにある。すなわち，「もっと子どもの芸術家が彼らの美術を保持し，拡大する方法，あるいは，もし彼らが観客になる定めであるならば，少なくとも，もっと活発な観客に育てる方法」[56]を見いだすことである。幼児期における自由な表現活動の中だけに留まることなく，中等教育の問題と正面から取り組み，また，社会における美術への認識に対する貢献までを教育の使命ととらえていた，リチャードソンの立脚点を端的に示した箇所である，ということができる。

　そこで，講演の題目を「直観と教授」[57]とした理由が示される。一つには，両者が，当時と，30年前の描画指導における相違を成すものであるとする。これは，「直観」を，当時受け入れられつつあった考え方を代表する，子どもが自発的に学ぶ内的な基準として，「教授」を，過去の教育を代表する，外部から与えられる体系的な指導として，対比させているものと考えられる。しかし，新旧の方法の相違を内と外，解放と抑圧という観点で対立させているだけではない。「この二つの適切なバランスを見つける中に，学校におけるこの教科の問題の真の解決に近づけるのではないか」[58]とする点において，単なる二項対立を超えた包括的

な全体像を探究しようとする意図が表れている。すなわち，過去の否定を際立たせる初期の改革時代がすでに終わり，リチャードソンの教育本来の全体観に基づく観点を示すことのできる時期に，到達しつつあることを示すものと，考えることができるのである。

　本題に入るに当たって，リチャードソンは，現代において，描画指導の明確な目的を示すことの困難さを，教育省発行の教師用『提言』新旧両版を比較して述べる。すなわち，1905年版には，この教科に関する言及は，わずか4ページ未満でありながら，その目的を「生徒がいかなる与えられた対象でも，正確に見て正確に再現できるようにすること」と明確に規定し，さらに「この目的は，学校生活を通じて一貫しなくてはならない。完璧な正確さは，長期の，よく導かれた練習によってのみ獲得できるからである。」と方法の一貫性を示していた。それに対して，1927年版（当時の最新版）では，この教科に40ページを割いているにもかかわらず，「何をその主要な目的とすべきか，決めることは容易ではない。…描画の教師の直面している大きな問題は，未だに解決を待っている。」というように，明確な判断を避けている，というのである。

　リチャードソンの現状認識では，正確な再現それ自体を目的とする学習は，ほぼ行われなくなっているが，物体を模倣することの熟達が，自己表現の基礎になるという観念は残存しているという。この認識は，1920年のダドリー教育協会講演で，再現描写に関する二つの理論を区別した論点を引き継いでいる。そして，この方法は，特別な素質をもたない普通の子どもたちにとっては，弊害があるという見解を，主として二つの現象から示そうとしている。一つは，表現力の代わりに正確さに重点が置かれているため，器用になるにつれて，表現が弱まる傾向にあるという点，もう一つは，選ばれた対象が，普通の能力の子どもたちがリズム感や動きを発見するのに，充分魅力的ではない点である。

　ここで若干，当時の新しい美術状況に触れ，テート・ギャラリーにゴッホの「い草の座面のいすの絵」[59]が収蔵されたことを述べ，日常的なものを芸術的に「見る」ことのできる特別な芸術家を称えている。「マネとポスト印象派展」でゴッホが紹介されて批判を浴びてから約20年の歳月である。しかし，普通の子どもたちには，単なるいすに対して，描く魅力を発見することは難しく，芸術の感受性を飢えさせるしかない現状が続いているのである，という指摘がなされる。こ

の，正確さの追究という価値の残存によっては，子どもたちの，年齢発達に伴う描画意欲の消滅を救うことはできない，とするのである。

描画の教師たちの犯しているもう一つの誤りは，多数の異なる目的に，同時に仕えようとしていることである，という。すなわち，他教科や科学に役立つという観点で「シンデレラのような教科に威信を与える」という状況である。これらを否定した上で，リチャードソンは，あくまでも，描画の指導に関する一つの支配的な目的を決めるべきであると主張し，進んで，次のような見解を示すに至る。

> 美術の指導において緊急に必要なことは，もっと率直に，徹底的に芸術的になるべきで，美術が扱うようなこと，すなわち，ビジョン，感情，空想などを扱うべきであり，教育におけるその地位について正当化する際には，それが想像の世界を豊かにすることを理由にすべきであって，そのついでに提供するかもしれない知的あるいは実用的な寄与を理由とすべきではないと，私は，信じているのです[60]。

美術を，美術以外の理由のために学ぶべきではない，とする本質主義の立場は，リチャードソンの初期から一貫する思想である。美術のための教育でありながら，学習者中心の原理に基づくという，彼女の思想の特質が表されている。

3. 描画指導の基準探究

美術教育の目的における本質主義の立場と，子ども中心の学習原理とを両立させるためには，いわゆる「大人の美術」と「子どもの美術」において，共通する特質を探り出し，それを基盤にして教育を成り立たせなくてはならない。リチャードソンは，ここで，両者の特質における一致点を，およそ二点の立場から説明しようと試みている。それは一つには，形態上の統一感であり，もう一つには，内的視覚の役割である。

まず第一に，「本当の最上級の子どもの美術」を特徴づけるものとして，「ある程度素早く，はじまりのアイデアが，まだ脈打っているうちになされた痕跡を示していながら，それと結びついて，愛情深い注意と献身をもってなされた形跡をもっている」[61]ことを挙げる。言い換えれば，生命感を与える表現ということになるのかもしれない。それと同時に，「絵としての統一感」を挙げる。それは，装飾，パターンの感覚などと呼ぶこともできるかもしれないが，リチャードソン

によれば、「アイデアが心の中のイメージとして抱かれ、紙の上に、障害や妨害なしに、直に翻訳されたことの、誤りのない印」[62]であるという。意図的な操作によるものよりも、内面的イメージの直接的な表出の方が、統一感ある絵を構成するという考え方は、キャタソン－スミスに近い観点を述べていると見ることもできる（第1章におけるキャタソン－スミス『記憶からの描画』に関する言及参照）。

　これと対比して、「大人の美術作品」を特徴づける本質的なものも、統一感であるという。ただし、その探究方法は、より意識的なものであるかもしれず、自然の外観の複雑さの中から、意味のある、秩序づけられた関係を知覚して表現するのであって、それを通じて秩序、バランス、適切さの感覚を示すものである、とする。ただし、スタンレー・スペンサー（Stanley Spencer, 1891-1959）やウィリアム・ブレーク（William Blake, 1757-1827）等に代表されるように、成人した芸術家の多くも、子どもと同じように、心の眼で見る力を保持している。このマインド・ピクチャーの力を発達させる訓練は、多くの人々が、芸術家のものの見方を学ぶ上で大きな恩恵となるであろう、と述べている。

　ここで述べられている観点は、のちにハーバート・リードが、例えば1943年に『芸術による教育』[63]の中で述べている美術観、教育観と比較することもできる。彼が芸術の定義で述べているような、数学的な秩序に基づく客観的な美と、個人の想像力による個人的特異性の表現の結合したところに美術の特質を求めていた点と、リチャードソンのいう「統一感、パターン」と「心の眼、マインド・ピクチャー」との結合関係に、ある種の類似した思考を見ることができるのである。リチャードソン、リードともに、フライらの美術理論の主導した、いわゆる「フォーマリズム」重視の思考を継承した上で、内的イメージの重要性に着目しているという点では、同一線上にあるものとして理解できる。また、内的視覚の訓練について述べる上で、ブレークらの例を示す点も同一である。

　リチャードソンは、描画教育に関して、明確な目的の欠如とともに、子どもたちの絵を判断する明確な基準の欠如が問題であると指摘する。これまでの講演でも、目的の混乱については種々に指摘してきているが、作品の判断基準という観点については、あまり言及されていない。これは結局、上記に述べた、子どもと成人の美術に共通する特質の展開に他ならないのであるが、それをここでは、パターンという概念を用いて説明しようとしている。そのために引用するのは、教

育省発行の『提言』から，描画ではなく，音楽の章の一節である。「発達している子どもの基本的な本能は，デザインする欲求，パターンに気づいて作り出す欲求，自分が学ぶこと，する事すべての中に，リズムと調和を感じる欲求である。」[64]

そこで，教師は，子どもの描く絵を，パターンとリズムを作り出す機会としてとらえ，それを認識できるように自らを訓練する必要がある，と主張する。ただし，彼女のいうパターンとは，「四角や丸あるいは花」というような，幾何学的な構成や装飾などに限定されるものではない。あらゆる具象的，物語的要素をもつ絵の背後に，そのパターンの織りなす秩序を見いだすことである。そこでは，ゴッホのいすの絵は，素晴らしいパターンを描いたものと評価される。

そして，そのようなパターンを子どもたちが生成していくための方法としては，パターンのみをとり上げた意図的な操作の練習を与えるべきではない，という観点が示される。

> もし，私たちが彼らに描くために与える材料が正しい種類のもので，正しいやり方で彼らの心に触れるならば，彼らは，無意識的にそのパターンを作ります。多くの現代の作品の，醜さと空虚さは，人気のある用語で言えば，それが「心地よく」見えるまで，形を操作しているだけだという事実によるものです[65]。

リチャードソンのいうパターンとは，ただ形態が心地よく配置されているというだけではなく，「意味」をもつものであって，「感情によって，創造され，秩序づけられ，必然のものとされている」ものであるという。これは，美術論的に見るならば，形態の価値を第一に据えるフォーマリズムを通過した上での，物語性，記号的内容の復権の段階を示していると見ることができる。

そこで示される対案は，いわゆるワード・ピクチャーの指導法である。この方法に関して，二つの重要な観点が語られていることに注目する必要がある。その一つは，言葉で語る教師は，それを物語ではなく，絵として見ながら提示する必要がある，という考え方である。もう一つは，「子どもたちが描く前に心に思い描かせること，彼らの材料の言葉で心に思い描かせること」であるという。リチャードソンは，技術的な指導を決して軽視することなく，かなり行っているというが，それは，ひとたび子どもたちが「絵の具と紙と筆の言葉で絵を見ることができたとき，そして描きながら描くことを学ぶとき」，すなわち，具体的なイ

メージに主導される自発的探究の態度が成立した時点で，効果を結ぶのである。

4．描画指導の全体構造

　講演のまとめは，当時再出版がなされたという14－15世紀イタリアの画家チェンニーノ・チェンニーニ（Cennino d'Andrea Cennini）による技法書の引用で締めくくる。これは先に，技術的指導の要諦を語ったことを受けて，学習者中心の美術教育における技術との関係を象徴するものとして，とり上げたものと考えられる。彼女が引用するのは，「まるで料理のように」川の描き方，死体や負傷者の描き方，等々の技術的処方を連ねた箇所と，キリスト教の神に祈りを捧げる箇所である。この技法書には，リチャードソンが美術を語る際に必須としてきた，「芸術家の心」や，「ビジョン」に相当する表現は全く見られないが，おそらくビジョンは神から来ていたのであろう，とする。講演の最後の部分は，やや詩的な表現，あるいは比喩による示唆的な表現で結ばれているため，論旨は明白とは言い難い。しかし，おそらくリチャードソンの引用の意図は，技術的知識のみを扱っているかに見えるチェンニーニの技法書にも，その根底にはビジョン（この場合は信仰）が存在する故に，技術に隷属することなく芸術を作り得た，という主張ではないかと考えられる。

　リチャードソンは，子どもたちを教えるときも，同じであるという。「偉大なる，過去の伝統的な民俗芸術を作り出してきた直観は，一人一人の子どもの中に眠っているのです。」[66] ここで述べている，「直観」は，中世における「神」，現代におけるビジョン，すなわち美術における自己表現の過程にあってそれを導く内面的イメージ等と，密接に関連する概念であると考えられる。「子どもたちの，芸術に対する全般的な態度が，正しく健全に」なれば，「技術のことで面倒を見るのは自由にできます。」と述べているように，この講演の結論部は，個人の表現を重視した描画教育における，内面的価値と技術的指導の和解を象徴していると考えられる。

　チェンニーニは，ジオット（Giotto di Bondone, 1267-1337）の系譜に連なるアニョロ・ガッディ（Agnolo Gaddi, 1333頃-1396）の弟子として修行し，1400年頃，当時の絵画技法を集大成して出版した。当時，工房における秘伝とされてきた技法を書物にまとめて公開することは異例であり，美術史上においても貴重な価値を

もつ文献である。藤井久栄によれば，この書は，絵画職人のための中世的技術を教える手引き書であるものの，手本の模写のみでなく自然をも重視し，また，神への信仰と自然への忠実を同時に強調すること，人物における個性や人間的感情の表現への探究など，近代絵画誕生の先駆的役割を果たすものであるという[67]。

　フランスでは1911年に再出版がなされ，画家オーギュスト・ルノワール（Pierre Auguste Renoir, 1841-1919）が，前年にその出版を称える書簡を公表した。近代における芸術と技術の分離を，超克すべき課題と任じていた当時の芸術家たちにとって，チェンニーニの技法書から，かいま見ることのできる，中世からルネサンス初期（いわゆる「プリミティヴ」に相当する）の工房は，一つの失われた理想の共同体として受け取られる面があったことは相違ない。ルノワールの書簡は，中村彝による同書の邦訳において，序文の位置づけで再録されているが[68]，その中で，彼は，およそ三点にわたって，チェンニーニの時代の画家の社会の卓越性（すなわち，近代において失われたとルノアールが考えた条件）を記している。第一には，共通の技術の伝承であり，第二には，制作の源泉となる理想（宗教的感情）であり，第三には，現代の機械主義が分断してしまったとする，個人内における制作過程の一貫性であるとする。

　リチャードソン当時の英国における出版も，おそらく同様の背景のもとで受け入れられたことは充分に考えられる。リチャードソンがルノワールの書簡を読んでいたかどうかは不明であるが，そこに示された観点は，非常に共通するものであることがわかる。両者は共に，現代において失われた，技術と理想（あるいは精神）との結合を，チェンニーニの書物に見ているのである。そこには，ロジャー・フライによって初めて論文にダドリーの成果が紹介された際に，彼女の教室が15世紀の小都市の画家の工房に喩えられた，という原点に立ち返る意味も存在したであろう。子どもたちの内的必然に基づかない機械的模写の訓練を離れ，内的ビジョンに基づく表現のための闘いを続けてきたリチャードソンが，旧来の体制の否定に専心するのみではなく，新しい教育方法の全体観を確立する時期にいたって，芸術と技術の結合（ただし，その主導権は常に芸術，すなわち内的ビジョンの側に置く）を象徴する，「プリミティヴ」の工房に回帰したと見ることができるのである。言い換えれば，個人の価値という近代性と無縁に思われるこの技術書に共感をよせた，ルノワール，リチャードソンらに共通するのは，人間の内面

と関わりのない技術への隷属からの解放と，失われた人間の全体性の回復を，美術という場において希求する態度であった，と見ることもできるのである。

「直観と教授」と題されたこの講演が，リチャードソンの教育方法の全体構造を示唆するものだととらえて，仮に，その構造をおよそ五層にわたる要素が同時に作用するものとしての説明を提示してみたい。第一層は，最も根底にあると仮定されるものであり，ここでは，子どもの「直観」，より具体的には「ビジョン」という概念によって代表される。「プリミティヴ」期の工房において共通の信仰心に支えられた理想状態は，その象徴であったかもしれない。リチャードソンは「無意識」のような心理学的仮説は用いておらず，あくまでも表現の活動において生きて働く，体験可能な段階でのみ議論をしている。これは，学習活動における自発性の源泉となるが，必ずしも個別的である必要はなく，集団で共有される源泉でもありうる。

第二層は，この直観あるいはビジョンを，より積極的に認め，発現，保持，発展させるための教育的行為であり，それはマインド・ピクチャーと呼ばれる，視覚的現象と訓練の方法の双方を表す概念によって代表される。この作用の効力を象徴する存在として位置づけられるのが，ブレークやスペンサーなどの画家たちである。方法論的な起源としては，キャタソン-スミスの記憶画の系譜に連なる。

第三層は，絵画を構成する画面の「統一感」，あるいは「パターン」，「調和」である。これは，幾何学的形態の操作による訓練ではなく，あくまでも第一，第二層の機能によって自然に形成されてくる側面と，また，第四，第五層における，より意図的な学習の反映との協調のもとに成立するものと位置づけられる。その意味では，これを第三層とするよりも，全体の構造に一貫するものと位置づけることもできるが，リチャードソンの場合，内的視覚の妨げられない実現が優れたパターンの源泉であるとする面を強調する傾向があるため，この位置で考えることとする。これを象徴する存在は，ゴッホの具象的な作品の構成に表れたパターンである。理論的には，これはフライらのフォーマリズムの観点を反映していると考えることができる。

第四層は，主題の意味や，物語性である。リチャードソンは，内容のない，「現代の作品の，醜さと空虚さ」を批判していた。色彩と形態の操作のみに至る，完全な抽象画の価値を容認した形跡は見られない。この側面で主要な役割を果た

すのは，ワード・ピクチャーの方法である。理論的には，ベルなどの極端なフォーマリズムには同意せず，後期のフライなどに見られるような，形態と内容との結びついた，包括的な絵画世界の認識に近いということができる。

　第五層は，技術的指導，あるいはより包括的に述べるならば，学習者の自発的な技術的解決の態度に基づく，教師からの教授である。これは，マインド・ピクチャーやワード・ピクチャーに関連して述べたような，「材料の言葉で思い描く」という，イメージ・トレーニング（イメージ・リハーサル）的側面と，「描きながら描くことを学ぶ」という，材料との相互作用を基盤とした，自発的探究の過程，さらに，本稿ではあまり直接的には触れられてはいないが，教師からの示唆や，過去の美術作品の学習による啓発も含まれるであろう。

　このように図式的に分類してみるならば，最も自由であり，自然で根底的と考えられる第一層の「直観」から，最も規範的であり，意図的で表層的と考えられる第五層の「教授」までが，一続きの統一体としての構造をなしていることが理解できる。この両端を結ぶ上で鍵となる特質を表しているのが，リチャードソンの思想の中では，中期以降強調されるようになってきた，パターンの概念であり，それを挟んだ上下層に，主題や物語性を与えるワード・ピクチャーと，より自由な枠組みで抽象的な形態を可能にするマインド・ピクチャーが位置している。そして，これら直観から教授にいたる結合を象徴する存在が，チェンニーニの技法書から喚起された，「プリミティヴ」工房であり，それはまた，教室における美術の学習に重ねられた像であった。こうしてみると，海岸で遊ぶ子どもたちの情景を，聴衆に絵として思い描かせる語りかけに始まったこの講演自体が，これまでのリチャードソンの思想と方法の位置づけに全体的統一感を与える，パターンを描いている，と見ることもできるのである。

注

1) Marion Richardson, "L. C. C. No. 1. 1925." (MRA 3442A,「1925年第1回ロンドン市講演」)
2) Ibid, p. 1 a.
3) Marioin Richardson, "Bristol, Sunday, March 28th 1925. Art Teachers' Guild." (MRA 3423A,「ブリストル美術教師組合講演」)
4) Richardson, "L. C. C. No. 1. 1925," p. 1.
5) Marion Richardson, "L. C. C. Lectures, a 1925 No. 2." (MRA 3424B,「1925年第2回ロンドン市講演」)
6)「先週の講演では，私自身の教えた経験に触れ，学校で普通に行われている描画の教え方が，子どもの表現する力を抑制していると私が見なすようになった経過を示しました．今日は，過去を，少し振り返ってみたいと思います．この教科について考えられてきた観点を考察することによって，現在の位置をよりよく理解するためです．」(Ibid, p. 1.)
7) Marion Richardson, "L. C. C. Lectures 1925 No. 3." (MRA 3426A,「1925年第3回ロンドン市講演」)
8) Richardson, "L. C. C. No. 1. 1925," p. 1.
9) Ibid, p. 2.
10) Marion Richardson, "August. 31. 1918," p. 17. (MRA 3394A)
11) Marion Richardson, "An Expansion of the 1919 Lecture," p. 13. (MRA 3446)
12) Marion Richardson, "Dudley Education Society," 1920, p. 16. (MRA 3388)
13) Roger Fry, "Teaching Art," *The Athenaeum,* September 12, 1919, pp. 887-888.
14) Roger Fry, "Children's Drawing at the County Hall," *The New Statesman and Nation,* June 24, 1933, p. 844.
15) Richardson, "L. C. C. No. 1. 1925," p. 2-5.
16) Ibid, p. 8.
17) Ibid.
18) Ibid, p. 9.
19) Ibid, p. 11.
20) Ibid.
21) 例えば，「1919年講演拡張版」において，「50年前には，人々はかなりはっきりしていたように思われます．」として，段階的な模写の訓練について数行言及している．(Richardson, "An Expansion of the 1919 Lecture," p. 2. MRA 3446)
22) Jane Austen, *Sense and Sensibility,* 1811, reprinted, Oxford University Press, 1970.
なお，ジェイン・オースティンの文学とその背景については，主に以下の研究を参照．大島一彦『ジェイン・オースティン』中央公論社，1997年．
久守和子「戯画化された感性崇拝－センティメンタル・ノベルとの訣別」，都留信夫編著『イギリス近代小説の誕生』ミネルヴァ書房，1995，57－107頁．
23) Richardson, "L. C. C. Lectures, a 1925 No. 2," pp. 3-4.

24) Ibid, p. 4.
25) Ibid, p. 5.
26) Ibid, p. 6.
27) Arthur Clutton-Brock, *The Ultimate Belief,* London, Constable & Co, 1916.
28) Richardson, "L. C. C. Lectures, a 1925 No. 2," p. 6.
29) ドロシア・ビール，1858年より生涯，チェルトナム女子カレッジ（Cheltenham Ladies' College）の学長を務めた他，各方面で英国の女子教育の発展に貢献した．
  （*Dictionary of British Educationists,* Woburn Bress, 1989. 他）
30) Richardson, "L. C. C. Lectures, a 1925 No. 2," p. 8.
31) Ibid, p. 9.
32) "Children's Drawings," *Times Educational Supplement,* January 19, 1924.
33) Robert Catterson-Smith, *Drawing from Memory,* London, Pitman, 1921.
  キャタソン-スミスの記憶画の指導法に関する代表的な著作である本書は，リチャードソンの初期講演の原稿が残る1918-20年の期間には，出版されていなかった．したがって，記録で確認できる範囲では，1925年の本講演が，これに言及する初めての機会である．
34) Richardson, "L. C. C. Lectures, a 1925 No. 2," p. 10.
35) Ibid, p. 16.
36) Andrew Causey, "Formalism and the Figurative Tradition in British Painting," Susan Compton (ed.) *British Art in the 20th Century, the Modern Movement,* Munich, Prestel-Verlab, 1986, pp. 16-17.
37) Richardson, "L. C. C. Lectures, a 1925 No. 2," p. 18.
38) Richardson, "L. C. C. Lectures 1925 No. 3," p. 1.
39) Ibid, p. 5.
40) Ibid.
41) Ibid, p. 6.
42) Ibid.
43) Richardson, "Bristol, Sunday, March 28th 1925. Art Teachers' Guild."
44) Richardson, "The Aesthetic Section of the Psychological Society. March 30th 1925." （MRA 3414,「心理学会美学部門講演」）
45) なお，この作品は，W. ビオラ『子どもの美術とフランツ・チゼック』（1936年）の表紙にも用いられている．
46) Marion Richardson, "Cizek."（MRA 3420）
47) Marion Richardson, "Lecture on Hand-writing, Board of Education Course at Oxford, July, 1929."（MRA 3450）
48) Marion Richardson, "Lecture on Drawing, Board of Education Course at Oxford, July, 1929."（MRA 3449）
49) Board of Education, *Handbook of suggestions for the consideration of teachers and others concerned in the work of public elementary schools,* London, His Majesty's Stationary Office, 1927.

50) Marion Richardson, "New Ideals Oxford Rejected Paper, April 1930."（MRA 3417）
51) Marion Richardson, "Intuition and Instruction, New Ideals in Education : at Oxford, Easter, 1930."（MRA 3477）
52) 小池　滋『もう一つのイギリス史』中央公論社，1991年，202－203頁．
53) Richardson, "Intuition and Instruction," p. 1.
54) Ibid.
55) Ibid, pp. 1-2.
56) Ibid, p. 2.
57) 「直観と教授」"Intuition and Instruction" なお，"instruction" は，一般的には「教授，教育，命令，指示，学校などで行われる組織的な教育」等の訳が当てられる．
58) Richardson, "Intuition and Instruction", p. 2.
59) 以下の作品と推定される．フィンセント・ファン・ゴッホ《ゴッホの椅子》1888年－89年，カンヴァス，油彩，92.5×73.5 cm，ロンドン，テート・ギャラリー所蔵．
60) Ibid, p. 6.
61) Ibid.
62) Ibid, p. 7.
63) Herbert Read, *Education Through Art,* London, Faber and Faber, 1961（3rd ed.）, First published 1943.
64) Richardson, "Intuition and Instruction", p. 8.
65) Ibid, p. 9.
66) Ibid, p. 10.
67) チェンニーノ・チェンニーニ，中村　彝・藤井久栄訳『芸術の書』中央公論美術出版，1976，205－206頁（訳注解説）．
68) オーギュスト・ルノアール「アンリー・モッテに与えしオーギュスト・ルノアールの手紙」前掲書，21－30頁．

第5章　内面的イメージに基づく教育方法

第1節　マインド・ピクチャーの意義と役割

1. マインド・ピクチャーの定義

　リチャードソンがダドリーその他の学校での教育において自ら開発し適用した方法，また，のちにロンドン市の視学官として指導する中で発展させた方法等を全体的に見れば，年代による発展や変遷が見られるほか，普通教育の学校カリキュラムにおける教科としての諸条件や目的にも対応し，その内容は総合的で包括的な性格を持っている。しかし，すでに様々に検討してきたように，美術教育の改革において彼女の果たした役割は，旧来の模写中心の学習を否定すると同時に，安易な「自由表現」の弊害をも強く主張し，現実的に「学習者中心」の教育への変革を進める上での確実な基盤を示そうとした点にあると考えられる。

　そこで，彼女が求めた「確実な基盤」とは何か，という点について改めて指摘するならば，学習者の内面的イメージと，新しい「美術」概念とにあった，ということもできよう。ここでいう「美術」とは，ポスト印象派以降の思想に影響されつつ，彼女独自の世界観に基づいた，内面的イメージと超越的な体験，そして画面上の形態的調和とが結びついた領域であった。内面的イメージの顕現と「美術」とが緊密に結びついた彼女の美術教育観のもとでは，「学習者中心」と「美術中心」とは対立する概念ではなく，むしろ相互に不可欠な要素として認識されていたと考えることができる。

　したがって，リチャードソンの教育方法全体を貫く独自性の根幹として，この「内面的イメージへの立脚」という側面を，見逃すことはできない。すでに第1章で指摘したように，リチャードソンの初期改革における学習者中心の教育の成立過程は，いわゆる外観描写からの離脱に伴った，内面的イメージへの依存の拡大という過程と並行していた。その過程における方法上の発展の，ある意味での最も極限にまで推し進められた到達点が，マインド・ピクチャーと呼ばれる描画活動であった，と考えることができる。この学習は，リチャードソンがダドリー

において最も先鋭的な教育改革を進めていた時期に，集中的に探究されていたものであるにもかかわらず，むしろ社会的にはあまり認知されず，これまでも不明な点が多い。そこで本章では，とくにマインド・ピクチャーについて，その定義，指導の方法，作品の特徴，発展の経過，実際の学習活動における作用等々の観点から明らかにすることによって，リチャードソンの教育方法の独自性の一面を考えていくこととする。

マインド・ピクチャーに関する定義を簡潔に試みるならば，以下のように述べることができる。すなわち，1910年代の中頃から20年代の初めまでに，リチャードソンがダドリー女子ハイスクールにおいて，模倣や観察描写中心であった当時の一般的な描画教育を離れ，学習者の内面的イメージに基づいたカリキュラムを実験する中で開発された，学習者中心の美術教育への実質的な転換を進める上での基礎となる方法であり，用語としては，文脈に応じて，(1) 目を閉じて自然に浮かんでくるイメージそのものの名称，(2) そのイメージをできるだけ忠実に保持することを目指しながら描画した作品の名称，(3) こうした方法あるいは学習活動全体の名称，というように，およそ3種の用いられ方があった。

以下に，それぞれの側面から，この定義を裏付けてみたい。

第一に，イメージとしてのマインド・ピクチャーの側面については，リチャードソンによる，ダドリー女子ハイスクールの指導計画書に，次のような定義がある（[　]内は，訳者による補足）。

　　1．フリー・マインド・ピクチャー
　　　通常，生活の日常的な事柄から心が離れているときに心に現れるイメージの描画である。これらは，心理学者の興味の対象となったり，子どもにとっては感情のはけ口であったりするが，[この学習では]技術を獲得するための最も健全な拠り所として使用される[1]。

ここには，イメージとしてのマインド・ピクチャーの性質について，一見相反するかのような認識が同時に述べられているのを見ることができる。それらは，イメージの無作為性，心理学的解釈の否定，さらに，技術獲得という目的性である。

まず，ここでの（マインド・ピクチャーとしての）イメージは，「生活の日常的な事柄から心が離れているときに」とあるように，意図的な観察や目的意識からではなく，ほぼ無作為の状態で浮かんでくるものであるとしている点である。この

定義は，子どもたちにとっても共通に理解されたことがらであったことは，例えば，リチャードソンの指導を受けたある生徒が，「ベッドに横たわり目を閉じると，時々，いろいろな形のマインド・ピクチャーが，色を変えながら現れては消えていくのを見ることができます」[2]と書いた作文にも見ることができる。リチャードソンは，「無意識」という用語を使うことはほとんどなかったが，彼女の対象としたイメージの体験とは，個人的な作為や操作の範囲を超えたところから，予期せず現れてくる存在に遭遇することを意味していることを，これらの記述は示している。

次に，定義の最初の側面からすると，やや特異であるように思われるのが，マインド・ピクチャーのイメージに関して，心理学的な解釈を避ける立場を示している，という点である。この指導計画書の記述においては，「心理学者の興味」「子どもの感情のはけ口」の両者よりも，技術獲得という目的を，むしろ強調している。その後，書き改められたと考えられる第三番目の指導計画書では，さらにこの点に補足して，次のように加筆されている（［　］内は，訳者による補足）。

　　イメージは，物理的［あるいは身体的］なものが発生源であるように思われることが多いが，単なる入り混じった色彩であるかもしれない。しかし，描画の過程は，彼らに相当の完成度や技術的可能性の探究を要求するものである。

イメージの心理学的解釈を用いず，単に身体的現象を起源とするものであっても容認していくという立場は，リチャードソンのマインド・ピクチャーに関する認識に一貫した特徴であるとともに，のちに，彼女の影響を受けたと考えられるミラム・フォード・スクールのマインド・ピクチャーにも受け継がれ，その解釈を巡っては，無意識の領域との接点を求めるハーバート・リードの観点と明確な相違を示すことになる（次節参照）。そして，イメージとしてのマインド・ピクチャーについて，学習者が表現の技術や完成度を追究するための拠り所として位置づける考え方は，心理学的解釈の回避と表裏をなすとともに，学習の過程における実際的な効果を重視する，教師としての観点が強く現れた見解である。

第二に，作品としてのマインド・ピクチャーは，これまで，アーカイブの資料を除いては，その存在は，ほとんど無視されてきたといってよい。当然の帰結として，リチャードソンの教育方法の特質を示す重要な作品例としては，認識され

てこなかった。後にも述べるが，リチャードソンの没後に出版された回想録の図版には，一点も掲載されず，生前の活発な展覧会活動においても，作品として展示された形跡は見られない。アーカイブに保存されている，約1500点の生徒作品の中で，およそその3分の1を占めると考えられる膨大なマインド・ピクチャーの作品群は，こうした認識を覆すものである。

そのほとんどが同じ様なフォーマット，すなわち，約20センチメートル四方の正方形の画用紙に水彩絵の具で描かれ，すべての作品にではないが，絵の周辺の余白に作者名・年齢や日付，作品に関する子ども自身による説明や評価などが記されている例が見られる。このように統一された形式に反して，個々の作品の特徴は，多様であり，様々な表現方法が試みられているのを，見ることができる。具体的な対象を描き出した絵も見られるが，大部分はいわゆる抽象的な形態を描いたものである（図5-1～図5-19等参照）。

当時の学校教育において，こうした非再現的な形態を描くことが，いかに特異な活動であったかは，アーカイブに残された生徒の作文の中で，例えば，「ほかの学校に行っている友達が私の絵を見ると，『なんて変なの，私たちはそんなこと全然しない』と言います」[3]というように，他の学校での美術学習の内容と比較して述べている例などからも，うかがうことができる。

マインド・ピクチャー作品については，次節以降において，主としてアーカイブ所蔵資料をもとに，より詳細な検討を行っていく。

第三に，方法あるいは活動全体の名称としてのマインド・ピクチャーについては，その方法の起源と，指導方法について，以下の点を指摘しておきたい。

この方法の「発見」に至る一つの背景としては，バーミンガム美術学校の指導者であったキャタソン-スミスによる，いわゆる「閉眼描法（shut-eye drawing）」との関連性を無視することはできない。彼の教育方法に関する著書『記憶からの描画』（1921年）の中扉の標題には，Mind Picturing の語が加えられている[4]。ここでの「マインド・ピクチャリング」とは，文字通り，「心に絵を描くこと」であり，主として学習者外部のモチーフの外観を正確に記憶して再現する訓練を重ねることにより，自ら新しい構図を案出するための基礎的な能力を育てることができる，とする思想に基づくものであった。これに対し，リチャードソンのマインド・ピクチャーは，イメージの源泉が単に身体的現象であったとして

も，最初から学習者内部に由来するイメージのみを拠り所にするという点では，明確な相違が認められる。したがって，作品に表れた形態上の特徴として，外部のモチーフとの類似は，リチャードソンのマインド・ピクチャーにおいては問題とされず，むしろ，外部世界には存在しない，抽象的な形態の描画を広く認めていることを挙げることができる。

　この方法が編み出されてきた経緯については，リチャードソンによる1925年の講演原稿に，自然物の記憶画から，教師が主題を語って与えることによる描画（ワード・ピクチャー）へ，そして，「純粋に主観的な見方に向かう傾向」[5]の一つの到達点として，外部からの直接的な情報によらない内面のビジョンを描く，マインド・ピクチャーの方法を「発見した」と記されている。すなわち，他でもない，子どもたちに，より自立した表現者としての活動を促そうと，教室で繰り返していた学習活動の模索の中で，見いだされてきた方法であると主張しているのである。

　リチャードソンの作成した最も初期の指導計画書（1915－16年）[6]に記されていた，毎回の授業に設ける「イメージを心に浮かべる」活動において，子どもたちが見る内面的イメージを，マインド・ピクチャー（心の中に見える絵）と呼んでいたものが，活動の名称，あるいは作品の種類の名称としても用いられるようになった経過が推測できる。1920年の講演原稿，および1920年前後に作成されたと考えられる二番目，および三番目の指導計画書において，フリー・マインド・ピクチャーの名称が，初めて用いられている。

　アーカイブには，バーミンガム美術学校卒業後も，キャタソン－スミスとリチャードソンが連絡を取り合っていたことを示す書簡が多数残されており，1921年の『記憶からの描画』出版に至る時期にも，互いの教育方法や思想に関して，交流があったことは充分考えられる。リチャードソンが，1920年頃にフリー・マインド・ピクチャーの名称を用いた背景には，フリー（「自由な」）という形容を冠することによって，キャタソン－スミスの著作で述べられていた，観察と記憶による，「決められた」マインド・ピクチャーと区別する意味があったのではないかと推測される。

　なお，リチャードソン晩年の回想録には，キャタソン－スミスの閉眼描法を中等学校で応用するに際して，スライド投影機等の設備がなかったため，教師自身

が思い描いた絵を言葉で語って聞かせたことがいわゆるワード・ピクチャーの方法の起源である，とする逸話が語られている[7]（生前の講演原稿にはこの点の指摘はない）。この点を考慮に入れると，自然物の描写から，ワード・ピクチャーへの第一の転換の過程と，ワード・ピクチャーからマインド・ピクチャーへの第二の転換の過程の双方に，キャタソン-スミスの方法からの新解釈，という作用が働いていたと考えることができる。

次に問題となるのは，こうした独特の作品群がどのような学習活動により作られたか，ということであるが，以下は，リチャードソンによるマインド・ピクチャーの具体的な指導に関する数少ない記述の一部である。

> 私は子どもたちに次のように言います，「あなたたちの心の目の中に見えたものがなんであれ，それを描いてほしいのです。それがただの灰色や黒のしみだったとしても，気にしないでください。それがじっと動かずに静かにしているかどうか，良く見てみてください。それを見て，できるだけ正確に描いてご覧なさい。何かのことを考えようとしてはいけません。目を閉じ，イメージが来るのにまかせるのです」[8]。

この箇所を含めて，リチャードソンによる記述の要点をまとめると，以下のようになる。

1) 目を閉じて，自然にイメージが浮かんでくるまで待つ。
2) 浮かんでくるイメージの多くの源泉は，単に身体的な現象である。
3) 浮かんできたイメージが何であれ，それをできるだけ忠実に描こうと取り組む。
4) 子どもたちは，マインド・ピクチャーに取り組む中で，材料を扱う技術や独創性に，めざましい成果を見せた。

このうち，2) の要点は，やや注目に値するかもしれない。これは，リチャードソンが，理論上はどうあれ，実践上は，心理学的な根拠を求めるというよりは，例えば，まぶたを透過した光などの単純な現象であったとしても，それをマインド・ピクチャーと認めているということである。この点を突き詰めてみると，次のような論点が導かれよう。リチャードソンの指導したマインド・ピクチャーにおいては，その起源が精神的なものであるか単に物理的なものであるかという分類はあまり意味がなく，むしろ，その「ピクチャー」が特定の学習者に固有の現

象であることを利用して，描画の基準が学習者の内部にあることを現実的に理解させる手段とした，ということである。

2. マインド・ピクチャーに関する認識の変遷

　マインド・ピクチャーの存在に対する認識を阻んできた要因としては，先に挙げたような，作品としてのマインド・ピクチャーの発見が遅れたことに加えて，アーカイブ成立以前の，リチャードソンの教育に関するほとんど唯一の文献資料であった彼女の回想録『美術と子ども』の問題を，挙げることができる。

　『美術と子ども』には，「困難とその解決」と題された章の冒頭に，わずかにマインド・ピクチャーに関する言及が見られるが，その記述は他の内容と交錯しているような構成のため，ここを一読しただけでマインド・ピクチャーという独特の教育方法の存在を認識することは困難であろう。分量的にも，およそ75ページに及ぶ本文の中で，わずかに1ページ程度を占めるのみであり，読者はむしろ，人物画や静物画をいかに子どもたちの興味を湧かせるように指導するか述べた部分や，色彩や材料の学習に関する箇所などに，具体的な啓発を覚えるであろう。図版に至っては，39枚のうち，マインド・ピクチャーと分類できるものは1枚もない。

　アーカイブ資料における，1920年前後の膨大なマインド・ピクチャーの作品群と，1948年の『美術と子ども』における，マインド・ピクチャーに関する脆弱な記述との隔たりについて，どのような解釈が可能であろうか。この問題に答えるために，アーカイブ資料に残るマインド・ピクチャーへの言及をできる限り通覧して明らかにできた主要な文献の一覧を表5-1に掲げる。

　この調査結果において注目すべきことの一つは，リチャードソン自身の言及において，マインド・ピクチャーに関する力点の置き方に時代的変化が認められる，という点である。例えば，最も初期の文献資料に属する，1915年-16年の指導計画と，1918年，1919年の講演記録には，観察描写中心の教育に換わるものとして，心にイメージを浮かべるための「トレーニング」等の重要性について述べられているが，これらの時点では，マインド・ピクチャーの名称は使用されていない。

　アーカイブ資料において，この名称の使用が確認される最初の文献は，おそらく，1920年前後に作成されたと思われる第二番目および第三番目の指導計画書

表5-1 マインド・ピクチャーに関するリチャードソンによる言及の変遷

資料	「マインド・ピクチャー」に関する記述の要点
指導計画(1) （1915年）	「マインド・ピクチャー」の名称はないものの、「描画の大部分は記憶に基づいて行われる」「イメージを心に浮かべる（Visualize）時間を毎回の授業の始めに設ける」。
指導計画(2) （1916-22年？）	「フリー・マインド・ピクチャー」を学習内容の筆頭に。「日常的な事柄から心が離れているときに心に現れるイメージ」「技術を獲得するための最も健全な拠り所」。
指導計画(3) （1922-25年？）	観察による描画が筆頭に復活し、「フリー・マインド・ピクチャー」の位置づけを弱める。
1918年講演	子どもの「内面的ビジョン」を目覚めさせておくことが教師の役割、と説くが、「マインド・ピクチャー」の語は使用せず。
1919年講演	心的イメージとその訓練を強調するが、「マインド・ピクチャー」の語は使用せず。
ダドリー教育協会講演（1920年）	子どもたちが自分の内面の思考やビジョンに基づいて描くとき、極めて高い集中力を見せる例として、「フリー・マインド・ピクチャー」を挙げる。
第1回ロンドン市講演（1925年）	「マインド・ピクチャー」を中心的なテーマに。授業における探究の中から編み出された「マインド・ピクチャー」の起源。「自発的で不随意な、イメージの視覚化の記録」「完全な考えがやってくる時までの準備の活動」「その源泉は単に物理的なもの」「材料の扱いの習得」に効果。指導法と作品例の提示など。
第3回ロンドン市講演（1925年）	模倣に依らない描画教育の方法として、「マインド・ピクチャー」と「パターン」を推奨。
「直観と教授」 （1930年）	ブレイクなど芸術家の例を挙げ、マインド・ピクチャーを見る能力の訓練の意義を述べる。
『美術と子ども』 （1948年）	「マインド・ピクチャー」への言及は弱い。39点の作品図版中「マインド・ピクチャー」は1点もなし。制作への刺激、自主的な宿題の源泉。

か，1920年のダドリー教育協会における講演の原稿である。これら三つの資料に共通する点の一つは，「フリー・マインド・ピクチャー」という用語の使用である。1925年のロンドンにおける講演からは，単にマインド・ピクチャーとした語の使用が見られるようになる。これらの用語の意味，ならびにその起源に対する解釈については，前項にも述べたとおりである。

特に，マインド・ピクチャーに関する言及が顕著であるのは，1916年から22年の間に作成されたと考えられる第二番目の指導計画書と，1925年に行われた，ロンドン市主催による，現職教師のための講習会における講演である。第二番目の指導計画書では，7種の学習内容のうち，フリー・マインド・ピクチャーを筆頭に掲げ，観察描写を明確に排除するなど，カリキュラムにおけるその位置づけの大きさを示している。ロンドン市講演の第一回目では，マインド・ピクチャーを中心的な話題に据えており，彼女の考え方に基づいた教師教育を本格的に開始するに当たって，マインド・ピクチャーに置いていた意義の大きさをうかがうことができる。

また，1920年頃からこの講演の直前である1924年頃までが，アーカイブに残るマインド・ピクチャー作品の制作年代の中心をしめる時期とほぼ一致することにも留意してよいであろう（第3節，表5－3参照）。すなわち，リチャードソンによる二番目の指導計画書からこの講演に至る時期が，彼女の教育方法においてマインド・ピクチャーが中心を担うものとして確立されつつあり，また最も集中的に研究された時期と考えられるのである。

少なくとも，ダドリーを出発点として中等学校での指導を継続していた1920年代前半までは，リチャードソンは，マインド・ピクチャーをその教育方法全体の中で中心的な位置をしめる活動として重視しており，継続的に子どもの作品を整理し，講演等でも積極的にその意義を訴えていた。現在からみても，彼女の行った指導のうちで，もっとも純粋に学習者中心の原理を実現していたのは，この方法であると考えられる。主題性・再現性を持った絵では，「写実が美術の要諦ではない」と，その技巧について，常に弁明をしなくてはならなかった。もちろん，特別な才能のある学習者を対象とするのではなく，すべての普通教育学習者が，あたかも美術家と同じように，自らの感じた世界を絵に表現する活動を行うわけであるから，高度な再現的技巧を要しないというのは当然の帰結でもあり，むし

ろこの言は，旧来の指導観に慣れた大人たちを説得する意味合いがあったと考えられる。その際に，優れた美術であることを一般に評価されながら，必ずしも厳密な写実的技巧に基づかないものとして，「プリミティヴ」の初期イタリアルネサンス等の画家たちの作品が根拠とされたのは，すでに見てきたとおりである。

　しかし，マインド・ピクチャーの場合においては，このような限定を必要としない。外部の対象を再現的に描写するという束縛と基準を離れて，自らの内面的イメージに基づいた表現を行うことが，通常の表現上の発達の段階等を越えて，子どもであっても，自立した学習態度を保ちながら，独創的なイメージと高度な表現技術を探究する姿勢を示す，という，リチャードソンの思想と方法の，もっとも純粋な実現を，この方法に見ることができるからである。すでに見てきたように，1920年の講演ではリチャードソンは，教育専門家である聴衆に対して，子どものマインド・ピクチャーを模写してみれば，それがどれほど高度で，真剣に探究されたものであるか，理解できることを，誇らしげに述べている[9]。しかしながら，そのマインド・ピクチャーを，その他の種類の子どもの作品と同じように，「小さな美術作品」として社会に認知させるには至らなかった。

　これらの文献資料から読み取れる，マインド・ピクチャーに関するリチャードソンの考え方については，興味深い二面性をうかがうことができる。すなわち，原稿の至るところで，旧来の外観描写中心の教育と，新しい「自由表現」をともに批判し，両者が欠いているものとして，描画以前に学習者が内面にイメージを確立するトレーニングの重要性を訴えるなど，マインド・ピクチャーを指導の根本に位置づけるような記述[10]が見られると同時に，マインド・ピクチャーの解釈を拡大しすぎないよう，常に限定的に取り扱い，あくまでも学習者がイメージを視覚化するための「トレーニング」以上の意義づけをしようとしなかった。

　例えば，1925年の講演原稿では，「心に描かれたイメージは，記憶にある限りずっと，私自身の精神生活において，身近で，かつ非常に現実的な部分であり，多くの子どもたちもまた，この経験を持っていることがわかりました。」[11]と強調しながら，そのすぐ後で，次のように述べ，マインド・ピクチャーの役割に一定の枠をはめることを忘れない。

　　　私たちがこれらの断片を記録したのは，それら自体に存する可能性のあるいかなる価値のためでもありません。私たちはそれをありのまま認めたの

であり，それをほぼだれでもはじめることができる地点とみなし，また完全な考えがやってくる時までの準備の活動を与えていたのです[12]。

　こうした限定は，また，作品の展示にも見て取ることができる。マインド・ピクチャーは講演時の参考資料としては示されても，作品として展示されることはほとんどなかった。リチャードソンによるマインド・ピクチャーへの言及が最も活発であった時期に開かれた1923年の展覧会カタログを参照しても，展示された76点の作品は，題名から見る限り，すべて具体的な情景を描いたもので，ここで言うマインド・ピクチャーは一点も含まれていない[13]。

　『美術と子ども』には，人々がマインド・ピクチャー（この場合，心に描かれたイメージとほぼ同じ意味）を見ることを異常と感じ，恐れているという調査結果に触れている箇所があるが[14]，マインド・ピクチャーに見られたような非具象表現が作品として一般に受け入れられるには，当時まだ程遠い状態だったことが，リチャードソンに踏みとどまらせた一因であったのかもしれない。描かれた絵の多くが，非具象的な形態で占められていたマインド・ピクチャーには，「プリミティヴ」絵画が子どもの非写実的な様式を援護したような役割を果たす「美術」の側の相似物が，いまだ確立されていなかったということもいえるかもしれない。

　ただし，1910年代には，主としてヨーロッパ大陸において，先駆的な芸術家たちが抽象的な美術の実験を展開しており，それらの動向を参照するならば，子どもの美術の鑑賞者に，さらにもう一段の認識の改革を説くことも，不可能であったとはいえない。おそらくこれには，リチャードソン自身の美術観の傾向と範囲が，影響しているものと考えられる。この背景には，フライの思想も関わっているであろう。ベルとともに，ヴィクトリア時代の物語絵画の傾向を批判して，英国におけるフォーマリズムの主唱者としての役割を果たしたフライであったが，第2回ポスト印象派展においても，理論的には形態の価値を重視しながらも，その先にある抽象画への移行については，判断を保留していた[15]。彼と関わりの深いブルームズベリー・グループの画家たちも，一時，直線的な形態を用いた抽象絵画を試みた時期もあったが，結局その方向の追究よりも，彼らが真価を発揮したのは，人物や風景などを，画面上の形態を意識した独特の様式で表した作品であった[16]。フライ自身は，晩年は，純粋なフォーマリズムよりも，主題性への回帰，あるいは少なくとも，形態の価値と内容の価値との統合への試みが見られた

という指摘もある[17]。

　リチャードソン自身は，表現者の内面的動機づけのない客観的な観察描写の訓練の，普通教育の手段としての無意味さを主張し，そこからの離脱の過程のもっとも根元的な到達点として，マインド・ピクチャーに行き着いたわけであるが，それは，主として学習の原理としての実験であって，美術史上の様式の改革や，それに類する意義づけなどは，いっさい念頭になかったことは明白である。むしろ，彼女が，ワード・ピクチャーの語り手としての本領を発揮したように，何気ない日常の場面を，色と形の構成をなす絵画として見るという，形態の価値と主題性との結合した総合的な表現の場として，絵画をとらえていた面があるのではないかと考えられるのである。

　加えて，1930年前後より，彼女の開発したもう一つのイメージ・トレーニングとも言うべき，ライティング・パターンに対する外部からの評価が高まったこともマインド・ピクチャーの位置付けに影響を及ぼした可能性が考えられる。すでに第2章でもとり上げたように，これは，アルファベットの筆記練習と幾何学模様の構成を関連づけた指導法である。こちらの作品の方は『美術と子ども』[18]や，アーツ・カウンシルによるリチャードソン追悼展覧会にも含まれている[19]。ハーバート・リードも，主としてこの方面に着目し，ライティング・パターンに関する彼女の著作[20]の書評を書くために，彼女に書簡で意見を求めたり，この時期から，子どもの美術に関する著作を構想したりしたことなどは，すでに述べたとおりである。このように見ると，ロンドン市視学官の職務に就いた1930年以降は，1920年代までに見られたような，マインド・ピクチャーに関する積極的な言及があまりなされなくなっていった時期であり，その延長上に，晩年の『美術と子ども』における記述があることを認識すべきであろう。

　以上のことから明らかなように，『美術と子ども』に隠されていた問題点の一つは，子どもたちが心にイメージを思い浮かべる，という活動について繰り返し述べているにもかかわらず，それを現実的に可能にさせるためのトレーニングとしての意味をもっていたマインド・ピクチャーについて，ごくわずかしか触れていないことにある。アーカイブ資料の研究によって明らかにされつつある，この1910年代から20年代におけるリチャードソンの先駆的な試みは，彼女の確信にも関わらず，視覚文化に対する当時の社会における認識の許容度を超えていたなど

現実的な制約があり，結果的に衰退を余儀なくされた。こうして，彼女の教育方法の形成と成功において重要な役割を担っていたマインド・ピクチャーが欠落することにより，彼女の独自性の根拠が弱まり，のちの，チゼックの追随者としての評価が一般的となる一つの原因となっていったと考えることができるのである[21]。

3. 学習活動におけるマインド・ピクチャーの機能

　これまで，マインド・ピクチャーが，リチャードソンが学習者中心の美術教育への実質的な転換を進める上での基礎となった方法であることを，その定義と時代的変遷から述べてきた。次に，マインド・ピクチャーがどのような役割を，実際の学習活動の中で果たしていたかという問題を考えていくことによって，この主張について，より議論を深めていきたい。以下では，この問題について，次の五つの側面からの考察を提示する。それらは，技術の自発的な獲得，自己表現の原則の獲得，他の内容への影響，評価の変革，教師の役割の変化である。

　「技術の自発的な獲得」という観点については，ダドリー女子ハイスクールの指導計画書に記された，以下の方針に，まず着目したい。

　　　　再現描写としての描画の技術は，手段としても目的としても教えない。描き始める前に，心の中にアイデアをつかむことが非常に強調される。このために，心にイメージを思い浮かべることが奨励され，子どもは心の中のイメージを拠り所にすることを教えられる。これは，低い水準の技術でも受け入れられるという意味では決してない。反対に，技術は表現に付随するものであり，分離したものではないとみなされる[22]。

　ここで示されたような，外観の再現描写としての技術指導の放棄と，表現に付随した技術の獲得という，二つの（当時としては）相反した事項を矛盾なく結び付ける上で欠くことのできない役割を果たしていたのがマインド・ピクチャーであった，という点を指摘したい。すなわち，この方法は，表現すべきイメージを個人が確立し，その個別のイメージを表現するために各自がそれぞれの責任と方針により探究を試みる，という図式を学習の現場で成立させるための最も直接的な媒体として機能していたと考えられるのである。

　例えば，リチャードソン自身は，講演原稿の中で，以前は「不器用」に思われ

た生徒たちが，この描画に取り組む中で，技術的にも目覚ましい進歩を見せた例を述べている。

> 私は実験をしていたのです。私はこの考えに可能性があると思いました。そしてすぐに，子どもたちがこれらの絵に取り組んでいる時の材料の扱いの習得に，非常に強い印象を受けました。以前は見込みがなく，不器用にしていた女の子たちが，まるで彼女たち自身の力を超えるような技術と創造性を見せますが，これは私の意見では，この種の描画に限られたものです。つまり，それは内面から促され，導かれる描画に限られたものであるという意味です[23]。

これはすなわち，内面のイメージが主導するという，学習者の主体的な姿勢が維持されているときに，規定の技術や知識の習得の範囲を超えるような達成を，自発的に展開できるという，学習者中心の原理を，ある側面から明らかにしたものであると考えることができる。また，すでに指摘したように，「指導計画書」におけるマインド・ピクチャーの説明においても，「技術を獲得するための最も健全な拠り所として使用される」と明記されていることは，この観点についてリチャードソンが置いていた重要性を裏付けるものである。アーカイブに残る子どもの作品には，この観点を検証するに充分な，多様なイメージと様式，そしてそのための技術的探究の結果が示されている。例えば，図5-1は，12歳の生徒による作品であるが，三層からなる複雑な構造を見せている。全体の外枠を決定している，円や三角形の組み合わせによる幾何学的な構造の内部に，細胞か微生物を思わせるような有機的な形態がいくつか配置され，さらに，上部の半円形の中には，日没直後の荒天の海景を思わせるような，巧みな描出が見られる。このようにいくつもの側面を見ることができる作品であるにもかかわらず，全体の色彩は，緑と褐色系によって統一され，まとまりを見せている。画面下部には，「成功」という，本人の自己評価と思われる記述が残されている。

図5-2は，15歳の生徒による作品であるが，三次元のイリュージョンを目指したという点で，異なった方向性を見せている。一枚の布状の形態が浮遊しているように描いているが，布の曲面や重なり，そしてそれらが柔らかく影を落とす様子などが，丁寧に描き出されているのを見ることができる。画面下部には，この形態の周辺部はイメージできなかったこと，画面左下から光が来ること，紙か

らつまみ上げることができるように見せたかったことなど，作者による詳細な説明が記入されている。

　図5-3は，7歳という，アーカイブ作品では比較的少ない，低年齢の子どもによる作品の例として注目できる。この子どもの作品は，他にも少なくとも1点を確認することができるが，いずれも，その非具象的で有機的なイメージの多彩さ，色彩の豊かさ，複雑な曲線を塗り分ける巧みさなど，この年齢の子どもの作品としては，驚くべき水準を示している。この子どもの場合は，おそらく同年齢の中でも例外的な成果を示したものであると考えられるが，その表現を，マインド・ピクチャーが引き出したという事実は，尊重すべきであろう。

　次に，「自己表現の原則の獲得」という観点からは，次のような特質が指摘できる。ワード・ピクチャーからの発展としてマインド・ピクチャーに到達したリチャードソンは，その作品としての特質について，名前がなくても，描いた本人を特定できるほど，「何か強烈に個人的なもの」が見られた，と述べている[24]。また，その形は，「完全に自由」であり，通常の教え方が陥ってしまう，「決まり切ったやり方」を，避ける方法を見いだすことになった，とも指摘している。これらは，表現における子どもの個別性と多様性を確保し，画一的な表現形式を常に打破していくことの可能な方法という，教師の側から見た評価である。

　さらに，マインド・ピクチャーをカリキュラムの中心に据えることによって，この，個別性，多様性，絶えざる革新という，いわば近代的な「自己表現」の原則について，体験的に子どもたちに理解させる働きををもっていたのではないか，という点も，考えることができる。こうした考え方を子どもたちが彼等なりに受け止めていたことは，アーカイブに残る子どもたちの書いた文章などにも，よく示されている。

　例えば，以前にリチャードソンの指導を受けた生徒が，後任の教師が，特定の描き方を押し付けてくることに反論したことをリチャードソンへ報告している手紙がある。その一部を引用すると，以下のような，生徒と教師の見解の相違が記述されている（[　]内は，筆者による補足）。

　　　私とワード先生は，今日の午後の授業で口論をしました。ワード先生は，
　　人々の髪の毛はこんな風に描かなければいけない，と言われました。［毛
　　髪が平行する筋で表現されている人物頭部が描かれている。］私は，違い

ます，こんな風です，と言います。
　［毛髪が絡まりあう線で表現されている人物頭部が描かれている。］先生は，私の［描く］女の人は，何週間も櫛で髪をとかさなかったみたいに見える，と言われます。私は，人の髪のすべての筋を描くことはできません，と言います。ワード先生は，できないけれども，何本かは描けるでしょう，と言います[25]。

　子どもの側からの記述のみでは，ここで報告している授業での目標や，教師の指導の意図などを正確に把握することは困難である。したがって，この問題に関して教師と生徒のいずれの主張が正しいかを結論づけることは，あまり意味を持たない。しかしながら，表現の形式を選択する主体は，学習者の側にあるという基本的な姿勢を，リチャードソンの影響によって，この子どもが，すでに身につけていたことを示す資料であることは確かである。ここで話題に挙げられているのは，マインド・ピクチャーによる作品ではないかもしれないが，表現の根拠は，すでに一般的に受け入れられている（と教師の考える）表現様式よりも，個人の内面における独自の経験に基づくものであるということを，最も先鋭的な形で実践するマインド・ピクチャーの精神が，この子どもの行動に反映されているのを，見ることができるのである。

　その他，「美術とは」「絵画とは」というような題名で，生徒たちの考えを述べた作文が多数残されており，彼らが，リチャードソンの教育のもとに，表現の意志との接点を欠いた模倣や，単なる再現描写技術の獲得ではない，観察に啓発された美的発見や，内面的イメージの表現としての美術の価値について，気づき，自ら考えようとしていたことを，知ることができる。一例を挙げると，以下のような文章を見ることができる。

　　美術についての私の考え。
　　美術，美術，そう，美術って何ですか？
　　それは，他の人が前にしたことを，真似することではありません。
　　それに，間違いのないように描くことでもありません。
　　神の贈り物。
　　これらの贈り物は，すべての中でかけがえのないもの。
　　自然。素晴らしい！

素晴らしい！　大きなものも，小さなものも。
　それは，内なるビジョン。
　それは，とても明瞭に見ることができ，
　そこから目の悦びとなる作品を描くことができます。
　そして，このビジョンがなくては，
　どんな手を尽くしても，美術作品をつくることはできません[26]。

　この作文に見られるような，「内なるビジョン」を現実感をもって体験するマインド・ピクチャーの活動は，これらの，美術の意味を言葉で考える学習との相互作用のうちに，子どもたちの中に美術に関する思想と感受性を育てるという機能を果たしていたと，考えることができる。

　リチャードソンは，1925年に行った講演の中で，ダドリー女子ハイスクールにおける成功の要諦は，子どもたちの中に「自信」，すなわち，描くことに対して抑制されていないこと，「誰でも描くことができ，それは価値あることだという伝統」[27]を形成することができたことにある，という趣旨のことを述べている。そして，新しい場所で，このような態度の存在を期待できるようになるまでには，時間が必要であることも指摘している。子どもたちの中に，このような「自己表現の原則」への態度を育てる上で，リチャードソンの用いた教育方法が包括的に作用していたことは確かであるが，その中でも，個人の表現の差異への尊重を直接的に示す働きをもったマインド・ピクチャーの役割は，重要であったと考えることができる。

　「他の内容への影響」という観点からは，マインド・ピクチャーがカリキュラムの中心的な役割を果たすことによって，それ以外の内容をも，学習者中心原理へ，すなわちこの場合，外観の描写の正確さを離れ，学習者の内面的イメージとの関連を重視した学習へと性質を変えていく効果があったのではないか，という点を指摘したい。例えば，「指導計画書」にも見られる一種の風景画（「3．ダドリーと周囲の環境に触発された絵」，いわゆるビューティー・ハント）や「4．言葉による語りかけから浮かんだ絵」（この場合，「語りかけ」とは既存の物語ではなく，教師が自分の経験や想像による情景を語って聞かせることを指す，いわゆるワード・ピクチャー）などは，他でも比較的よく見られる内容であるが，これらは指導者の方針によって，その性質を大きく変える可能性がある。

この点についてリチャードソンは，1919年に行った講演の中で，たとえ彼女にならって教師の話を聞いて描くという内容を実践していても，その基準が，ものの外観が正確に描かれているかどうかという観点で行われるのであれば，旧来の指導法と何ら変わりない，という趣旨のことを述べている[28]。同じような題材であっても，イメージの拠り所をどこに置くかによって，従来の外観描写中心の学習の性質を帯びることもあれば，新しい学習者中心の学習ともなる。このような状況において，マインド・ピクチャーのように，外観という基準にまったく依存しない内容を中心に据えることは，大きな意味を持っていたと思われるのである。
　加えて，先にも述べたように，マインド・ピクチャーには，もともと「内面に抱かれたイメージ」という意味合いがあったことを考えあわせれば，例えば風景をもとに描く場合でも個々の内面に宿ったイメージ，すなわちマインド・ピクチャーを描いているという，いわば，美術カリキュラム全体のベースとしてのマインド・ピクチャーという側面を見ることができる。その意味で，狭義の，特定の表現領域としてのマインド・ピクチャーと，あらゆる表現の学習の基礎となる，主導するイメージという意味でのマインド・ピクチャーという，二つの構造をとらえることも可能であろう。
　「評価の変革」としては，以下の点が指摘できる。すなわち，それ以前の外観の観察描写を中心とした場合，評価は教師の側が一方的に判断できる問題であった。しかしリチャードソンのマインド・ピクチャーを評価する第一の基準は，学習者が内面に抱いたイメージをどれだけ実現したか，という点であったため，学習活動の評価に当たっては，そのイメージを見た唯一の人である学習者自身の役割が重要となる。リチャードソンはこの問題を回避せず，当時としては例の少ない，学習者自身の自己評価や相互評価などを取り入れ，評価方法の変革を先導した。この点に関しては，アーカイブの資料から少なくとも以下の点を確認することができる。
　第一に，「成功した」「失敗した」「満足した」「見えたとおり」など，各自の内面との関係により，学習活動を自己評価した記述を，マインド・ピクチャーを中心に作品の余白や裏面などに，多数見ることができる点である（図5-1ほか，多数の例）。第二に，作品について，例えば，「光を見上げたときによく見えるイメージ」というような学習者自身による説明が見られる点である（図5-6ほか，

多数の例)。第三に，教師による採点の記入に，柔軟な方法を見ることができる。例えば，ある作品には，画面下部に，「クラス全体の投票で平均Ａ－」と記され，上部には，おそらく教師による採点と思われる，「Ａ＋」が記されている。これは，絵の内容から見るとマインド・ピクチャーではないが，リチャードソンが1918年の講演で述べている，生徒どうしの相互評価や投票による授賞などの方法が実際に行われたこと[29]を裏付けるものである。また，ある作品の裏面には，生徒が書いたものか，あるいは生徒に聞きながら教師が書いたものと思われる，採点(「Ｂ」)，描画に要した時間，作品に対する批評，完成しているかどうか，などのデータが残されており，それとは別に，教師が記入したものと思われる採点結果(「Ａ－」)などが書き込まれている。その他の作品にも，描き進めるにしたがって評価を変更したと思われる記述や，教師からの励ましなどが書き添えられている例などを見ることができる。

　これらの資料は，リチャードソンが1920年の講演で「子どもが必要としてるのは聴衆，話しかけるべき誰かであって，審査員ではないのです。」[30]と述べて，学習者の自己批評の原則の確立を主張したことの，実践面における裏付けを示している。こうした点から，リチャードソンが当時試みた評価方法の変革は，教師による一方的な判断から学習者との相互的なものへ，完成した作品のみから，学習の過程を含んだものへ，そして外観の正確さという基準から個々の学習者内部のイメージ重視へとその性質を変えて行くものであったことが理解されるのである。これらの方法を示す事例は，特にマインド・ピクチャーに限るというわけではないが，リチャードソンの方法の中で，最も純粋に内面的イメージに依存する方法が中心となることによって，これらの評価方法の変革を促進させる効果があったのではないかと考えられる。

　「教師の役割の変化」とは，以上のすべての機能と関連している点ではあるが，方法としてのマインド・ピクチャーが，結果的に教師の態度や指導の原理を変革させていく役割を果たしている場合がある，という点を指摘しておきたい。この点については，リチャードソン自身ではないが，現在のアーカイブ資料をもとにした実践研究の中から，ごく一部を例として挙げておきたい。シースリック(Krystyn Cieslik)は，リチャードソンによる教育方法をマインド・ピクチャーを中心に再構成し，言語の習得に遅れを持つ生徒の教育を行った報告をまとめてい

るが，その中で，教師としての自分の役割が大きく変化したことを記述している[31]。

　その自己分析の要点をまとめれば次のようになる。すなわち，リチャードソンの方法に取り組む以前は，教師が授業の中心であり，子どもたちを批判しがちであり，教師は子どもたちの作品のただ一人の審査員という存在であった。しかし，リチャードソンの方法を試みる中で子どもたちとのより良い関係を意識するようになり，子どもたちを称賛し，彼等の考えを発展させるように努力し，彼等の声に耳を傾けるようになり，子どもたちが自己評価するのを励ますようになった，というものである。この部分だけをとり上げると，肯定的な側面のみを強調しているという印象を与えるかもしれない。しかしながら，この教師の実践報告に述べられた経過を通して見てみると，先の四つの観点，すなわち，技術の自発的な獲得，自己表現の原則の獲得，他の内容への影響，評価の変革などに関わるような現象を，この事例にも認めることが出来，それらの総合的な影響の下に，教師の態度が変化したことを自己認識したとするならば，この報告はより説得力をもつと考えられるであろう。

　以上の議論から，リチャードソンの教育における最も大きな変革がなされた，1910年代中頃から20年代前半の実践において特に顕著に見られたような，マインド・ピクチャーを中心とした教育方法は，教室における現実的な変化，例えば学習者が自己表現の媒体として絵画を認識し，自己の内面に基づいて表現技術を探究することや，評価における教師と生徒の役割の変革など，先に挙げた五種の機能のように具体的な効果を伴いながら，子どもと教師の関係を含んだカリキュラム全体を，学習者中心原理に貫かれたものへと変化させていく働きを持っていたと考えることができる。この点がリチャードソンの教育を方法という側面から見たときの，一つの重要な観点であると述べて差し支えないであろう。

第2節　アーカイブにおけるマインド・ピクチャー作品の保管状況と分類方法

1. 全般的な保管状況とデータベース化

　すでにこれまでの論考の中で，マインド・ピクチャーと呼ばれた方法が，リチャードソンの用いたカリキュラムの中で重要な役割を果たしていたと考えられるものの，当時の状況の中では充分に理解されず，没後はほとんど注目されなかったことを指摘してきた。本節では，マインド・ピクチャーの作品自体に表れた特質という側面からこの問題を考える基盤として，アーカイブに収蔵されているマインド・ピクチャーの作品の体系的な調査結果に基づいて，資料に即した分類方法を提示していく。

　同作品資料の現在の全般的な保管状況は，必ずしも整ったものであるとはいえない。当時の紙製フォルダーに収められた資料については，リチャードソン自身が体系的な整理を試みた形跡を残しているが，現在では内容の散逸や混合が見られる。同資料のうちフォルダーに収められていない半数以上の作品については，全く未整理の状態である。その結果，例えば，同一作者による作品が異なる箇所に散在しており，詳細な比較の作業を困難なものにしている。そこで，同資料のデータベース化を通して統合的な資料へと再編成することによって，分類や検索，比較などの作業をより体系的に実行できる準備を行った。

　データベース化の作業の要点を以下に述べる。第一に，作品の記録，撮影である。アーカイブにおいて，可能な限りすべてのマインド・ピクチャー作品について，作者名，年齢，学年，制作年，その他作品に書き添えられた情報を記録し，35ミリフィルムによる写真撮影を行った。フィルムはプリントするとともに，コンピュータに読みとり可能な画像ファイルに変換した。

　第二に，コンピュータ上の画像カタログの作成である。カタログ化ソフトウェアを用いて，サムネイル形式（小画像の検索画面）と詳細画像，および簡潔な文字情報の表示，検索ができるようにした。各画像のファイル名を，アーカイブの資料番号に対応したものに変換し，各ファイルについて，作者の年齢と制作年代を入力し，検索，分類ができる条件を整えた。

第三に，文字情報を中心としたデータベースの作成である。画像カタログによる文字情報の処理は限定されているため，これとは別個に作成し，より複雑な検索を可能にした。入力項目は，資料番号，収納フォルダー，学年，作者名，年齢，制作年，作品上の記述，備考等である。また，文字データベースを年代，年齢，作者名によって並べ替えて比較し，年代や年齢が無記入の作品でも，同一作者のもので，記入されている学年等，他の情報から，年齢等が確実に推定できるものについて，情報を補った。さらに，のちの分析の過程で，作品の様式的特徴，年代や年齢のグループ化などの項目を随時追加している。

　次に，アーカイブにおけるマインド・ピクチャー作品の全般的な保管状況について述べる。これまでの調査によって確認できた465枚の作品のうち，学年が判明するものは351枚，作者名の記入されているものは435枚，制作年代の判明するもの（日付のみで年代のないものを除く）は179枚，年齢の判明するものは252枚に上る。全体のうち，約半数に近い207枚は，リチャードソン当時のものと思われる堅牢な表紙のついた，蛇腹式の厚紙製のフォルダーに，現在でも保管されている。これらのフォルダー群には表紙に金色の番号が付されているものと銀色の番号を付されたものの2系統がある。また，現在フォルダーに収められていない258枚のうち，77枚についても，1970年代後半に作成されたカード型索引には，「マインド・ピクチャー」と記されたフォルダーに収納されていたという記録がある。そのほかに，記録に記載されながら，現在所在不明のフォルダーや，現存するフォルダーの中でも数枚しか収納していないものなどがあるため，現在フォルダーに収められていないマインド・ピクチャー作品のうち，かつては同様のフォルダーに収められていたものも相当数に上る可能性が考えられる。

　表5-2は，現状の調査に基づいて整理した，マインド・ピクチャー作品の所蔵形態に関する一覧である。表紙に金文字で1から12までの番号が付されたフォルダー（6番のフォルダーは調査時において所在不明）には，おそらく1920年代当時のものと思われる，生徒の学年や年齢などを記したラベルが残っており，収集当時の意図としては，ほぼ学年別に分類されたものであることが確認される。ただし，現在実際に収納されている作品が，ラベルと完全に一致しているわけではないので，それぞれのフォルダーおよびフォルダー外の作品を調査した結果から，年齢，学年，制作年代の範囲および収納作品数を表の右側に記してある。銀色の

表5-2 マリオン・リチャードソン・アーカイブにおけるマインド・ピクチャー作品の保管状況

収納フォルダー	フォルダーのラベル表示	実際の収納作品 年齢	実際の収納作品 学年	実際の収納作品 制作年代	作品数	備考
金 1	準備学年と第1学年，平均7歳	6－7歳	準備学年－第1学年	1920－22	25	
金 2	下級第2学年，平均9歳	8－10歳	上級第2学年が大半	1917－24	14	
金 3	下級第3学年，平均11歳	10－12歳	下級第3学年	1922－24	22	
金 4	上級第3学年，平均12歳	12－16歳	上級第3－上級第5まで混在	1920－24	25	
金 5	下級第4学年，平均13歳	10－17歳	下級第3－上級第5まで混在	1917－23	24	
金 6						所在不明
金 7	上級第4学年，平均14歳	13－16歳	上級第4学年	1918－24	8	
金 8	上級第4学年，平均14歳	13－15歳	上級第4学年	1918－22	11	
金 9	下級第5学年	15歳	下級第5学年が大半	1921－24	11	
金 10	下級第5学年，平均15歳	記入なし	下級第5学年	1924	1	
金 11	上級第5学年，平均16歳	記入なし	上級第5学年	1920－21	3	
金 12	初期のマインド・ピクチャー	12－16歳	上級第3－下級第5	1916－19	15	
銀 1	記入なし	8－15歳	上級第2－下級第5	1918－28	24	
銀 2						所在不明
銀 3	記入なし	10－15歳	下級第3－上級第5	1917－28	24	
フォルダー外		6－16歳	下級第2－上級第5	1917－29	258	
全体		6－17歳	準備学年－上級第5	1916－29	465	

番号が付されたフォルダー（2番のフォルダーは所在不明）にはラベルがなく，特に系統立てて収納された形跡は見られない。

2．フォルダー収納作品の特徴と位置づけ

　それぞれのフォルダーの収納作品の保管状況について，概観すると，以下のような特徴がある。金色番号1のフォルダー（以下，「金1フォルダー」等と表記）は，ラベルに "Preparatory and Form 1, average age 7"，すなわち，「［ハイスクール入学の］準備学年と第1学年，平均7歳」と記されている。アーカイブのマインド・ピクチャーの中で，もっとも低年齢層の子どもによる作品集である。個々の作品に記入された年齢からは，6歳8枚，7歳5枚，無記入12枚であった。25枚の収納作品中，11枚に作者名が記入されないなど，低年齢ゆえの問題もあるが，一部は，作品の裏やフォルダー等に，教師の手で情報が記入されている例が見られる。

　ただし，後に作品を移動したためか，フォルダーに記された作者名と作品に記された情報とが一致しない場合も若干見られたので，記録においては，作品に直接記された情報を採用し，フォルダーのみに記述がある場合には，念のために採用しないこととした。このフォルダーに関しては，記述のある作品から見る限り，ラベルと収納作品とは一致しており，年齢記述のない作品についても，ほぼ6～7歳の集団の作品であると推定することができる。

　「金2フォルダー」は，ラベルには，"Lower II"，すなわち下級第2学年で，平均9歳と記されているが，実際の収納作品は，14枚中，下級第2学年は3枚，"Upper II"，すなわち，上級第2学年は7枚，無記入4枚と，やや相違が見られる。年齢に関しては，8歳から10歳の記述が見られる。上級第2学年専用のフォルダーが存在しないため，実際には，両集団を混在させたものであったと考えられる。また，「下級第3学年，平均11歳」のラベルのある「金3フォルダー」は，収納22枚中，無記入の2枚を除いてすべてが下級第3学年と記入があり，年齢は，10歳から12歳の範囲であることから，ラベルと内容との一致率が高いということが言える。

　「金4」および「金5」のフォルダーは，それぞれ「上級第3学年，平均12歳」「下級第4学年，平均13歳」のラベル表示があるが，実際に収納されている

のは，上級第5学年までの幅広い年齢層の作品であり，ラベルと内容との一致率は低い。したがって，これらのフォルダーに関しては，無記入の作品について，作者の正確な年齢等を推定することは困難である。上級第4学年から上級第5学年の作品を収納した「金7」から「金11」までのフォルダー内の作品数が少ないことから見て，元来これらの高学年用のフォルダーに収められた作品が，その後の整理上の不注意等で，「金4」および「金5」のフォルダーへ移動させられた可能性が考えられる。

「金12」のフォルダーは，「初期のマインド・ピクチャー」というように，唯一，学年別ではなく，制作の時期によってラベル表示がなされているものである。実際の収納作品を調べてみると，1916年から1919年に描かれた作品が収められており，1917年にリチャードソンがオメガ工房でのフライとの邂逅を果たす以前のものを含めた，初期の作品の傾向を示すものである。実際には，いくつかの他のフォルダーにも，同時期に制作された作品も混在して収納されており，年代による変化を調べる場合には，それらとの関係にも，着目する必要がある。

現在所在の確認できる二つの「銀」フォルダーには，「金」フォルダーのようなラベル表示はなく，幅の広い年齢層，制作年代の作品が混在して収められている。したがって，「金」フォルダーのように系統的に分類して収集したものではなかったものと思われる。また，「金」フォルダーとの相違として着目できる点は，収納作品の制作年代である。「金」フォルダー群の年代は，1916年から1924年までに限られているが，「銀」フォルダー群は，さらに1928年の作品まで収納している。

また，アーカイブのマインド・ピクチャー作品中，半数を超える「フォルダー外」の単体で保管されている作品群も，年齢層は6歳から16歳，制作年代は1917年から1929年というように，広い幅を持っている。

これらの状況，とくに制作年代の要素は，アーカイブのマインド・ピクチャー作品における，「金」フォルダーの特殊な位置を示すものである。収納された作品の年代が1924年までであることから，このフォルダー群は，1924年か1925年の時点で，1番から11番までの学年別のフォルダーと，12番の初期の作品を収めたフォルダーに分けて整理されたことが推定される。

リチャードソンの遺した1925年の講演原稿の中には，マインド・ピクチャーの

実験が試みられた経過とその意義を語る中で，持参した作品例を聴衆に示す箇所がある。そこでは，次のように語られている。「皆さんにお見せするために，これらの作品を収めたフォリオをいくつかお持ちしました。初期の作品と，子どもたちが最近描いたものとを比較していただきたいと思うのです。」[32]

ここで述べている，「初期の作品」が，「金12フォルダー」に収められた「初期のマインド・ピクチャー」であり，この講演に持参したいくつかの「フォリオ」（ポートフォリオ，紙ばさみ式の作品入れ）[33]と，アーカイブ所蔵の「金フォルダー」群とが同一のものである可能性は高いと考えられる。1925年のロンドン市講演は，リチャードソンが現職教師のための講習会で教師教育を開始するに当たって，相当な準備を持って臨んだものであり，また，リチャードソンによる一連の講演原稿中，マインド・ピクチャーの有効性がもっとも強く主張されたものであった。

3．ハーバート・リードによる分類

マインド・ピクチャーの個々の作品ついては，それぞれの具体的な資料に基づいて検討されるべきであるが，膨大な作品群の傾向を把握するためには，全体を見通した一般的な特徴について概観し，比較・分類のための暫定的な枠組みを用意しておくことも必要であると考える。マインド・ピクチャーの画面上に現れた色彩や形態などの一般的な特徴とその分類について述べたものとしては，1943年にハーバート・リードが示したもの[34]があり，先行例として無視することはできないので，まず，その見解について再検討し，次に，アーカイブのマインド・ピクチャー作品に即した枠組みを提示したい。

リードは，『芸術による教育』において，無意識の問題を扱った章の中で，オックスフォードのミラム・フォード・スクールにおいて行った，マインド・ピクチャーに関する調査の結果を述べている。同校の教師によって紹介されたというマインド・ピクチャーは，20年近くにわたって生徒たちによって描かれてきたものの集積であり，すべて約17センチ四方の水彩画であったこと，10歳から16歳の女子生徒によるものであったことなどは，アーカイブに所蔵されているものと，共通した要素を持っている。また，同教師が，マインド・ピクチャーと心理学的な背景との意図について明確に否定し，「こうした精神的な絵は，自己表現や創造と技術を教える手段として使ったに過ぎません」と述べている点や，この教師

が語っている，マインド・ピクチャーの指導の手順などは，リチャードソンによる見解と，非常によく一致している。

リードが訪れたこの学校は，リチャードソン自身が中等教育を受けた学校であり，のちに彼女の教育方法の影響を受けて，同校でもマインド・ピクチャーの実践を継続してきたことは，充分に考えられる。「20年近く」というリードの表現から推測して，リチャードソンが独自の教育方法について他の教師へ積極的な啓蒙活動を開始した1910年代の終わりか，遅くともロンドン市講演においてマインド・ピクチャーの効果を強く主張した1925年頃には，同校においてこれらの作品が描かれ始めたと見ることができる。

しかし，同書において，リード自身がリチャードソンについて直接言及するのは，子どもの絵の分類における直観型との関連においてライティング・パターンの方法に触れた箇所と，生徒と教師の心理的結合の重要性について述べた箇所においてのみであり，マインド・ピクチャーとの関連では述べていない。リチャードソンとリードが接近した1930年代の半ばにおいても，マインド・ピクチャーがその関心の対象になった形跡を見ることはできない。すでに見てきたように，アーカイブに保管されてきたマインド・ピクチャーの制作年代は，ほぼ1929年までであり，1930年のロンドン市視学官就任以降は，リチャードソンはむしろ，ライティング・パターンの開発に注意を向けていた。

これらのことから，リードは，リチャードソンとマインド・ピクチャーの関連について知識がないままに，ミラム・フォード・スクールにおいて，その忠実な継承者のもとで指導されてきた作品に着目することになったという経過が考えられる。あるいは，リチャードソン自身は，自らの教育方法が心理学的な観点から解釈されることを否定していたため，こうした解釈に利用されることを恐れて，この時期，意図的にマインド・ピクチャーに関する主張を控えていたことも考えられる。この観点からすると，リードは，リチャードソンとマインド・ピクチャーとの関連について知ってはいたものの，それを直接的に調査したり，彼女との関連において公表することができなかったという可能性も考えられる。

いずれにしても，ミラム・フォード・スクールのマインド・ピクチャーは，すでに述べたような作品の形状，生徒の年齢や指導方法に加えて，リードが述べているような「十字形や4面分割が繰り返し見られること。自然の，あるいは再現

的な形態がまれであること。驚くべき構成の複雑さ。」[35]等の，作品に現れた形態の一般的な特徴などについても，アーカイブの作品と共通する点が多い。したがって，本研究において対象としている資料と，きわめて類似した対象をもとに，リードが述べていることは確認できる。

　リードは，これらの作品数百例を検討した結果，それらの一般的な特徴から，次のような4種類の分類を行っている。第一に，「細胞のような形態をしており，アメーバのような外形を示す」グループ。第二に，「形態にもっと動きがある」グループ。車輪のような回転や，鋭い剣や円錐状の形態によって貫かれているのが見られるという。第三に，「ある程度の組織化を見ることができる」グループ。不規則な細胞ではなく，完全な円や球体が見られるという。第四に，「円や球体が個別化され，絵の中の主要な対象となる」グループである。それは，通常4を基本とした幾何学的な区分けを示し，ついには明確な「マンダラ」になるという。

　リードによるこの分類は，多種多様に思われる多数のマインド・ピクチャーについて，その表現された形態の特徴から，一貫した傾向を読みとる基準を提示しようとしていること，また，同書で試みられている，主要なアプローチの一つでもある，子どもの絵の形態上の特質と作者の心理的な傾向との関連を示そうとする試みの一部として評価されるものである。しかしながら，アーカイブ資料をリチャードソンの教育方法の文脈のもとに解明しようとする本研究の目的から見るならば，必ずしも直ちに採用できる基準ではない。

　その理由として，第一に，分類上の技術的問題がある。リードは，4種の分類のそれぞれについて，数例ずつを写真で示しているが，それぞれの範疇の区分を示す境界は，必ずしも明確であるとはいえない。写真を見る限りでは，第4の，個別化された円と幾何学的な4分割構図を示すグループ以外の3種の事例は，互いに相似した特徴を持っており，いずれの分類に適合させるべきか，異なる解釈をもたらす余地が大きい。もとより，絵画という複合的な要素をもった対象を分類する以上，いずれの作品にも単純な分類を許さない側面があることは事実であり，リード自身も，これらの4種のグループには，互いに重なるところがあることを認めている。

　このことは，実は，リードが，「実際には，グループ間のはっきりした変化を区切らずに，絵を少しずつ変化する連続の形に配列することも可能である。」[36]と

述べているように，特徴による区別というよりも，「マンダラ」という一つの完成された構図に向かって連続的に発展していく変形の過程として，マインド・ピクチャーをとらえていたことに起因している。この点が，第二の理由である，分類の背景となる基準の問題に関わっている。リードは，この章の中で，特に，ユングの心理学に関する傾倒を示し，「同一中心的に配置されたあらゆる図形，一つの中心を有するすべての円周あるいは四角形の辺，そしてあらゆる放射状あるいは球状の配置を包含」[37]するというマンダラ的な図像が，文明の相違を超えて現れる，集合的なイメージの代表的なものである，とする説を支持する材料を，マインド・ピクチャーに求めている。そのため，すべてのマインド・ピクチャー作品を，マンダラ構図を到達点とする序列の中に位置づけようとした。

　リードは，同書の前半で展開されている気質と表現との関連についての仮説においても，4種の類型を基礎として述べており，また，それらの「心理物理同型説」に関する根拠の一つとして，脳細胞等を形成する分子レベルの配置が，同様の4分割構造を示すことを示唆している点などからも，彼が4という数字に固執していたことが現れている。この観点からするならば，リードがマインド・ピクチャーの分類数を4にしたこと自体，数的な符合の上で，これらとの関連をはかっていたことをうかがわせる。互いに境界の交錯する連続体としてとらえるならば，区分の仕方は，4でなくてもよいはずである。

　また，リードは，ミラム・フォード・スクールのマインド・ピクチャーに関して，より組織だったイメージは，バランスのとれた，安定した性質の子どもたちだけが描くことができ，より分裂したまとまりのないデザインのいくつかは，反社会的，非協力的で，さらには非行を働くタイプのものであるというように，子どもたちの性質における秩序と，イメージに現れた秩序との対応関係について述べているが，この問題に関しては，本研究では検討する材料を持たない。

　しかしながら，内面的な美の感覚（リードはパターンとも呼ぶ）によって秩序づけられた経験は，精神的な混沌が均衡を回復する作用と密接に関連しているという，ここでのリードの主張の一つは，示唆的であり，その理論の意義を否定することはできない。リチャードソン自身も，後期には，パターンによる美の感覚の訓練の重要性を積極的に説いていたという意味においては，両者の関心には，接近した側面もあったことは確かである。ライティング・パターンのみでなく，マ

インド・ピクチャーについても，両者の意見交換があったならば，異なった理論の展開の可能性もあったかもしれない。

ただし，リチャードソンの場合は，心理学的作用や道徳的機能など，通常の美術の範囲を超える問題に関しては，ほとんど関心を示さず，専ら子どもたちが充実した表現をし，美術を愛好する，より質の高い観衆を育てることにその目的を限定していたことは，これまでに明らかにしてきたとおりであり，その意味では，両者の立場には相違があった。

学習者が自らの内面に抱かれたイメージに注意を向け，それを，美術における表現を主導するものとして尊重するようにさせるという，リチャードソンの目的からするならば，マンダラ状の構図のみが特別な地位を与えられる必要はない。リチャードソンは，1925年に行った講演の中で，マインド・ピクチャーやパターンの評価を決める要因として，「それらは，リズミカルかどうか，バランスが良いかどうか，間隔が良いかどうか，によって良いか悪いか判断されます。そして結局，これらが絵を作る特質なのです。」[38]と語ったことがある。これはまさに，形態上の秩序を求めた発言ではあるが，例えば，「リズミカル」という特質を最も充分に表現するのが4分割のマンダラ状構図であるとは，考え難い。

確かに，4分割や円形は，リチャードソンのアーカイブにおけるマインド・ピクチャーにも，多く現れる特徴である。しかしながら，一般的な観点から再考するならば，非対称的な空間配置に美と秩序を見いだす文化が存在することも，無視できないわけであり，特定の形式の形態秩序のみを，到達すべき理想的な状態として仮定しない方が，リチャードソンの立場に近いものと考えられる。

また，リードのように，分子構造の4分割形態に根拠の一つを求めるならば，物質構造のどのスケールレベルに形態のモデルを見いだすのが適切であるのか，という問題を考慮する必要がある。一般的に，物質にはそれぞれのスケールレベルにおいて多様な形態的秩序が見られるのであり，それらの間に序列をつけることの正当性には疑問がある。同書の前半において，リードが試みた，気質と表現の類型に関する仮説においては，それぞれの表現傾向に関して，あくまでも相対的な位置づけを行っていたのに対し，ここでの分類においては，マンダラ構造という特定の傾向を絶対化した序列を行っていることは，問題の範囲が異なるとはいえ，対照的な観点であるように思われる。

4. アーカイブ資料に即した分類

　本研究におけるマインド・ピクチャーの分類は，マンダラ構図による心理的な安定の指標というような，特定の結論に従属したものではなく，リチャードソンの目的とした，美術の表現におけるトレーニングの過程としてとらえる以上，そこに現れた形態の傾向については，等価に扱うことを基本とする。

　また，一般的な傾向の把握という目的のためには，先入観をできるだけ排して，作品の実態に即した，かつ，できるだけ重複を生じない明確な分類基準を用いる必要がある。そこで，画像カタログの作成後，アーカイブのマインド・ピクチャー作品の全体的な通覧を繰り返す中で，この調査における予備的な分類枠の主要なものとして，形態の特徴と，その配置という2項目を設定することとした。

　一つ目の項目として，絵の中に見られる形態上の特徴に即して明確に区別することができる次の4種のグループを設定した。第一に，具象的形態である。現実にも存在する具体的な対象を含むものであり，人物，動物，風景，植物，器物等を描いた例などを見ることができる。巣の中の鳥を描いたと思われる図5−4の画面下部には，「マインド・ピクチャー」と記された文字があり，この作品が実際の鳥を直接観察して描いたものではなく，内面的イメージに基づくものであることが確認される。これら一連の具象的形態を描いた作品は，一般に表現様式は，忠実な写実的技巧よりも，単純化した表現や幻想的なもの，素朴派，自然主義的な表現等に類似したものが見られる。

　第二に，非具象的形態のうち，幾何学的傾向を示すものである。例えば，図5−5は，画面中心から同心円上の形態が放射状に展開しており，リードのいう「マンダラ」的図像に近い特徴を示すものと考えられる。ただし，定規やコンパス等によると思われる，丁寧な鉛筆の下書きからは，少なくとも描画の過程においては，計画的な意図が存在したことをうかがうことができる。これら一連の幾何学的形態を呈する作品群は，一般の美術やデザインの世界において相似した外観を持つ例として，幾何学的な傾向の抽象画や，構成主義などの作品傾向，デザインにおけるパターンの練習などとの類似を指摘することもできる。

　第三に，非具象的形態のうち，有機的な傾向を示すものである。図5−6は，例えば水中の小さな生物などに光が当たった，あるいは光を発した状態をも想起

させるような，神秘的な美しさを呈している。ここで喩えに使ったような現実の映像は，撮影技術の発達した現代では，容易に味わうことのできる対象であるが，1920年前後の英国の一地方の子どもたちにとっては，事情は全く異なっていたであろう。この作品には，「これは灯りを見上げたときや，あるいは雨の時は灯りのそばで，私が時々見るものです。」という，作者による説明が加えられている。こうした生物状の形態は，この形態分類における一つの典型である。現実にある有機的生命体の形態から直接描いたとは思われないものの，結果的にそれらとの連想を思わせるような作品が，数多く存在することは，マインド・ピクチャーの一つの大きな特徴である。しかし，より不定形，不規則なパターン，不規則な塗り方の色面としか形容できないような作品群も存在する。さらには，別の傾向として，具象とまでは言えなくても，かなり具体的な生物の形態との類似を感じさせるような独自の形態的秩序を持った作品も含まれる。これら，いくつかの傾向をもつ有機的形態を示すマインド・ピクチャーの作品群は，一般の美術作品との様式上の類似でいえば，例えば不定形で有機的な傾向を示す抽象画や，のちの抽象表現主義の作品の一部などを想起することは可能である。

　ただし，これまで挙げてきた，一般の美術作品の例などとの比較や類似は，分類のための便宜的なものであり，マインド・ピクチャーの制作当時に，これらの美術と子どもの作品との直接的な影響関係が確立していたことを示唆するものではない。

　第四に，例えば幾何学的な形態の構図の中に，有機的な形態が含まれているような場合も見られるので，それらについては「(非具象）幾何学的-有機的」という複合的分類を行う。例えば，図5-7は，外形が四つの三角形の組み合わせからなる明快な構造をもっているが，それぞれの三角形の表面を覆う波状の線や斑点，にじみを伴う色面などが，この幾何学的形態に複雑で有機的な相貌を付け加えている。

　以上，形態上の特徴から，4種の分類とその典型例を示した。さらに，画面全体における形態の配置の特徴による分類項目を試みる。この観点については，リードも指摘したような，4分割構図の出現を考慮に入れ，「非対称」，「左右対称」，「4分割」の3種に分類する。ただし，この研究での分類の意図は，序列を示すものではないことは，リードの分類に関する見解の箇所でも述べたとおりで

ある。

　上記二つの分類項目，すなわち形態分類（具象的，幾何学的，有機的，幾何学的－有機的）と配置分類（非対称，左右対称，四分割）をデータベースに加え，全体を通覧しながら，個々の作品をいずれかの範疇に分類することによって，マインド・ピクチャーの一般的な傾向を把握する予備的な基準としていく。

第3節　マインド・ピクチャー作品の年代による分類と特徴

1. 年代区分

　本節では，マリオン・リチャードソン・アーカイブ所蔵資料の調査に基づいた，資料の実態に即した体系的な分類を基礎として，制作年代の推移と作品の形態上の特徴の変化を明らかにし，リチャードソンの教育理論の発展との関連について述べる。

　アーカイブに残るマインド・ピクチャー作品が描かれた年代は，資料から直接確認できる範囲では，1916年から1929年の間に分布している。この14年間の間においても，子どもたちの表現したマインド・ピクチャーに，時期による傾向や特徴の相違を見ることができるであろうか。作品上の記録から，制作年が明確に特定できるものは，179枚と，所蔵作品中の約半数に満たないこともあり，この問題は，分析手法上，困難な問題をはらんでいる。しかしながら，これまでも見てきたように，リチャードソンのマインド・ピクチャーに関する認識や重点の置き方には，明らかに，時期による変化が見られるため，年代による特徴を検証しておくことは必要である。ここでは，現存する資料の限界を踏まえた上で，できる限りの傍証等を考え合わせながら，この問題を扱うこととしたい。

　表5-3は，個々の作品に残された記録から，制作された年代と，作者の年齢を明らかにできたものについて，集計を一覧にまとめたものである。制作年代の範囲は1916年から1929年にわたっているが，作品数は均等ではなく，1920年から24年，1928年等，いくつかのピークを示している。これらの作品数の増減は，必ずしも，マインド・ピクチャーが実際に子どもたちによって描かれていた枚数と比例するとは限らないが，少なくとも，リチャードソンが，作品に制作年代を記

表5-3 マリオン・リチャードソン・アーカイブにおけるマインド・ピクチャー作品の制作年代・年齢による集計一覧

歳＼年	6	7	8	9	10	11	12	13	14	15	16	17	年齢不明	合計
1916													1	1
1917				1	1	1				3	2		4	12
1918											1		5	6
1919							2	1					2	5
1920		1			1	1	2	2	2	7		1	7	24
1921	1				2	7	4	8	1	5	1		14	43
1922		1					11						3	15
1923					2			5	1	1			7	17
1924					1			2	1		1		18	23
1925							1							1
1926													3	3
1928			1	6	3	6	2		1	2			3	24
1929			1		2		1						1	5
年代不明*	8	4	4	11	19	9	24	27	19	12	4	1	144	286
合計	9	6	6	18	31	24	47	45	25	30	10	2	212	465

＊「金12フォルダー」内で年代が明記されていない作品は，1916年から19年の間に制作されたと推定されるが，この表では，「年代不明」に集計してある．

入させ，積極的に作例を収集した活動の状況を，かなりの程度反映していたと見ることは可能であろう．「金フォルダー」の作品群が，1925年の現職教師を対象とした講習会に備えて整理されたという，前節で提示した見解は，このことと相互に関わっている．そうした背景と，アーカイブ作品の状況とを考慮して，この14年間を，次の3つの時期に分けて調査することとした．第一に「前期」として1916年から1919年，第二に，「中期」として1920年から1924年，第三に「後期」として1925年から1929年である．

「前期」（1916-19年）の年代設定は，リチャードソンが「初期のマインド・ピクチャー」とラベルを付した「金12フォルダー」に収納された作品を調べた結果，その制作年代の表示のあるものが，1916年から1919年の範囲にあったことに由来する（表5-2参照）．すなわち，リチャードソン自身がマインド・ピクチャーの

発展史の中でも初期に位置づけられるものと見なしていた作品群が制作された年代である。「中期」（1920-24年）は，1921年を頂点に，多数の作品が集中して見いだされ，しかも特徴ある多彩な作品群が制作された，いわばアーカイブにおけるマインド・ピクチャーの最盛期を形成する時代である。この5年間のうちには，1923年夏を境に，リチャードソンがダドリー女子ハイスクールの常勤での指導から離れるなど，大きな環境の変化もある。したがって目的に応じて，「中期」という時代区分よりも，各年ごとの特徴に着目する場合もあり得る。それ以降の年代では，見いだされる作品数が明確に減少するが，1928年に集中した作品群が見られるため，これを中心に，1925年から1929年までを「後期」とする。

2. 前　　期（1916-19年）

「前期」として設定したグループは，「初期のマインド・ピクチャー」のラベルのある「金12フォルダー」に収められた15枚の作品に加えて，このフォルダー以外に散在する，1916年から1919年の範囲の年代が記述されているマインド・ピクチャー作品19枚を合わせて，34枚をこの時期に制作されたことが確実な作品としてグループ化したものである。この期間は，リチャードソンにとっては，1917年3月の，オメガ工房におけるロジャー・フライとの邂逅を機会に，新しい美術教育の先駆者としての評価が形成され始める時期に当たっている。

この「前期」作品群の中で，1917年のオメガ工房以前に制作されたことが確認できる作品が，一点存在する。1916年5月10日の日付が記された B.レインの作品（図5-8）であり，数本の，花を付けた植物が，上下に濃い褐色と薄い褐色で区切られた3個の楕円状の形態（盛り土とその影か）を背景として描かれたものである。鉛筆の下書きの上に，透明水彩調で，あまり鮮やかでない中間色が薄く塗られている。絵の下に「全く成功していない」という記述が見られる。

この作品と，きわめて類似した特徴を示すものが，「前期」グループの作品中，ほかに6点見いだされる[39]。これら6点の作品は，すべて異なる作者によるものであるが，植物を主要な題材として，中間色による透明水彩調で，繊細に描かれている点が共通する特徴である。また，「成功していない」など，否定的な自己評価が多いことは，アーカイブに収められたマインド・ピクチャーが，一般的に肯定的な自己評価を示す例が多い点とは，異なった傾向を示しているということ

ができる。これらと，やや類似した特徴を示すものとして，テーブル状の形態が，同様の色調の中に描かれている作品，また，ポットなどの器物の形態が，透明水彩調ではあるものの，黒と赤の明確な色使いで描かれている作品の2点が見いだされる。前期作品のうち，植物や器物等の静物形態を透明水彩調で描いた作品は，1916年の最初の作品を含めて，9点見いだされるが，そのうち，1点を除くすべては，「金12フォルダー」のものである。

　そこで，「金12フォルダー」と，それ以外の同時期のマインド・ピクチャーの間には，作品の傾向に明確な相違があるのではないか，という観点が問題となる。「初期のマインド・ピクチャー」のラベルのある「金12フォルダー」の全15作品を再検討すると，植物や器物等の静物を透明水彩調で描いたものが8点で約半数を占め，残りの7作品については，非具象で有機的な形態，しかも，あまり複雑でなく，絵の具のにじみを多用した，不明確なイメージが中心を占めている[40]。「金12フォルダー」の全15作品について，形態上の分類項目を使用するならば，「具象」に分類される前者のグループと，ほぼ「(非具象) 有機的」に分類される後者のグループとに二分される，ということがいえる。

　一方，「前期」グループ中の，「金12フォルダー」以外の19作品を検討すると，「金12フォルダー」には見られなかった，明確な幾何学形態が多数含まれている点で，大きな相違が見られる。形態で分類すると，「(非具象) 幾何学的」の特徴を持つものが11点，「(非具象) 有機的」が7点，「具象」が2点となる。このうち，多数を占める幾何学的傾向の作品については，例えば，マージョリーの作品（図5-9）などに見られるように，画面全体に4分割あるいは左右対称形の構図をもち，明確な直線による分割，緻密な繰り返しパターンなどの，複雑な幾何学的構造が強く現れる傾向が特徴的である。

　また，有機的形態が主調をなす7点の作品群の特徴は，「金12フォルダー」内のものと，ほぼ類似しているが，1点，それまでの朦朧とした調子とは異なる，明確で複雑な構造を持った特徴的な作品が現れている[41]。さらに，「具象」と分類した2点の内の1点は，それまでに見られた植物や器物ではなく，舞台上と思われる背景に配置された人物を描いている点で，特徴的である[42]。

　このように，作品に記された年代がほぼ同じであるにもかかわらず，「金12フォルダー」の作品群とそれ以外の初期作品との間に，形態分類において明確な相

違が見られることは，偶然とは考えられず，当時のリチャードソンによる意図的な分類がなされていた，と考える方が妥当であろう。この問題については，次のような解釈を提示しておきたい。アーカイブのマインド・ピクチャー作品のうち最も初期の年代を示すものは，1916年のものが1枚確認されるのみであることは，先に指摘したとおりである。翌年の1917年と記された作品が12枚と，明確に増加しているのは，おそらく，同年のオメガ工房での展覧会以降，リチャードソンが，研究や啓蒙活動の目的を意図して，作品の収集を開始したことを示しているものと考えられる。マインド・ピクチャーの実践は，1916年以前から続けられていたことは想像に難くないが，それ以前の作品は，あまり計画的に収集してはいなかったものと考えられる。しかしながら，1916年以前の最初期にあたる作品の傾向を推測する手がかりは残されている。それが，金フォルダー群の中で，唯一，学年別ではなく，「初期のマインド・ピクチャー」という特別な表示のもとに集められた，「金12フォルダー」の役割ではなかったかと考えられるのである。

　1925年の第1回ロンドン市講演では，初期の作品と，その後の発展とを聴衆に比較してほしいと述べながら，持参したマインド・ピクチャーの作品集を提示している。金フォルダー群には，「初期のマインド・ピクチャー」と示された以外のフォルダーにも，1917年等，比較的初期の作品が混在している。これらのことから導かれるのは，講演，あるいは「金12フォルダー」で「初期のマインド・ピクチャー」として示そうとした特徴とは，実は，実際の作品としては保管されていない，1916年以前の最も初期の作品群の傾向を伝えるものだったのではないか，ということである。「金12フォルダー」に収められた作品の特徴であった，植物や器物などを中心に描いた透明水彩調による繊細な傾向と，それ以外の収納先の作品の特徴であった，明確な幾何学的構成を示す傾向とが，1917年から1918年頃には並行して現れていたことは，現存する資料から確認した通りであるが，その中でも，リチャードソンは，前者の傾向の作品を，初期のものとして選択し，後者の傾向の作品は除外したのである。これはすなわち，すでに作品が失われていた，1916年以前の最初期と共通する特徴を残しているものを，リチャードソンが当時（おそらく，遅くとも講演の準備としてフォルダーを整理した1924年から1925年頃）確保していた1916年以降の作品の中から意図的に選択して，編纂した結果であるという可能性が考えられるのである。

それでは，1916年以前を含む，最初期のマインド・ピクチャーの特質とは，何であったのか。1925年の第1回ロンドン市講演でリチャードソンが述べたように，マインド・ピクチャーへの道のりは，描画における自然の事物の外観への従属から，いったん離れて自由になるための試みの過程であった。その箇所を再度引用してみると，ダドリーにおけるリチャードソンの描画教育の開始時期（1912年頃）には，「子どもたちに自然の美しさに興味を持たせよう」という目的のもとに，「花，芽，羽など」，「あらゆる種類の美しいもの」を用意して与え，ほとんどの場合，記憶から描いたという[43]。しかし，生徒作品の中に現れた，自然の正確な描写を超えた価値を誠実に認め，自己表現の方向へと励ますことへ転換して後，自然物の標本を描く生徒は徐々に減少し，ついに「消失点に到達してしまった」。その主な理由は，彼らが別の種類の描画，すなわち「内面のビジョンを描くこと」に熱中していったためであった。その，「ものごとの純粋に主観的な見方に向かう」初期の試みの中で，ワード・ピクチャーを，そしてさらに，教師への依存関係からより独立した「実験」として，マインド・ピクチャーの方法を「発見」した，というのである[44]。

　こうした経過と比較してみると，リチャードソンが，「初期のマインド・ピクチャー」のものとして分類した，植物などを描いたマインド・ピクチャーは，記憶から花などを描いたという，最初期の自然描写からの離脱の痕跡をとどめるものと，理解することができる。また，「初期」と記されたフォルダーの，残りの半分を占める，暗闇に浮かぶような朦朧とした有機的形態は，リチャードソンが，「それらの絵の多くは，その源泉は単に物理的なものでした。」[45]と述べたような，おそらくは光学的，あるいは生理学的な現象の反映，または，子どもたちが鮮明なイメージを，自信を持って描くようになるまでの，過渡的な状況を示すものではないかとも考えられるのである。

　「初期」と標題のつけられたフォルダー以外には，1917年当時に，並行して現れていた，より新しい傾向のマインド・ピクチャー，すなわち，複雑で明確な構造を持った幾何学的，あるいは有機的形態などの特色ある作品が収められている。その多くは，「最初期」に多く見られた繊細な表現よりは，より力強く，また，それぞれが，外部への依存から，より自立して独自の世界を構築する態度を示している。このように，1916年から1919年の作品群は，マインド・ピクチャーとい

図5-1＝生徒による技術的探究の結果を示すマインド・ピクチャー作品の例(1)
　作者ヒギンソン，12歳，上級第2学年，銀1フォルダー，画面下部に「成功」と自己評価した記述。

図5-2＝生徒による技術的探究の結果を示すマインド・ピクチャー作品の例(2)
　作者エルジー・フォックス，15歳，下級第5学年，銀3フォルダー，画面下部に作品の意図に関する説明。

図5-3＝生徒による技術的探究の結果を示すマインド・ピクチャー作品の例(3)
　作者ジョイス，7歳，金1フォルダー。

図5-4＝マインド・ピクチャーの形態分類より：具象的形態の作品例
　作者M.ノック，13歳，下級第4学年，銀1フォルダー，画面上部に「Mind Picture」の記述。

図5-5＝マインド・ピクチャーの形態分類より（非具象）幾何学的形態の作品例
　作者名等不詳，フォルダー外。

図5-1

図5-2

図5-3

図5-4

図5-5

第3節　マインド・ピクチャー作品の年代による分類と特徴

図5-6＝マインド・ピクチャーの形態分類より：（非具象）
　　　　有機的形態の作品例
　作者マリオン・フリークリー、14歳、下級第5学年、金4
フォルダー。
図5-7＝マインド・ピクチャーの形態分類より：（非具象）
　　　　幾何学的－有機的形態の作品例
　作者M.デイヴィス、13歳、フォルダー外。
図5-8＝前期作品より：現存する最初のマインド・ピクチャー
　作者B.レイン、下級第4学年、1916年、金12フォルダー。
画面下部に「全く成功していない。」と自己評価した記述。
図5-9＝前期作品より：明確な幾何学的構造を示す作品例
　作者マージョリー・S、16歳、上級第4学年、1918年、金
7フォルダー。画面右上に「A」と記入。
図5-10＝中期作品より：「マインド・ピクチャー」と記入
　　　　のある最も初期の作品
　作者P.バックフィールド、上級第5学年、1920年、フォ
ルダー外。画面下部に「Mind Picture」。

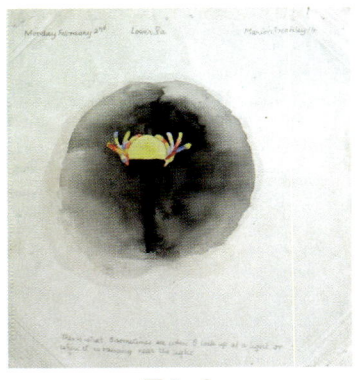

図5-6

図5-7

図5-8

図5-9

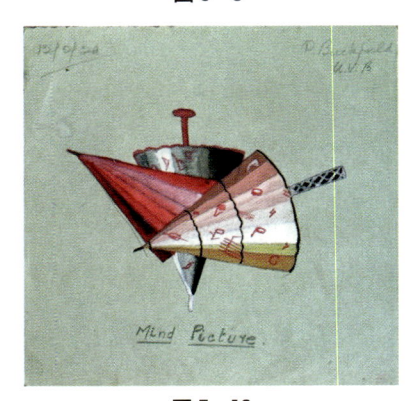

図5-10

266　｜　第5章　内面的イメージに基づく教育方法

図 5 − 11 = 中期作品より：有機的形態を示す作品例(1)
　作者フィリス・グランサム、下級第 4 学年、1921年、金 5 フォルダー。画面右上に「A」と記述。

図 5 − 12 = 中期作品より：有機的形態を示す作品例(2)
　作者イヴリン・ラウンド、15歳、上級第 5 学年、1921年、銀 3 フォルダー。画面右上に「A」「A⁺」、下部に「マインド・ピクチャーに基づいて。とても成功」と記述。

図 5 − 13 = 中期作品より：幾何学的形態を示す作品例
　作者ウィニー・B、15歳、上級第 4 学年、1920年、フォルダー外。画面上部に「A⁺」。

図 5 − 14 = 中期作品より：K. ヒギンソンの作品(1)
　作者 K. ヒギンソン、13歳、下級第 4 学年、1923年 3 月、金 5 フォルダー。

図 5 − 15 = 中期作品より：K. ヒギンソンの作品(2)
　作者 K. ヒギンソン、13歳、下級第 4 学年、1923年 6 月、フォルダー外。

図 5 − 11

図 5 − 12

図 5 − 13

図 5 − 14

図 5 − 15

第 3 節　マインド・ピクチャー作品の年代による分類と特徴

図 5 − 16

図 5 − 17

図 5 − 18

図 5 − 19

図 5 − 16 ＝ 中期作品より：K. ヒギンソンの作品(3)
　作者 K. ヒギンソン、13歳、上級第 4 学年、1923年10月、
　フォルダー外。
図 5 − 17 ＝ 中期作品より：K. ヒギンソンの作品(4)
　作者 K. ヒギンソン、13歳、上級第 4 学年、1924年 6 月、
　金 5 フォルダー。
図 5 − 18 ＝ 後期作品より：具象的形態の作品例
　作者 E. マーテル、12歳、上級第 3 学年、1928年、フォル
　ダー。裏面に「Mind Picture」と記述。
図 5 − 19 ＝ 後期作品より：10歳前後の子どもによる作品
　作者エディス・サウザル、 9 歳、1928年、フォルダー外。

う方法の形成期における，一つの転換点を示すものであると，位置づけることができる。すなわち，その転換の前後の様相を，初期の傾向をとどめた「金12フォルダー」の作品群と，それ以外の，新しい傾向を示しつつあった作品群との対比の中に，読みとることができるのである。

3. 中　期（1920-24年）

a．最初の「マインド・ピクチャー」の記入

アーカイブのマインド・ピクチャー作品には，生徒自身がマインド・ピクチャーと言葉で記入したものがいくつか見られるが，そのうち，最も早い年代のものは，1920年の作品である（図5-10）。半分開いた傘のような，円錐形に軸のついた形態が3個重なり，厚塗りのグラデーションで描かれている，独特な内容をもったこの作品の下部に，「Mind Picture」と下線付きで記入されている。上級第5学年という記述から，生徒の年齢は16歳前後と推定される。これより以前の作品には，例えば，1919年と記入のある作品に「Holiday work」（休日の作品）と記されたものがあるが，マインド・ピクチャーの語は見られない。

すでに述べてきたように，1920年の講演において，リチャードソンは，記録に残る限りでは初めて「フリー・マインド・ピクチャー」の用語を使い，内的ビジョンに基づいた表現に子どもたちが没頭しているとき，外部から与えられた規則に従って描くときに比較して，いかに高度な集中力を示すかについて述べている[46]。また，指導計画書においては，1922年までに作成されたと考えられる第二番目のものに，初めて同様の名称が用いられている。すなわち，講演や指導計画書，作品のいずれにおいても，この1920年前後が，マインド・ピクチャーという用語が，独立した内容として意識的に用いられるようになった時期であることを示している。そしてまたその数量の充実は，この方法についての研究を意図して，作品収集が積極的に行われた時期であることを示すとともに，その作品に現れた特徴は，マインド・ピクチャーに関するリチャードソンの考えを具体的に示すものであると考えられる。

b．形態分類の傾向から

　「中期」として設定した連続する5年間には，制作年代の特定できる全作品179点のうち，約68％にあたる122点が制作されている。この期間は，すでに1917年から1919年にかけて展覧会や各種批評記事によってダドリー作品が全国的に注目を浴び，ダドリー女子ハイスクールにおいて常勤で教えながら，講演，刑務所等での教育活動，教育省の諮問委員会への参加など，学校外での指導的な活動が増加するとともに，1923年夏以降は，主にロンドンに滞在して活動の範囲が拡張する時期であった。この時期のマインド・ピクチャー作品は，「初期のマインドピクチャー」を収めた金12フォルダーを除いて，ほぼすべてのフォルダー，あるいはフォルダー外に分散している。

　前期（1916-19年）と比較して，形態上の一般的な傾向で顕著な点は，具象的形態の減少，有機的および幾何学的－有機的形態の増加である。各期間の合計では，具象的形態の割合は29.4％から4.9％に急落し，有機的形態は38.2％から55.7％へ，幾何学的－有機的形態は2.9％から14.8％へと増大している（表5-4）。ただし，前期グループにおける具象的形態は，先に述べたように，主としてそれ以前の傾向を反映していたと考えられる，植物などを透明水彩調で描いたものであるので，「中期」に現れた傾向は，これを除いた前期からの特徴の明確化でもあると考えられる。

　明確な構造をもった幾何学的形態は，前期の作品群においても，静物水彩画が多数を占める「金12フォルダー」作品を除けば，1917年から1919年において，ほぼ作品の半数を占めている。中期のうちでも，特に前半の1920-21年に集中しており（それぞれ41.7％，37.2％），1922-24年にはむしろ急激に減少しているということができる（それぞれ13.3％，5.9％，4.3％）。したがって，幾何学的形態は，最初期を除いた前期から，中期の前半までずなわち，ほぼ1917-21年に特徴的に見られる傾向であったことが明らかになった。

　このことは，マインド・ピクチャーの発展史における，パターンの学習との関係を示すものとする解釈が可能である。1915年に作成されたと考えられる，リチャードソンによる最も初期の指導計画書には，マインド・ピクチャーの項目はないが，パターンの学習における詳細な説明が，それに極めて接近した内容を示していることが注目される。

表5-4 マインド・ピクチャー作品の年代別形態分類件数一覧

年代分類	具象		(非具象)幾何学的		(非具象)有機的		(非具象)幾何学的-有機的		合計	
	件数	%	件数	%	件数	%	件数	%	件数	%
1916	1	100.0		0.0		0.0		0.0	1	100.0
1917	1	8.3	5	41.7	5	41.7	1	8.3	12	100.0
1918	1	16.7	3	50.0	2	33.3		0.0	6	100.0
1919		0.0	2	40.0	3	60.0		0.0	5	100.0
不詳(前期)*	7	70.0	0	0.0	3	30.0	0	0.0	10	100.0
前期('16-19)計	10	29.4	10	29.4	13	38.2	1	2.9	34	100.0
1920	1	4.2	10	41.7	10	41.7	3	12.5	24	100.0
1921	3	7.0	16	37.2	18	41.9	6	14.0	43	100.0
1922	1	6.7	2	13.3	10	66.7	2	13.3	15	100.0
1923		0.0	1	5.9	12	70.6	4	23.5	17	100.0
1924	1	4.3	1	4.3	18	78.3	3	13.0	23	100.0
中期('20-24)計	6	4.9	30	24.6	68	55.7	18	14.8	122	100.0
1925		0.0		0.0	1	100.0		0.0	1	100.0
1926	3	100.0		0.0		0.0		0.0	3	100.0
1928	2	8.3	1	4.2	18	75.0	3	12.5	24	100.0
1929		0.0		0.0	5	100.0		0.0	5	100.0
後期('25-29)計	5	15.2	1	3.0	24	72.7	3	9.1	33	100.0
全時期('16-29)計**	21	11.1	41	21.7	105	55.6	22	11.6	189	100.0
年代分類外作品***	35	12.7	32	11.6	149	54.0	60	21.7	276	100.0
合計	56	12.0	73	15.7	254	54.6	82	17.6	465	100.0

* 「不詳(前期)」の分類では,金12フォルダー(1916-19年の作品を収納)のうち,作品に年代記述のないものを集計している。
** 「全時期('16-29)計」の項目は,前期・中期・後期の合計を表している。
*** 「年代分類外作品」は,作品に年代記述がなく,年代分類が不可能な作品を集計している。

第3節 マインド・ピクチャー作品の年代による分類と特徴

すなわち，パターンの学習は視覚的能力（イメージを思い浮かべる能力のことと思われる）を最も直接に訓練するものであり，この学習では毎回，学習の前に，目を閉じて心に思い浮かべる特別の時間が与えられること，そこでは「最大限の自由」が与えられており，子どもたちは，この視覚的能力が非常に活発で，すぐに反応すること，また，学習の例としては，単純な単位形からその組み合わせを思い浮かべるなどが挙げられている[47]。1922年までに作成されたと考えられる第二番目の指導計画書以降には，「フリー・マインド・ピクチャー」という独立した学習項目が登場し，「パターン」の学習はそれに付随した内容として，簡潔に記述されるにとどまるようになる[48]。

幾何学的な形態を示すマインド・ピクチャー作品の中には，単純な幾何学形態を意図的に組み合わせたようなものが存在するが，それらは，こうした，初期におけるマインド・ピクチャーとパターン作成の学習との接近を示すものと見ることも可能である。例えば，直接の年代記入はないが，1920-24年（本研究でいう「中期」に相当）のマインド・ピクチャー作品を収めた金4フォルダー内のある作品には，9つの円を放射状に整然と配置した作品の上部に「Eyes Shut Drawing（目を閉じて描いた絵）」と記されている。この名称が見られる作品は，これまででこの一点しか確認されていないが，おそらく，マインド・ピクチャーの名称が生徒に完全に定着する過程で用いられた別称の一つであったと考えられる。

前期作品の検討からは，マインド・ピクチャー発展史の最初期にあったと考えられる，自然物の記憶画からの離脱の過程の痕跡を指摘したが，前期および中期の前半に見られる幾何学的傾向からは，マインド・ピクチャー発展史における，もう一つの初期段階と考えられる，パターンの学習との接近と離脱をも，読みとることができる。したがって，中期後半以降のマインド・ピクチャーの多数を占める，有機的形態および幾何学的－有機的形態の隆盛は，これら初期段階の束縛と保護を離れた，より自由なイメージ世界の展開へ，子どもたち，そしておそらくリチャードソン自身が，確信をもって進んだ成果を示すものと考えられるのである。

作品例を見てみると，躍動する人体にも見える有機的な形態を，内面の身体感覚から湧き出てくるような，力強い筆致と色彩のコントラストで描き出している作品（図5-11），多彩で力強い形態群が波打つように画面全体を覆う作品（図5

-12) などは，非具象的な作品群の多様な展開を代表する例の一部である。それらの独特な形態のみでなく，描画方法を見ても，透明調の薄塗りで，中間色が多く繊細な感じのする前期作品群に比較して，不透明な厚塗りや明るい色調の増加が，画面に強さをもたらしていることがわかる。この背景には，従来の伝統的な固形水彩絵の具から，粉絵の具の普及へという材料の転換も作用していることが考えられる。幾何学的な直線で構成されている作品でも，例えば，図5-13のような作品は，おそらく「M」の文字を出発点にして左右対称に配置している点で，パターンの学習と近接した側面が見られるが，従来見られたような，単純に単位形を規則的に配置する方法とは異なり，より自由で斬新な構成を見ることができる。

c．リチャードソンのロンドンへの移動の影響

1923-24年は，リチャードソンがダドリーでの常勤職を退き，各地での展覧会の実施，海外の学校訪問などを経験する一方，ロンドンを拠点に，同市の子ども教室，ダドリーを含む複数の学校や教師養成機関での非常勤，個人教室など，きわめて多忙な生活を送る中で，新しい職への応募を準備した時期である。この時期には，リチャードソンの所属の移動が伴っているため，これまでのように，マインド・ピクチャー作品がすべてダドリーの生徒たちのものであると，単純に考えることはできない。そこで，1923年から24年の間に制作されたことが特定できる40点の作品について，さらに制作の日付とリチャードソンの動向との関連について整理した（表5-5）。

日付の特定できない4点を除いて，ダドリーを退職する（1923年7月）以前の作品が約4分の1，残りは，ロンドンを拠点に，主として個人教室とロンドン市議会の子ども教室とにおいて教えていた，同年10月から1924年7月までの間に，ほぼ収まっている。1924年9月からは，ダドリーほか数校，および教師養成機関での非常勤職を開始しているが，この時期（1924年後半）の日付のある作品は発見できず，新しい複数の職務の開始にあたって，一時期，マインド・ピクチャーの収集が途絶えたことを示している。

1923年10月から1924年7月までの作品の作者については，ダドリーのものであるのか，ロンドンの子どもたちのものであるのか，という帰属上の問題がある。例えば，作品に記された学年の表記方法が，それ以前のダドリーにおけるものと

表5-5　1923-24年におけるリチャードソンの動向と，アーカイブ所蔵のマインド・ピクチャー作品

年	月	作品資料番号／リチャードソンの動向	作品数
1923年	3月	4775, 4835(H)*, 7303(G), 7355	4
	5月	4874, 7408	2
	6月	4107(H), 4830, 7398	3
	7月	ダドリー女子ハイスクールを退職。	
	10月	4075, 4877, 7382(H)	3
	11月	4810, 7410	2
1924年	2月	7249	1
	3月	4871(G), 4896, 7366, 7388	4
	4-5月	ロシア，北欧視察。	
	6月	4123, 4795, 4801, 4844(H)	4
	7月	4900, 4968, 7383, 7395, 7401	5
	夏**	4789, 4790, 4792, 4793, 4800, 4802, 4803, 4807	8
	9月	ロンドン・デイ・トレーニング・カレッジ，ダドリーほか数校で非常勤開始。	
1923年	不明	4796, 4798, 4890	3
1924年	不明	4781	1
		合計	40

＊資料番号の後の(H)は，K. Higginson の作品，(G)は E. Gillingham の作品であることを示す。
＊＊1924年の「夏」と記されたものは，夏学期（4-6月），あるいは夏期休暇と考えられる。

同一であることは，ダドリーでリチャードソン以外の教師によって指導されたマインド・ピクチャーを収集した可能性を示唆するものである。ただし，リチャードソンが北欧・ロシアを訪れていた1924年の4月から5月にかけての作品は，欠落している。

　この問題をさらに詳細に検討するため，1923年7月のダドリー退職以前と以後で，同一人物の作品が存在しないかどうかを調査した。1923-24年の作品群には，同一作者の複数作品が9組存在したが，そのうち，リチャードソンのダドリー退職以前と以後の両時期に作品がある作者が2名発見された。その一人は E. ギリ

ンガムであり，1923年3月と，1924年3月の作品が確認される[49]。約1年間を隔てた両作品は，前者がまだらの背景の中に「Z」の文字が浮かび，後者が相似形の直角三角形の繰り返しでより繊細に表現されているなどの相違が見られる（後者も「Z」型を示していると見えないこともない）。もう一人はK. ヒギンソンであり，1923年3月と6月，そしてリチャードソン退職後の1923年10月，1924年6月の合計4点の作品が確認できる（図5-14, 15, 16, 17）。前半の2点が，白く残した背景に浮かぶ直線で区切られた形態に，にじみを利用した繊細な趣を加えているのに対し，後半の2点は，背景にも自在に色を加え，幾何学的な枠組みから自由になっている。3点目は海の風景を思わせるような広がりをもった情景を表し，4点目はより平面的で有機的な形態へと変化を見せている。ただ，いずれも，にじみを用いた表現において共通する特徴を見ることができる。この2名の作品の存在によって，1923年7月のダドリー退職以後も，継続して同校の生徒の作品が収集されたことが明らかとなった。一方で，ロンドンの子どもたちの作品であると特定できる根拠を示す作品は発見されなかった。したがって，少なくともこれまでに明らかになった限りでは，1924年10月以降のマインド・ピクチャー作品においても，ダドリーからの継続性があるものと考えることができる。

　ただし，1924年の作品については，23点中，19点に作者の年齢記入がない。これは，それ以前の時期に比較して大きく目立つ不備であり[50]，リチャードソンの直接指導を離れた後，指示が徹底しなくなったことが背景になっているのではないかと推測することもできる。

4．後　　　期（1925-29年）

　後期（1925-29年）は，リチャードソンがロンドン・デイ・トレーニング・カレッジでの教師教育や，ダドリー，ヘイズコートほかの学校での非常勤職を兼務し，1930年にロンドン市の視学官職に就く前の，きわめて多忙な生活を送った時期である。

　この時期の作品群には，二つの特徴的な傾向を示すグループが存在する。一つは，明確な具象的形態の復活を示すものである。図5-18は，裏面に「マインド・ピクチャー」という記述と，家で描いたものであるという説明がある。マインド・ピクチャーでありながら，これほど現実の空間に近いイメージを表現した

ものは少なく，注目できる作品である。このグループとしてはその他にも火山，建物，空想の魚，樹木など[51]，それぞれ異なった主題をもって表現されている。リチャードソンの思想的展開との関連で見るならば，1930年の講演に，幾何学的な形態の操作によるパターンよりも，具体的な情景や物語を描く中に，美しいパターン（形の調和）を見いだすという趣旨の発言があり[52]，この時期に，描画主題における物語性，具象性への回帰を強めていたことが想起される。ただし，この時期のマインド・ピクチャー作品は，まとまった傾向を示す数量には達しておらず，この関連を充分に裏付けるには至っていない。

　もう一つの特徴的なグループは，1928年から29年の作品の大部分を占める，10歳前後の子どもたちを中心とした作品群で，紙の上下に空白をあけて，上段に氏名等，下段に自己評価等を記入するなど，形式に共通性が見られる。1930年の講演でも，マインド・ピクチャーの効果は，継続して主張されていることなども考えると，この時期に，あらためて，これらの年齢の子どもたちを対象として，リチャードソンが継続的な収集や研究を試みた結果であることが考えられる。特徴としては，非具象的で規則性のない，あまり細かくない形態が多くを占め，絵の具の塗り方が薄く粗雑なものが多い点などが挙げられ，これまでのマインド・ピクチャーと比較して，散漫に感じられる（図5-19）。幾何学的な形態の作品は，この時期にはほとんど含まれていない。これらの特徴が，年齢によるものであるのか，単なる作品収集の基準の相違によるものか，あるいは，ダドリーの常勤教師を離れて5年を経過する中での環境や指導の相違が背景となっているのか，という問題に関しては，さらに検討が必要である。

　また，ダドリー以外の学校で描かれたことが明記されているマインド・ピクチャーが2点，確認される。いずれも，リチャードソンの非常勤での指導先であった，ヘイズコート（学校名）における，1928年の作品[53]で，淡い色調で有機的な形態が描かれている点に特徴がある。

注

1) Marion Richardson, "Dudley Girls' High School Art." (MRA 3155)
2) Margaret Dainty, "Letter to Marion Richardson," 12th July, 1929. (MRA 3133)
3) Ibid.
4) Robert Catterson-Smith, *Drawing from Memory,* London, Pitman, 1921. なお，同書の中扉の標題は，*Drawing from Memory and Mind Picturing* となっている．
5) Marion Richardson, "L. C. C. No. 1. 1925," p. 11. (MRA 3442A)
6) Marion Richardson, "Drawing Syllabus 1915-16." (MRA)
7) Marion Richardson, *Art and the Child,* University of London Press, 1948, p. 12.
8) Richardson, "L. C. C. No. 1. 1925," p. 12 a.
9) Marion Richardson, "Dudley Education Society," 1920, p. 17. (MRA 3388)
10) 特に，第二番目の指導計画書と，1925年のロンドン講演に顕著に見られる．
11) Richardson, "L. C. C. No. 1. 1925," p. 11.
12) Ibid.
13) *Catalogue of the Exhibition of Drawings by the Girls of the Dudley High School,* London, The Independent Gallery, 1923.
14) Richardson, *Art and the Child,* p. 20.
15) Roger Fry, "The French Group," *Second Post-Impressionist Exhibition,* Exhibition Catalogue, London, Grafton Galleries, 1913, pp. 26-27.
16) Andrew Causey, "Formalism and the Figurative Tradition in British Painting," Susan Compton (ed.), *British Art in the 20th Century, the Modern Movement,* Munich, Prestel-Verlab, 1986, p. 16.
17) Christopher Reed, "Revision and Design," *A Roger Fry Reader,* University of Chicago Press, 1996, p. 307.
18) Richardson, *Art and the Child,* plate 28.
19) *Marion Richardson Memorial Exhibition,* Catalogue, The Arts Council of Great Britain, 1949.
20) Marion Richardson, *Writing and Writing Patterns,* University of London Press, 1935.
21) 彼女の死後発刊された『美術と子ども』の書評において，バラード (P. B. Ballard) がリチャードソンを「イギリスのチゼック (English Cizek)」と称えたことなどにも象徴的に表れている．(P. B. Ballard, "Art and the Child," *Teachers World,* 12th August, 1948.)
22) Richardson, "Dudley Girls' High School Art."
23) Richardson, "L. C. C. No. 1 1925," p. 12 a.
24) Ibid, p. 12.
25) Ruby, "Letter to Marion Richardson." (MRA 3106)
26) Dorothy Gilley, "Drawing," 23th June 1919. (MRA 3111)
27) Richardson, "L. C. C. No. 1. 1925," p. 15.
28) Marion Richardson, "An Expansion of the 1919 Lecture," p. 12. (MRA 3446)
29) Marion Richardson, "August. 31. 1918," pp. 7-8. (MRA 3394A)

30) Richardson, "Dudley Education Society," p. 16.
31) Krystyn D. Cieslik, "Marion Richardson : A Curriculum Study–The Effectiveness of the Teaching Techniques of Marion Richardson on Pupils with Learning Difficulties," Manchester Education Committee, City of Birmingham Polytechnic Teacher Fellowship Report, 1985, pp. 64–65.
32) Richardson, "L. C. C. No. 1. 1925," p. 12 a.
33) リチャードソンが「フォリオ」と呼んだ作品集と，アーカイブのフォルダー群は，同一のものと考えられるが，日本語においてなじみがないため，本研究では，アーカイブの作品集について，より一般的な「フォルダー」と呼称することとする．
34) Herbert Read, *Education Through Art,* London, Faber and Faber, 3rd ed. 1961, (First published 1943), pp. 186–193.
35) Ibid, p. 188.
36) Ibid, p. 187.
37) Ibid, p. 185.
38) Richardson, "L. C. C. Lectures 1925 No. 3," p. 5.
39) MRA 4907, 4909, 4913, 4914, 4918, 7217.
40) MRA 4908, 4910, 4911, 4912, 4915, 4916, 4917.
41) MRA 7345.
42) MRA 4979.
43) Richardson, "L. C. C. No. 1. 1925, p. 5."
44) Ibid, p. 11.
45) Ibid, p. 12 a.
46) Richardson, "Dudley Education Society," 1920, pp. 16–17.
47) Richardson, "Drawing Syllabus 1915–16."
48) Richardson, "Dudley Girls' High School Art."
49) MRA 4871には，E. Gillinghamの名前と，14歳，上級第4学年，1924年3月24日の記述が見られる．MRA 7303には，同じ名前と，13歳，下級第4学年，3月19日の日付が見える．後者には年代の記述がないが，年齢，学年の比較から1923年のものと推定される．
50) 年代別年齢記入率の推移：1920年24点中15点に記入（62.5％），1921年43点中26点（60.4％），1922年15点中10点（66.6％），1923年17点中10点（58.8％），1924年23点中4点（17.3％），1928年24点中19作品（79.1％）．
51) MRA 7319, 4095, 7320, 4924.
52) 「ゴッホのいすは，すばらしいパターンです．パターンとは，必ず四角や丸あるいは花で作られるものであるという間違いをしてはいけません．内容が豊かになると，パターンも豊かになるのです．」（Marion Richardson, "Intuition and Instruction, New Ideals in Education : at Oxford, Easter, 1930," p. 9. MRA 3477）
53) MRA 4121, 4122.

第6章　教育方法の全体構造とその適用

第1節　リチャードソンの教育方法の構造

1．3種の指導計画書

a．指導計画書の年代特定

　前章では，内面的イメージの訓練に基づく教育方法，すなわちマインド・ピクチャーに主な考察の対象を限定し，歴史的，原理的に，また作品分析の方法などを用いて解明を試みてきた。マインド・ピクチャーの解明が，これまで明らかにされてこなかった，リチャードソンの教育を貫く特質を明らかにできる，という本研究の観点に基づくものである。しかし，前章の冒頭でも述べたように，リチャードソンの教育方法を全体としてみるならば，それは，普通教育における教科としての包括的な性格をもっている。

　本章では，そうした議論を基盤として，特に，マインド・ピクチャー以外の内容を含む教育方法全体の構造を示すとともに，その実践上の問題点，さらには，現代における適用の可能性にまで考察を進めていく。まず本節では，リチャードソンの用いた主要な諸方法について，当時の指導計画書や子どもの作品を中心に，その他の資料によって補いながら，明らかにしていく。

　ダドリー女子ハイスクールにおいて，リチャードソンが作成した指導計画書としては，現在，アーカイブにおいて，少なくとも3種のものを確認することができる。すなわち，「ダドリー女子ハイスクール指導計画書1915－16」[1]，「ダドリー女子ハイスクール美術」[2]，「美術指導計画書」[3]である。まず，これらの指導計画書の年代の特定・推定とその根拠について述べる。

　第一番目に挙げた，「ダドリー女子ハイスクール指導計画書1915－16」（以下，「第一指導計画書」等と表記）は，年代の特定ができ，現在確認できる最も早い時期のものである。第二番目の指導計画書は，第三番目のものと同じファイルに，1922年の日付のあるリチャードソンの履歴書とともに収められており，彼女の公職への応募に使用された可能性のあるものである。この2種はいずれもタイ

プ打ちされた書類であるが，二番目の書類には，修正加筆の跡があり，比較してみると二番目のものに加えられた修正をあらためてタイプしたものが三番目のものであることが確認できる。二番目のものには標題に学校名が明記されているのに対して，三番目のものが単に「美術指導計画書」とのみ記されていること，また，紙や印字の質が二番目のものはかなり傷んでいるように見えることなども考えあわせると，二番目のものは三番目のものの単なる推敲の過程であったというよりは，一定の時期に同校で実際に使用された後，履歴書の提出時に三番目のものに書き改められたものである可能性が高い。

こうした観点から，二番目の指導計画書の作成年代を，「第一指導計画書」の終了年である1916年から，履歴書の提出年である1922年の間とし，三番目の指導計画書の作成年代を，履歴書の提出された1922年前後と推定した。なお，第二，第三の指導計画書には，「フリー・マインド・ピクチャー」とする用語が使用されているが，この用法は，1920年にリチャードソンが行った講演には同様に見られるものの，1925年の講演原稿では，単にマインド・ピクチャーと称していることから，第三の指導計画書の作成期日は，遅くとも1925年以前であると考えられる。

これら3種の指導計画書は，一貫した方針を示す部分と，変化が見られる部分とが存在する。例えば，共通する特徴としては，普通教育における美術学習の目標として，専門的な技巧の獲得よりも，表現としての美術の理解や，美的感受性の啓発などを重視している点，実施上の方針として，学年が進行しても，原則として同一系統の内容を学習する点などを見ることができる。一方で，顕著な変遷が見られる事項としては，内面に浮かんだイメージの描画であり，リチャードソンの美術教育の独自性を最も端的に表す方法であったマインド・ピクチャーと，従来の教育方法の中心をなしてきた外部の対象を観察して描く内容との位置づけに着目することができる。

b．第一指導計画書

「第一指導計画書」の内容を見ていくと，冒頭に，4点にわたって全体的な目標が示されているが，そのうちの2点は，「誰もが美術で表現できる」「技術的器用さよりも，よい趣味を育てる」というように，リチャードソンの教育に一貫して現れている，中等普通教育における美術教育の目標を示しているが，残りの2

点は,「記憶と視覚の能力」, そして「能力のある者には」という限定をつけているものの,「正確で巧みに描く力」などを掲げるなど, 従来の価値観との中間的な段階を示していると見ることができる。

こうした目標のもとに, 以下の 7 種の学習領域が示されている。

  a）自然からの描画

  b）模型（モデル）からの描画

  c）人体からの描画

  d）屋外の風景からの描画

  e）挿し絵

  f）パターン作成と刺繍

  g）着彩と混色

このうち,「模型（モデル）からの描画」と「挿し絵」は, 後の指導計画書には含まれない学習である。前者は, リチャードソンが独自の教育方法を発展させていく中で否定した, 旧来の方法を代表するものであることから, 当然の帰結であると考えられる。後者の「挿し絵」は, より詳しい説明に「学校における他の学習, 例えば英語などとの関連で行われる」とあるが, この点も後に, リチャードソンが講演などで, 英語の挿し絵を描く学習などを,「描画が, 本当に重要な教科の役に立つ召使いとなる」[4]として, 美術以外の用途のために美術学習を正当化することを批判する見解を示すようになることなどから, 彼女の思想の明確化と一致した変化を示すことになる。

「自然からの描画」と「人体からの描画」には, それぞれ実施方法の説明が記されている。特に「自然からの描画」については, 植物形態, 羽根, 貝殻, 石, 等々を用いた記憶による描画の指導法が詳細に示されているが, これらのモチーフは, リチャードソンが後の講演の中で, 内面的イメージを起源とする描画へと発展する前の, 初期の試みとして紹介している内容と一致する[5]。また,「人体からの描画」の説明に示された, 過去の美術作品の構図を翻案する練習は, 1917年にクラットン－ブロックが記事で紹介したリチャードソンの指導方法と一致するものである（第 1 章参照）。これら二つの観察による描画の学習は, リチャードソンによる最初期の改革の試みを示すものであると考えられる。これらの学習は, 彼女が内面的イメージへの傾倒を鮮明にする「第二指導計画書」では扱われなく

なるが，より穏健な「第三指導計画書」では，その性格を変えながら復活する。その他の「屋外の風景からの描画」「パターン」「混色」等の学習は，後の指導計画書にも残っていく内容である。

　ただし，これらの学習の例には，後のリチャードソンを代表する教育方法であった，マインド・ピクチャー，ワード・ピクチャー，そして「美術批評」等が一切言及されていない。ただし，マインド・ピクチャーに関しては，「パターン」の学習において，イメージを心に浮かべる時間を毎回の授業の始めに設けるなど，それに近づいていく内容を見ることができる。

　スウィフトは，1915-16年の指導計画書に表れた保守性について，教育行政の求める基準との妥協と見た上で，1917年のダドリー女子ハイスクールの作品展の解説文の中に，固定的な指導計画書を否定する記述があり，また観察による描写がまったく言及されないことに注目し，むしろこちらの方に，リチャードソンの到達した独自性の最も初期の表明が見られることを指摘している[6]。また，ホルズワースは，第一番目の指導計画書において，すでに当時の支配的なカリキュラムとは一線を画しているという観点をとっている[7]。しかし，マインド・ピクチャー等，本来の独自性を示す方法が全く示されていない点は，新しい段階を示したものとまで評価することはできない。したがって，この指導計画書は，従来の学習内容からの離脱を指向しながら，彼女独自の内面的イメージの発達を基盤としたカリキュラムの完成へと移行していく過程を示したものと理解することができる。

c．第二指導計画書

　次に，「第二指導計画書」の内容を検討してみる。「目標」においては，先の指導計画書にあった4つの目標のうち，「記憶」「描写力」にあたるものが消え，「表現の手段」としての美術と，「美的感覚」との二点に絞られている点が特徴的である。

　この指導計画書の最も大きな特徴の一つは，「方法」の欄の冒頭で，「再現描写としての描画の技術は，手段としても目的としても教えない」と明確に否定している点にある。観察による描写が美術カリキュラムのほとんどを占めていたといわれる当時においてその独自性が際立っているばかりか，リチャードソンによる

前後2種の指導計画書と比較しても，これほど強い否定の調子を示しているものはない。これはおそらく，1917年に美術評論家ロジャー・フライに認められて以後，自らの教育方法の意義に確信を持ち，従来の指導法に対してその違いを鮮明に打ち出していこうとするリチャードソンの姿勢を反映したものであったと考えられる。

　しかし，この宣言に注目すべき理由は，単に再現描写の技術指導を放棄したという点にあるのではない。先の引用箇所に続いてすぐ，以下の二点が付け加えられる。第一点は，描き始める前に，心の中にイメージを思い浮かべ，それに基づいて描くことの重要性である。第二点は，再現描写の技術指導の放棄は，技術そのものの放棄を意味するのではなく，表現に付随した技術を求めることである，という点である。この二つが補うことにより，リチャードソンの方法が，単なる伝統の否定，「解放」，あるいは幼児的な表現の保存などではなく，教育における描画活動の拠って立つ基盤を，外観の模写という外部にある基準から，学習者の内面に保持された影像へと移す試みであったということが明確になる。すでにこれまでの章で，講演原稿の解読等から，リチャードソンが当時のいわゆる「自由表現」に批判的であったことを指摘したが，彼女が，「自由」という，あてのない荒野へ子どもたちをただ放り出すのではなく，当初から，表現の拠り所となるものを学習者の内面に確立するという，代替となる方法を伴って提示していたということは，強調されるべき事実である。

　「第二指導計画書」には，冒頭の原則を述べた箇所について，一年間に実施される学習内容の概略が提示される。すなわち，

1. フリー・マインド・ピクチャー
2. パターン
3. ダドリーと周囲の環境に触発された絵
4. 言葉による説明から浮かんだ絵
5. 詩や物語などによる絵
6. 材料の扱い，混色，絵の具の組成と名前，絵の具の代用などに関する練習
7. 美術批評（上級クラスのみ）

上記に見られるように，マインド・ピクチャーを筆頭に掲げ，観察描写の技術

指導を一切排除するなど，その革新性が際立っていることが明らかである。「言葉による説明から浮かんだ絵」とは，いわゆるワード・ピクチャーのことであり，「美術批評」の出現と並んで，この指導計画において，初めて，マインド・ピクチャーを中心とした独自の教育方法がほぼ示されたと見ることができる。

d．第三指導計画書

「第三指導計画書」は，形式上は「第二」と類似しているが，内容としては，より穏健なものに書き改められている。例えばそれは，全体的な方針を述べた箇所において，「第二」では「再現描写としての描画の技術は，手段としても目的としても教えない。」と否定した後，「技術は表現に付随するもの」との見解が示されるが，「第三」では，「描画の技術は，できる限り間接的に，表現に付随したものとして教えられる。」という表現に変えられている。しかし，より明確な差異を示すのは，学習内容の例においてである。

1．静　物
2．人体の描画
3．ダドリーと周囲の環境に触発された絵
4．言葉による語りかけから浮かんだ絵
5．詩や物語などによる絵
6．フリー・マインド・ピクチャー
7．パターン
8．材料の扱い，混色，絵の具の組成と名前，絵の具の代用などに関する練習
9．美術批評（上級および中級クラス）

上記に明らかなように，「静物」と「人体の描画」など，観察による描画が筆頭に現れ，次に，風景やワード・ピクチャーなど，イメージを用いながらも外部からの刺激による具体的な対象を描く描画，その後に，マインド・ピクチャーや「パターン」など，主として内面的イメージに依存する描画を置いている。指導計画書に載せられた順序が，必ずしも内容の重要度を示すものとは限らないが，前二種の指導計画書とも考えあわせると，この順序は一定の意味をもつものと理解する方が自然である。ただし，「第三指導計画書」における「静物」の説明は，

「第一」における「自然物」の詳細な指導法の説明に比較すると、極めて簡略であり、指導の内容も、かなり性質を変えていることが推察される。また、「美術批評」の対象学年が中級まで下がり、その説明も、より詳細になってきていることが注目される。

　このような、「第二指導計画書」から「第三指導計画書」への変化の背景としては、およそ次の二点を考えることができる。第一に、「第三」が履歴書とともに提出されたものである可能性が高いことから、対外的な評価を意識して、より穏健な記述に改められた、ということである。リチャードソンは、ダドリー在職中より、より指導的な立場の職を求めて応募を繰り返していたが、例えば、1917年のオメガ工房でのロジャー・フライとの邂逅直前にも、ロンドンでの面接において保守的な採用側との意見の相違に落胆したことなどを回想している点[8]などからも、考えられる観点である。第二に、急進的な改革期を超えた、カリキュラムの均衡への回帰を求める時期を示している、という見方である。リチャードソンの教育方法の発展経過を語った1925年の講演において、自然物からの描画が「消失点に到達した」時期を経て、「私たちは今では、自然の描画に再び戻ってきており、そのことから考えると、私は、それを放棄したことは、反動に過ぎなかったのだと思います。」[9]とあるのは、この観点を支持する根拠である。また、晩年の『美術と子ども』においても、当初は自らの教育思想と矛盾していた、中等教育修了時の試験における観察描写への準備について、むしろ独特の方法によって効果を上げられたことに満足しているような記述がある点[10]も、回想録という自賛の文脈を差し引いたとしても、観察描写との和解の時期が存在したことを示す、一つの根拠として認められるであろう。

　なお、リチャードソンの教育方法において重要な位置を占めながら、三種の指導計画書のいずれにも明記されなかった方法として、ライティング・パターンがある。これは、主として1930年のロンドン市視学官就任後に発展した方法であることが理由である。

　次項以降では、マインド・ピクチャー以外の、リチャードソンの独自性を示す主要な教育方法について、「描画」「パターン」「美術批評」の3つの範疇に分けて、参照していく。なお、ライティング・パターンについては、「パターン」の中であわせて扱うこととする。

2．ワード・ピクチャーの方法と作品

a．ワード・ピクチャーの定義と特質

　教師による言語的描写（語りかけ）によって，子どもたちの想像力を刺激して描画に向かわせるこの方法は，今日まで，リチャードソンの教育方法の最も特徴的なものの一つとして理解されている[11]。それにも関わらず，晩年の回想録『美術と子ども』を除くと，生前のリチャードソンによるこの方法への言及は，皆無といってよいほどわずかである。これまでも参照してきた，リチャードソンの思想の発展を示す主要な資料において，ワード・ピクチャーあるいはそれに類似すると思われる方法が，どのように言及されているかを示したのが，表6-1である。

　指導計画書においては，1915年の「第一指導計画書」には，これにあたる記述はなく，より後に作成されたと考えられる「第二」および「第三指導計画書」には，内容の項目に「言葉による語りかけから浮かんだ絵」が加えられ，「語りかけは，想像のための刺激であって，細部まで再現される必要はない。」という説明が補足されている。これはワード・ピクチャーの語は用いていないものの，内容としては同一の方法であると考えられる。

　1918年の講演原稿では，指導方法の例について述べた箇所で，詩の一節や，植物の成長などを主題として，描く前に沈黙して心にイメージを描く時間をとることなどが具体的に述べられているにもかかわらず，ワード・ピクチャーに類似した方法については，言及されていない。1919年の講演原稿では，わずかに，「今や，多くの学校での描画が，教師の語りかけを聞いた後で行われています。」[12]と述べた箇所が，ワード・ピクチャーに近い内容を示唆したものではないかと考えられる。ただし，これは，この方法を用いても，評価の基準が細部の一つ一つの正確さにあるならば，創造の余地を与えない模写の練習と同一である，という警句的な文脈で用いられているのであって，その方法について積極的に紹介したものではない。

　1925年のロンドン市講演は，リチャードソンが教師教育を開始するにあたって，自らの教育方法の形成史などを意欲的に語ったものであったが，ここでも，ワード・ピクチャーの語は用いられず，わずかに次のような部分が，ワード・ピクチャーに相当する活動を指していると思われる。

表6-1　リチャードソンによる「ワード・ピクチャー」に関する記述一覧

年代	資料	記述
1915	第一指導計画書	なし
1918	1918年講演	なし
1919	1919年講演拡張版	「ワード・ピクチャー」の語なし。警句として，わずかに示唆。
1920	ダドリー教育協会講演	なし
1916-22？	第二指導計画書	「言葉による語りかけから浮かんだ絵」
1922-25？	第三指導計画書	「言葉による語りかけから浮かんだ絵」
1925	第1回ロンドン市講演	「ワード・ピクチャー」の語なし。「マインド・ピクチャー」発見の過程としてわずかに言及。
1930	「直観と教授」講演	「ワード・ピクチャー」の語なし。主題の提示方法としてわずかに言及。
1948	『美術と子ども』	「ワード・ピクチャー」の語の使用。言及多数。9種の「語りかけ」の内容を記述。
1936-38？	バインダーノート	5種の「語りかけ」の文章を収める。

　　私の実践は，授業ごとに主題を与えることでした。私が気をつけたことは，その主題を，私自身が心の中の絵として思い浮かべたものの一つから選び，それをできる限り完全にいきいきと話すことでした[13]。

　上記の引用箇所は，自然物の記憶による描画から，完全に子どもの内面に発するマインド・ピクチャーの方法の発見への経過を語る中で，関連的に触れられたものであって，この後，むしろ，子どもたちが教師の語りかけから独立して，自らイメージを生み出していく活動へ発展していくことを強調し，詳述している。

　1930年の講演「直観と教授」は，リチャードソンの教育方法と思想の円熟した一つの到達点を示す，よく整理された原稿であるが，ここで中心的な方法として展開しているのは，マインド・ピクチャーと「パターン」の二つであって，学習者の内面的な自発性と，画面上の形態的な秩序との結合を問題としている。ワー

ド・ピクチャーへの直接的な言及はなく，子どもへの主題の提示の仕方として，興味ある主題が「物語ではなく，絵として見る人によって新たに提示される必要があります。」[14]と述べられている箇所が，わずかに関連する内容を示唆している。

　これら生前の原稿と比較して，1948年の『美術と子ども』では，ワード・ピクチャーが繰り返し言及され，その具体的な語りかけの言葉についても，多数収録されている点が，大きな相違を見せている。本書では，キャタソン－スミスの「閉眼描法」の適用を試みたが，学校にスライド映写機がなかったのでリチャードソンが言葉で語って描かせたという，今日ではよく知られている逸話の中で，初めてワード・ピクチャーの語が用いられている。『美術と子ども』におけるワード・ピクチャーへの言及を整理すると，およそ3点の主な特徴を読みとることができる。

　第一に，日常のありふれた風景を，「絵」として見るリチャードソン自身の能力あるいは習慣である。通常，「美しい」とはあまり見なされない，ダドリーやバーミンガム近郊の工業地帯の風景，老人の姿などを，日常の目ではなく，絵の構図のように見ることによって，その隠された「美しさ」に気づき，自らが描くのみでなく，子どもたちのイメージにも啓発を与える情景として再解釈する行為がワード・ピクチャーを成立させる源泉であった。

　第二に，教師の関与によって，子どもの表現の質を高めることが積極的に肯定されている点である。リチャードソンは例を挙げて，子どもの作品の色彩が弱くなってきたら，街灯に照らされた老人の影が，路面に縞となって落ちている印象的な情景を話し，子どもが平板な塗り方をしていたら，質感の相違に注意を向けさせるような「花かご」の情景を話し，子どもが散漫な構図の絵を描くようになったら，乳母車を押す二人の婦人が大きく重なり合うような情景を話す，等々の解決策を示している。教師は「舞台監督」として子どもたちに協力し，美術としての調和や秩序へと到達させることができるという。

　第三に，マインド・ピクチャーとの関連である。形式的な側面では，マインド・ピクチャーは，自主的な宿題として，家でイメージが浮かんだときに描かれることが多く，各個人に特有のイメージの傾向が継続して現れていたのに対し，授業では，多くの場合，ワード・ピクチャーの方法を通じて，描く題材を与えられ，リチャードソンが「形の音楽」と呼んだ形態上の調和へと導かれた，という。

さらに、機能的な側面から見ると、ワード・ピクチャーの啓発によって子どもたちがひとたびマインド・ピクチャーを自分のものにすると、方針が定まり、落ち着いて取り組むことができたという。ここでいうマインド・ピクチャーとは、区別された学習領域や作品の種類ではなく、「心に描かれたイメージ」という意味で用いられていることがわかる。前章でも検討したように、特定の領域としてのマインド・ピクチャーと、カリキュラムにおける様々な表現活動の基盤として働くマインド・ピクチャーとしての側面とが、関わり合いながら機能しているのを見ることができる。

b．ワード・ピクチャーの主題と作品の例

　表6-2は、これまでに確認することのできた、ワード・ピクチャーの主題等の一覧である。『美術と子ども』に少なくとも9件、その他に「ロシアバレエ」については、語りかけの言葉は示されていないものの、演目のタイトル等が挙げられている。また、アーカイブに残る、リチャードソンが個人的に使用していたバインダー・ノート（1936-38年と記された封筒に収納）には、ワード・ピクチャーの語りかけの内容と思われるものが、5種類、タイプ打ちされているのを見ることができる。これらのうち4件は、『美術と子ども』に示されているものと類似しているが、具体的な言葉の表現には相違があり、同じ主題でも場面によって記述に変更が加えられたことが想像される。おそらく、バインダー・ノートの記述は生前にリチャードソンが、子どもへの指導や他の教師へ教えるために携帯していたものであり、『美術と子ども』では、のちにそれらの内のいくつかを想起して記述したものと考えられる。

　アーカイブの所蔵資料では、ワード・ピクチャーに相当する作品は、マインド・ピクチャーのように区別して収納されていることはないため、どの絵がワード・ピクチャーの語りかけによって作り出されたものであるかは、描かれている内容から推測する以外にはない。図6-1は、ダドリー女子ハイスクールにおける、初めてのワード・ピクチャーの試みとして『美術と子ども』に記されている、「月に照らされた地元の小さな通り」という主題を描いたものと推測される作品例である。リチャードソンは、画面の統一性を得させるために、昼の光あふれる風景よりも、暗い薄明かりの中の主題を選ぶ傾向があったとも記している[15]。

表6-2 「ワード・ピクチャー」の主題・語りかけの事例一覧

主題	出典	備考	作品例
「月に照らされた地元の小さな通り」	『美術と子ども』p. 13	最初の言及事例	本章図6-1
「小さな八百屋」	『美術と子ども』p. 15	ビューティー・ハントの説明と重複	『美術と子ども』図26
「街灯の下の三人の老人」	『美術と子ども』p. 20-21		
「花かご」	『美術と子ども』p. 21		『美術と子ども』図27
「乳母車を押した二人の婦人」	『美術と子ども』p. 22		
「トランプをする二人の老人」	『美術と子ども』p. 24		
「鉄道客車の婦人」	『美術と子ども』p. 24		
「おやすみなさい（暖炉のそばの父母）」	『美術と子ども』p. 71		
「二人の老婦人」	『美術と子ども』p. 80-81		
ロシアバレエ「童話」「真夜中の太陽」「パレード」「三角帽子」	『美術と子ども』p. 33	演目のみで，語りかける言葉の例は示さず	『美術と子ども』図29，本章図6-2～6-6
「窓の中の老婦人たち」	バインダーノート	『美術と子ども』の「二人の老婦人」に類似	
「公園の母親たち」	バインダーノート	『美術と子ども』の「乳母車を押した二人の婦人」に類似	
「小さな店」	バインダーノート	『美術と子ども』の「小さな八百屋」に類似	
「列車の中の婦人」	バインダーノート	『美術と子ども』の「鉄道客車の婦人」に類似	
「鳩と女性」	バインダーノート		

ワード・ピクチャーの一種と考えられる「ロシア・バレエ」の作品群は，舞台を描いたものとして特徴があり，また，まとめて納められているので特定が容易である。ただし，各作品から，個別の演目を推測することは困難であり，また，リチャードソンが語って聞かせた言葉も記録されていないため，具体的にどのような演目に沿って記述されたのかは，明らかではない。『美術と子ども』には，「童話」「真夜中の太陽」などの演目は，1917年のオメガ邂逅以前に，すでに描いていたもので，フライの知己を得てから，「パレード」や「三角帽子」など，ピカソがデザインした舞台を見る機会があったと記されている。ダドリーの元校長であったフルードは，リチャードソンが授業後ロンドンへロシアバレエの公演を見に行き，終電車で真夜中過ぎにダドリーに帰宅して，翌日にはワード・ピクチャーとして子どもたちに語っていたという，子どもの描画のための優れた主題を得るために惜しまなかった献身について報告している[16]。

　アーカイブでは，「ロシア・バレエ」を描いたものと思われる作品を少なくとも40点確認したが，その内の10点には，年代が記されており，そのすべては1919年のものである。作者の年齢は，12歳から15歳の範囲であり，作品の大きさは平均してほぼ38センチメートル四方で，水彩で描かれている。内容は，多くの場合，観客席から見た舞台のデザインと，ダンサーたち，場合によって舞台下のオーケストラ，両脇や手前の観客席などが描かれている。特徴としては，特に舞台のデザインなどに，それぞれの作者による独特の形や色彩が用いられ，その多様さと美しさは，注目に値する。語りかけによって喚起された内面的イメージに基づいて描かれた作品の，豊かさと質の高さが，充分に現れた作品群である。

　ロシアバレエの作品例(1)（図6-2）は，黄色の舞台と青の背景，暗い赤色の幕などの鮮やかな対比が目をひくが，舞台の脇から奥へ3段になって続く，衝立状の背景装飾にも，独特な模様を描き出している。中央で踊る人物が両手に着けている太陽の形の装飾は，ロシアバレエ団が1915年に初演した「真夜中の太陽」の「太陽神」の衣装デザインと極めて類似している[17]。また，舞台上方に複数の太陽の装飾がつり下げられているが，同様の装飾は，他の子どもたちによる「ロシアバレエ」作品の中にも数点見ることができ，共通した演目の話に基づいて描かれたことを推測させる。作品例(2)および(3)（図6-3，6-4）は，ともに，ダンサーの動きよりも，舞台デザインの独創性と美しさに，特徴が見られる作品であ

る。作品(2)では，舞台上のダンサーの群像が作る円を中心として，暖かいオレンジ色の枠取りに包まれた静的な左右対称の構図を一貫させており，細部を省いた抽象的な形態の美しさを感じさせる。作品(3)は，舞台の細部の再現に拘泥せず，形のデザインの楽しさに関心を示していることは，作品(2)と共通しているが，黒，黄，緑という独特な色づかいと，斜めに傾斜する動きのある線，波線や点などを用いた背景のテクスチャーなど，まったく異なった世界を表現していることは注目に値する。作品(4)（図6-5）は，作品に記入された作者名から，図6-3と同一人物によるものと推定される。「ロシアバレエ」作品と一緒に保管されているものの，他の作品と異なって，舞台や観客などの描写がなく，専ら人体のポーズやその群像としての組み合わせに，関心を集中させている作品である。この構図の決定には，後に述べるが，人体からの描画の学習と関連して，生徒によるモデルのポーズなどが行われたことは，充分考えられる。作品(5)（図6-6）は，観客席の空間を広くとり，しかも，にじみを用いて細部を省略して暗い空間にとけ込むように表現し，明るく，細部まで描かれた舞台上との対比を描き出している。舞台デザインの工夫や，人体のポーズへの関心などとは異なり，観客席を含んだ劇場全体の空間のもつ雰囲気を表現しようとしている点において，他の「ロシアバレエ」作品にはない特徴を持った作品である。

c．ワード・ピクチャーの位置づけ

　ところで，『美術と子ども』を見る限り，ワード・ピクチャーはリチャードソン独自の主要な方法であることは疑いがないように思われるが，この回想録以前の原稿の記述に，一貫してワード・ピクチャーがほとんど触れられていないことは，『美術と子ども』でわずかしか言及されていないマインド・ピクチャーが，生前の講演や指導計画書，膨大なアーカイブ作品などで中心的な位置を占めていることと，非常にはっきりとした対照をなしているように思われる。マインド・ピクチャーの位置づけの変遷とその解釈については，前章ですでに示したが，ワード・ピクチャーの位置づけの特異性については，現時点では，次のような解釈を示しておきたい。

　第一に，方法としては，すぐに一般に広まったものであったので，講演等で内容について詳しく述べる必要がなかった，というものである。この観点は，1919

年講演拡張版で，すでに多くの学校で，教師の語りかけを聞いて描画が行われている，と述べていることに由来する。

　第二に，おそらくこちらの方がより本質的な理由となりうると考えられるが，教師による子どものコントロールよりも，子どもが自立した表現活動を行うことができるという観点の方を強調するため，講演等では，ワード・ピクチャーへの言及が消極的になった，というものである。これは例えば，1925年の第一回ロンドン市講演で，マインド・ピクチャーという，より自立した表現の領域へ到達する経過の一部として，ワード・ピクチャー（この用語は使用しなかったが，主題を心に思い浮かべて子どもに語ること，として記述）に触れていることなどにも現れている。リチャードソンに強い影響を受けた教師のナン・ヤングマンは，1946年に書いたリチャードソンの追悼文の中で，生前，リチャードソンが「子どもたちを通して描いている」あるいは「催眠をかけている」などと無認識な批判があったことを紹介している[18]。次節で詳しく検討するが，1928年に寄せられた中央政府の視学官からのリチャードソンへの書簡も，類似した観点の批判を含んでいた。リチャードソン自身が，批判や誤解を避けるという意図があったかどうかは不明であるが，美術に関する思想，あるいは美術教育の目的に関する充分な理解を欠いたままで，他の教師たちがこれらの方法のみを模倣する危険を予期し，むしろ，子どもの内面的イメージの重要性や，美術とは何か，といった問題を講演等では重視していたと考えることはできる。

　第三に，ありふれた情景を，美しい絵のように心に思い浮かべて，子どもたちのイメージを喚起するように語る，というワード・ピクチャーは，リチャードソンの用いた主要な方法の中でも，どちらかといえば教師の個人的な資質に負う部分が多い方法であるため，教師への講演などで一般化することが困難であった，とする解釈も，可能かもしれない。

　それではなぜ，最晩年の『美術と子ども』でワード・ピクチャーが強調されたのであろうか。それについては，病床で綴られたこの回想録が，過去の輝ける日々－自らの語りかけに応えて子どもたちが美しい表現を見せてくれた教師としての喜びの日々－をひたすらいとおしむ調子にあふれていることが，解釈への一つの糸口になるかもしれない。社会に対して，新しい教育方法の意義や理論を，あらためて論争を通して展開するというよりは，ワード・ピクチャーを通して得

られた，教師としての充実した日々への回顧が，大きな比重をもってよみがえった，と考えることもできるのではないだろうか。あるいはまた，ここに綴られた以外の方法についても，より詳細に論じ，その教育方法の全体像を明らかにする構想はあったものの，限られた人生の時間がそれを許さなかった，という面もあるのかも知れない。

3．その他の描画学習の方法

a．詩や物語

　詩をもとに想像して絵を描くという学習に関する，リチャードソンによる最も初期の言及としては，1915年の指導計画書における「挿し絵」の説明に関連して触れたものが挙げられる。同文書の中で，「よく知られた物語や詩は，頻繁に挿し絵が描かれるので避ける。」[19]とされた文面は，詩の挿し絵を描く学習の題材選択において，既成の挿し絵の様式の影響を避ける配慮がなされたことを示唆するものであるが，すでに触れたように，英語など他の学習に従属した意味合いをもつ「挿し絵」という学習領域としては，これ以降，示されることはない。第二指導計画書からは，「詩や物語などによる絵」という領域が簡潔に示されるのみになる。講演においては，1918年講演で，旧来のカリキュラムの典型であった段階的な描画対象ではなく，子どもが興味を持続できる主題を与える，とした文脈の中で，例として，詩の連続した各節や植物の成長などを挙げた箇所がほとんど唯一の言及である。

　1948年の『美術と子ども』では，ワード・ピクチャーや，ビューティー・ハントなどについて解説した中で，時折，詩を用いることがあったとして，「たそがれ」という題材を例示している[20]。その内容は，たそがれ時の谷間に，もやと灯り，そして上空に星が見えるというような情景を描いたものである。アーカイブ資料からは，この詩とほぼ同一の文が添えられた子どもの絵を，2点確認することができる。図6-7は，そのうちの一点であり，画面の上部三分の二を覆う白いもやが，詩に基づいた描画の意図を表している。画面下部に記された文章は，『美術と子ども』に示された詩と細部を除いてほぼ類似している。

　このような扱われ方の経過を見てくると，「詩や物語などによる絵」は，明確に独立した領域というよりは，むしろ，ワード・ピクチャーに類する活動として，

位置づける方が適当ではないかと考えられる。すなわち，言葉による外部からの刺激によって，内面に描かれたイメージを描画するという点で，原理的な類似性が認められるのである。ただし，ワード・ピクチャーが，あくまでも教師自身が見いだした風景を思い描いて語るのに対して，この場合は，既存の文学を利用している，という相違がある。おそらく，内面的イメージを刺激するのに適切な詩を用いれば，ワード・ピクチャーほど教師の個人的能力に依存しないで，子どもの想像力を喚起する効果を期待することも可能ではないかと考えられる。

b．ビューティ・ハント

これに類する学習領域は，すでに1915年の指導計画書から見ることができる。すなわち，「d）屋外の風景からの描画，校庭や窓から，あるいは宿題として観察してから」というもので，「eとfを除くそれぞれの部門では，作品は独創によるもので，絵は記憶から描かれる。」「学校から見えるものの記憶画が，教室で行われる。」[21]等とする説明がある。したがって，この描画は，風景をその場でスケッチするのではなく，教室へ帰って記憶を心に思い浮かべながら描く活動であったと考えることができる。その後，「第二」，「第三」の指導計画書では，「ダドリーと周囲の環境に触発された絵。子どもたちが個々に見てきたことや，集団での遠足などによるもの。」[22]という簡潔な記述のみになる。『美術と子ども』では，ビューティー・ハントという用語が登場し，次のように説明している。

  私たちは，それまで何度も眺めながら，本当には見ていなかったような場所にでかけて，ビューティー・ハントと呼んでいたことをしたものでした。それぞれがその中に歌のように韻を踏む形を見つけると，戻ってきました[23]。

これは，第二，第三指導計画書に記された内容と，ほぼ同一の学習を指していると見てよいであろう。『美術と子ども』では，その作品例を提示する代わりに，その印象的な情景の一つを，ワード・ピクチャーのように言葉で描き出している。これは，夕暮れ時の八百屋の店頭に商品が並んだ場面である。興味深いことは，リチャードソンが1936年から38年頃に使用したと考えられるバインダー・ノートにタイプ打ちされたワード・ピクチャー用と思われる5種の「語りかけ」の原稿の中に，「小さな店」と題された，『美術と子ども』における八百屋の記述に非常

に類似した文章があることである。この関連性は，単に，子どもたちと実施したビューティー・ハントで見つけた情景から，ワード・ピクチャーとして繰り返し用いる題材の一つが生まれた経過を示すものであるかもしれない。また，ビューティー・ハント自体は，リチャードソンが個人として気づき，習慣としていた，日常の風景の中に，突如，絵として「韻を踏む」構図を見いだす，という美的活動－それが，ワード・ピクチャーの題材となり前提となるのであるが－を，子どもたち自身が発見する活動であると，とらえ直すこともできる。

　このように，ビューティー・ハントと呼ばれた活動も，ワード・ピクチャーに近接した内容として位置づけることができる。すなわち，外界の観察から得られた構図を，内面的イメージとして思い描く過程において，色彩と形態の秩序など，「絵として」成立するための要素に気づくという意味において，ワード・ピクチャーと共通する原理をもつ学習であると考えられるのである。したがって，作品としてできあがったものから，それがビューティー・ハントによるものか，ワード・ピクチャーによるものかは，判別困難な場合が多い。

c．材料や色彩の諸練習

　この学習は，初期の資料から繰り返し言及されているが，その目的や性格については，大きな変化を見ることができる。すでに1915年の指導計画書から，「色彩」の学習に関する独立した説明がなされており，そこには，3点の学習例が示されている。一つは，「自然からの描画」のための混色実験である。この時期の描画の学習では，パレット上で混色をせず，画面上で直接，乾いていない絵の具どうしを重ねて混ぜるよう指導するため，あらかじめ別紙で混色の効果を確認しておく必要がある，という背景がある。第二に，異なる色の糸の束を調節して，調和的な配色を作る練習である。第三に，生地の模様を記憶して，その色を再現する練習である。

　その後，「第二」，「第三」の指導計画書では，記述が簡潔になり，「材料の扱い，混色，絵の具の組成と名前，絵の具の代用などに関する練習を随時行う。」と示されるのみであるが，「絵の具の代用」は，新しく加わった内容である。同時代の講演原稿を見ていくと，1918年講演では，生地の見本を用いることは，1915年の指導計画と類似しているが，それを記憶の練習ではなく，「インスピレーショ

ンを得る」[24]ためであるとしている点に相違がある。その後，1919年，1920年の講演では，食品など代用品での絵の具作りをする学習の成功について報告している。その紹介の意図は，表現方法，指導方法の固定化は弊害であり，それを打ち崩し，価値観の相対化を図るものという観点である。1925年，1930年の講演では，これらの方法への言及はなく，1948年の『美術と子ども』において再び，混色の練習や，毛糸の束の色を一致させることを競う「カラー・ゲーム」，その他，材料や絵の具の学習に関する小さな練習が列挙されている。ただし，これらは，事例の羅列となっており，かつての講演で，色や材料に関する学習の目的を主張したような明確な意図を読みとることはできない。

　これらの経過をまとめてみると，記憶の練習や，描画の準備というような，固定的な目的の強い最初期の色彩練習（1915年指導計画書）から，むしろ固定化する方法を揺り動かす契機としての色彩の学習（1918年，1919年，1920年講演）への転換があり，やがて，内面的イメージやパターンに重点を置いた一貫する教育方法の構築に傾いた時期（1925年，1930年講演）においては直接的言及は一旦消滅し，晩年の回想録（『美術と子ども』1948年）において，かつての輝ける日々の一場面として回顧される，という変化を見ることができる。その中でも重要であるのは，初期の固定的な練習から，その後の，むしろ拡散的な練習への転換であると考えられる。

d．静　物

　静物を題材にして観察して描く学習については，リチャードソンの教育方法の発展の中で，内面的な起源の描画への傾倒を深めた時期に，一時，軽視されていたが，後に復活する。最初期においては，特に，1915年の「第一指導計画書」において詳しい指導法の記述が見られ，中間期において，特に1916－22年と推定される「第二指導計画書」における消滅，1925年講演における「自然物の描写」の「放棄」[25]を経て，1922－25年と推定される「第三指導計画書」における復活，1948年『美術と子ども』における，外部試験対策としての静物画の，様々な指導の工夫の回顧へと到達する。その内容を見ると，最初期における静物画の指導と，のちに復活した指導とでは，その方法，考え方に大きな相違がある。

　第一の指導計画書の内容として，筆頭に示されているのは，「自然からの描

画」である。これには,「植物形態,羽根,貝殻,石」等という,描く対象の例や,記憶から描かれるという原則などが述べられている。この内容は,リチャードソンが,1925年の講演で語った,ダドリーでの初期の指導方法に関する説明と一致するものである。彼女は以下のように述べている。

> 私が描画を教え始めたとき,私の主な考えは,子どもたちに自然の美しさに興味を持たせようということでした。私たちは自然の情景を描き,私は,子どもたちにあらゆる種類の美しいものを描くために与えました。花,芽,羽など,そして,彼らがそれらのものを味わえるように最善を尽くしました。私たちはほとんどの場合記憶から描きました。そして非常に多くの,注意深く観察された絵ができました[26]。

その後,リチャードソンは,この指導に「何かが欠けている」ことを感じ,より直接的に内面的イメージと接触する表現の可能性を発展させていくことになるのである。

「自然」の内容に関しては,描画方法の具体的手順を述べている点が,リチャードソンのその他の資料には見られない,特異な側面を示している。ここでは,鉛筆の下書きをしないで,最初から水彩によってグレーのシルエットが描かれ,次にやや暗い調子で細部を描き加え,それらの下地が乾かないうちに鮮やかな色を重ね,画面上で混色するという方法が述べられている。このような,一つの描法のみを指導計画の中に明記するというあり方は,後の講演の中で,リチャードソン自身が,「描画を教える方式には完璧なものはあり得ません。なぜなら,どんな方式も,常に同じように用いられると悪くなるからです。」「主題の観点からでも,表現材料の観点からでも,作品を限定することは,確かに,間違っています。」(1918年)[27],「描画の技術的方法の指導について,私が覚えたことが一つあります。それは,決して一つの方法だけを教えてはならない,ということです。」(1919年)[28]等々と主張している態度と,明確に矛盾している。

この問題については,1915年という,リチャードソンの教育方法の初期の形成過程における,一つの模索の現れとして理解することができると思われる。リチャードソンは,自らが学校で受けた描画教育について,淡彩描法を中心とした,英国の伝統的な水彩画の技法のみを強制されたことが,大きな束縛であったことを強く非難している。

絵の具をきれいに薄く保たなくてはならないとか、チャイニーズ・ホワイトを使うのは恐ろしいことだとか、そうした教えの正しさを決して疑わないとかいう教義を完全に受け入れていたのです[29]。

　自らの受けた教育におけるこのような背景を考慮するならば、ダドリーにおける初期の指導において、従来の水彩画描法とは異なる技法を追究することによって、過去の弊害を克服する道を模索していた時期が存在したと考えることができるのである。このように特定の描画方法まで具体的に記述したことは一時的な試みと考えられ、これ以降の指導計画においては、見られなくなる。

　「自然」の学習において、もう一点、着目できる記述は、与えられた対象（植物など）について、一つの断片のみを描くのではなく、「多くのものを調べた上で、本質的な型を構成するように」指導するという点である。一つの標本には、「多くの偶発的な特性」が含まれているためである、という。個々の具体物は仮のものであり、それらに共通する「本質的な型」という、いわば観念的な存在の方に価値を置くという観点は、リチャードソンの思想に見られる主要な特徴の一つである。この点は、1920年の講演において、「芸術的な知覚を刺激する」記憶画の可能性について述べた中で、例えば、同じ種類の花を2、3本与えられたとしても、「それぞれは細部において違っていますが、皆、その植物の本質的な性質を有しているという点で似通っています。」[30]として、それこそを、探して描くべきである、と主張している点にも、共通して見られる考え方である。

　「第一指導計画書」には、「自然からの描画」の後に、「模型（モデル）からの描画」という項目があるが、これについては、「幾何学的模型、ありふれた物体、学校の一部、学校外、等々。」と記されたのみで、「自然」のような詳細な記述はない。

　「第三指導計画書」は、1925年講演における「今では私たちは、自然の描画に再び戻ってきており」[31]という記述と呼応するように、「静物」の項目が筆頭に記されているが、「自然」という題材に限定したものではないようである。説明は、例えば、果物などを子どもたちがグループごとに配列し、主として記憶によって描く、という簡潔なもので、「第一」において、独特の指導法によって「自然」の描画方法を探究していた内容は、ここでは、より一般的な記述に置き換えられている。

講演原稿においては，先に挙げたように，1920年の講演において，新しい「記憶画」において対象の細部よりも共通する性質を描くことについて言及した箇所と，1925年の，教育方法の発展経過について述べた箇所において，「自然からの描画」の放棄とその復活について触れた箇所を除いては，これらの指導法に具体的に触れた箇所は，ほとんど見られない。この点は，子どもの興味に基づかない専門的な描写訓練の弊害を批判し，それに代わるイメージの訓練の重要性など，新しい内容について主張する目的があるためであったと考えられる。

　これに対して，晩年の『美術と子ども』では，上級生が，観察画を含む外部機関による修了試験を受けなければならないための，いわば妥協として，様々な指導上の工夫を行ったことが，列挙されている。例えば，静物を組んだ卓上を舞台のようにランプで照らしたり，幕で覆ったりして印象的に見せる，などである。ただし，これらの方法を行うことに関する，積極的な理由は，試験への現実的対応以外には，述べられていない。試験準備の中で，瓶や箱，鉢などの日常的な器物などが良い対象となったと記されているが，これは，リチャードソンが1925年の講演で，自らの受けた描画教育を批判する際に，家庭用品をモチーフとした観察画の不毛について強調している点などとは，矛盾した立場を示しているといえなくもない。静物を題材とした描画に関しては，理論，実際の指導，そして試験への対応という，それぞれの局面において，必ずしも一貫した明快な態度を示しているとはいえない。

e．人　体

　人体の描画についても，「静物」と共通するように，「第一指導計画書」における詳細な扱い，「第二指導計画書」における消滅，「第三指導計画書」における，より簡潔な形での復活，という変遷が見られる。ただし，「静物」の場合と異なり，「消滅」の前後における質的な変化はあまり見られず，むしろ一貫していると見ることができる。

　「第一指導計画書」において内容の4番目に記述されている，人体モデルの描画は，生徒どうしの協力によって，群像による画面構成を意識した指導がなされている点に注目することができる。あわせて，「もう一つの，構図の練習」として，フィレンツェの画家による《夜の森での狩り》などの作品を提示し，構図の

みを借りて，主題を変えて描くという方法が記されている。この方法は，1917年のオメガ工房におけるダドリー作品の最初の展覧会について，クラットン－ブロックが新聞に紹介した記事で述べている指導方法の例と一致するものである。ブロックの記事では，ウッチェルロの狩猟の情景を描いた作品を，子どもが遊ぶ情景に翻案する，と紹介している[32]。

このような指導法を明確に反映した作品例を確認することは困難であるが，木版画の作品の中に，マティスに触発された作品ではないかと考えられるものが存在する（図6-8，6-9）。手をつないで輪になった形で踊る群像を描く，よく知られたマティス作品《ダンス》は，ロンドンで開かれた1912年の第2回ポスト印象派展にも出品されている[33]。さらに，ロジャー・フライのオメガ工房の画家，ダンカン・グラントの《ダンサー－マティスへのオマージュ》も，マティス作品と類似した構図であり，関連を推測することができる[34]。いずれの作品も，リチャードソンが直接目にしていた可能性が極めて高いことも，学習による生徒作品の構図への影響関係を推定する根拠となりうると思われる。

「第三指導計画書」に復活した「人体の描画」の記述は，「第一」の内容を，より簡潔に示したもので，内容に変化はないように思われる。『美術と子ども』に回顧されている，人物をモデルとした描画の学習についての記述にも，特に大きな変化は見られない。

4．パターン作成の方法と作品

「パターン」という語で示される内容は，初期からマインド・ピクチャーと非常に近接した概念であったことが，「第一指導計画書」（1915年）の記述にあきらかである。この指導計画書では，まだマインド・ピクチャーは登場していないが，「パターン作成」として示された領域の中で，イメージを浮かべる活動が強調されている点が特徴的である。以下にその箇所を引用する。

> パターン作成
> 最大限の自由が，この学習では許される。支援や示唆が与えられたとしても，それは視覚的能力の刺激として与えられただけである。子どもたちは，概して，この視覚的能力が非常に活発で，すぐに反応する。生徒たちは，描こうとする前に，自分の心の中の絵が鮮明になるまで待つように勧めら

れる。普通の学習を始める前に、彼らは、どの場合でも、目を閉じて絵を思い浮かべなければならない[35]。

　この点だけを見れば、のちにマインド・ピクチャーという独立した方法として示される活動と全く類似した内容を記しているように思われる。ただし、上記の後に続いて、文字などを単位形として思い浮かべ、それらを組み合わせてパターンを作るという活動が記述されている。

　「第二」、「第三」の指導計画書では、いずれも、「フリー・マインド・ピクチャー」の項目のすぐ次の項目として扱われ、「心に現れるイメージの、より意識的で秩序立てた配置。これらは、与えられた単位形から構成されることもある。」と説明される。この説明の第一文では、マインド・ピクチャーとの相違は不明確である。また、第二文の、単位形からの構成に関しては、マインド・ピクチャーとの区別は、作品の様式からある程度可能となりうる。ただし、アーカイブ所蔵作品のうち、明確にこうした特徴をもった作品は、少数である。

　初期の講演においては、「パターン」への言及は見られない。初めてこの問題に触れるのは、1925年の第3回ロンドン市講演である[36]。ここでも、「パターン」とマインド・ピクチャーは近接した概念として扱われている。リチャードソンは、「模倣」－ここでは、ものの外観に似せること－は、描画教育の原理としては誤りである、とした上で、写実性を原理としない描画の確立のために有効であるとして、これら二つの方法を、導入として用いることを勧めている。これらの方法には、外部の対象に「似ているか」という基準ではなく、「リズミカルかどうか、バランスが良いかどうか」等の全体的な統一と調和の感覚を学ばせる機能がある、という。そしてその感覚を、具象的な絵を描くときに応用することができる、と主張している。この見解は、リチャードソンが初めて、描かれる内容に対する、画面構成上の形態の価値の優位、すなわちフォーマリズムに近い立場を表明したものと位置づけることができる。

　1930年の講演では、この見解にさらに変化が見られる[37]。「パターン」とは、「四角や丸」で作られるもののみではなく、「ゴッホのいすは、すばらしいパターン」であると例を挙げて、それは、内容の豊かさと結びついたものである、とする。そして、子どもたちに指導する際には、特別に「パターン」を作っているのだと意識させるべきではない、として、「形を操作しているだけ」の「現代作

品」を批判した上で,「意味があり，深く感動させる」パターンのために，興味ある主題を提示する必要があるとして，ワード・ピクチャーを思わせるような方法の示唆へと進んでいるのである。この展開から見る限りでは，例えば単位形をもとにした抽象的な繰り返しパターンの作成などの方法よりも，物語性をもった主題への回帰を示しているようにも思われる。

　こうした，いわばマインド・ピクチャーに従属して，方法としても，また概念としても不確実な状態で揺れ動いていた「パターン」について，新たな展開が見られるのが，1935年の『ライティング・アンド・ライティング・パターンズ』の出版によって注目を集めた，手書き文字の基本練習と関連した，形の感覚訓練である。この方法の発展の経緯と，リチャードソンの考えについては，第2章において検討したので詳細は省略するが，ここにおいて，描画とパターンとは，両輪のように平行し，影響しあう学習活動としてリチャードソンの教育観の中に，再び位置づけられることになった。

　アーカイブには，比較的高年齢の子どもたちによるライティング・パターンの作品を納めたフォルダーが，数冊，所蔵されている。その中の作品例としては，例えば，図6-10は，12歳の子どもによる作品であるが，三層の部分に分けられており，上段と下段には，文字の組み合わせから作られた，ほぼ同一のパターンが，中段には，それらと，もとの形態は同じであるが，やや比率を変えたものが描かれているのがわかる。

　また，「ライティング」，すなわち，手書き文字の練習に重点を置いた作品群も所蔵されている（図6-11）。これらに添えられた挿し絵には，文字の練習におけるリズミカルな線の動きをそのまま反映させたような，美しい曲線が用いられており，ライティング・パターンで養われた，形に対する感覚が，描画にも効果を与えるとするリチャードソンの主張に，ある程度対応するものを感じさせる。

5. 美術批評の方法

　美術批評の定義が，美術に関する経験を言葉を通して他者と分かち合うことにあり，その教育上の意義が，優れた批評に触れて作品をより深く味わうだけではなく，学習者自らが，自分の力で批評できるようになることにあるとするならば[38]，リチャードソンの教育方法は，まさに，そうした定義に沿う活動を目指し

ていたといってよい。しかもその学習活動は，子ども中心の美術教育への転換を，新しい美術概念の基盤のもとに進める中で，必然的に生まれてきたものであることに，注目することができる。

　美術批評に関わる活動が，リチャードソンの教育方法の中で次第に重要な位置を占めるようになるのは，単なる自然物の丁寧な描写を離れて，個人の表現としての描画の価値を認め始めた時期であった。1925年の講演によれば，自らの感覚に基づいて，風景を独特の色彩で描いた子どもの作品を高く評価すると，他の子どもの中には，その様式のみを模倣して，なぜ同等の評価が得られないのか，と教師に質問する例が見られたため，それに答えるために，美術の性質についての話し合いをしたのが，最初であるという[39]。それ以降，そうした「話し合い」は，彼女の指導の重要な部分となると同時に，彼女自身の思想形成にも寄与したと，述べている。

　これと呼応して，指導計画書に，美術批評の学習が明確に位置づけられるのは，「フリー・マインド・ピクチャー」を筆頭にして，急進的な変革を示す「第二指導計画書」であった。同書には，「上級クラスでは，美術批評や記事などを読み，話し合いを行う。画家についての簡単な説明を添えて複製画が示される。」[40]と記されている。その後，「第三指導計画書」においては，対象学年を中級クラスにまで拡大している。

　リチャードソンの教育方法における美術批評に関わる活動を全体的に見ると，主として3種の領域あるいは対象に分けることができる。第一に，子どもたちの作品の相互批評であり，第二に，美術作品に関する学習であり，第三に，美術の意味に関する話し合いや作文である。

　子どもたちの作品の相互批評については，すでに1918年の講演において，毎回の授業が，生徒作品の批評から始まること，時には，生徒の投票による採点などが行われていたことが述べられている。そして，こうした活動が，生徒の批評能力と作品の水準を高めるのに顕著な効果を上げていることを強調している[41]。晩年の『美術と子ども』においても，子どもたちの批評活動の成果について数か所で言及しているが，そこで特に感嘆の念をもって強調されているのは，子どもたちが示した批評的言語の発達である。子どもたちが，例えば「ただ見かけだけ」あるいは「偽りの」等々，近接していながら微妙な相違をもつ語彙を区別するの

に没頭している場面や，自分や他の生徒の作品の批評において記述した文など，あわせて約30に上る語彙や表現の例などが列挙されている。子どもたちが，当時，議論などで批評した言葉は，これ以外の記録では確認が困難であるが，アーカイブに残る作品に添えられた自己評価の文章は，そうした成果の一端を今日まで伝えるものである。

　美術作品に関する学習については，批評記事や複製画などを用いることが，「第二」「第三」の指導計画書に示されていることは先に述べたとおりであるが，講演におけるこの分野の言及は皆無であり，その実態の解明を困難にさせている。ただし，こうした学習が確実に行われていたことは，例えば，リチャードソンが晩年に『美術と子ども』執筆のために依頼した元生徒へのアンケートへの返答に，多数の絵画や複製画の展示についての記憶が述べられていることなどからも，間接的に知ることができる（第2章参照）。もう一つの間接的証拠として，アーカイブには，絵画の複製写真とともに，18人の近代画家の氏名と生没年を記したリストが残されている。モネとメアリー・カサットの没年（1926年）が記入され，マティスの没年（1954年）が空欄となっているため，この間に作成されたリストであることが推測される。登場する画家は，「印象派」としてモネ，マネを含む11名，「ポスト印象派」として，ゴーギャンとゴッホ，「キュビスト－古典的ルネサンス」としてセザンヌ，スーラ，「現代」としてルソー，マティス，ピカソを挙げている。また，『美術と子ども』には，セザンヌ，ベラスケス，シャルダン等の複製画を生徒たちに示したことが記されている。人体の描画において行われた，これらの美術作品の構図をもとに翻案して描くという方法は，こうした学習の一つの発展とも考えることができる。

　美術に関する子どもたちの作文は，アーカイブで現在確認できるだけで，約55件が保管されている。その中には，10歳前後の子どもが記した短いもの，例えば，「あなたがそれを見て，見えたとおりに描いたとき」（10歳）[42]，「絵は，形がその絵の中にどのように置かれているか，にかかっている。」（11歳）[43]などのように，おそらくは，日頃リチャードソンが子どもたちに語っていた美術観の断片をそのまま書き記したようなものから，すでに前章で見たように，後任の美術教師と表現様式の点で口論をしたことをリチャードソンに報告した手紙や，「美術とは何か」について，詩のような文章で表現したものなど，特に年長の子どもたちの手

による，それぞれの経験や考え方をかなり反映させた長文のものまで，幅広く含まれている。また，これらの作文の中には，「A」「B」などの採点が記入されたものもある。これらの文章を通してみると，その内容は，リチャードソンの美術観に強く影響され，また，多くは，ダドリーで行われていた先進的な授業の内容に対する賛辞を含むものであるが，特に，年齢が上がるにつれて，表現としての美術という思想に基づきながら，それぞれの美術観を言語で表現する態度と能力を形成していたことが，理解できる。

　これらの思想と文章表現力は，授業における批評の時間や，美術作品や批評記事に関する学習などを通して，総合的に養われたものであろう。1919年講演，1920年講演においても，1918年講演に引き続き，子どもたちの相互批評の効果について触れ，さらに，教師の態度を含む，彼らの批評の「総体」が，あたかも，ある一定地域で文化がはぐくまれるように，批評に関する伝統を確立していくことについて述べている。そしてまた，1925年講演においては，ダドリーにおける成功の要諦は，そうした「伝統」−誰でも表現することができ，それは価値あることであるという認識−の確立であったと述懐しているのである。このように見てみると，リチャードソンの教育方法における成果の要因は，単に，内面的イメージを基盤とした表現を行うだけではなく，そのこと自体の意味を，様々な批評的活動を通して思想や言語として確認していくことによって形成された，一つの文化的環境であった，と見ることもできるのである。

第2節　リチャードソンの教育方法における実践上の問題点

1.「フーパー書簡」

　ここでは，リチャードソンの確立した，いわゆる学習者中心の美術教育の先駆的な位置付けをなす一連の教育方法について，アーカイブ所蔵資料の中から，当時の視学官として批判的な観点を示したジョージ・ハーバート・フーパー（George Herbert Hooper, 1873-？）による書簡[44]をもとに，特にその実践上の問題という観点から論じる。

　アーカイブ資料に基づく近年の研究成果には，リチャードソンの教育活動の主要な源泉を教師自身の特別な人格的要因の中に求めていく方向性と，できる限り教師個人の人格的要因を排し，教育方法自体の特性を重視する方向性とが見られる[45]。ところで，後者の立場を発展させながら，その教育方法としての特質の解明を目指す研究方針は，その過程で再び前者の，人格的要因を重視する視点と対峙せざるを得ない。なぜなら，教育方法研究の進展はおのずと実践上の問題に直面することになるが，リチャードソン研究における人格的要因重視の論点は，実のところ，リチャードソンによる教育の実践上の問題を主要な根拠としているからである。そしてその論点が拠り所としているほとんど唯一の文献資料が，本稿でとりあげる「フーパー書簡」なのである。

　リチャードソンは1919年頃から，その教育方法の出発点となったダドリー女子ハイスクールでの業績をもとに全国での展覧会や講演などを展開し，1923,4年頃からは複数の学校で勤めながら，ロンドン・デイ・トレーニング・カレッジでの教師教育にも携わるなど多忙な生活を送っていた。1928年2月の日付のある「フーパー書簡」は，当時リチャードソンが非常勤で教えていたケント州ベネンデン・スクールにおける授業を，中央政府の視学官として中等学校や美術科などを担当していたフーパーが参観したのち，それについての見解をリチャードソンに直接書き送ったものである。

　「フーパー書簡」は，リチャードソンの現役当時の教育実践を観察して批評的見解を述べたほとんど唯一の証言であるが，その示唆するところは，リチャードソンの教育方法は，彼女自身の個人的特性にその多くを依存しているので，その

成功の根拠を解明すること，および他者へと継承されることは非常に困難であるとする結論であり，これこそが，リチャードソンの個人的要因を過度に重視する論点の根拠となってきたのである[46]。しかしながら，こうした議論は，中央政府の視学官というフーパーの権威と，その「客観的」に見える叙述を信頼し，その内容についてほとんど独自の批判を試みずに受け入れているという点において，必ずしも充分に検討されたものであるとは言えない。フーパーの権威について語るのであれば，なおさら，彼の立場とその発言の意図について注意しなくてはならないであろうし，その内容が提起している問題について，現在明らかになっている知識を用いて妥当性を再検討すべきであろう。そこで本稿では，人格要因説の主要な根拠ともなった「フーパー書簡」について，その提起する問題点を集約し，それらに対して，現在のアーカイブ資料から得られるリチャードソンの教育方法に関する全体像を背景として，できる限り反証する立場をとりながら解釈を進めるという方法を用いることとする。

2．リチャードソンの教育方法における二つの原理

　「あなたが何かを非常に鮮やかに見て，その美を非常に強く感じ，それをはっきりと印象的に語ることによって，感受性のある聞き手があなたの感覚に感情をかきたてられ，また刺激されて，限られた表現力にもかかわらず彼女の見たものを表すことが可能であると考えていますか。」「あなたの生徒たちの大半はその試みに失敗し，その原因は情景を心に浮かべることの失敗よりも，表現力の不足によることのほうが多いということにあなたは同意しますか。」「あなたの生徒たちの作品に関する一般の感想は，それらが皆非常によく似ている，ということであるということに気づいていますか。」

　「フーパー書簡」は，このように，質問の形式で遠回しに批判を試みているような記述が大半を占めている。これらの意図するところを，あえて次のようなより直接的な表現に言い替えてみることもできるであろう。

　「子どもたちはリチャードソンの想像を受け入れているのであって，各人に固有のイメージを自発的に表現しているのではないし，また，そのようにしてイメージを心に浮かべることができたとしても，表現の技術が身についていないので，結局は失敗することが多い。」

ここでは，それぞれの子どもたち個人に独自の発想を発展させるという学習者中心の考え方が，理念通りに実現していないのではないかという，実践上の問題点から批判を開始するというフーパーの論法を見ることができる。ここで示唆されている問題点はどの程度信頼でき，またどのように解釈したらよいのであろうか。そしてなぜ書簡の冒頭でリチャードソンを「中等学校における想像に基づいた美術教育で最も成功した教師」と最大限の賛辞を贈ったことと矛盾するような批判を述べようとしたのであろうか。

　この問題を検討するためには，この書簡の筆者が具体的には何を観察して述べているのかを知る必要がある。先の最初の引用箇所で，「リチャードソンが語ることによって聞き手が刺激されて表現する」というプロセスを示していることから明らかなように，この批判的見解は，主にリチャードソンがダドリー女子ハイスクールにおける指導計画[47]に「言葉による語りかけから浮かんだ絵」として記載している題材，すなわちワード・ピクチャーについて述べられていると考えてよいであろう。この題材は，リチャードソンによる美術教育に関する唯一の著書である『美術と子ども』の冒頭にも述べられているもので[48]，自らが専門教育で受けた「閉眼描法」（キャタソン－スミスによる，提示された対象をイメージに記憶して描写する教育方法）を中学校で試みる際に，スライドの設備がないために教師が口頭でイメージを伝えることから始められたという，いわばリチャードソンの独自の教育方法の出発点になった題材であり，また実際に一般の教師にも最も広く受け入れられた方法であったようである[49]。

　この問題について，リチャードソンの教育方法全体と，そこに見ることのできる考え方を「二つの原理」という面から指摘しながら，検討を加えてみたいと思う。1925年にリチャードソン自身が行った講演原稿には，次のように述べている箇所がある。

> 私の実践は，授業ごとに主題を与えることでした。その主題は，私自身が心のイメージに描いたものの中から選び，それをできる限り完全にいきいきと話すように気を配りました。授業に自分の考えを用意してこなかった子どもたちは私の語る話しをもとに描きましたが，私は，こうしたことから彼等が独立して自分で描くのを見るのが喜びであることをはっきりと言いましたし，彼等自身の直接体験による物事の見方の重要性を常に強調し

ました。私たちがそれからマインド・ピクチャーと呼んでいる絵の可能性を発見したのはこの時だったのです[50]。

　模倣を中心とした描画教育の「弊害」を取り除くために手本や正確な再現描写などを廃止したリチャードソンは，いわゆる「自由な表現」がもたらしかねない「弊害」をも，当初から強く意識していた[51]。そこで手本に替わる描画の基準として強調されたのが，学習者の内面に浮かぶイメージであるが，現実の子どもたち，特に中等教育段階にある生徒たちの状態を熟知していたリチャードソンは，ただ手本から解放すれば子どもたちが自由にイメージを広げることができるとは楽観していなかった。「閉眼描法」，すなわちスライド映写など外部から与えられた視覚を内面に記憶して描画するという教育法からの発展を試みていることからも，それは明らかである。また，マインド・ピクチャーの実際の指導においても，「それらの絵の多くは，その源泉は単に物理的なものでした。」[52]と述べているように，イメージの起源として必ずしも学習者の心理的な働きや想像力によるものを求めず，たとえ単に身体的な現象としてまぶたに映じたものであったとしても，むしろ，その「ピクチャー」が特定の学習者に固有の現象であることを出発点として，描画の基準が学習者の内部にあることを現実的に理解させる手段とした側面が見られるのである。これらの題材の指導法を通して言えることは，リチャードソンの教育方法の第一の原理とは，学習者の内面に浮かんだイメージを基盤として描画を行うことであるが，そのイメージの起源は，必ずしも学習者自身の内面から自発的に現れたものである必要はない，ということである。

　しかしながら，その第一の原理は，出発点であって究極的な目標ではない。先の講演からの引用の後半で，教師による「語り」は自分でイメージを供給することに慣れていない段階のものであり，それから独立して描くことを奨励していることを述べていることからもそれは明らかである。第一の原理からのこの発展は，ワード・ピクチャーからマインド・ピクチャーへ，そして想像を重視するその他のすべての題材へと移行していく過程にもなぞらえることができよう。したがって，もし第二の原理を定義するならば，第一の原理によって半ば強制的に獲得させられた，内面的イメージに依存する習慣を自在に発展させて，あらゆる表現活動における独自性の源泉となすことを目的とすることである，ということになるであろう。

このように，従来の学習習慣によって，すでにイメージによって思考することに困難を抱えていることの多い中等教育段階の生徒たちを対象とする際に，リチャードソンがここで言う第一の原理から出発して第二の原理を目指したという方針は現実的で理にかなったものであり，その際に，特に前提となる第一の原理を成功させるためには，教師の側の強い影響力，あるいはリーダーシップは必要不可欠なものであったと考えられるのである。ここに，学習者中心主義と教師のリーダーシップという，一見矛盾するような考え方が，単なる共存というあり方ではなく，むしろ緊密に結びついたものとして再認識される。フーパーの議論は，リチャードソンの教育方法におけるこのような原理に関する洞察を欠き，学習者の想像を重視した学習と教師の影響力の強さとが共存している現象をとらえて批判したものであると，見ることもできるのである。

3.「類似性」批判の根拠

　作品相互の類似性については，話題となった作品群を直接比較することが不可能なため，関連する状況から議論を進める以外にない。残念ながらこの書簡には，ただ「似ている」としか述べておらず，しかも「一般の感想では」として，自らの意見の表明として示すことを避けているため，判断の基準が全く不明であると言ってよい。したがってこの点はあまり検討に値しない問題ではある。しかしながら，仮に何らかの類似性が見られたとして，その意味を理解するために，先に述べたリチャードソンの教育方法における原理を参照することは有益であろう。

　『美術と子ども』には，画面構成に不慣れな子どもたちのために，画面のどの位置に何が見えるかまで具体的に話して聞かせることもあったという記述もあるので[53]，その意味で似ているというのであれば，予期された範囲内であるということはできよう。私たちは第一の原理から出発して教師にリードされている学習の過程を見ているのである。また，教室という一定の環境における学習では，たとえ明確な手本が提示されない場合でも，教師および学習者相互の間接的な影響や参照によって，形式面におけるある程度の共通性が発生してくることは，現在ではよく知られた現象である[54]。したがって，よほどの画一性を示したものでない限り，リチャードソンの教育方法が矛盾しているという論拠とはなりえないと考えることができる。

これに対して，私たちが現在目にすることのできるアーカイブ資料の作品群は，その多様性と表現技術の追究において着目すべきものをもっている。例えば，バレエの舞台を教師の「語り」に基づいて描いた作品群などである（図6-2～6-6）。また，約500点に上るアーカイブ所蔵のマインド・ピクチャーは，サイズや画材などの統一されたフォーマットとは対照的に，主に非具象的な形態の多様性が際立っているばかりではなく，リチャードソンが「技術を獲得するための最も健全な拠り所」[55]と述べているように，それぞれが独特の表現技術を追究した跡を明確に読みとることができる[56]。これらの例証なども考えあわせると，フーパーによる，類似性と技術の不足という批判は，過大に解釈することはできないと思われるのである。

　むしろ，背景となる状況から，なぜフーパーがこれらの点を問題としたのかを考えることもできよう。例えば，旧来の模倣を目的とした描画では，「似ていること」を目指すのであるから相互の類似性が高いのは当然であるが，それを否定したリチャードソンの子どもたちの作品が，ある程度の類似性を示していた場合，かえって容易に批判の対象になったであろう。また，観察描写を学習の中心からはずすことが描画技術の低下を招くという批判は，旧来の指導法を保持する立場から起きてくる最も初歩的な主張を繰り返したに過ぎないと見ることもできる。そこでは何が「技術」であり，何のための「技術」であるかという価値観に触れないで，「技術」を同列に論じるという誤りを犯しがちである。およそ教育実践において，すべての学習者が最初から完全な成果を達成して見せることなどありえない。そうした実践上の不完全さを曖昧な形で示唆しておいて，教室におけるリチャードソンの影響の大きさという現象と関連させることによって，あたかも「学習者中心」という根本原則に疑問を投げかけるような質問の配置をとっていると解釈することもできるのである。

4．学習者中心主義と中等教育

　続いてフーパーは，チゼックとの比較を根拠にして，ある意味で中等教育段階における学習者中心の美術教育の意義を根底から問う質問へと進んでいる。まず，「チゼック教授は，おそらくあなたと同じことを目指し，同様の方法をとったと思われますが，［中略］彼は，子どもたちは14，15歳頃になると一般的に来なく

なり，芸術的な活動をしようとしなくなるが，これはむしろ自然で避けることができない，と述べていたと思います。」として，すでに英国内でも名声を確立していたチゼックを引用する。その上で，「もし，生徒の成果がそのように一時的で変化していくものであるならば，そうした学習の教育的な価値については，あなたはどのようにおっしゃるつもりですか。」と問いかけ，思春期以降の年齢層を主に対象としていたリチャードソンの実践に疑問を投げかけるのである。

　専門家を目指すわけではない一般の学習者が，美術による自己の発想を重視した表現活動において，抵抗なく一定の成果を達成できるのは，どの年齢段階までなのか，という問題は，本稿の冒頭にも述べたように，時代を超えた重要な問いである。したがって，フーパーがこのように問いかけたことの意義を否定するつもりはない。しかしながら，彼の問いかけの方法について，再度考えてみると，いくつかの疑問点を指摘することができる。例えば，前半の問いは，チゼックをある種の権威として認めながら，後半の問いでは，発達とともに消え行く学習の価値に疑問を投げかけているが，これはすなわち，権威として引用した前者をも否定することにつながるという矛盾を含んでいる。したがって，この問いはむしろチゼックに向けられるべきであったということもできよう。中等教育段階における学習者中心の美術教育の可能性について，なぜ，自分が目にしたリチャードソンの実践そのものから語ることをせず，チゼックの引用から批判を試みたのか，という点が問題なのである。「今やあなたは私が過去9年間でお会いした中等学校の美術教師の中でだれよりも，学校における想像による美術の教師としてますます成功を収めておられます。」（「9年間」は，フーパーが1919年に視学官の職務についてからの期間を指すと思われる。）というリチャードソンへの賛辞が文字どおりのものであるとしたならば，その成功という事実から，この問題への解答を探るのが常道ではないだろうか。そのような方法をあえて避けたという点に，フーパーの批判の仕方の一つの特徴を見ることができるのである。

　チゼックの美術教育に関するリチャードソンの考えについては，第4章，「心理学会講演」を扱った中で，1920年頃のリチャードソンによる手書きメモの資料をあわせて検討した。そこにおける，チゼック批判の妥当性については，歴史的な状況などを考慮に入れて，解釈されるべきである。いずれにしても，当時のリチャードソンは，特に思春期以降の芸術表現について，それまでチゼックの思想

として英国に伝えられていた一般的な概念，すなわちフーパーが要約したような一種の「自然消滅説」とは異なる見解を持っていたことは明らかである。したがって，チゼックを根拠にしたフーパーの問いは，リチャードソンにとって承服できないものであったであろうし，彼の「あるいは，私たち教師は依然として，子どもたちがそのような力を永久的に使うことができるようにするための教育方法を発見しなくてはならないのでしょうか。」という問いには，自らの実践を証拠として肯定の姿勢を示したであろうことが容易に推測されるのである。

5.「フーパー書簡」の構成とその背景

　この書簡は，経験と見識のある政府の視学官が，熱意のあまり自らの教育実践の問題点を見失いがちな若い教師に，いくらか控えめな形で職務上の助言と勧告を行ったという体裁を示している。当然ながら，それが有能な視学官がこの書簡で目指した役割であるが，それをどのようにして巧みに果たしているかをより詳しく検討することによって，この書簡の意味するものを考え直してみたい。まず，何故に視学官は自らの見解を一教師に伝えるのに質問形式の文体をとったのであろうか。書簡には，質問形式をとるのは，それらに答えてほしいからではなく，自分の考えを理解してほしいからである，としか述べられていない。私たちがこれらの質問を一読したとき，主語が一人称ではなく二人称であり，しかもそれが断定ではなく疑問文であるため，どちらかといえば主観的な意見を押し付けようとしているよりは，控えめに相手の意見を聞いているような，一歩引いた印象を受けるであろう。しかしながら，回答を要求しない問いは，やはり視学官自身の見解なのである。彼自身の判断でありながら，その判断の主体が，逆にリチャードソンの側にあるかのような印象を与える，いわば「主体の隠蔽」が，この書簡の「客観的な」体裁を成立させている一つの要因であり，自らへの反論に対する一種の牽制となっているとも考えられるのである。

　さらに，質問と勧告を交えた記述の展開が，どのように論旨を運んでいるかを見ることによって，そこに込められた意図を読みとることができる。フーパーはまず「同じような特徴や特質をもった学校の子どもたちの作品を，私は見たことがありません」とその独自性を認め，また「非常に強い芸術に関する信条あるいは確信」「人を引き付ける人格」「いきいきと話し，示唆する力」「印象的な声」

等と彼女の能力や特質を形容しているが、この部分は単なる称賛とは別の意図を有していることは、それらに続く記述との関連を見れば明らかである。フーパーが強調したいのは、「私の知りたいのは、何が実際に起きているのかをあなたが意識しているのかどうかということです。」というように、リチャードソンは自らの教育方法の特質を把握しておらず、専ら情熱や強い思い込みによって生徒に影響を与えている面が強いという評価である。そしてそのあと、本稿で検討したような、教師の影響力や作品の類似性、チゼックを引用した思春期以降の表現活動への疑問などが続いて述べられる。これらを踏まえた上で、「私はあなたが特別で例外的な能力をお持ちであると信じますが、あなたは、そうした能力を持っていない他の人々を訓練してあなたと同じようにさせることができると信じていますか。」と述べ、その教育方法はリチャードソンだけが成功できるものであり、他の教師へと拡げて行くことは不可能であるという議論へと進めていく。

　この問題は、さらに書簡の後半で、ベネンデン・スクールでの勤務形態の変更を勧めている箇所へと導かれていく。すなわち、リチャードソンの同僚であるリントゥールは、新しい教育方法に感銘してそれを試みているが、彼女のように特別な能力のない教師にはかえって弊害があるので、二人が協力して同じクラスを教えるのをやめ、リントゥールには別のクラスで従来の教え方をさせるべきである、というものである。確かに、リントゥールは、リチャードソンほどには成功していなかったのかもしれない。しかしながら、その「事実」に基づいて、もし勤務形態の変更という実務的な「譲歩」を受け入れたとしたら、助言者の側のより大きな意図に対して、正当性を与える意味を持ったであろう。フーパーの意図は、実はリントゥールという特定の教師だけを対象に述べているのではないことは「ほかの教師についても（リントゥールと）同じであることを恐れるが。」と書き添えているところにも、うかがうことができるのである。

　質問という控えめな姿勢をとり、反論をあらかじめ避けながら、初めにリチャードソンの業績を称賛し、ついでその個人的な卓越性を強調しておいた上で、具体的な実名を挙げてリチャードソンとの落差を指摘し、そこで初めて管理者としての立場からリチャードソンの影響の拡大を制限する姿勢を見せるのである。書簡の冒頭でフーパーが用いた「円」の隠喩は、大小さまざまな円はそれぞれで完結しているのであって、自分自身を踏み超えて円を歪めてはならない、と警告

している。結局のところ，ある面では寛容な理解者の姿勢を見せながらも，従来の規範の否定が教育体制に引き起こす混乱を懸念し，その影響を一定の範囲内に限定しようとする，秩序維持の職能を体現しているのが，この書簡の大きな特徴であると見ることができよう。質問形式を用いて述べられた批判は，あるいは，変革期において旧時代の立場に立たざるを得なかったフーパー自身の疑問や逡巡を反映していた部分もあったのかもしれない。しかし，この書簡から2年後の1930年には，リチャードソンはロンドン市視学官として改革を推進することになる。時代は確実に動きつつあったのである。

　ここまでの議論を通して，「フーパー書簡」の記述を，主に次のような三つの目的をもった文脈に集約しながら検討してきた。
　　　1．学習者個人からの表現の発展を否定する
　　　2．思春期以降の芸術表現の継続を否定する
　　　3．リチャードソンの一般の教師への影響を限定する
　第一の点については，リチャードソンの教育方法における二つの原理を解明しながら，教師の影響力の大きさと学習者中心の原則は必ずしも矛盾せず，むしろ緊密に結びつくことが実践上重要であったことを指摘し，フーパーの批判とは異なる解釈を示した。第二の点については，リチャードソンの実践例よりもチゼックをある種の権威として引用したフーパーの論法について指摘した。第三の点については，フーパーの批判は，リチャードソンの新しい教育方法が一般の教師へと拡大していくことを懸念する旧来の秩序維持の立場に貫かれたものであり，そうした背景を考慮せずにこの書簡の意図を読みとることはできない，という視点を示した。これらの議論によって，リチャードソンの教育方法を彼女自身の個人的要因に依存したものとする説の根拠に批判的視点が加えられ，リチャードソンの教育方法に関する研究に一つの道筋をつけることができたと思われる。

図 6-1＝ワード・ピクチャーの作品例：「月に照らされた地元の小さな通り」
作者不詳。

図 6-2＝ワード・ピクチャーの作品例：「ロシアバレエ」(1)
作者ミュリエル・チャーチ、13歳。『美術と子ども』図 2-9 と同一。

図 6-3＝ワード・ピクチャーの作品例：「ロシアバレエ」(2)
作者エセル・ガイ、10歳、1919年。

図 6-4＝ワード・ピクチャーの作品例：「ロシアバレエ」(3)
作者不詳。

図 6-5＝ワード・ピクチャーの作品例：「ロシアバレエ」(4)
作者 E. ガイ。おそらく図 6-3 と同一作者。

図 6-6＝ワード・ピクチャーの作品例：「ロシアバレエ」(5)
作者グェン・プリースト、12歳、上級第3学年、1919年。画面右上に「B」「A⁻」「A」など複数の採点記録。「ステージ背後の壁は好きではありません。でも、これが私の見たもので、それ以外は見えませんでした。」と本人記述。

図 6-1

図 6-2

図 6-3

図 6-4

図 6-5

図 6-6

第 2 節　リチャードソンの教育方法における実践上の問題点

図6-7＝詩をもとにした描画の例：「たそがれ」
　作者メアリー・スミス，下級第2学年。
図6-8＝版画による人体群像の作品例(1)
　作者不詳。マティス《ダンス》の構図によると思われる。
図6-9＝版画による人体群像の作品例(2)
　作者不詳。マティスの構図によると思われる生徒群像。
図6-10＝ライティング・パターンの作品例
　作者 D. マドック，12歳。
図6-11＝ライティングと挿し絵の作品例
　作者グェン・ベイシャム，11歳。

図6-7

図6-8

図6-9

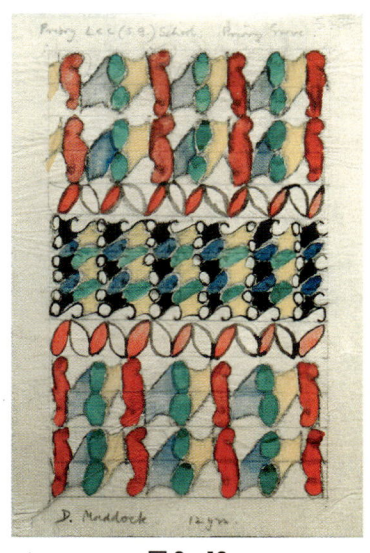

図6-10

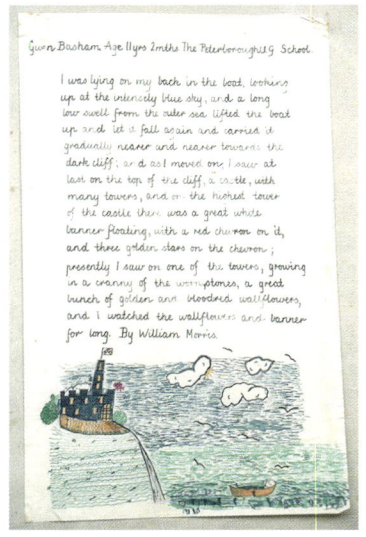

図6-11

318 ｜ 第6章　教育方法の全体構造とその適用

図 6-12 = 児童 a によるマインド・ピクチャーの作品例(1)
　小学校 5 年生男子児童。
図 6-13 = 児童 a によるマインド・ピクチャーの作品例(2)
　小学校 5 年生男子児童。
図 6-14 = 児童 a によるワード・ピクチャーの作品例
　小学校 5 年生男子児童。

図 6-12

図 6-13

図 6-14

図 6-15-1

図 6-15-2

図 6-15-3

図 6-15 = 児童 a の選択した，英国の子どもたちのマインド・ピクチャー
　図 6-15-1：似ているもの，図 6-15-2：似ていないもの，図 6-15-3：好きなもの。
　小学校 5 年生男子児童。

第 2 節　リチャードソンの教育方法における実践上の問題点

図6−16＝児童bによるマインド・ピクチャーの作品例(1)
　小学校5年生女子児童。
図6−17＝児童bによるマインド・ピクチャーの作品例(2)
　小学校5年生女子児童。
図6−18＝児童bによるワード・ピクチャーの作品例
　小学校5年生女子児童。
図6−19＝児童bの選択した，英国の子どもたちのマインド・ピクチャー
　図6−19−1：似ているもの，図6−19−2：似ていないもの，図6−19−3：好きなもの。
　小学校5年生女子児童。

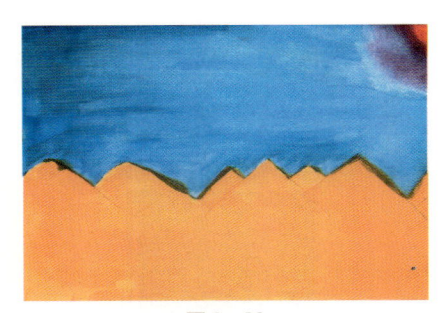

図6−16

図6−19−1

図6−17

図6−19−2

図6−18

図6−19−3

第3節　現代における適用の試み

1. 目的と方法

　リチャードソンが確立した教育方法は，芸術的な知覚を養い，学習者個人の独自性の承認と形成に教育の規範を置くための実践的な方策として，内面的視覚像の保持と発展を基盤とした上に，パターン，観察による表現，色や材料に関するゲームや練習，批評の学習など多様な題材が位置づけられたものであった。本節では，これら一連の教育方法について，アーカイブ所蔵の資料を基礎として実施された，日英両国の教室での実践的研究の成果に即して，現代の学校教育における適用の可能性を検討する。

表6-3　現代におけるリチャードソンの教育方法の適用事例一覧

年	研究者	学習者*	主な方法**					概要
			マインド	ワード	パターン	ハント	色の練習 美術批評	
1984	ハート	7歳から12歳まで5校	○	○	○			方法のみの効果を探るため，研究者に未知の学校の学習者を対象。
1985	シースリック	13歳44人（3学級）	○	○	○	○	○	学習困難児の行動改善，教師と生徒の関係に良好な変化。
1986	キンチ	初等教育	○	○		○	○	初等教育において，特に学習環境の改善に重点を置いた報告。
1986	キーン							リチャードソンの「文字の書き方」の教育方法に関する研究。
1987	ラーキン	14歳10人，16歳10人	○	○			○	最も高い年齢層への適用。
1987	アダムズ							授業実践を含まない。主にリチャードソンの引用で構成。
1996	ブリグストック	6歳12人			○			実験群と統制群に分け，作品の質の向上に対する効果を比較する。
1997	駒田／直江	11歳71人（2学級）	○	○			○	自律的な学習態度と多様性の学習への効果。批評活動を重視。

＊学習者の年齢は，各学級の平均的なものを示した。
＊＊主な方法の略称：マインド（マインド・ピクチャー），ワード（ワード・ピクチャー），パターン（ライティング・パターン），ハント（ビューティー・ハント）

1980年代以降，バーミンガムの中央イングランド大学では，アーカイブの資料を基礎とした「カリキュラム研究」をこれまでに7件実施している。これらは，地方の教育当局が教員を数か月間大学に派遣して研究を行わせる制度によるものであり，各研究者がいくつかの年齢段階，学校状況において，リチャードソンの使用した方法の有効性を探究している。我が国では，1996年から97年にかけて，公立小学校の協力を得て，約半年間の実験的な授業を試みた（泉が丘小学校プロジェクト）。表6-3は，それらの事例の一覧を示したものである。バーミンガムの事例については，アーカイブに保管されている各報告書を詳しく検討した上，これらの研究を指導した教官へのインタビューの結果も交えて考察する。我が国における事例については，実際に参加観察を行った記録をもとに行う。これら一連の事例は，その目的や状況，研究方法などにおいてそれぞれの文脈を持っているため，それらについてもできるだけ考慮しながら，リチャードソンの教育方法が現代に与え得る成果と課題の一端を明らかにしていきたい。

2．適用事例の検討

a．英国におけるカリキュラム研究

　英国におけるリチャードソンの方法の現代への適用は，特に，その初期の研究例に充実した結果を見ることができる。1984年にアーカイブへの初の教員研究生としてマンチェスターより派遣されたハートは，前例のない状況で，指導計画立案のための教育方法の再構成にかなりの困難があったことを報告書の中で述べている[57]。実際にアーカイブ資料に触れてみると，約2万点におよぶ資料の中から目的とする情報を探り出すことは容易ではなかったはずである。彼女は最終的に，ライティング・パターン，ワード・ピクチャー，マインド・ピクチャーの3種の代表的な方法を試みている。

　この事例の特徴的な点は，方法としての効果をより厳密に評価する目的から，研究者との人格的な交流関係の影響をできるだけ排除しようとしたことである。そのため，従来の勤務校とは異なる5つの学校の協力を得て，7歳から12歳までの，それまで面識のない学習者を対象として実験授業を行っている。結果は，マインド・ピクチャーのように個人的経験から直接導き出すイメージは現在でも有効であって，子どもたちは，外的規範から離れた個人の価値を理解したと述べら

れている。また，人間的な関係の未成立な状態での授業を成功させる要因として，各学級の担任など，授業に観察者として同席した他の教師の貢献について強調している点も，重要である。学習的中心の教育を展開する上での，教師のリーダーシップや学習者との関係という問題を，あらためて提起するからである。

　翌年に派遣されたシースリックの研究の特徴は，いわゆる「学習困難児」にリチャードソンの教育方法を用いた点にある[58]。彼らの抱える「困難」とは，多くの場合，外国からの移民の家庭出身であることなどを背景に，英語の理解力が低いこと，学習のための技能を身につけていないこと，そしてそれらと関連があると思われる，自信の欠如と生活態度の問題であった。シースリックの研究報告書は，比較したところでは，ブリグストックによる研究を除けば最も詳細にかつ体系的に記述されており，研究者と担任教師による個々の生徒の変化に関する観察をもとに評価を行っている点は納得のできるものである。

　結論的に見ると，マインド・ピクチャーやワード・ピクチャーなどの内面的イメージを用いた学習は，それまで学習への集中度に問題のあった生徒たちが熱心に取り組み，従来の，すぐに「どうしたらいいかわからない」と言うような学習放棄の態度が，自信を帯びたものへと変化したという。さらに特筆すべき点は，対象生徒たちが共通して抱えていた言語能力の問題の改善である。ワード・ピクチャーでは，それまで人の話を聞く態度さえままならなかった学習者が，教師の語るイメージに落ちついて耳を傾けるようになり，マインド・ピクチャーに書き添える自己評価は，言葉で自分の考えを記述することを，また，ビューティー・ハントは，自分達の経験や表現を互いに話し合う活動を活発にさせる効果をもたらした，という。

　ただし，ライティング・パターンの方法は，対象生徒たちには受け入れられず，もとの問題行動が再発したという。その理由について，シースリックはあまり立ち入って考察していないが，一つには，与えられたパターンの組み合わせに美を感知する学習は，内面の自由な発露を促すその他の方法と比較すれば，彼らが新しい方法によって獲得しつつあった表現の内的必然性を欠いた，いわば「外部から押しつけられた規範」と映ったのかもしれない。彼らが従来抵抗を持っていた，英語の文字の練習を基礎にしている点もあわせて何らかの心理的抵抗を感じさせた可能性はある[59]。

次の２年間には，４件の研究報告がなされている。キンチによる研究[60]は，初等教育段階における適用の事例である。報告書に含まれた写真からは，リチャードソンの方法を模して多彩な色で染められた毛糸を教室に持ち込むなど，とくに学習環境への関心を含んだ熱心な教育への取り組みが伝わってくる。キーンによる研究[61]は，美術以外の分野でリチャードソンを著名にした，いわゆる「ハンドライティング」に関するものである。ラーキンによる研究[62]は，14歳から16歳までという，事例中で最も高い年齢層を対象にしている。アダムズによる研究[63]は，実験授業を含んでおらず，大半がリチャードソンの『美術と子ども』などからの引用によって構成されている。

　その後約10年間は，アーカイブを基礎とした実践を伴う研究は行われなかった。その背景には，1988年の教育改革によって導入された，いわゆる「ナショナル・カリキュラム（全英共通教育課程）」をはじめとする教育への管理強化の動きが，リチャードソンの用いたような学習者中心の教育方法の自由な研究開発を困難にしている状況もあることは確かである[64]。そうした状況での社会的要請を反映してか，1996年にその成果が発表されたブリグストックの研究[65]は，それまでのものとは，かなり性質を変えているように思われる。

　まず，冒頭でリチャードソンの方法と「ナショナル・カリキュラム」との整合性を検討し，マインド・ピクチャーは後者に当てはまるものがないとして排除する。そして対象学習者（12人の6歳児）を実験群と統制群に分け，実験群にのみ，目を閉じさせて教師の語りかけを聞かせるワード・ピクチャーの方法を用いて，できあがった作品の質について複数の外部の研究者に採点を依頼し，その効果を比較するという，客観的な証明を追究したものとなっている。その結果，実験群の学習者は，統制群に対して20％近く上回る達成度を示したという。

　また，ワード・ピクチャーの方法に関する解釈と用い方は，一つの問題を喚起している。本章第１節でも検討したように，教師自身が，自らの内面に「絵」としてのイメージを思い描いて，それを言葉で語ることが，この方法の秘訣であるというよりは，定義そのものであると考えられる。ハートとシースリックは，リチャードソンの言葉を再現して使用しているが，その理由について，シースリックは，簡潔でありながらも優れた絵画を構成する要素を含んでいるという卓越性を第一に挙げている。そして，実際に指導する際には，リチャードソンに倣って，

教師自らもその情景を思い浮かべながら語って聞かせたという。ブリグストックの場合は，異なる主題を用いた上に，刺激となる絵や写真を見せたり，子どもたちに質問したりして導入を試みた。その理由は，教師自身が美術の専門家ではなく，リチャードソンのように，優れた絵となる情景を自らイメージして伝えることができないという点にあったという。ワード・ピクチャーの方法と，教師自身が，イメージを浮かべ，言葉で語る能力との関係，そして，実際に語られる文章の性質などの問題が，改めて喚起される事例である。

b．泉が丘小学校プロジェクト

この事例は，約半年間にわたって，日本の公立小学校5年生を対象に，主としてマインド・ピクチャーとワード・ピクチャーについて，また，リチャードソンが授業ごとに行っていた相互批評の学習をも含めて，適用の効果を試みたものである[66]。このプロジェクトにおける我々の関心は，リチャードソンの教育方法をもとにした，個々の学習者の内面的なイメージの発現と保持および発展を促すトレーニングを含む学習方法の，現在の我が国の子どもたちへの可能性を見いだすことにあった。より具体的な目標としては，今日の教育においてますます強く求められていると思われる，表現の多様性の形成，および表現の多様性に対する寛容の精神の育成，ならびに学習態度における他者（教師ならびに用意された解答）への依存傾向の改善において，特にこれらの教育方法が，一定の効果をもたらすことを期待して実施した。

方法は，同校における研究協力者駒田郁夫氏の担任する学級(A)を第一の対象とし，ほぼ1時間ずつを用いて一斉にマインド・ピクチャーを描く学習を合計6回実施し，その上で，授業者の創作した文章をもとにワード・ピクチャーの学習を1回実施する。最後に，リチャードソンに指導された子どもたちの描いたマインド・ピクチャーと自分達の作品とを比較しながら鑑賞する学習を1回設ける。もう一つの学級(B)では，ワード・ピクチャーのみを一回描いている。駒田氏が担当する授業を直江がノートとビデオによって記録し，授業の立案と評価は，両者の協議のもとに随時修正しながら行った（表6-4，6-5）。

この事例を観察して得られる特徴の一つは，36名の一斉授業における規律ある学習態度であろう。床に座らせ，手をつないで緊張をほぐしたシースリックの場

表6-4　泉が丘小学校プロジェクトの日程

対象	日付／時間	方法
学級(A)	1996／10／9／45分	マインド・ピクチャー（色鉛筆）
	10／15／45分	マインド・ピクチャー（色鉛筆）
	10／22／45分	マインド・ピクチャー（色鉛筆）
	10／29／45分	マインド・ピクチャー（色鉛筆）
	11／12／45分	マインド・ピクチャー（水彩絵の具）
	1997／1／28／45分	マインド・ピクチャー（水彩絵の具）
	2／18／80分	ワード・ピクチャー（水彩絵の具）
	3／21／80分	イギリスの子どもたちのマインド・ピクチャーの鑑賞
学級(B)	3／21／45分	ワード・ピクチャー（水彩絵の具）

表6-5　泉が丘小学校プロジェクトにおける各方法の目標と手順の概要

方　法：「マインド・ピクチャー」
目　標：内面的イメージに関心を持ち，独自の表現を追究する態度を養う。
手　順：1．目を閉じてイメージを見た後に，見えたものについて全員で話し合う。
　　　　2．再び目を閉じて，イメージをつかめたら，描画開始。
　　　　3．全員の作品を黒板に掲示して，話し合いながら鑑賞する。

方　法：「ワード・ピクチャー」
目　標：言葉の刺激による内面的イメージからの描画によって，多様な表現を追究する態度を養う。
手　順：1．目を閉じて，教師の語りかけを聞きながら，イメージを思い浮かべる。
　　　　2．イメージがつかめたら，目を開き，紙を選択して描画開始。
　　　　3．イメージが浮かぶまで，教師の話を再度聞いてもよい。
語りかけの内容（授業者による創作）：「西の空には沈んでいく太陽が見えます。太陽は黄色に輝き，周りは赤く色づいています。空の上の方にいくに従い，色は黄色からオレンジ，赤，紫，青，そして暗い青へと変わっています。［以下略］」

方　法：「美術批評」
目　標：時代・地域を超えたイメージの多様性と共通性への理解と関心を養う。
手　順：「アーカイブ資料」から，1920年前後の「マインド・ピクチャー」作品の写真を24枚選んで掲示。ワークシートで概要以下のような質問に答えた後，全員で話し合う。
　　　　1．自分の絵に一番よく似ているもの。どこが似ているか。
　　　　2．自分の絵に一番似ていないもの。それについて気がついたこと。

合と異なり，机上にきちんと用具をそろえ，背筋を伸ばして目を閉じ，教師の話に耳を傾ける。異なる学習文化の中でのマインド・ピクチャーの導入である。

　教師は，この学習は個別の価値を尊重することに意義があることを繰り返し語りかけるが，学習者の中には「このように描いてもよいか」と教師に承認を求める姿勢が，特に初期に多く見受けられた。教師は，その度に，表現する基準は教師ではなく，自分の内面に求めるべきことを忍耐強く諭し，描いた後に全員で作品を見るときにも，他者と異なるイメージを描いたことを評価する姿勢を示し続けた。プロジェクトの最後に試みた，イギリスのマインド・ピクチャーの鑑賞では，多様性や相違と同時に，時や文化を超えて現れるイメージの共通性にも目を向けさせている。

　リチャードソンの教育論とその方法には，教師の強いリーダーシップと，学習者による個別の学習展開とが互いに必須の条件として併存し，作用しあっていることは，すでに指摘してきた観点である。子どもは，自己表現への可能性はもちながらも，既存の基準への随順を自ら求める傾向があり，それを揺り動かして，独自の表現を求める方向へと確信を持って進ませるのが，教師の重要な役割である。このプロジェクトにおいても，子どもたちの学習における意識の独立を促すために，自身の内面的イメージに注視させること自体には，先に描写したように，外部からの一斉指導の形式を用いている。それでもなお，外的な基準に依存しようとする子どもたちを，いまだ不明確な自らの内面にあえて立ち帰ることを促していく。その，不安定な過程を導くには，教師と子どもの間の強力な信頼関係，あるいは何らかの指導力が必要とされることは，現実的な条件である。したがって，リチャードソンが子どもとの関係の重要性を述べるとき，それは，単なる感情的な問題を指すのではなく，指導の過程における冷静な戦略的側面をも含むものとして考えるべきであろう。

　最後に，このプロジェクトの結果の一部として，二人の子どもたちの事例を参照してみたい。図6-12から図6-15は，児童a（小学校5年生男子）の学習結果の一部を示したものである。図6-12，図6-13はそれぞれ5回目，6回目の水彩絵の具で描いたマインド・ピクチャーであり，それ以前の色鉛筆による描画を含めて，この子どものマインド・ピクチャーには，画面一面に斑点状のものが浮遊するイメージが繰り返し見られる（全6点中4点）。作者による説明では，図

6-12を「うちゅう」，図6-13を「4色の色がまざっている所（まん中の2つは，色のついたブラックホール？）（じくうのさけめ？）」等と，宇宙空間を舞台にした空想物語等を背景にしたと思われるような解釈を記している。教師の語りによるワード・ピクチャーの表現においても（図6-14），何重もの円になった日輪を中心に描き，「太陽の色がかわっていくところ」と記述しているように，日常的な事柄を超えた天体規模の現象への関心が，共通して現れているのを見ることができる。

　図6-16から図6-19は，児童b（小学5年生女子）による学習の結果の一部である。図6-16には，「さばくがひろがりあお空がありました。たいようがてかてかでていました。（とてもきれいだ）」，図6-17には，「すなどけいがしたへちくたくちくたくおちてくると思ったらまわりがパーとピンクになりきいろのてんてんがでてきた。」と記述されている。この子どものマインド・ピクチャーには，そのほかにも，機関車とトンネル，アイスクリーム状の物体，鳥など，具体的な対象が描かれることが多く（6点中5点），また，言葉による記述では，その動きや変化などを詳しく説明する傾向が見られる。ワード・ピクチャー（図6-18）においては，太陽は絵の背景であり，どちらかといえばそれに照らされた川岸や街の情景などの方を，愛着を込めて丁寧に描いているように思われる。記述には，「木にりんごをかいたところをくふうしました。すすきをうまくかけました。たいようがしずんでいえやすすきがオレンジにそまりました。とてもきれいでした。」と書いている。マインド・ピクチャーを含めて，広い面積を濁りの少ない色で鮮やかに塗っている点にも表現上の特色が見られる。この子どもの場合，日常的・具体的な物事を「きれい」に描き出すことに関心が向かう傾向を示しているように思われる。

　英国の子どもたちの比較を通した学習では，児童aは（図6-15），自らの作品との相似を示す例について，「点をつかっているところ」「くらい色と明るい色が，まざっている。」，相違を示す作品について「暗いいろ」「1色か2色」「点をつかっていない」等，作品に現れる色や形態，手法などについて気づき，言葉で指摘することができた。好感を持つ作品については，「色がゆうやけみたいにきれいで日本のふじさんみたいです。」というように，自らの作品にはない具体的情景や，地理的・文化的な親近感から説明している点に特徴が見られる。

児童 b の場合（図 6-19），相似を示す作品について，「げんじつにあるものであかるくてはっきりしているからです。」と，描く対象やその表現の特徴を含めて，明確に自らの作品の傾向を理解している点が注目できる。相違を示す作品についても「私は，このよにあるものをかいてしまうので，とくにてんてんは，私は，つかいません。」というように，対象の傾向性と，点描か平面的な塗り方かという二つの観点から特徴を記述できている。好感を持つ作品については，「この絵ははっきりかけてて家というのがとても好きです。」と記している。

　このように，自らのマインド・ピクチャーと英国の子どもたちの表現との比較という学習を通して，子どもたちは，表現上の特徴について複数の観点から気づき，言葉で記述できるようになるという批評技術の面での向上を期待できることが明らかになった。また，それのみでなく，自らの表現体験の独自性と，他の人々の示す表現の多様性や共通性について，ある種の分析的な側面を含んだ探究の過程を経て，単なる好悪の反応を超えた，より高次の理解や寛容の態度を養う上での可能性について，示すことができたと思われる。当初のプロジェクト案には，一般の芸術作品や自然現象に見られる形態への関心や理解へと発展させていく計画もあったが，時間等の関係により実現しなかった。いずれにしても，自己表現と批評的な活動との相互作用を通して，社会的な過程を含んだ全体的なものとして芸術活動を学ばせようとしたリチャードソンの理論と方法を，現代の教室に適した形で展開しようとする一つの段階として，成果と課題を得たプロジェクトであったと位置づけることができる。

注

1 ）Marion Richardson, "Drawing Syllabus 1915-16."（MRA）
2 ）Marion Richardson, "Dudley Girls' High School Art."（MRA 3155）
3 ）Marion Richardson, "Art Syllabus."（MRA 3156）
4 ）Marion Richardson, "L. C. C. Lectures, a 1925 No. 2," p. 5.（MRA 3424B）
5 ）Marion Richardson, "L. C. C. No. 1. 1925," pp. 5-9.（MRA 3442A）
6 ）John Swift, "Marion Richardson and the Mind Picture" *Canadian Review of Art Education Research,* Vol. 13, Canadian Society for Education Through Art, 1986, pp. 53-56.
7 ）Bruce Holdsworth, "Marion Richardson and the New Education," M. Phil dissertation, Birmingham Polytechnic, 1990, pp. 88-103.
8 ）Marion Richardson, *Art and the Child* University of London Press, 1948, pp. 30-32.
9 ）Richardson, "L. C. C. No. 1. 1925," p. 10.
10）Richardson, *Art and the Child,* pp. 62-67.
11）例えば，ブレント・ウィルソンらによる『美術からの描画指導』においても「言語から視覚へ－言葉から描画を作る」の章において，リチャードソンの『美術と子ども』から，ワード・ピクチャーの方法を紹介している。（Brent Wilson, Al Hurwitz, Marjorie Wilson, *Teaching Drawing from Art,* Davis Publications, 1987, pp. 164-166.）
12）Marion Richardson, "An Expansion of the 1919 Lecture," p. 12.（MRA 3446）
13）Richardson, "L. C. C. No. 1. 1925," p. 11.
14）Marion Richardson, "Intuition and Instruction, New Ideals in Education: at Oxford, Easter, 1930," p. 9.（MRA 3477）
15）Richardson, *Art and the Child,* p. 16.
16）S. Frood, "Teaching at Dudley, I," *Athene,* Vol. 4, No. 1, Society for Education in Art, 1947, p. 9.
17）次の図録の解説，写真との比較による。『ディアギレフのバレエ・リュス1909-1929』セゾン美術館，1998年，111頁，132-133頁。
18）Nan Youngman, "Various Aspects of Marion Richardson's Work," *Athene,* Vol. 4, No. 1, Society for Education in Art, pp. 21.
19）Richardson, "Drawing Syllabus 1915-16."
20）Richardson, *Art and the Child,* p. 16.
21）Richardson, "Drawing Syllabus 1915-16."
22）Richardson, "Dudley Girls' High School Art."
　　Richardson, "Art Syllabus."
23）Richardson, *Art and the Child,* p. 15.
24）Marion Richardson, "August. 31. 1918," p. 11.（MRA 3394A）
25）Richardson, "L. C. C. No. 1. 1925," p. 10.
26）Ibid, p. 5.
27）Richardson, "August. 31. 1918," p. 6.
28）Richardson, "An Expansion of the 1919 Lecture," p. 18.

29) Ibid, p. 19.
30) Marion Richardson, "Dudley Education Society," 1920, p. 12.（MRA 3388）
31) Richardson, "L. C. C. No. 1. 1925," p. 10.
32) Arthur Clutton-Brock, "Some Children's Drawings," *Times Educational Supplement,* April 5, 1917, p. 117.
33) *Second Post-Impressionist Exhibition,* Exhibition Catalogue at Grafton Galleries, London, Ballantyne, 1913, p. 59.
34) ダンカン・グラントの作品については，この作品タイトルにも関わらず，マティスよりもウィリアム・ブレイクの作品に直接の啓発を受けたものであるとする説明もある．（Crafts Council, *The Omega Workshops 1913-19, Decorative Arts of Bloomsbury,* exhibition catalogue, 1984, p. 38.）
35) Richardson, "Art Syllabus."
36) Marion Richardson, "L. C. C. Lectures 1925 No. 3," p. 5.（MRA 3426A）
37) Richardson, "Intuition and Instruction," p. 9.
38) エドマンド・フェルドマンによる美術批評の定義を参照．Edmund Burke Feldman, *Becoming Human Through Art, Aesthetic Experience in the School,* Prentice-Hall, 1970, p. 348.
39) Richardson, "L. C. C. No. 1. 1925," p. 9.
40) Richardson, "Dudley Girls' High School Art."
41) Richardson, "August. 31. 1918," pp. 7-8.
42) Mary Asguith, "If you see it," Age 10, 3/4.（MRA 3094）
43) Frances Grenfeel, "The picture depends," Age 11.（MRA 3099）
44) George Herbert Hooper, "Letter to Marion Richardson," 9th February, 1928.（MRA 314）
45) 序章第 2 節「先行研究の評価と問題点」参照．
46) キャンベルは，中央政府の視学官であったフーパーの権威と，その感情を抑えた冷静な叙述などから，同書簡を信頼性のおけるものとして非常に高く評価している．（Alasdair D. Campbell, "Marion Richardson : A Misunderstood Figure in Art Education" M. Phil dissertation,（unpublished）Birmingham Polytechnic, 1980, p. 83.）また，結論において再びフーパーを参照し，リチャードソンの教育方法は神秘で伝達し難いものであると結んでいる．（Campbell, pp. 90-94.）
47) Richardson, "Dudley Girls' High School Art."
48) Richardson, *Art and the Child,* p. 12.
49) 「今や，多くの学校での描画が，教師の語りかけを聞いた後で行われています．」（Richardson, "An Expansion of the 1919 Lecture," p. 12.）
50) Richardson, "L. C. C. No. 1. 1925," p. 11.
51) Richardson, "L. C. C. Lectures, a 1925 No. 2," p. 11.
52) Richardson "L. C. C. No. 1. 1925," p. 12 a.
53) Richardson, *Art and the Child,* p. 22
54) Arthur Efland, "The School Art Style : A Functional Analysis" *Studies in Art Education,* 1976, vol. 17, no. 2, pp. 37-43.

55) Richardson, "Dudley Girls' High School Art."
56) この問題については，前章において事例を挙げて論じた．
57) Evelyn V. Hart, "Marion Richardson : A New Curriculum Study," Manchester Education Committee, City of Birmingham Polytechnic Teacher Fellowship Report, 1984.
58) Krystyn D. Cieslik, "Marion Richardson : A Curriculum Study–The Effectiveness of the Teaching Techniques of Marion Richardson on Pupils with Learning Difficulties," Manchester Education Committee, City of Birmingham Polytechnic Teacher Fellowship Report, 1985.
59) この研究者は，報告書のあとがきにおいて，プロジェクト終了後に再度試みた結果，改善の手がかりが得られたとして，今後もライティング・パターンの可能性を探る決意を表明している．
60) Barbara Kinch, "Curriculum Project on the Work of Marion Richardson（1892–1946），" Manchester Education Committee, City of Birmingham Polytechnic Teacher Fellowship Report, 1986.
61) Janet Keene, "Marion Richardson : Her Approach to Handwriting," Hertfordshire Education Authority, City of Birmingham Polytechnic Teacher Fellowship Report, 1986.
62) Marie Larkin, "D. E. S. Teacher Fellowship," Manchester Education Committee, City of Birmingham Polytechnic Teacher Fellowship Report, 1987.
63) Philip C. Adams, "Marion Richardson Teacher Fellowship Report," Walsall Metropolitan Borough Council, City of Birmingham Polytechnic Teacher Fellowship Report, 1987.
64) 1994年に，なぜ87年以降研究が停止したのかとスウィフト教授に質問したことに対する回答．
65) Dee Brigstock, "From a Word Picture to a Painting : The Use of Marion Richardson's Visualisation Technique with Key Stage 1 Children," *Journal of Art & Design Education*, vol. 15, No. 3, 1996, pp. 289–307.
66) 「泉が丘小学校プロジェクト」研究協力者（授業者）：駒田郁夫（宇都宮市立泉が丘小学校教諭；当時)，対象：同校5年生のうち学級(A)36名，学級(B)35名，期間：1996年10月～1997年3月，目的：リチャードソンの教育方法の，現代の我が国の教育への適用の効果と可能性を探る，方法：マインド・ピクチャー，ワード・ピクチャー，美術批評．

結　語

1. 歴史的影響関係について

　英国における美術教育の歴史は，我が国との比較においても，独特の位置を占める対象である。19世紀後半における国民教育制度の普及とほぼ並行して導入された，模写の階梯を基本とした教育方法から，19世紀末から活発化する，子どもの心理的発達への関心や近代美術の変化と関連した子ども中心の美術教育への移行，工作・工芸教育との関係，デザインや造形要素を重視した教育の導入，より近年の動向として，美術や文化に対する鑑賞や理解の重視や，西洋美術中心の学習内容の見直しなど，双方の社会的文脈に相違はあるものの，近接した運動や現象を経過してきている点を指摘することができる。

　一面から見るならば，英国と日本に共通する側面を持つ美術教育の歴史的展開は，美術など，一般的な文化の動向も含めて，主としてヨーロッパ大陸やアメリカなど，当時の中心的文化圏からの移入によってもたらされた，というような，受動的な解釈も成立しうるであろう。しかしまた，ある面から見るならば，伝達手段の発達した近現代において，文化に関する情報の相互影響は，ある種自明の背景であり，むしろ，移入の過程そのものを含めた固有の文化状況を見る視点も可能である。そしてまた，事実に基づいた適切な研究は，主要文化からの一方的な影響というような観点に限定されない，独自の発展過程を明らかにするとともに，むしろ亜流と思われた対象の中に，その問題のより適切な解釈をもたらす普遍的特質を見いだすこともあり得る，というのが，筆者の考えである。リチャードソンと，同時代の美術理論家や教育者たちによってその中心的理論と方法が形成され，後に多数の教育者によって，それぞれの実践的解釈によって展開された英国における美術教育改革は，そのような意味で，独自の基盤と内容をもつ運動であったことは，本研究によって，ほぼ明らかにすることができたと思われる。

　20世紀末から21世紀初頭の現代，英国は，新しい美術活動の世界的拠点の一つとして，重要な役割を果たしている。しかし，本研究が主な対象とする20世紀前半の英国は，自国民の美意識に関して，いわゆる「自信喪失」の状態にあったこ

とは，複数の証言が認めるとおりである。当時の英国における美術や美術教育における改革の動きは，多くの場合，そうした問題意識と切り離して考えることは適切ではない。子ども中心の美術教育への改革運動が批判対象とした，19世紀後半におけるヘンリー・コウルらによる統一的な描画教育の制度自体も，元来，自国の産業美術の後進性の改善の必要性を，一つの主要な根拠としていた。20世紀初頭におけるロジャー・フライによる子どもの美術の擁護は，主としてポスト印象派等の近代美術における個人の表現を立脚点として，英国民の美意識の覚醒を目指したものであったと，位置づけることもできる。

　フライは，リチャードソンが実践しつつあった美術教育の特質を，美術史上のいわゆる「プリミティヴ」における素朴で力強い様式や，工房共同体の教育的相互作用との類似，彼のいう「モダニズム」による個人の表現における革新性など，自らの美術理論の立場から論証する一方で，内面的イメージの重視や美術作品からの学習など，リチャードソンが日々の教育活動の中で到達してきた具体的な指導方法などから啓発を受けることによって，その思考を実質的なものにしていくことができた。のちには，リチャードソンの開発したライティング・パターンや美術批評の方法と，フライの展開していた美術作品上の形態における相互関係の解釈（形態分析）とが呼応し，さらに，デザイン教育の改革にも波及を与えていくことになった。リチャードソンの教育方法は，一時，マインド・ピクチャーにおけるような，ある種の抽象的表現の開発と容認にまで到達したが，美術から再現的な内容を一切排除するというような，極端なフォーマリズムには向かわず，晩年のフライとともに，形態の構成美を基盤としながらも，主題や物語性，対象の再現的要素などを，表現者の意図に応じて自在に取り込むような，絵画のもつ包括的・総合的な特質を認めている。このように，両者の美術観・教育観は，生涯を通じて相互作用的なものであったと見ることができる。

　ある意味でフライの限界を指摘しながら美術批評の領域に頭角を示してきたハーバート・リードは，フライが扱いを避けていた無意識と美術表現の問題の探究を試みるとともに，英国独自の芸術家を擁護し，また，大量生産時代における工業デザインの理論を試みていた。1930年代には，リードによる美術教育論への関与が，リチャードソンとの交流を契機にしながら活発になっていくが，その内容には，両者の観点の相違も見ることができる。例えばリードは，パターン制作

における身体的感覚の役割に着目していたが，リチャードソンにはむしろ，内面的イメージと画面構成との緊密な協調という観点を重視する傾向があった。また，リードは，マインド・ピクチャーを無意識の表現に至る一種の経路として解釈したが，リチャードソンは総じてこの問題の心理学的解釈には懐疑的であり，現実の指導の中で美術における個人的表現を示す象徴的形式として，また，表現活動を主導するための根拠としての実際的機能に着目する立場を一貫させている。リチャードソンの死後，リードは彼女の業績を顕彰する活動を行っているが，彼らの交流がこの不幸によって短期間で分断されたことが，リードの美術教育論の発展に正負両面の影響を与えたことは否定しがたい。

より多くの人々が教育による自己実現の機会を享受する社会を目指すという，教育の大衆化への漸進的な動きの中で，多くの教育改革論者，美術論者たちが，リチャードソンの到達した実践の成果に着目し，それを自らの理想の実現性を示す根拠として歓迎し，自らの理論や方法にとり入れ，時に曲解して使用した。リチャードソンが1938年の大規模な子ども絵画展覧会を成功裏に収めた後，健康を害して第一線を退く頃には，既に大衆化の局面を迎えていた美術教育改革の運動の中で，かつてリチャードソンが批判した，「自由」を装う「子ども風」美術の様式化や特定の表現材料の使用などが広がるとともに，「自由」のもとに文化内容の学習を放棄したような，いわば空洞化した「子ども中心主義」が，リチャードソンの進めた美術教育改革の線上にあるかのような，誤った認知が流布される状況が出現した。リチャードソンが闘病中に生命を削るようにして執筆を進めた，おそらくは「未完」であった回想録も，この問題に対して正当な評価を可能にする，充分な事実関係を提示するには至らなかった。しかし，リチャードソンが生前に記録した教育研究活動の資料が保存されてきたことが，本研究による再評価を可能にしたのである。

我が国においては，1950年代後半における美術教育の制度的転換点，また美術教育研究における国際的交流への関心などを時代的な背景として，稲村退三によるリチャードソンの回想録の翻訳出版が実現した。この出版の影響としては，戦後拡大してきた子ども中心の美術教育観と方向を同じくしながらも，特に，教育実践者による著作である点，中等教育における指導の具体的方法を示している点，そして，当時の日本において注目され始めていた，デザインの学習を重視してい

る点など，それぞれの観点から評価される反面，執筆時の状況からやむを得ないことではあったが，どちらかというと過去の追憶に依存した情緒的表現への不満など，率直な，おそらくこの書物のみからの評価としては理解できる反応が示された。しかし，その後もこの書が，美術教育の理論と歴史を語る際に，日本と英国とを問わず，繰り返し言及，引用されてきたことは，その言々句々の断片にも，本質への示唆を示す内容を読みとれることによるものと思われる。本論文の主として第 1 章，第 2 章において明らかにした，リチャードソンとその美術教育に関する，より正確な歴史的事実を基盤として同書を位置づけることは，その本来の思想と方法を理解し，正当な歴史的評価と現代における再解釈を可能にするものと思われる。

2．失われていたリチャードソンの言葉

　主に第 3 章，第 4 章で展開した，リチャードソンによる一連の未刊行講演原稿の解釈は，埋没していた彼女の生前の美術教育論を再構成し，歴史的影響関係の解明とその教育方法の再評価とをつなぐものである。1918年から1930年に至る十数年間に発表された主要な 7 編を初めとする講演原稿には，リチャードソンの思想の発展過程が示されている。その内容は聴衆や目的に合わせて多岐にわたるが，主に，リチャードソンの美術観，当時までの様々な美術教育論と方法に関する独自の評価，リチャードソンの開発した教育方法の解説等に加えて，美術教育における改革の必要性などを説く箇所などに大別することができる。

　その中でも特筆すべき内容は，リチャードソン自身の美術観を述べた箇所である。リチャードソンは，美術及びその教育における混乱の要因は，誤った思想の伝播，あるいは明確な思想をもてないことにあり，その思想を転換しない限り本質的な解決には至らない，とする信念を持っていた。現実の指導においては，綿密な配慮のもとに新しい方法の開発などを積極的に進めたにもかかわらず，そうした方法のみを伝授することには否定的であり，むしろ，根本となる思想が確立されれば，方法や技術はその枝葉として縦横に展開されうるものであると考えていた。そうした観点から，美術教育に関する講演において，しばしば，美術観を論じる内容に多くの時間が割かれている理由も，理解することができる。

　リチャードソンの美術観において特徴的な点の一つは，それを，理性を超越し

た絶対的経験と位置づけ，また，時代と地域を超えて共通する，普遍的なものであるとした点である。この観点は，特に，初期の講演原稿において強く表明された見解であり，同時に，全時期を通じてしばしば言及された，美術と信仰との類似関係とも呼応するものである。すなわち，環境の中に遍在していながら，自発的意志のない魂には全く見ることのできない，日常性を超えた，精神の内奥に迫る経験であること。あらゆる人の生命の中に本源的に備わっているものであって，それを感受する精神を損なわずに育てることが，この世界が呈示しつつある美，あるいは善を，価値あるものとして生かす道であること。そして，この道は，真の芸術家や信仰者がそうであるように，一身を捧げて殉教する価値のあるものであること。こうした美術観は，リチャードソンの美術教育改革への献身，おそらくは他のどの教育者も到達できなかったが故に，彼女を先駆者であらしめる一つの重要な要因となった，徹底した献身を支えた，強い信念の根拠としても理解することができる。

　リチャードソンによる美術観の表明に関する別の側面として，「ビジョン」概念の使用にも着目することができる。「ビジョン」自体についての，彼女による直接的説明はあまり多くないが，文脈を通して解釈してみると，それは一方では，先の絶対的経験につながる精神内奥に由来するものとして認められるとともに，美的感受の体験に触発された，個人の内面に想起されるイメージのことを広く指すのみならず，表現としての美術の成否を決する重要な要因であるとされる。このことから，現実の表現過程において，ビジョンと，技術や方法との優先関係が問題とされる。すなわち，表現者内面に明確なビジョンを欠いたままで，技術や方法のみを追究することは美術の本質を転倒させるものであり，逆に，内面的イメージを根本として確立すれば，必要な技術や方法は，表現者が自発的探究の中で獲得しうるものである，とするのである。それのみにとどまらず，むしろ，表現すべき内容を充満させながら，技術や方法がそれに到達しなかったとしても，そのこと自体が表現として価値を有するのであり，それは，専門家の美術においても，子どもの美術においても共通するものである，という。

　これらに関連して，美術における「自然」のとらえ方にも，独特の傾向を読みとることができる。リチャードソンによる初期の指導方法においては，植物などを題材とした記憶画が含まれていたが，そこにおいては，個々の具体物のもつ

「偶発的」特異性よりも，対象物の種に共通する特性を，表現者内部のイメージを媒介として，とらえることが重視されていた。内面重視の教育方法の発展過程において，一時的に自然物などの対象描写から完全に離れる傾向を示したことも，この線上にあるものと考えることができる。すなわち，現実に存在する個々の具体物は，精神の内面にとらえられる本質的特性の不完全な対応物として認識されているので，表現が従うべき基準は，個別の対象物ではなく，その主である精神的存在，例えばここでは「ビジョン」を通して現れてくるものである，ということになる。

　後期講演においては，「パターン」概念への言及が注目される。教育方法としての「パターン」には，リチャードソンの教育方法の内部でいくつかの変遷を見ることができ，1910年代のマインド・ピクチャーの成立にも関わりを持つ，幾何学的構成を「パターン」と称する時期に始まり，最終的には，1930年代のライティング・パターンに呼応した美的構成感覚のトレーニングへと発展していく。後期講演は，ライティング・パターンの全盛期に先立つものであり，パターンについて，方法としての側面よりも，むしろ，画面構成の原理に関わる概念として使用する傾向を見ることができる。すなわち，美術としての優劣を決定するものは，これまでも主張してきた，精神内部のイメージの作用であるとともに，描かれる個々の対象の断片の描写に優先する，画面構成の統一感（パターン）であるとするものである。ここにおいて，表現者の内面的イメージに主導された，画面全体の造形的構成を基盤として，物語や再現的要素の表現を位置づける，という，形式と内容を統合した包括的な美術概念への到達を見ることができる。それと同時に，方法としてのパターン学習のような形態トレーニングや，優れた美術作品の構図等について学んだ成果を自らの表現に応用するなど，教育する側の用意した「外部からの」内容による学習と，マインド・ピクチャーを基礎とした学習者個人の内面に由来する学習との，理論上・方法上における一種の「和解」が成立したと解釈することができる。

　さらに，初期講演から一貫して主張されている観点として，いわゆる「大人の」美術と，「子どもの」美術との本質における「一致」を，とり上げることができる。この問題を論じる際には，言葉の定義を，より明確にする必要がある。この場合，近代的な意味での個人の表現として，芸術家による自由な表現活動と，

子どもの自発性に基づいた表現活動との間には，その内面的な作用の重要なある一面において，共通点を見いだすことができる，というように解釈することが，ほぼ妥当であろう。そしてまた，社会においては，美術的経験は人間精神にとって独自の存在価値を持つ側面であり，他の実用的な存在理由に従属すべきではない，という主張と，学校カリキュラムにおける美術学習は，他教科の内容に貢献することに存在意義を求めるような従属関係に陥るべきではない，とする主張とが，これと並行するように対応するのを，見ることができる。内面的イメージと表現技術，形式と内容，直観と教授，というように，対立する概念の主従関係と相互作用に関する一連の考察は，「大人」と「子ども」の表現活動に共通する側面に着目し，美術という内容に根拠をおいた学習者中心の教育を探究する，リチャードソンの一貫した姿勢を示すものである。

3. よみがえる「マインド・ピクチャー」

　第5章では，内面的イメージに基づく表現という，リチャードソンの教育方法の重要な基盤をなしていたと考えられるマインド・ピクチャーについて，主として3つの観点から探究した。第一に，マインド・ピクチャーの意義と役割に関する考察であり，第二に，リチャードソンの指導したマインド・ピクチャー作品に関する体系的な整理・分類であり，第三に，主として年代の変化に伴うマインド・ピクチャー作品の特徴の分析である。

　マインド・ピクチャーの定義としては，内面的イメージ，描かれた絵の名称，教育方法の三種の側面を指摘することができるが，リチャードソンの場合，イメージの心理学的解釈を回避し，むしろ表現の技術や完成度の追究，学習者固有の視覚体験の把握などの，学習上における実際的効果の側面から定義づける傾向があった。この方法の位置づけと内容には，時期による変遷がある。すなわち，1912年に始まるダドリー女子ハイスクールにおける最初期の実践で顕著であった，自然物からの記憶画を離れ，教師が思い浮かべた情景の語りかけに触発された，自由な想像表現であるワード・ピクチャーへの第一の転換，さらに，目を閉じて，学習者の内面に自発的に浮かぶイメージに触発された，外部的対象の再現から独立した表現であるマインド・ピクチャーへの第二の転換があり，遅くとも1915年の指導計画書には類似した活動が記されているものの，名称としては

1920年頃から確立したものであり，その後1925年頃までが，この方法が最も集中的に研究された時期であった，と結論づけることができる。

　実際の学習過程においては，技術の自発的な獲得，自己表現の原則の獲得，他の内容への影響，評価の変革，教師の役割の変化などを伴って，子どもと教師の関係を含んだ学習活動全体の性質を，学習者中心の原理に基づいたものへと変化させていく働きをもっていたと考えることができる。

　リチャードソンによるマインド・ピクチャーへの言及には，教育方法の中心的役割を担うものとして位置づける反面，「美術作品」としてよりも，あくまでもトレーニングとして限定的に扱うという，二面性を見ることができる。その要因としては，第一に，歴史的に見て，1910年代から20年代の英国においては，非具象的形態が多数を占めるマインド・ピクチャーに対する，美術の側での様式上の相似物（例えば，抽象美術やシュールレアリスムなど）が，充分には確立，認知されていなかったという点，第二に，フライらを中心とした英国における近代美術運動のグループが，極端な抽象的様式を回避する傾向があったという点，第三に，特にリチャードソンが視学官として指導的役割を担う1930年代以降，マインド・ピクチャーよりも，デザインのトレーニングであるライティング・パターンの方に社会的評価と注目が集まり，以後の研究はこちらに重点が置かれた点，などを挙げることができる。このことから，学習者中心の美術教育への転換期において重要な機能を担った，マインド・ピクチャーへの認識の欠落が生じ，後の評価における，リチャードソンの教育方法の独自性の根拠を弱める大きな要因の一つになった，と考えることができるのである。

　本研究では，マインド・ピクチャー作品に関する独自の分析の観点として，作品群を年代によって前期（1916-19年），中期（1920-24年），後期（1925-29年）に分類し，主として制作年代の推移と作品の形態上の特徴の変化，およびリチャードソンの教育理論の発展との関連について明らかにした。

　前期は，おそらくリチャードソン自身によって，「初期のマインド・ピクチャー」と表示のあるフォルダーに整理された作品群の制作年代に対応する。この時期に特異的に見られる，繊細な透明水彩調の植物等の描画は，リチャードソンの教育方法の形成における最初期の特徴であった，自然物の記憶画からの離脱の痕跡をとどめるものであり，マインド・ピクチャーの発展における重要な転換点

を示すものである，と見ることができる。

　中期は，子ども自身が作品に「マインド・ピクチャー」と記入する例が見られ，年代の特定可能な作品のうち約7割がこの5年間に集中するなど，マインド・ピクチャーによる教育実践の最盛期を示す時期である。形態上の特徴としては，まず，前期から中期の前半にかけての幾何学的形態の増加と，その後の減少が見られるが，このことは初期においてパターンの描画とマインド・ピクチャーが接近した方法として用いられたことの反映と考えられ，最初期の自然物の記憶画の系譜に加えて，マインド・ピクチャーの発展段階の，もう一つの痕跡を示すものであると考えることができる。中期の後半以降に多数を示すようになる，有機的形態，および幾何学的構成を帯びた有機的形態などの多様な展開は，初期段階の束縛を離れた，マインド・ピクチャーの成熟した段階を示すものである。

　後期に属する作品は，まとまった数量に達していないが，若干の具象的形態の復活傾向と，10歳前後の比較的低年齢の作品が集中して見られる。リチャードソンは，少なくとも1928年，1930年の講演においてマインド・ピクチャーに言及していることが確認されるため，収集を継続する意志はもちながらも，ダドリーに常勤で指導した時代ほどには，体系的に整理することができなかったことを示していると思われる。また中央イングランド大学のアーカイブでは，現在までの調査では，後期に2点のみ，ダドリー以外の学校でのマインド・ピクチャーが認められるが，1997年に英国芸術教育資料庫（ヨークシャー州ブレットンホール大学）において実施した調査では，リチャードソンの指導によるものと，他の教師の指導によるマインド・ピクチャー作品が，数点所蔵されていることを確認した。このことは，当時，より広い範囲の学校で，マインド・ピクチャーが行われた時期があったことを裏付けるものであるが，この点の本格的な解明は，今後の課題の一つとしたい。

　ここまでの研究では，主として年代の推移に伴う形態上の変化に着目して探究してきたが，年齢段階による変化，また同一作者による作品の発展過程やマインド・ピクチャー以外の作品における表現との関連など，より多角的な探究については，今後の課題とするものである。

4. 教育方法の包括的検証

　第5章では，リチャードソンの教育方法のうち，これまでほとんど看過されてきたマインド・ピクチャーについて集中的に解明することによって，これまでのリチャードソン像の転換を促すような，独自の領域の発展過程を示した。同時に考慮する必要があるのは，リチャードソンの教育方法とその実践は，あくまでも普通教育の学校カリキュラムにおける教科としての包括的内容をもっていた，という点である。こうした観点から，第6章では，マインド・ピクチャー以外の多様な方法を含めた視点によって，リチャードソンの教育方法の全体構造を提示した。そのために，まず年代の異なる3種の指導計画書を詳細に比較し，その発展過程を位置づけるとともに，主な考察の対象として，「描画」「パターン」「美術批評」の3種の範疇を設定した。

　「描画」はさらに，ワード・ピクチャーとその他の描画活動に分類される。ワード・ピクチャーとは，晩年の回想録『美術と子ども』において繰り返し言及される方法であり，そのため，リチャードソンの教育方法に関する後年の評価は，この方法を主な対象としていることが多い。本研究で明らかにした観点からは，教師自身が日常の風景を「絵」として再認識する行為に依存する方法であり，主題や構図の選択に関して，教師の積極的な関与が肯定されているとともに，内面的イメージとしての「マインド・ピクチャー」の確立が，ワード・ピクチャーにおける達成に不可欠と考えられていた点などに着目することができる。また，マインド・ピクチャーとは対照的に，リチャードソンの生前の指導計画書や講演には，ワード・ピクチャーへの言及がほとんど見られず，最晩年の回想録にのみ，重点的に述べられている点が着目される。その要因としては，ワード・ピクチャーが比較的容易に普及していたため，当時の講演等において改めて主張する必要が少なかったこと，子どもの自立した表現を強調しようとした当時の美術教育改革の文脈にあっては，教師による関与が大きいと受け取られるワード・ピクチャーをあまり全面に出さなかったこと，逆に晩年の回想録では，マインド・ピクチャーに代表されるような，未知の方法の確立への挑戦よりも，過去における到達点や自らの個人的資質の評価に結びついた，ワード・ピクチャーの強調へと傾いたこと，などを考えることができるであろう。

その他の描画学習の方法としては，詩や物語，ビューティー・ハント，材料や色彩の諸練習，静物，人体を挙げることができる。詩や物語と，ビューティー・ハントは，ワード・ピクチャーとの関連が深い方法である。材料や色彩の諸練習については，初期の固定的な目的の強い練習から，後には拡散的な方向への練習への転換が見られる。静物については，1915年までの初期指導計画書における自然物の描画の記述には，リチャードソンの学んだ透明水彩画法とは異なる，不透明な描画法の試みが見られるものの，それ以降は一つの方式のみを具体的に支持する記述はないため，この不透明描法の記述は，教育方法の初期の形成過程における，模索の段階を示すものと考えられる。また，個々の具体物の特徴よりも，同種のものに共通する「本質的な型」の発見を重視する点に，リチャードソンの思想における観念重視の傾向を見ることができる。静物画は，マインド・ピクチャーを筆頭にして内面的イメージの描画への傾倒を最も強めた1920年前後の指導計画では記述が見られず，その後の指導計画で復活したものの，初期のような詳細な扱いはなく，晩年の『美術と子ども』でも，試験対策への妥協として述べられるのみにとどまっている。

　人体の描画についても，年代による変遷を見ると，初期の指導計画に詳細な記述があり，中間期における消滅を経て，三番目の指導計画で復活するという流れは見られるが，静物のような質的な変化は見られない。人体の描画において特筆される点は，美術作品の構図からの翻案などの学習方法である。本論文では，翻案に基づくと思われるいくつかの子どもの作品について，その出発点となった美術作品を推定した。このことは，子どもの表現を重視しながら，既存の美術作品からの影響から隔離するのではなく，むしろ積極的に学習に用いていくという考え方と実践を示すものとして理解することができる。

　リチャードソンの教育方法におけるパターンの学習は，連続模様の作成というだけではなく，内面的イメージに強く依存した表現活動として，マインド・ピクチャーの初期確立段階において，それと近接した関係をもった領域であった。またその概念は年代とともに変化を示し，1920年代のマインド・ピクチャーの確立に伴ってそれに準ずるような位置づけとなり，1930年の講演では抽象的な構成よりも，主題性と結びついた絵画における画面構成の卓越性をパターンと称する傾向が強まる。しかし，1930年代以降は文字の練習と連動したライティング・パ

ターンの発展により，デザイン学習の初歩としての意義を含めて，描画と並行した重要な学習領域として位置づけられるようになった。このことは，表現過程における内面の主観性と，作品に実現される形態の秩序とが結びついたものとして美術学習をとらえるリチャードソンの思想の具現化と見ることもできる。

美術批評の学習は，リチャードソンの教育方法が発展し，また実際に機能する上で，不可欠の役割を果たしており，子どもたちの作品の相互批評，美術批評の記事や美術作品を教材とした学習，美術の意味などに関する話し合いや文章記述，というように多面的な方法によって，常に学習の中で表現への認識活動を喚起するものであった。リチャードソンの教育方法の成果は，単に，外部的な規範からの解放に伴う内面的イメージの表現のみではなく，その美術という活動の意味を，継続的な批評活動の中で思想や言語として理解していく中で形成された，一つの文化的環境を形成したことにある，ということができる。

このように，リチャードソンの用いたそれぞれの方法について，固有の内容と相互の関係，その発展過程等を明らかにした上で，これらの方法を実際に適用する際の諸問題について，第一に，歴史的資料の批判的検証を通して，第二に，現代の学校教育における実験的適用の評価を通して考察した。

歴史的資料からの検証として対象としたのは，リチャードソンの教育実践への批評を綴った，当時の視学官による書簡である。その内容は，学習者の自己表現と思春期以降の芸術表現の継続に疑問を呈し，リチャードソンの教育方法の一般への拡大をとどめようとするものであった。本論文では，これまでに行ってきたリチャードソンの教育方法の全体的な作用に関する考察を基盤として，独自の観点から，これらの批評の妥当性について検討を加え，その中で，リチャードソンの教育実践における独特の構造を明らかにした。その要点は，表現の起源となるイメージは，初期に教師の強力な主導によって喚起され，その上でより自由な次の段階へと発展するという視点でとらえることであり，特に中等教育の学習者には，現実的な過程であったとするものである。この観点によって，リチャードソンの教育実践に見られる，教師のリーダーシップと学習者中心原理との共存は，矛盾ではなくむしろ必須のものとして再解釈される。

このことは，リチャードソンの教育に関する研究において，二重の意義をもつものである。すなわち，第一には，これまで，リチャードソンの教育の価値に批

判的視点を示してきた同書簡の内容が具体的根拠をもって反証され，その実践上の構造に新たな解釈が見いだされた点である。第二には，これまで，リチャードソンの個人的要因を重視する観点の主たる根拠であった同書簡への反論を提示することによって，教育方法の解明と一般への適用の実効性を探る研究の可能性が高められたことである。

現代の学校における実験的適用の評価としては，すでに英国で行われた7件の実践的研究について，本論文で明らかにしたこれまでの知識に基づいて，それらの成果と問題点を指摘した上で，我が国の学校において，約半年間にわたって実験的にリチャードソンの教育方法の適用を試みた，独自のプロジェクトについて述べた。このプロジェクトの主たる評価は，次の4点に集約できる。第一に，マインド・ピクチャーとワード・ピクチャーに対する子どもたちの反応における，一定の成果。第二に，ワード・ピクチャーの導入における，主題に関する文化的背景の相違と，教師自身の内的視覚の使用に関する見解。第三に，教師のリーダーシップと学習者中心原理の相互作用に関する検証。第四に，英国での事例に欠如していた，描画活動と批評的活動の相互作用の探究，である。今日の学校教育への貢献をさらに実効性あるものに近づけていくためには，実験室レベルでの基礎的研究の蓄積と，学校におけるカリキュラム全体における位置づけの検討，学習目的に応じた評価方法の確立等が，今後の課題である。

5. 美術と教育の連続性をめぐって

本研究では，その目的に掲げたように，20世紀前半における，学習者中心の美術教育への改革を再評価する上で，これまで未調査のものを相当数含む，当時の資料の詳細な検討を基礎に，リチャードソンの美術教育に関するこれまでの説を更新するような視点をいくつか提示してきた。そのうち最も重要なものの一つは，マインド・ピクチャーと呼ばれた学習が，他とは区別される独自の内容をもった存在であることを様々な角度から論証し，リチャードソンの教育論と方法の発展におけるその役割を明らかにしたことである。

リチャードソン自身の美術観は，ある意味で当時の時代的制約を免れているわけではない。しかし，彼女がマインド・ピクチャーを美術作品としてよりも，イメージのトレーニングに限定する傾向があったことは，その後この学習に関する

認知を低下させる一因となったものの，むしろ，時代や特定の美術領域に限定されない可能性をもって今日の再評価を受ける遠因を残したと見ることもできる。
表現活動における内面的イメージの役割は，想像による絵画表現に限定されるものではない。自然を手本としていると自ら信じていた画家でさえ，実際には物理的現実よりも，作品へと変化していく自身の内面的イメージを知覚していたとする説がある[1]。この場合の内面的イメージとは固定的なものではなく，外界（自然，素材，形式等）との相互作用によって柔軟にその可能性を変えながら，その表現行為を主導し続ける存在である。より一般的には，現実の状況から，わずか先の実現可能な未来，しかも現在よりも，より理想に近い未来の姿を，手段とプロセスを含んで具体的に見通す力，と言い換えられるかもしれない。描写技術の訓練から個人の表現へという転換に際し，リチャードソンは，主導するイメージという裏付けを不可欠のものとしていた。

リチャードソンが学習者中心の教育への転換において不可欠のものとしたもう一つの基盤となる方法は，構図や批評，美学を含む，美術に関する知的理解の学習である。知的理解といっても，この場合，単なる知識や理論の獲得や，外部的な基準による判断などを意味するものではない。むしろ，人間の内面の表現と，相互伝達の場としての美術を尊重し，共感的に理解する人間関係の形成を含んだ，より全体的なものであったと理解するべきである。

主導する内面的イメージと，準拠する枠組みとなる，美術表現の意味についての学習という，この二つの裏付けを欠いた「解放」は，むしろ学習者中心の教育を破綻させる危険があることを，リチャードソンは熟知していた。しかし，その後の歴史においては，芸術的な表現活動は生来のものであるから，それについて外部から「教え込む」ことはその自然の発生を阻害するものである，とする観点と，芸術は文化であって，後天的に獲得される知識との関連なしには成立しない，という認識とが共存することは，現実には容易ではなかった。もちろん，支援となるか阻害となるかは，現実には，その具体的な教え方によるものである。しかし，一面的な「子ども中心主義」に基づく，現実の美術からの「隔離」は，本来，子ども中心の美術教育のもっていた豊かな源泉，すなわち，美術そのものがもつ，人間の回復と成長の機能との命脈をも，自ら絶ってしまう可能性をはらむものである。例えば，芸術において個人の感情や思想の表現を尊重するという，今日で

は当然のように思われる価値観でさえ，近代美術のような一つの文化的所産に密接に関連したものであり，その考え方自体は，先天的なものではない。むしろ，この思想は，常に発展させ続けない限り，容易に人々の現実生活における意識や行動から，失われてしまうものである。それ故にこそ，リチャードソンは，その価値について教え，美術表現を核とした共感的な学習集団の形成を，社会における芸術のあり方のモデルとして実現することを重視したのである。また，リチャードソンの教育は，西洋近代美術のみでなく，少数民族の文化など，すでに多文化への視点を包含していたことは，本論で指摘したとおりである。すなわち，一連のカリキュラムの中には，文化に対する一種の相対主義を前提として，多様な美術，あるいは視覚文化が学習のモデルとして位置づけられ，その上で，批評活動や制作体験，ゲームや遊び，イメージのトレーニングなど，学習者が文化の価値を主体的，体験的に獲得できるよう配慮された，様々なアプローチが有効に機能したと考えるのである。

　このような主張は，リチャードソンの開発したカリキュラムについての解釈を，子ども中心から，文化内容中心へと変化させてしまうような印象を与えるかもしれない。しかしながら，私の定義，そしておそらくはリチャードソンの定義にしたがえば，美術とは，人間中心でなければ，成立しないものである。それはまた，人間精神が，主として視覚・触覚世界の探究を通じて到達した，多様な世界観のモデル群である。たとえ子ども中心のアプローチによって，学習内容が現象的に解体されたように見える場合でも，立ち帰るべき探究モデルとして作用し続けることのできる，優れた美術を基底にしたカリキュラムの開発と適用は，文化内容に基づいた真の学習者中心の美術教育にとって，常に求められる課題である。

　リチャードソンの教育観には，いわば，子どもの発達と社会における美術の発展とを，連続したものとして認識する視点が備わっていた。そこには，人は，学ぶことによって美術を楽しむようになり，美術が社会の中で果たす役割が認識され，そして，教育された観衆と芸術家の連携のとれた社会が，より質の高い生き方への覚醒を人々にもたらすという，時間と空間を見通した美術教育の連続性ともいうべき視点が，貫かれていたのである。美術と美術教育が，人間精神のある種の覚醒の契機となりうる経験を供給し続ける，連続した運動体であるという認識の共有こそは，当時の文脈の中で美術教育改革の運動が提起した，一つの重要

な遺産であると，私は考える。

注

1） エティエンヌ・ジルソン，佐々木健一他訳『絵画と現実』岩波書店，1985年，340頁.

リチャードソン関連年譜

＊原則として，本文で言及した事項を示す．

年代	年齢	事項
1768		・ロンドン王立アカデミー設立，初代会長ジョシュア・レノルズ．
1835		・「美術，およびその製造業との連携に関する英国議会下院特別委員会」による，王立アカデミーと美術教育に関する審議．
1837		・商務省，デザイン師範学校を設立，各地にデザイン学校設置へ．
1843		・バーミンガムにデザイン学校設立（後のバーミンガム美術学校）．
1851		・第1回万国博覧会（ロンドン）．
1852		・ヘンリー・コウルら，国定指導課程による，美術教育の統一的制度を推進．初等学校における描画の指導が普及．
1858		・オックスフォード，ケンブリッジ等の機関による中等教育試験開始，選択科目に描画．
1884		・エビニーザー・クック，教育者国際会議で子どもの本性に基づく美術指導を主張．
1888		・トマス・アブレット，王立描画協会を設立．
1892	0	・マリオン・リチャードソン，10月9日，ケント州アシュフォードに，酒造業者の娘として生まれる．
1895	3	・ジェームズ・サリー『児童期の研究』，クックの事例による描画の発達段階説を提示．
1899	7	・教育法改正，教育省へ教育行政を統合．
1902	10	・バルフォア教育法，地方教育行政への権限移行，中等教育の拡充へ．
1903	11	・ロバート・キャタソン－スミス，バーミンガム美術学校マスター長に就任．
1907	15	・初等学校から中等教育へ選抜する「無償席」制度の導入．
1908	16	・リチャードソン，オックスフォードのミラム・フォード学校を卒業，奨学金を得て，バーミンガム美術学校へ入学． ・ロンドンで第3回国際美術教育会議，チゼック，アーサー・ウェズリー・ダウ等による子どもの作品展示．
1910	18	・ロジャー・フライ，「マネとポスト印象派展」をロンドン，グラフトン・ギャラリーで開催． ・フライ，「ブッシュマンの美術」（『バーリントン・マガジン』誌）発表．
1911	19	・ルコック・ド・ボワボードラン『美術における記憶のトレーニング』英訳出版． ・ロシアバレエ団ロンドン公演．

年代	年齢	事項
1912	20	・リチャードソン,ダドリー女子ハイスクールに描画教師として採用（1923年まで常勤,1924年より1930年まで非常勤）. ・フライ,「第2回ポスト印象派展」をロンドン,グラフトン・ギャラリーで開催.
1913	21	・フライ,オメガ工房を開設（1919年に閉鎖）.
1914	22	・第一次世界大戦に英国参戦. ・クライブ・ベル,『芸術』出版.
1916	24	・労働党,綱領に全国民への中等教育の普及を掲げる. ・アーサー・クラットン-ブロック,『究極の信念』出版.
1917	25	・3月,オメガ工房でロジャー・フライが開いた子どもの絵画展で,ダドリー女子ハイスクールの作品が認められる. ・オメガ工房でのダドリー作品に関する記事が相次いで出される.クラットン-ブロック「子どもたちの描画」（『タイムズ教育付録』紙）,フライ「子どもの描画」（『バーリントン・マガジン』誌）,他. ・6月,フィッシャー教育相,演説でリチャードソンの教育を賞賛.
1918	26	・8月31日,リチャードソン「1918年講演」. ・第一次世界大戦終結.
1919	27	・2月,オメガ工房で,ダドリー女子ハイスクール作品の展覧会（ミハイル・ラリオノフ展と共催）.各紙誌で高く評価. ・4月,リチャードソン「1919年講演」. ・各地でダドリー作品の展覧会,リバプール,ベッドフォード（6月）,ケンブリッジ（7月）,レディング（10月）等. ・8月,「描画の指導法」（『ケンブリッジ・マガジン』誌）で,ケンブリッジ展のダドリー作品を高く評価. ・9月,フライ「美術の指導」（『アテナエアム』誌）発表,リチャードソンの教育法を紹介.
1920	28	・3月,リチャードソン「ダドリー教育協会講演」,マインド・ピクチャーへの初めての言及.キングズ・リンで展覧会. ・ロンドン他,各地でチゼックの展覧会. ・フライ『ビジョンとデザイン』出版.
1921	29	・リチャードソン,ウィンソン・グリーン刑務所での教育活動開始. ・ロバート・キャタソン-スミス,『記憶からの描画』出版.
1922	30	・リチャードソン,教育省教師登録評議会の試験委員. ・リチャードソン,教育省諮問委員会美術部会,試験制度に関する意見書提出. ・10月,リチャードソン「刑務所での授業」（『ウーマンズ・リーダー』誌）を寄稿.
1923	31	・6月,リチャードソン,フライ兄妹と休暇の時を過ごす.以後ロン

年代	年齢	事　項
		ドンに滞在． ・7月，ダドリー女子ハイスクールの常勤教師を退く． ・8月，個人教室の広告を出す． ・ロンドン市の子どものための夜間教室（8〜14歳）を開設． ・10月，マーガレット・ブーリー「子どもと美術：ある実験」（『バーリントン・マガジン』誌）発表，ダドリー生徒の鑑賞テスト結果に言及． ・12月〜1924年1月，ロンドン，インデペンデント・ギャラリーでダドリー女子ハイスクールの展覧会．
1924	32	・1月，フライ「子どもの描画」（『バーリントン・マガジン』誌），リチャードソンによる改革の意義を主張． ・展覧会：バーミンガム，レスター，オックスフォード，スカーバラ． ・妹キャスリーンと旅行．4月，スウェーデン，フィンランド，モスクワ，レニングラード（現サンクトペテルブルグ），5月，ウィーンでチゼックに面会． ・9月，複数の非常勤での教育開始（ダドリー，ベネンデン，ヘイズ・コート）． ・ロンドン・デイ・トレーニング・カレッジにて教師教育に携わる．
1925	33	・リチャードソン「ロンドン市講演」（ロンドン市教師講習会）． ・3月，「ブリストル講演」，「心理学会講演」． ・国際美術教育者連盟パリ会議に女性副校長協会の代表として出席．
1926	34	・フライ『トランスフォーメーションズ』出版．
1927	35	・展覧会：インデペンデント・ギャラリー，ロンドン・デイ・トレーニング・カレッジ．
1928	36	・2月，政府視学官フーパーの書簡による批評を受ける． ・リチャードソン『ダドリー・ライティング・カード』出版． ・展覧会：マンチェスター，ロンドン，ヒールズ．
1929	37	・講演：7月，教育省講習会（描画及びハンドライティング）．11月，子ども研究協会（ハンドライティング）．
1930	38	・3月，ロンドン市の教師講習会（ハンドライティング）． ・4月，リチャードソン，オックスフォードの「教育の新しい理想」会議で，「直観と教授」発表． ・ダドリー教育協会で講演． ・9月，ロンドン市視学官に着任． ・展覧会：ホワイトチャペル・アート・ギャラリー．
1931	39	・12月，ワーセイム・ギャラリーで展覧会（ナン・ヤングマンと共催）．
1932	40	・商務省諮問委員会による報告書『美術と産業』（「ゴレル・リポー

年代	年齢	事　項
		ト」），リチャードソンの成果に言及．
1933	41	・6月，ロンドン市子ども絵画展覧会を開催．
		・フライ「市庁舎の子どもたちの描画」（『ニュー・ステイツマン・アンド・ネイション』誌），リチャードソンの教育方法をデザインの基礎として評価．
		・11月，オックスフォードで展覧会．
1934	42	・1月，写本筆記者装飾者協会で講演．
		・7月，新教育協会南アフリカ大会美術部門「子どもと原住民の作品」に，リチャードソンの指導するロンドン市作品を展示，高い評価を得る．
		・7～9月，カナダ・アメリカ講演旅行．
		・9月，ロジャー・フライ死去．
		・11月，ハムステッド，ホルボーン，セント・パンクラス美術工芸組合で講演．
		・ロンドンでチゼックの展覧会．
		・R.R.トムリンソン『絵とパターン作り』出版．
		・ハーバート・リード『美術と産業』でリチャードソンのデザイン教育に言及．
1935	43	・リチャードソン『ライティング・アンド・ライティング・パターンズ』出版．
		・6月，市庁舎で王妃即位25周年記念展覧会．
		・6月，ハーバート・リード「ライティングからパターンへ，子どもたちへの新しい美術教育の方法」（『リスナー』誌）．草稿をリチャードソンに送り，意見を交わす．
1936	44	・リチャードソン「子どもたちの描画とデザイン」（ロンドン市年次報告）．
		・講演：ニューキャッスル，ブロンズベリー，チェルトナム（新教育同盟会議），ベケナム（全国女性教職員組合），サンダーランド会議，イプスウィッチ（ハンドライティング），ケンブリッジ（大学美術協会），保護者協会．
		・W.ヴィオラ『子どもの美術とフランツ・チゼック』出版．
1937	45	・講演：マンチェスター，アルダーショット，ゴールドスミスカレッジ（全国女性教職員組合），バーミンガム，王立美術協会（メダル授与）．
		・展覧会：ヒールズ，バース，ダドリー，キダーミンスター，スタフォード．
		・教育省教師用『提言』，表現としての美術教育の目的を明確に示す．
1938	46	・5月，ヴィオラと面会．

年代	年齢	事項
		・6月，リチャードソンへのインタビュー記事（『ニューズ・クロニクル』紙），子どもたちの絵が織物のデザインとして製品化されること，次の展覧会の計画．
		・7月，市庁舎で，ロンドン市子ども絵画展覧会．ケネス・クラークによる開会．王妃来訪．
1939	47	・3月21日〜4月4日，市庁舎で記念展覧会．カナダへ展覧会巡回．
		・4月，病気休暇．
		・8月，在スイス．
		・9月3日，英国，対ドイツ宣戦布告，第二次世界大戦に突入．
		・9月，ロンドンの子どもたちのオックスフォードへの疎開業務に従事．
1941	49	・（〜1942），ブリティッシュ・カウンシルによる英国子ども絵画展覧会が南北アメリカを巡回．
1942	50	・1月，ロンドン市視学官を退職．
1943	51	・各地で療養．
		・リード『芸術による教育』出版，マインド・ピクチャーやリチャードソンに言及．
1944	52	・アシュモリアン（オックスフォード）で展覧会．
		・トムリンソン『芸術家としての子どもたち』出版，デザイン教育の観点でリチャードソンの功績を記述．
1945	53	・9月，ダドリーへ転居．
1946	54	・1月，『美術と子ども』第1章を出版社に送る．
		・7月，ダドリーの元生徒にアンケートを依頼．
		・11月13日，ダドリー，プラント女史宅で死去．
1947		・『アテネ』誌，リチャードソン追悼特集号．
1948		・『美術と子ども』出版．
		・11月，オックスフォードでブリティッシュ・カウンシルによる展覧会．
		・美術教育学会（S. E. A.）による追悼展覧会．
1949		・アーツ・カウンシルによる追悼展覧会．
		・7月，小池新二による紹介記事「マリオン・リチャードソン」（『スクールアート』誌）．
1952		・マリオン・リチャードソン追悼展覧会．
1953		・マリオン・リチャードソン追悼展覧会，カナダへ巡回．
1958		・3月，稲村退三による，『美術と子ども』日本語訳出版（『愛の美術教師』）．
		・9月，茨城で「マリオン・リチャードソン女史を偲ぶ会」（茨城造形教育センター，創造美育協会茨城支部共催）．
1972		・バーミンガム・ポリテクニック（現中央イングランド大学）へ遺族よりリチャードソン関連資料を寄贈，アーカイブの基礎となる．

年代	年齢	事項
1977		・キャンベルらによる，マリオン・リチャードソン・アーカイブの整理がほぼ完了．
1980		・北條聰，北條淳子による，『美術と子ども』日本語再訳出版（『リチャードソンが指導したイギリスの子どもの絵』）．
1984		・バーミンガム・ポリテクニックで，リチャードソンの教育方法に基づいたカリキュラム研究開始．
1992		・中央イングランド大学による，リチャードソン生誕100年記念展が巡回開始．

図版出典一覧

＊MRA…マリオン・リチャードソン・アーカイブ所蔵資料であることと，その資料番号を示す.

第1章

図1-1　マリオン・リチャードソン
　　　　（John Swift, *Centenary Touring Exhibition : Marion Richardson 1892-1946,* exhibition leaflet, The Article Press, University of Central England, 1992. 表紙写真より）

図1-2　マリオン・リチャードソン（8歳）「壺」
　　　　鉛筆，セピア淡彩
　　　　（マリオン・リチャードソン，北條聰・淳子訳『リチャードソンが指導したイギリスの子どもの絵』現代美術社，1980．より）

図1-3　中央イングランド大学マーガレット・ストリート校舎正面装飾（1993年）
　　　　1884年，バーミンガム市立美術学校校舎として完成時の姿をとどめる．（筆者撮影）

図1-4　H.F.ワーンズによるリチャードソンのスケッチ（1910年，リチャードソン17-18歳）
　　　　（H. F. Warnes, "Miss Marion Richardson, Teaching of Art," *Times Educational Supplement,* December 14, 1946. リチャードソン追悼の新聞記事より）

図1-5　リチャードソン（17歳）「自画像」
　　　　鉛筆
　　　　（マリオン・リチャードソン，北條聰・淳子訳『リチャードソンが指導したイギリスの子どもの絵』現代美術社，1980．より）

図1-6　キャタソン-スミス『記憶からの描画』図版から
　　　　（Robert Catterson-Smith, *Drawing from Memory,* London, Pitman, 1921, Plate 19. より）

図1-7　フライによるリチャードソンのスケッチ
　　　　1917年，オメガ工房の展覧会でリチャードソンに出会ったことを娘に報告した手紙から．
　　　　（Roger Fry, "Letter to Pamela Fry," March 7, 1917, D. Sutton, *Letters of Roger Fry,* Chatto & Windus, 1972, pp. 405-406. より）

図1-8　1917年オメガ工房子ども絵画展の作品より　(1)「ヘビ」
　　　　作者オーガスタス・ジョンの息子，9歳．
　　　　（Roger Fry, "Children's Drawings," *Burlington Magazine,* June 1917, pp. 225-231. より）

図1-9　1917年オメガ工房子ども絵画展の作品より　(2)「散歩」
　　　　作者ガスキン，7歳．
　　　　（Roger Fry, "Children's Drawings," *Burlington Magazine,* June 1917, pp. 225-

図1-10　1917年オメガ工房子ども絵画展のダドリー作品より　(1)「土曜日の晩」
(Roger Fry, "Children's Drawings," *Burlington Magazine,* June 1917, pp. 225-231. より)

図1-11　1917年オメガ工房子ども絵画展のダドリー作品より　(2)「ブラック・カントリーの風景」
(Roger Fry, "Children's Drawings," *Burlington Magazine,* June 1917, pp. 225-231. より)

図1-12　1919年オメガ工房におけるダドリー展覧会のパンフレット
(MRA)

第2章

図2-1　フライが分析したダドリー生徒作品　(1)「聖家族」
作者フローレンス・ホムフレイ，15歳，水彩．
(Roger Fry, "Children's Drawings," *Burlington Magazine,* January 1924, pp. 35-41. より)

図2-2　フライが分析したダドリー生徒作品　(2)「ボクシングの試合」
作者ウィニフィールド・エドワーズ，12歳，水彩．
(Roger Fry, "Children's Drawings," *Burlington Magazine,* January 1924, pp. 35-41. より)

図2-3　『ダドリー・ライティング・カード』(1928年) の教材セットの一部
(Marion Richardson, *Dudley Writing Cards,* London, G. Bell and Sons,1928.)

図2-4　ロンドン市による1914年の展覧会作品から(1)
右下に，「ロンドン市，ローランド・ストリート・スクール，女子，クラスⅠ，13歳，普通の授業作品，1914年」と記入したラベル．
(リーズ大学ブレットン・ホール・カレッジ，英国芸術教育アーカイブ所蔵資料)

図2-5　ロンドン市による1914年の展覧会作品から(2)
作品の多くに「自然から (from nature)」と記入．
(リーズ大学ブレットン・ホール・カレッジ，英国芸術教育アーカイブ所蔵資料)

図2-6　ロンドン市子ども絵画展覧会（1933年，ロンドン市庁舎）の会場写真(1)
「ボーイスカウトの楽隊」作者6歳男子．（MRA 1155）

図2-7　ロンドン市子ども絵画展覧会（1933年，ロンドン市庁舎）の会場写真(2)
絵とライティング・パターンが並べて展示されている．（MRA）

図2-8　ライティング・パターンを描く子どもたち
(Marion Richardson, *Writing and Writing Patterns,* University of London Press, 1935. のパンフレットより)

図2-9　ライティング（文字の書き方）とライティング・パターンを並行して扱う教材の解説

(Marion Richardson, *Writing and Writing Patterns*, University of London Press, 1935. のパンフレットより)

図 2-10 　当時の学校展覧会風景（1934年，ラベンダー・ヒル・スクール）
 　　　　　（MRA）
図 2-11 　絵の具を練る子どもたち（1930年代）
 　　　　　（MRA 4184）
図 2-12 　授業で絵を描く子どもたち（1930年代）
 　　　　　（MRA）

第5章

図 5-1 　生徒による技術的探究の結果を示すマインド・ピクチャー作品の例(1)
 　　　　作者ヒギンソン，12歳，上級第2学年，銀1フォルダー，画面下部に「成功」と自己評価した記述．（MRA 4938）
図 5-2 　生徒による技術的探究の結果を示すマインド・ピクチャー作品の例(2)
 　　　　作者エルジー・フォックス，15歳，下級第5学年，銀3フォルダー，画面下部に作品の意図に関する説明．（MRA 4967）
図 5-3 　生徒による技術的探究の結果を示すマインド・ピクチャー作品の例(3)
 　　　　作者ジョイス，7歳，金1フォルダー．（MRA 4758）
図 5-4 　マインド・ピクチャーの形態分類より：具象的形態の作品例
 　　　　作者 M.ノック，13歳，下級第4学年，銀1フォルダー，画面上部に「Mind Picture」の記述．（MRA 4941）
図 5-5 　マインド・ピクチャーの形態分類より：(非具象) 幾何学的形態の作品例
 　　　　作者名等不詳，フォルダー外．（MRA 4124）
図 5-6 　マインド・ピクチャーの形態分類より：(非具象) 有機的形態の作品例
 　　　　作者マリオン・フリークリー，14歳，下級第5学年，金4フォルダー．（MRA 4819）
図 5-7 　マインド・ピクチャーの形態分類より：(非具象) 幾何学的－有機的形態の作品例
 　　　　作者 M.デイヴィス，13歳，フォルダー外．（MRA 7302）
図 5-8 　前期作品より：現存する最初のマインド・ピクチャー
 　　　　作者 B.レイン，下級第4学年，1916年，金12フォルダー．画面下部に「全く成功していない．」と自己評価した記述．（MRA 4905）
図 5-9 　前期作品より：明確な幾何学的構造を示す作品例
 　　　　作者マージョリー・S，16歳，上級第4学年，1918年，金7フォルダー．画面右上に「A」と記入．（MRA 4878）
図 5-10 　中期作品より：「マインド・ピクチャー」と記入のある最も初期の作品
 　　　　作者 P.バックフィールド，上級第5学年，1920年，フォルダー外．画面下部に「Mind Picture」．（MRA 7375）
図 5-11 　中期作品より：有機的形態を示す作品例(1)
 　　　　作者フィリス・グランサム，下級第4学年，1921年，金5フォルダー．画面

図 5-12　　　右上に「A」と記述．（MRA 4841）
図 5-12　　　中期作品より：有機的形態を示す作品例(2)
　　　　　　作者イヴリン・ラウンド，15歳，上級第 5 学年，1921年，銀 3 フォルダー．画面右上に「A」「A＋」，下部に「マインド・ピクチャーに基づいて．とても成功」と記述．（MRA 4978）
図 5-13　　　中期作品より：幾何学的形態を示す作品例
　　　　　　作者ウィニー・B，15歳，上級第 4 学年，1920年，フォルダー外．画面上部に「A＋」．（MRA 7226）
図 5-14　　　中期作品より：K.ヒギンソンの作品(1)
　　　　　　作者K.ヒギンソン，13歳，下級第 4 学年，1923年 3 月，金 5 フォルダー．（MRA 4835）
図 5-15　　　中期作品より：K.ヒギンソンの作品(2)
　　　　　　作者K.ヒギンソン，13歳，下級第 4 学年，1923年 6 月，フォルダー外．（MRA 4107）
図 5-16　　　中期作品より：K.ヒギンソンの作品(3)
　　　　　　作者K.ヒギンソン，13歳，上級第 4 学年，1923年10月，フォルダー外．（MRA 7382）
図 5-17　　　中期作品より：K.ヒギンソンの作品(4)
　　　　　　作者K.ヒギンソン，13歳，上級第 4 学年，1924年 6 月，金 5 フォルダー．（MRA 4844）
図 5-18　　　後期作品より：具象的形態の作品例
　　　　　　作者E.マーテル，12歳，上級第 3 学年，1928年，フォルダー外．裏面に「Mind Picture」と記述．（MRA 7289）
図 5-19　　　後期作品より：10歳前後の子どもによる作品
　　　　　　作者エディス・サウザル，9 歳，1928年，フォルダー外．（MRA 4092）

第 6 章

図 6-1　　　ワード・ピクチャーの作品例：「月に照らされた地元の小さな通り」
　　　　　　作者不詳．（MRA）
図 6-2　　　ワード・ピクチャーの作品例：「ロシアバレエ」(1)
　　　　　　作者ミュリエル・チャーチ，13歳．『美術と子ども』図29と同一．（MRA 4438）
図 6-3　　　ワード・ピクチャーの作品例：「ロシアバレエ」(2)
　　　　　　作者エセル・ガイ，10歳，1919年．（MRA 4450）
図 6-4　　　ワード・ピクチャーの作品例：「ロシアバレエ」(3)
　　　　　　作者不詳．（MRA 4429）
図 6-5　　　ワード・ピクチャーの作品例：「ロシアバレエ」(4)
　　　　　　作者E.ガイ．おそらく図 6-3 と同一作者．（MRA 4430）
図 6-6　　　ワード・ピクチャーの作品例：「ロシアバレエ」(5)
　　　　　　作者グェン・プリースト，12歳，上級第 3 学年，1919年．画面右上に「B」

「A −」「A」など複数の採点記録.「ステージ背後の壁は好きではありません.でも,これが私の見たもので,それ以外は見えませんでした.」と本人記述.(MRA)

図6-7	詩をもとにした描画の例:「たそがれ」	
	作者メアリー・スミス,下級第2学年.(MRA)	
図6-8	版画による人体群像の作品例(1)	
	作者不詳.マティス《ダンス》の構図によると思われる.(MRA)	
図6-9	版画による人体群像の作品例(2)	
	作者不詳.マティスの構図によると思われる生徒群像.(MRA)	
図6-10	ライティング・パターンの作品例	
	作者D.マドック,12歳.(MRA)	
図6-11	ライティングと挿し絵の作品例	
	作者グェン・ベイシャム,11歳.(MRA)	
図6-12	児童aによるマインド・ピクチャーの作品例(1)	
	小学校5年生男子児童.(筆者保管)	
図6-13	児童aによるマインド・ピクチャーの作品例(2)	
	小学校5年生男子児童.(筆者保管)	
図6-14	児童aによるワード・ピクチャーの作品例	
	小学校5年生男子児童.(筆者保管)	
図6-15	児童aの選択した,英国の子どもたちのマインド・ピクチャー	
	6-15-1:似ているもの,6-15-2:似ていないもの,6-15-3:好きなもの.	
	小学校5年生男子児童.	
図6-16	児童bによるマインド・ピクチャーの作品例(1)	
	小学校5年生女子児童.(筆者保管)	
図6-17	児童bによるマインド・ピクチャーの作品例(2)	
	小学校5年生女子児童.(筆者保管)	
図6-18	児童bによるワード・ピクチャーの作品例	
	小学校5年生女子児童.(筆者保管)	
図6-19	児童bの選択した,英国の子どもたちのマインド・ピクチャー	
	6-19-1:似ているもの,6-19-2:似ていないもの,6-19-3:好きなもの.	
	小学校5年生女子児童.	

文献一覧

＊本文中で引用または言及した文献について，未刊行資料（マリオン・リチャードソン・アーカイブ所蔵），日本語文献・日本語訳文献，外国語文献の順に示す．

　各未刊行資料末尾の"MRA"は，アーカイブ所蔵であることとその資料番号を示す．また，一部の外国語資料には，必要に応じて本文中での日本語訳題名を書き添える．日本語訳文献については，原書に関する情報を（　）内に示す．外国語文献で日本語訳の出版が確認できたものについては，その情報を（　）内に示す．

未刊行資料（マリオン・リチャードソン・アーカイブ所蔵）
リチャードソンによる講演原稿，指導計画書，その他

- Richardson, Marion, "August. 31. 1918."（MRA 3394 A,「1918年講演」）
- Richardson, Marion, "The 1919 Lecture."（MRA 3409,「1919年講演草稿」）
- Richardson, Marion, "29 April 1919."（MRA 3445 A, B, C,「1919年4月29日講演」）
- Richardson, Marion, "An Expansion of the 1919 Lecture."（MRA 3446,「1919年講演拡張版」）
- Richardson, Marion, "Dudley Education Society," 1920.（MRA 3388,「ダドリー教育協会講演」）
- Richardson, Marion, "L. C. C. No. 1. 1925."（MRA 3442 A,「第1回ロンドン市講演」）
- Richardson, Marion, "L. C. C. Lectures, a 1925 No. 2."（MRA 3424 B,「第2回ロンドン市講演」）
- Richardson, Marion, "L. C. C. Lectures 1925 No. 3."（MRA 3426 A,「第3回ロンドン市講演」）
- Richardson, Marion, "Bristol, Sunday, March 28th 1925. Art Teachers' Guild."（MRA 3423 A,「ブリストル美術教師組合講演」）
- Richardson, Marion, "The Aesthetic Section of the Psychological Society. March 30th 1925."（MRA 3414,「心理学会美学部門講演」）
- Richardson, Marion, "Lecture on Drawing, Board of Education Course at Oxford, July, 1929."（MRA 3449）
- Richardson, Marion, "Lecture on Hand-writing, Board of Education Course at Oxford, July, 1929."（MRA 3450）
- Richardson, Marion, "New Ideals Oxford Rejected Paper, April 1930."（MRA 3417）
- Richardson, Marion, "Intuition and Instruction, New Ideals in Education : at Oxford, Easter, 1930."（MRA 3477,「直観と教授」）
- Richardson, Marion, "Teaching Design to Children."（MRA「子どもたちへのデザインの指導」）
- Richardson, Marion, untitled lecture notes about the prison work.（MRA 3398 B）
- Richardson, Marion, "Dudley Girls' High School Syllabus 1915/16."（MRA,「ダドリー女子ハイスクール指導計画書1915/16」または「第1指導計画書」）
- Richardson, Marion, "Dudley Girls' High School Art."（MRA 3155,「ダドリー女子ハイス

クール美術」または「第 2 指導計画書」）
- Richardson, Marion, "Art Syllabus."（MRA 3156,「美術指導計画書」または「第 3 指導計画書」）
- An advertisement for Marion Richardson's private lessons.（MRA 3163）
- London Day Training College, University of London, "Final Examination in Methods of Teaching Art, June 1929, Paper I."（MRA）
- Richardson, Marion, "Cizek."（MRA 3420）
- Richardson, Marion, "Dudley Girls' High School Art Exhibition December 1917."（MRA）
- Richardson, Marion, "Memorandum for the Board of Education, Consultative Committee, Sub-committee of Art."（MRA 3421）

書　簡

- Ballard, P. B. "Letter to Marion Richardson," 11th September, 1946.（MRA 1000）
- Binyon, Lowrence, "Letter to Marion Richardson."（MRA 5974）
- Bulley, Margaret, "Letter to Marion Richardson," September 5, 1921.（MRA 770）
- Burt, Cyril, "Letter to Marion Richardson," 16th April, 1930.（MRA 112）
- Burt, Cyril, "Letter to Marion Richardson," 8th May, 1930.（MRA 113）
- Clerk, Kenneth, "Letter to Mrs. Armitage [nee Bulley]," 1934.（MRA 177）
- Dainty, Margaret, "Letter to Marion Richardson," 12th July, 1929.（MRA 3133）
- Fry, Roger, "Letter to Marion Richardson," March 28, 1917.（MRA 855）
- Fry, Roger, "Letter to Marion Richardson," April 4, 1917.（MRA 856）
- Fry, Roger, "Letter to Marion Richardson," July 28, 1917.（MRA 854）
- Fry, Roger, "Letter to Marion Richardson," November 29, 1917.（MRA 851）
- Hooper, George Herbert, "Letter to Marion Richardson," 9th February, 1928.（MRA 314）
- Inamura, Taizo, "Letter to Kathleen Richardson," 10th May, 1958.（MRA 1707）
- Millard, John, "Letter to Marion Richardson," 20 March, 1928.（MRA 406）
- Murrel, W. Stanley, "Letter to Marion Richardson," 1st February, 1946.（MRA 998）
- Oliver, Edeen, "Letter to Marion Richardson."（MRA 3061）
- Parker, Phyllis, "Letter to Marion Richardson."（MRA 3060）
- Read, Herbert, "Letter to Roger Fry," 8. 1. 1934, transferred to Richardson.（MRA 1282）
- Read, Herbert, "Letter to Marion Richardson," 27th February, 1935.（MRA 1281）
- Read, Herbert, "Letter to Marion Richardson," 21. v. 35.（MRA 1825）
- Read, Herbert, "Letter to Marion Richardson," 5. 6. 35.（MRA 3371）
- Read, Herbert, "Letter to Marion Richardson," 13. 6. 35.（MRA 3374）
- Richardson, Marion, "Letter to Herbert Read," June 13th, 1935.（MRA 3373）
- Richardson, Marion, "Letter to Francis," 14th July, 1946.（MRA）
- University of London Press, "Letter to Marion Richardson," 14th August, 1946.（MRA 999）
- William, Gladys, "Letter to Marion Richardson," 3rd September 1908.（MRA 861）
- Ruby, "Letter to Marion Richardson."（MRA 3106）

- Letters from ex-pupils to Marion Richardson, 1946.（MRA 3059, 3060, 3061, 3062, 3063, 3064, 3065, 3066, 3067, 3069, 3070, 3071, 3072, 3073, 3074, 3075, 3076, 3077, 3078, 3079）

その他
- Asguith, Mary, "If you see it," Age 10, 3/4.（MRA 3094）
- Gilley, Dorothy, "Drawing," 23th June 1919.（MRA 3111）
- Grenfeel, Frances, "The picture depends," Age 11.（MRA 3099）
- Read, Herbert, "A Method of Teaching Art," a draft for the book review for the *Listener*, 1935.（MRA 3372）
- Certified Copy of an Entry of Death.（MRA）

日本語文献・日本語訳文献
- 秋田　茂「パクス・ブリタニカの盛衰」, 川北　稔編『イギリス史』山川出版社, 1998年, 295-334頁.
- 新井哲夫「M. リチャードソンとW. ジョンストンにおける『主題』の指導について」『日本美術教育研究紀要』第21号, 1988年, 13-16頁.
- 新井哲夫「絵を描くことへの問いからの出発－M. リチャードソン著『リチャードソンが指導したイギリスの子どもの絵』－」『アートエデュケーション』第18号, 1993年, 58-59頁.
- 石崎和宏『フランツ・チゼックの美術教育論とその方法に関する研究』筑波大学大学院芸術学研究科博士論文, 1992年.
- 稲村退三「愛の美術教師」『教育美術』第19巻第5号, 1958年, 36頁.
- 茨城造形教育センター『茨城造形教育センターニュース』第13号, 1958年8月20日.
- 茨城造形教育センター, 座談会「M. リチャードソンの『愛の美術教師』を読んで」『茨城造形教育センターニュース』第14号, 1958年9月20日.
- 茨城造形教育センター, 創造美育協会茨城支部「マリオン・リチャードソン女史を偲ぶ会」案内状, 1958年.
- ヴィオラ, W. 久保貞次郎・深田尚彦訳『チィゼックの美術教育』黎明書房, 1976年.（Viola, Wilhelm, *Child Art,* University of London Press, 1942.）
- ウィルソン, サラ, 佐和瑛子訳『MATISSE』美術出版社, 1993年.（Wilson, Sarah, *H. Matisse,* Barcelona (Spain), Poligrafa, 1992.）
- ウォードル, デーヴィッド, 岩本俊郎訳『イギリス民衆教育の展開』協同出版, 1979年.（Wardle, David, *English Popular Education,* 1780-1975, 1976.）
- エバンズ, ドン「20世紀イギリス美術教育の流れ－マリオン・リチャードソンとニューアートティーチング」『アート・エデュケーション』第7号, 建帛社, 1990年, 50-62頁.
- 大島一彦『ジェイン・オースティン』中央公論社, 1997年.
- 金子一夫「エベネザー・クックの考え－図画の要素と児童の本性－」『茨城大学教育学部紀要（教育科学）』第28号, 1979年, 21-34頁.
- 熊本高工, 霜田静志, 湯川尚文, 鼎談「美術教育の履歴書」『美育文化』第8巻第2号,

美育文化協会，1958年，22-40頁．
- 小池新二「マリオン・リチャードソン」『スクールアート』芸術学会，1949年7月号，10-12頁．
- 小池　滋『もう一つのイギリス史』中央公論社，1991年．
- 後藤狷士「表現学としての美学」竹内敏雄編『美学事典』，弘文堂，1974年，89-91頁．
- サイモン，ブライアン『イギリス教育史Ⅲ』亜紀書房，1984年．(Simon, Brian, *Studies in the History of Education, The Politics of Educational Reform 1920-1940,* 1974.)
- ジョンストン，ウィリアム，周郷　博・熊谷泰子訳，『思春期の美術』，黎明書房，1958年．(William Johnstone, *Child Art to Man Art,* Macmillan, 1941.)
- ジルソン，エティエンヌ，佐々木健一他訳『絵画と現実』岩波書店，1985年．(Gilson, Étienne, *Peinture et Réalité,* Paris, Librarie Philosophique J. VRIN, 1972.)
- 『ディアギレフのバレエ・リュス1909-1929』セゾン美術館，1998年．
- 高橋裕子『イギリス美術』岩波書店，1998年．
- 瀧ケ崎正彦「戦後茨城県下美術教育実践史の研究－民間美術教育運動を中心として－」『美術教育学』第16号，1995，215-226頁．
- チェンニーニ，チェンニーノ，中村　彝・藤井久栄訳『芸術の書』中央公論美術出版，1976年．
- 塚原明義「鉛筆からペンに」『教育美術』第19巻第10号，1958年，6-13頁．
- トムリンソン，久保貞次郎訳『芸術家としての子供達』美術出版社，1951年．(Tomlinson, R. R. *Children as Artists,* King Penquin, 1944.)
- 直江俊雄「リチャードソン研究の基本的問題点」『藝術教育學』第7号，筑波大学芸術学研究科，1995，45-58頁．
- 直江俊雄「よみがえる『マインド・ピクチャー』－歴史研究の拠点『マリオン・リチャードソン・アーカイブ』のもたらすもの－」『アートエデュケーション』第26号，建帛社，1996年，118-126頁．
- 直江俊雄「リチャードソンの初期指導計画書に見るマインド・ピクチャーの機能について」『美術教育学』第17号，美術科教育学会，1996年，177-187頁．
- 直江俊雄「マインド・ピクチャー作品の保管状況とその分類方法について－マリオン・リチャードソン・アーカイブ所蔵資料調査より(1)－」『宇都宮大学教育学部教育実践総合センター紀要』第22号，1999年，203-212頁．
- 直江俊雄「制作年代によるマインド・ピクチャー作品の分類－マリオン・リチャードソン・アーカイブ所蔵資料調査より(2)－」『宇都宮大学教育学部教育実践総合センター紀要』第22号，1999年，213-222頁．
- 直江俊雄「『リチャードソン・メソッド』における実践上の問題について－『フーパー書簡』による批判をもとに－」『美術教育学』第18号，美術科教育学会，1997年，177-187頁．
- 直江俊雄「現代におけるリチャードソン・メソッドの適用」『美術教育学』第20号，美術科教育学会，1999年，267-277頁．
- 樋口　稔『ブルームズベリー・グループ－ヴァネッサ，ヴァージニア姉妹とエリートたち』中央公論社，1989年．

- 久守和子「戯画化された感性崇拝－センティメンタル・ノベルとの訣別」都留信夫編著『イギリス近代小説の誕生』ミネルヴァ書房，1995年，57－107頁.
- フランツ・チゼック展カタログ編集委員会『フランツ・チゼック展』カタログ，武蔵野美術大学，1990年.
- 間所春「愛の美術教師をよんで」『教育美術』第19巻第6号，1958年，64頁.
- ルノアール，オーギュスト，「アンリー・モッテに与えしオーギュスト・ルノアールの手紙」チェンニーニ，チェンニーノ，中村彛・藤井久栄訳『芸術の書』中央公論美術出版，1976年，21－30頁.

外国語文献

- Ablett, T. R. *How to Teach Drawing in the Elementary Schools,* (1889), London, Blackie & Son, 1903.
- Ablett, T. R. "Progressive Snap-shot Drawing as a Means of Developing a Science of Pictorial Observation", *International Congress for the Development of the Teaching of Drawing,* Berne, 1904.
- Adams, Philip C. "Marion Richardson Teacher Fellowship Report," Walsall Metropolitan Borough Council, City of Birmingham Polytechnic, Teacher Fellowship Report, 1987.
- Alington, Penelope, "Various Aspects of Marion Richardson's Work," *Athene,* Vol. 4, No. 1, Society for Education in Art, 1947, pp. 20-21.
- Arts Council and University of Nottingham, *Vision and Design, The life, work and influence of Roger Fry,* exhibition catalogue, 1966.
- Austen, Jane, *Sense and Sensibility,* 1811, reprinted, Oxford University Press, 1970.
- Ballard, P. B. "Art and the Child," *Teachers World,* 12th August, 1948.
- Ballard, P. B. "Miss Marion Richardson, A Tribute," *Times Educational Supplement,* November 30, 1946.
- Bell, Clive, *Art,* New York, Frederick A. Stokes, 1914.
- Bell, Quentine, "Roger Fry," Arts Council and University of Nottingham, *Vision and Design, The life, work and influence of Roger Fry,* exhibition catalogue, 1966, pp. 6-10.
- Billingham, Rosalind, "A View of the Recognition of Child Art in Britain," *Journal of Art and Design Education,* vol. 3, No. 1, 1984, pp. 31-45.
- Binyon, Lowrence, "Babes and Sucklings," *The New Statesman,* 20th Oct, 1917.
- Board of Education, *Handbook of suggestions for the consideration of teachers and others concerned in the work of public elementary schools,* London, His Majesty's Stationary Office, 1927.
- Board of Education, *Handbook of suggestions for the consideration of teachers and others concerned in the work of public elementary schools,* London, His Majesty's Stationary Office, 1937.
- Brigstock, Dee, "From a Word Picture to a Painting : The Use of Marion Richardson's Visualisation Technique with Key Stage 1 Children," *Journal of Art & Design Education,* vol. 15, No. 3, 1996, pp. 289-307.

- Bulley, Margaret, "The Child and Art : An Experiment," *Burlington Magazine,* October 1923, pp. 179-184.
- Bulley, Margaret, *Art and Counterfeit,* Methun, 1925.
- Bulley, Margaret, "Memorandum," *Art and Industry,* London, His Majesty's Stationery Office, 1932, pp. 50-51.
- Bulley, Margaret, *Art and Understanding,* Batsford, 1937.
- Burt, Cyril, "Forward," Allen, Arthur, *Art and Artistic Handicrafts for School,* Vol. I, London, Harrp, 1932, pp. 1-15.
- Campbell, Alasdair D. "Marion Richardson Project Report," (unpublished) Birmingham Polytechnic, 1977.
- Campbell, Alasdair D. "Marion Richardson : A Misunderstood Figure in Art Education," unpublished M. Phil dissertation, Birmingham Polytechnic, 1980.
- Carline, Richard, *Draw They Must—A History of the Teaching and Examining of Art,* London, Edward Arnold, 1968.
- Catterson-Smith, Robert, *Drawing from Memory,* London, Pitman, 1921.
- Causey, Andrew, "Formalism and the Figurative Tradition in British Painting," Compton, Susan (ed.) *British Art in the 20th Century, the Modern Movement,* Munich, Prestel-Verlab, 1986, pp. 15-30.
- Cieslik, Krystyn D. "Marion Richardson : A Curriculum Study—The Effectiveness of the Teaching Techniques of Marion Richardson on Pupils with Learning Difficulties," Manchester Education Committee, City of Birmingham Polytechnic, Teacher Fellowship Report, 1.
- Clutton-Brock, Arthur, *The Ultimate Belief,* London, Constable & Co, 1916.
- Clutton-Brock, Arthur "Some Children's Drawings," *Times Educational Supplement,* April 5, 1917, p. 117.
- Compton, Susan (ed.), *British Art in the 20th Century, The Modern Movement,* Munich, Prestel-Verlag, 1986.
- Cooke, Ebenezer, "Our Art Teaching and Child Nature, a review of the discussion — Art Section, International Conference, Health Exhibition, 1884, "*Journal of Education,* Dec. 1, 1885, pp. 462-5, and Jan. 1, 1886, pp. 12-15.
- Crafts Council, *The Omega Workshops 1913-19, Decorative Arts of Bloomsbury,* exhibition catalogue, 1984.
- Croce, Benedetto, *Aesthetic, As Science of Expression and General Linguistic,* trans. Ainslie, Douglas, London, Peter Owen, 1953, (first in English 1909).
- Cumming, Elizabeth and Kaplan, Wendy, *The Arts and Crafts Movement,* Thames and Hudson, London, 1991.
- Dunford, John and Sharp, Paul, *The Education System in England and Wales,* Longman, 1990.
- Edmonds, E. L. *The School Inspector,* London, Routledge & Kegan Paul, 1962.
- Efland, Arthur, "The School Art Style : A Functional Analysis" *Studies in Art Education,*

1976, vol. 17, no. 2, pp. 37–43.
- Ellis, Clifford, "Various Aspects of Marion Richardson's Work," *Athene*, Vol. 4, No. 1, Society for Education in Art, 1947, p. 21.
- Eyken, Willem van der, and Turner, Barry *Adventures in Education*, London, Allen Lane The Penguin Press, 1969.
- Feldman, Edmund Burke, *Becoming Human Through Art, Aesthetic Experience In the School*, Prentice–Hall, 1970.
- Field, Dick. *Change in Art Education*, London, Routledge & Kegan Paul, 1970.
- Frood, S, "Teaching at Dudley, I," *Athene*, Vol. 4, No. 1, Society for Education in Art, 1947, pp. 8–10.
- Fry, Roger, "An Essay in Aesthetics," *New Quarterly*, 1909. Reprinted in *Vision and Design*, [1920], New American Library, 1974, pp. 16–38.
- Fry, Roger, "A Postscript in Post–impressionism," *The Nation*, 24 December 1910, pp. 536–40. (Reprinted in Reed, Christopher, *A Roger Fry Reader*, The University of Chicago Press, 1996.)
- Fry, Roger, "The Art of the Bushmen," *Burlington Magazine*, 1910. Reprinted in *Vision and Design*, [1920], New American Library, 1974, pp. 85–97.
- Fry, Roger, "The Post–Impressionists," *Manet and the Post–Impressionists*, exhibition catalogue, 1910, 7–13. Reprinted in *A Roger Fry Reader*, 1996.
- Fry, Roger, "The French Group," *Second Post–Impressionist Exhibition*, exhibition catalogue, London, Grafton Galleries, 1913, pp. 25–29.
- Fry, Roger, "Children's Drawings," *Burlington Magazine*, June 1917, pp. 225–231.
- Fry, Roger, an introduction to the pamphlet, *Exhibition of Sketches by M. Larionow, and Drawings by the Girls of the Dudely High School*, Omega Workshops, 1919.
- Fry, Roger, "Teaching Art," *The Athenaeum*, September 12, 1919, pp. 887–888.
- Fry, Roger, *Vision and Design*, London, Chatto & Windus, 1920.
- Fry, Roger, "Children's Drawings," *Burlington Magazine*, January 1924, pp. 35–41.
- Fry, Roger, *Transformations*, Chatto & Windus, 1927, reprinted 1968.
- Fry, Roger, *Cezanne : a study of his development*, Hogarth Press, London, 1927.（フライ，ロジャー，辻井忠男訳『セザンヌ論，その発展の研究』みすず書房，1990年.）
- Fry, Roger, "Memorandum," *Art and Industry*, London, His Majesty's Stationery Office, 1932, pp. 44–49.
- Fry, Roger, "Children's Drawing at the County Hall," *The New Statesman and Nation*, June 24, 1933, p. 844.
- Gibbs, Evelyn, *The Teaching of Art in Schools : an illustrated description of children's imaginative painting and its effect on craft*, London, Williams & Norgate, 1934. (3rd ed. 1941.)
- Gordon, Jan, "Art Education, the Old and the New," *The Observer*, August 28, 1938.
- Gottschalk, Stephen, "Christianan Science," *The Encyclopedia of Religion*, New York, Macmillan, 1987, pp. 442–446.
- Grafton Galleries, *Second Post–Impressionist Exhibition, Re-arrangement*, London, Ballan-

- tyne, 1913.
- *Art Education,* H. M. S. O., 1946.
- Hart, Evelyn V. "Marion Richardson : A New Curriculum Study," Manchester Education Committee, City of Birmingham Polytechnic Teacher Fellowship Report, 1984.
- Holdsworth, Bruce, "Marion Richardson (1892-1946)," *Journal of Art and Design Education,* Vol. 7, No. 2, 1988, pp. 137-154.
- Holdsworth, Bruce, "Marion Richardson and the New Education," unpublished M. Phil dissertation, Birmingham Polytechnic, 1990.
- Holmes, C. J. *Notes on the Post-impressionist Painters, Grafton Galleries, 1910-11,* Philip Lee Warner, 1910.
- Keene, Janet, "Marion Richardson : Her Approach to Handwriting," Hertfordshire Education Authority, City of Birmingham Polytechnic Teacher Fellowship Report, 1986.
- Kinch, Barbara, "Curriculum Project on the Work of Marion Richardson (1892-1946)," Manchester Education Committee, City of Birmingham Polytechnic Teacher Fellowship Report, 1986.
- Larkin, Mari, "D. E. S. Teacher Fellowship," Manchester Education Committee, City of Birmingham Polytechnic Teacher Fellowship Report, 1987.
- Lasenby, N. T, "Marion Richardson," *Journal of Education,* February 1949.
- Lecoq de Boisbaudron, Horace, *The Training of the Memory in Art and the Education of the Artist,* translated by L. D. Luard Macmillan 1911. 仏語1847初出．リチャードソン蔵書は1914年出版の第2版（MRA 2075）．
- Lismer, Arthur, "The Exhibitions of Child-Art and Native Crafts at the New Education Fellowship Conference," *New Education Fellowship Conference, Art Section,* 1934.
- *London County Council Reports of A Conference on the Teaching of Drawing in Elementary and Secondary Schools,* London County Council, 1912.
- London County Council, *Exhibition of Children's Drawings,* catalogue, 12th to 23rd July, 1938.
- Macdonald, Stuart, *The History and Philosophy of Art Education,* University of London Press, 1970.（マクドナルド，スチュアート，中山修一・織田芳人訳『美術教育の歴史と哲学』玉川大学出版部，1990年．）
- Maclure, Stuart, *One Hundred Years of London Education 1870-1970,* Allen Lane The Penguin Press, 1970.
- Ministry of Education, *Education 1900-1950,* London, His Majesty's Stationery Office, 1951 (Reprinted 1966)
- Morley, John, "Landmarks in British Art Education" *Child Art Revolution 1930-1960,* catalogue of the exhibition, 1983, p. 2.
- Newton, Eric, "Children's Art, a Revolution in Education," *Sunday Times,* July 17, 1938.
- Pevsner, Nikolaus, *The Englishness of English Art,* Penguin Books, 1976.（first published by Architectural Press, 1956）（ペヴスナー，ニコラウス，友部　直，蛭川久康訳『英国美術の英国性』岩崎美術社，1981年．）

- Plant, M. D. "Various Aspects of Marion Richardson's Work," *Athene,* Vol. 4, No. 1, Society for Education in Art, 1947, pp. 19-20.
- Ramsay, C. Lilias, "Christinan Science," *Encyclopaedia of Religion and Ethics,* (1910), Edinburgh, T. & T. Clark, 1953, third Ed., pp. 576-579.
- Read, Herbert, "Roger Fry," 1934, reprinted in *A Coat of Many Colours,* Batler & Tanner, London, 1945, pp. 282-291.
- Read, Herbert, *Art and Industry, the Principles of Industrial Design,* London, Faber and Faber, 1934.（リード，ハーバート，勝見　勝・前田泰次訳『インダストリアル・デザイン』みすず書房，1957年．［1953年第三版の訳］）
- Read, Herbert, "Writing into Pattern, A New Way of Teaching Art to Children," *Listener,* 19 June 1935.
- Read, Herbert, *Education Through Art,* London, Faber and Faber, 3rd ed. 1961, (First published 1943)（リード，ハーバート，宮脇　理・岩崎　清・直江俊雄訳『芸術による教育』フィルムアート社，2001年．）
- Read, Herbert, *Contemporary British Art,* Penguin Books, 1951.
- Reed, Christopher (ed.), *A Roger Fry Reader,* The University of Chicago Press, 1996.
- Her Mother [Richardson, Ellen], "As a Child," *Athene,* Vol. 4, No. 1, Society for Education in Art, 1947, pp. 6-7.
- Richardson, Marion, "Classes in Prisons," *The Woman's Leader,* October 20, 1922.
- Richardson, Marion, *Dudley Writing Cards,* London, G. Bell and Sons, 1928.
- Richardson, Marion, *Writing and Writing Patterns,* University of London Press, 1935.
- Richardson, Marion, "Children's Drawings and Designs," *Annual Report of the Council,* London County Council, 1936, pp. 3-6.
- Richardson, Marion, *Art and the Child,* University of London Press, 1948.（リチャードソン，マリオン，稲村退三訳『愛の美術教師』白揚社，1958．北條　聰・淳子訳『リチャードソンが指導したイギリスの子どもの絵』現代美術社，1980．）
- Sharp, Paul and Dunford, John, *The Education System in England and Wales,* Longman, 1990.
- Smith, Peter, "Another Vision of Progressivism : Marion Richardson's Triumph and Tragedy," *Studies in Art Education,* Vol. 37(3), 1996, pp. 170-183.
- *Athene,* Special Issue Dedecated to Marion Richardson, Vol. 4, No. 1, Society for Education in Art, Summer 1947.
- Society for Education in Art, *Marion Richardson Memorial Exhibition,* catalogue, Victoria and Albert Museum, November 20 to 29, 1948.
- Sully, James, *Study of Childhood,* New York, Appleton, 1896.
- Sutton, Denys, *Letters of Roger Fry,* Chatto & Windus, 1972.
- Sutton, Gordon, *Artisan or Artist?,* Pergamon, 1967.
- Swift, John, "Birmingham and its Art School : Changing Views 1800-1921," *Journal of Art and Design Education,* Vol. 7, No. 1, National Society for Education in Art and Design, 1988, pp. 5-29.

- Swift, John, "The Use of Art and Design Education Archive in Critical Studies," (Ed.) Thistlewood, David, *Critical Studies in Art and Design Education,* Longman, 1989, pp. 158–171.
- Swift, John, "Memory Drawing and Visualization in the Teaching of Robert Catterson-Smith and Marion Richardson," (Ed.) Soucy, Donald and Stankiewicz, Ann, *Framing the Past : Essays on Art Education,* National Art Education Association, 1990, pp. 139–151.
- Swift, John, "Marion Richardson's Contribution to Art Teaching" (Ed.) Thistlewood, David, *Histories of Art and Design Education−Cole to Coldstream,* 1992, Longman, pp. 118–130.
- Swift, John, "The Arts and Crafts Movement and Birmingham Art School 1880–1900," (Ed.) Thistlewood, David, *Histories of Art and Design Education−Cole to Coldstream,* Longman, 1992, pp. 23–37.
- Swift, John, *Changing Fortunes, the Birmingham School of Art Building 1880–1995,* Article Press, 1996.
- Swift, John, "Marion Richardson and the Mind Picture," *Canadian Review of Art Education Research,* Vol. 13, Canadian Society for Education Through Art 1986, pp. 49–62.
- Tomlinson, R. R. *Picture and Pattern Making by Children,* London, Studio, 1934, revised 1950.
- Tomlinson, R. R. "As an L. C. C. Art Inspector," *Athene,* Vol. 4, No. 1, Society for Education in Art, 1947, pp. 12–14.
- Viola, Wilhelm, "Cizek's Work in Vienna," *The Listener,* 16 January 1947, pp. 103–104.
- Ward, Irene, "Teaching at Dudley, II," *Athene,* Vol. 4, No. 1, Society for Education in Art, 1947, pp. 10–12.
- Warns, H. F. "Miss Marion Richardson, Teaching of Art," *Times Educational Supplement,* December 14, 1946.
- Warns, H. F. As a Student, *Athene,* Vol. 4, No. 1, Society for Education in Art, 1947, pp. 7–8.
- Wilson, Brent ; Hurwitz, Al ; Wilson, Marjorie, *Teaching Drawing from Art,* Davis Publications, 1987.（ウィルソン，ブレントほか，花篤　實ほか訳『美術からの描画指導』日本文教出版，1998年.）
- Wilson, Francesca M. *A Lecture by Professor Cizek,* Children's Art Exhibition Fund, 1921.
- Wilson, Francesca M. *The Child as Artist−Some Conversations with Professor Cizek,* Children's Art Exhibition Fund, 1921.
- Wilson, Francesca M. *Vienna Handicrafts,* The Friend's Relief Committee, 1921.
- Woods, Alice, *Educational Experiments in England,* London, Methuen, 1920.
- Woolf, Virginia, *Roger Fry,* New York, Harcourt, Brace, 1940.（ウルフ，ヴァージニア，宮田恭子訳『ロジャー・フライ伝』みすず書房，1997.）
- Youngman, Nan, "Various Aspects of Marion Richardson's Work," *Athene,* Vol. 4, No. 1, Society for Education in Art, 1947, pp. 21–23.
- Youngman, Nan, "The Inward Eye," *Times Educational Supplement,* January 1, 1949.
- "The Inward Eye, Marion Richardson's Work," *Times Educational Supplement,* December 18, 1948.
- "Children's Art and the London County Council," *The New Era in Home and School,* De-

cember, 1934, pp. 240-241.
- "Children's Drawings, Exhibition in London," *Times Educational Supplement,* July 16, 1938.
- "Children's Drawings," *Times Educational Supplement,* January 19, 1924.
- "How to Teach Drawing", *The Cambridge Magazine,* 2nd August 1919, p. 895.
- "Mr. Fisher's Advice to Teachers," *Times Educational Supplement,* June 28, 1917, p. 246.
- "The Value of Handwork," *Times Educational Supplement,* July 24, 1917.
- *Art and Industry, Report of the Committee Appointed by the Board of Trade under the Chairmanship of Lord Gorell on the Production and Exhibition of Articles of Good Design and Every -day Use,* London, His Majesty's Stationery Office, 1932.
- *Athene,* A Special Number Commemorating the Work of Marion Richardson, Vol. 4, No. 1, Society for Education in Art, 1947.
- *Catalogue of the Exhibition of Drawings by the Girls of the Dudley High School,* London, Independent Gallery, 1923.
- *Child Art Revolution 1930-1960,* exhibition catalogue, London, 1983.
- *Exhibition of Children's Paintings by Marion Richardson's pupils and their pupils 1918-1948,* catalogue, Oxford, November 1 to November 14, 1948.
- *Marion Richardson Memorial Exhibition,* catalogue, The Arts Council of Great Britain, 1949.
- *Zehn Karten Aus Der Jugendkunstklasse, Professor Cizeks,* Osterreichisches Jugendrotkreuz, Wien.

あとがき

　本書は，1993年からほぼ7年間にわたって進めてきた英国の美術教育に関する研究をまとめ，2000年3月，筑波大学より博士（芸術学）の学位を授与された，同標題の博士論文をもとに，著書として出版したものである。ここに至るまでには，様々な経過と多くの方々の貴重な助力があったので，それらについて，個人的な内容も若干含めて述べ，謝意を表したい。

　中学校教師の職を経て，1990年，筑波大学大学院において美術教育研究を開始した当初，私は，美術科教師が各学校の実態に即して実施したカリキュラムの一般的動向を分析し，学校で実際に行われている美術の教育活動それ自体を対象として明らかにしようとしていた。その研究をさらに発展させる上で，諸外国との比較が有効ではないかと考え，規模や教育制度などの状況から，英国に焦点を当てることを計画し，幸いにも留学奨学金の援助を得て，1993年から1年間，英国バーミンガムにある中央イングランド大学を拠点に，中等学校における美術のカリキュラムとその適用に関する調査研究を進めることができた。

　同大学のジョン・スウィフト教授より，マリオン・リチャードソン・アーカイブのことを紹介された当時，私は，リチャードソンに関しては，北條聰訳の回想録を知るのみであった。国内外の刊行された関連論文を探り，美術教育方法史上，不可欠の人物でありながら，本格的に研究されたものが極めて少ないこと，また，現代のカリキュラム調査を通して私が感じていた，絵画を中心とした表現の教育についての再考の必要性に対して，その歴史的起源に関わる資料があるのではないかと直観したことから，同教授の支援を得て，アーカイブ資料を調査してみることにしたのである。

　本書でも示したように，中央イングランド大学美術学部はリチャードソン在学時の外観を残す優雅な装飾をもった建築物であるが，私の留学中は大規模な改修工事のため，残念ながら別の無機的な空きビルの中に仮移転していた。学校調査等の研究と並行して，薄暗い冬の季節，美術教育研究室の一隅に積み重ねられた同アーカイブの膨大な資料を，一人で一点一点，手探りで調べていったことが印象に残っている。そのような中で，回想録では図版が全く見られなかった多数のマインド・ピクチャーの実物に接し，その多様な作品群が織りなす美しさを見い

だしたことは，研究を継続させる大きな原動力となった。その後，1990年代前半の日本と英国における美術カリキュラムの制度と適用に関する研究にほぼ区切りをつけると，リチャードソンを中心とする英国における美術教育の研究に重点を移した。特にマインド・ピクチャーについて体系的な資料収集を行うため，1997年に再度，短期間渡英した。

　歴史的な対象の研究は，それまでの私の研究内容と一見つながりがないようであるが，実は，現代の学校カリキュラムに関する研究を行いながら抱いてきた問題と，根底において通じるものであることを，徐々に見いだしてきた。あるいは，それまでの自分の研究で浮上してきた課題に対する歴史からの回答を，リチャードソン研究の中に求めていたということなのかもしれない。それは，一つの観点から述べるならば，近代的な意味での個人の表現を担う絵画という媒体と，その概念に支えられた学習者中心の美術教育の思想と方法の，根拠と有効範囲を今日の相対的な視点の中で問い直す，ということでもある。

　なお，本書にまとめ直す際に，もとの博士論文で約120枚の図版を用いていたところを，出版上の要請により，約3分の1の枚数に厳選した。特に第5章のマインド・ピクチャーに関する作品例を削減するにあたり，それに関わる論証部分の記述も割愛せざる得ない箇所が多くあったが，論述の主旨は変わらず伝えられるよう心を砕いた。また，巻末資料として添えていた独自の作成資料のうち，全マインド・ピクチャー作品のデータベース，主要講演原稿や指導計画書等の翻訳などは収録しなかった。本文については，現在の時点で，この研究主題に対する私の到達点を示せるよう努力したが，まだ研究歴も浅く，未熟な点が多いことは承知しているので，お読みくださった方々からのご意見，ご指導を賜り，今後の研鑽の糧とさせていただきたいと思う。

　本書の完成までには，多数の方々に貴重なご助力をいただいた。英国では，中央イングランド大学のジョン・スウィフト先生をはじめ，故ジョン・ヒューズ学部長ほかのスタッフに研究上，貴重な助言や配慮をいただいた。また，同国ではブレットン・ホール・カレッジの芸術教育アーカイブでも，資料収集に関して貴重な協力を得た。

　国内では，茨城における「マリオン・リチャードソン女史を偲ぶ会」等の運動に関して，金子一夫先生，菊池和男先生，瀧ヶ崎正彦先生に，貴重な助言や資料

提供をいただいた。また，財団法人教育美術振興会には，資料収集の過程で協力を得た。現代の学校における適用に際しては，授業担当者の駒田郁夫先生の多大な貢献があった。

　研究の指導に関しては，美術教育研究において最初に師事した宮脇理先生より，その後も変わらぬ啓発と激励を受けられたことは，本書執筆の重要な原動力であった。美術教育の国際的な研究交流を指導してこられた仲瀬律久先生からは，海外における研究について，数々の貴重な助言を受け，見守っていただいたことが大きな助力となっている。相馬隆先生，角井博先生には，論文について私の気づかなかった様々な視点から，啓発的な示唆をいただくことができた。石井武夫先生には，絵画制作上の指導のみではなく，美術教育研究への私の志向を深く理解していただき，進路に関する適切な助言をはじめ，様々な機会に多大なご恩を受けている。岡崎昭夫先生には，研究の遂行から論文審査に至るまで，ご指導とご配慮をいただいた。最終的に論文にまとめるまでの様々な問題や逡巡に対して，岡崎先生の寛容で公正な姿勢から導き出される適切な助言や示唆がなければ，本研究をまとめることはできなかったと思う。そして，建帛社の筑紫恒男社長と本間久雄氏による多大なるご理解とご助力により，本書の完成と出版に至ることができた。

　以上は主要な方々のみであるが，研究遂行に関してご助力をいただいたすべての方々に，心より感謝の意を表明させていただきたい。この研究で得られた成果を一つの基盤として，新たな美術教育研究の発展と，後進の育成に努力していくことで，これらの方々のご恩に少しでも報いていきたいと考えている。

　最後に，芸術を通した全ての人々の成長と幸福のために，勇気と献身をもって，新たな道を切り開いた，マリオン・リチャードソンの偉大な人生に対して，心からの感謝と称賛を，美術教育の恩恵を受けた子どもの一人として，捧げたいと思う。

2002年2月　　直江俊雄

本研究に関連して，日本学術振興会より，平成10年度および11年度科学研究費補助金・奨励研究（A）を受けた。本書の出版には，平成13年度科学研究費補助金（研究成果公開促進費）の交付を受けた。

索　引

■ 事項索引 ■

■ ア
『愛の美術教師』……………………14, 23
アーツ・アンド・クラフツ運動
　………………………27, 40, 45, 109
アーツ・カウンシル…………126, 133, 238
『アテネ』誌………………………13, 125

■ イ
泉が丘小学校プロジェクト…322, 325, 332
偽りの自由表現…………………155, 211
意味ある形式……………………………167
インデペンデント・ギャラリー……87, 201

■ ウ
ウィットワース・ギャラリー…………97

■ エ
英国芸術教育アーカイブ………………102
英国国教会………………………………36
『描かなければならない』………………7

■ オ
屋外の風景からの描画…………281, 295
オメガ工房…………43, 51, 59, 101, 135,
　　　　　　　149, 203, 261, 285, 301

■ カ
科学・芸術局……………………………30
隠された模倣……………………………119
学習困難児………………………………321
形の音楽……………………………90, 288
『学校視学官』……………………………8, 99
カナダのナショナル・ギャラリー……106
カラー・ゲーム…………………………297
観察描写………………15, 45, 138, 145,
　　　　　　171, 228, 233, 283, 312

■ キ
記憶画……………3, 11, 33, 44, 54, 96,
　　　　　　171, 222, 272, 295, 337
技術の自発的な獲得………239, 246, 340
奇妙さの衝撃……………………………193
『究極の信念』……………………………62, 199
キュビスム………………………………203
教育省教師登録評議会…………………73
教育省諮問委員会…………………73, 201
教育的描画………………………………33
教育における新しい理想…17, 72, 169, 212
『教育における冒険』……………………8
教育法（1902年）………………26, 94, 99
教育法（1918年）………………………26
教育法改正（1899年）…………………26
『教師のための提言』……………………211
教師のリーダーシップ…………………311
ギルド……………………………41, 48

■ ク
グラフトン・ギャラリー…………51, 80

■ ケ
『芸術家としての子どもたち』……7, 13, 100
芸術地理学………………………………28
『芸術による教育』…7, 37, 106, 184, 218, 252
芸術労働者ギルド………………………41
形態分析………………………6, 29, 91, 334
『ケンブリッジ・マガジン』…………72, 169

■ コ
講演（1918年）………………135, 234, 287
講演（1919年）…………………17, 149, 287
講演拡張版（1919年）……………17, 150,
　　　　　　　　　　192, 224, 287
国定指導課程……………………………31
国立肖像画美術館………………………52

索　引 ｜ 375

国立美術訓練学校··················30
心に思い描く ············143, 154, 162
言葉による語りかけから浮かんだ絵
　　·························243, 284, 309
『子どもたちによる絵とパターン作り』
　　··································7, 100
子どもの描画·········2, 28, 50, 60, 87, 150,
　　　　　　168, 179, 204, 208, 291
「子どもの描画」················6, 192
「子ども美術革命1930－1960」展········9
ゴレ・リポート ·········101, 105, 109

■ サ
材料の扱い，混色，絵の具の組成と名前，
　絵の具の代用などに関する練習
　　·····························283, 296
材料や色彩の諸練習 ··········296, 343
サウス・ケンジントン··········31, 45, 89
挿し絵 ············65, 92, 122, 198, 281

■ シ
自己批評の原則 ···········178, 209, 245
自己表現の原則の獲得 ········239, 340
『思春期の美術』··················15, 23
自然からの描画 ······196, 281, 296, 297
「市庁舎での子どもたちの描画」········192
『児童期の研究』··················32
指導計画書············17, 24, 42, 82,
　　　　　　　228, 269, 292, 339
詩や物語·······················89, 343
詩や物語などによる絵 ········283, 294
自由表現 ·······45, 118, 133, 147, 154, 162,
　　　　　　179, 194, 201, 209, 227, 283
シュールレアリスム·············29, 340
初期のマインド・ピクチャー ·····249, 340
『職人か芸術家か』··················7
『初等学校における描画の指導法』········32
人格要因説 ······················308
新教育運動············12, 36, 95, 184
新教育協会 ·················106, 130

『新時代』·····················106, 113
人体 ···········34, 47, 272, 281, 292, 300, 343
心理学会講演 ············102, 208, 317
心理学会美学部門··············97, 208, 225
心理物理同型説 ··················255

■ ス
『スクールアート』誌···············13, 22
スナップショット描画·············33, 175

■ セ
静物··············34, 172, 233, 262, 270, 343
世界美術教育会議（第3回）········34
『セザンヌ：その発展の研究』···········91

■ ソ
創案·····························47
造形教育センター ················14, 23

■ タ
大英博物館 ·····················64, 86
第二次世界大戦 ··················120
『タイムズ教育付録』·········62, 71, 89,
　　　　　　　　　119, 127, 201
たしなみ ··················147, 197
『ダドリー・ライティング・カード』
　　·························98, 107, 108
ダドリー教育協会講演 ········166, 200, 287
ダドリー女子ハイスクール ···3, 10, 16, 18,
　　　　　　48, 121, 149, 190, 228, 270, 339
ダドリーと周囲の環境に触発された絵
　　·························243, 283
《ダンサー－マティスへのオマージュ》
　　·································301
《ダンス》·····················301, 314

■ チ
チェルトナム女子カレッジ ·······200, 225
着彩と混色 ······················281
中央イングランド大学·············4, 40, 322

中央美術訓練学校･････････････････････････30
抽象美術････････････････････････････29, 340
中世写本挿し絵･･･････････････････････････65
中等教育修了試験･･････････････････････34, 74
中等教育の地方試験･･････････････････････198
「直観と教授」･････････････17, 97, 192, 287, 339

■ テ
『提言』･･････････････････････････････115, 212
デザイン学校･････････････････････････30, 40, 77
デザイン師範学校･････････････････････････30
テート・ギャラリー･････････････････････216, 226

■ ナ
ナショナル・カリキュラム･････････････････324
ナショナル・ギャラリー･･･････････････････116

■ ニ
ニュー・アート･･･････････････････････････127

■ ハ
バース美術アカデミー･････････････････････95
バーミンガム・グループ･･･････････････････40
バーミンガム・ポリテクニック････5, 10, 35
バーミンガム美術学校･･･････････11, 16, 35,
72, 125, 230
『バーリントン・マガジン』･･･64, 86, 89, 110
パターン･･･････････････････7, 49, 56, 88, 96, 121,
130, 234, 253, 262, 321
パターン作成と刺繍･････････････････････281
ハドウ報告書･････････････････････････････42
ハンドライティング･･･････････････98, 211, 324

■ ヒ
ヴィクトリア・アンド・アルバート美術
館･････････････････････････5, 30, 126, 133
ヴィクトリア時代の絵画･････････････････27, 69
「美学における一小論」･･･････････････････59
ビジュアライゼーション･･･････････････････46
美術，およびその製造業との連携に関す
る英国議会下院特別委員会･････････････30
美術鑑賞テスト･･･････････････････････93, 97
美術教育学会･･････････････････････13, 76, 125
『美術教育における変革』･･･････････････････7
『美術教育の歴史と哲学』･･･････････････････7
美術教育法最終試験･･････････････････････95
美術教師組合･･････････････････17, 34, 73, 189
美術クラス教師免許状･････････････････････43
『美術と子ども』･･･････････4, 28, 37, 80, 107,
166, 258, 277, 300, 309,
311, 313, 324, 330, 342, 343
『美術と産業』･･････････････････････7, 101, 109
『美術と美術的工芸』･･････････････････････100
『美術における記憶の訓練と芸術家の教育』････････････････････････････････45, 46
「美術の指導」････････････････････6, 64, 191
美術批評･･･････････････････････6, 27, 88, 112,
183, 282, 303, 321, 342
美術マスター免許状･･････････････････43, 79
ビジョン･････････････････29, 36, 52, 60, 87, 93,
118, 153, 161, 205, 337
ビバリー・グラマー・スクール･･･････････200
ビューティー・ハント･････････････243, 290, 321
描画の指導法の発展に関する国際会議
････････････････････････････････････33
評価の変革･･････････････････････････239, 340
表現主義･･････････････････････････29, 112, 258

■ フ
フォーマリズム･･････････････27, 59, 97, 167,
192, 207, 218, 302, 334
二つの原理････････････････････････････308, 320
「フーパー書簡」･･････････････････････24, 307
ブラック・カントリー･････････････････49, 61
フリー・マインド・ピクチャー･･･180, 228,
231, 269, 280, 302
フリーハンド････････････････････････････33, 79
ブリストル講演･･････････････････････････208
ブリストル美術教師組合･･････････････97, 224
ブリティッシュ・カウンシル･････････････126

プリミティヴ ……………61, 90, 119, 334
ブルームズベリー・グループ ………29, 60, 80, 167, 237
『分別と多感』…………………………197

■ ヘ
閉眼描法 ………46, 62, 177, 230, 288, 309
ヘイズコート ……………………94, 275
ベネンデン ………………94, 307, 319

■ ホ
ボーイスカウト ……………………104, 176
ポスト印象派 ……………21, 50, 80, 156, 203, 216, 301, 334
ポスト印象派展 ………………21, 50, 80, 158, 203, 216, 301
『ポスト印象派の画家たちに関する覚え書き』………………………51

■ マ
マインド・ピクチャー ………6, 17, 37, 55, 88, 96, 174, 180, 195, 205, 218, 227, 247, 259, 279, 310, 321, 339
マネとポスト印象派展 …………51, 80, 216
真夜中の太陽（ロシアバレエ）………290
マリオン・リチャードソン・アーカイブ
　……………………………4, 23, 35, 249
マリオン・リチャードソン女史を偲ぶ会
　………………………………………14, 23
マンダラ ……………………………254

■ ミ
未来派 ……………………29, 81, 203
ミラム・フォード・スクール
　……………………………37, 229, 252

■ モ
モダニズム ………27, 30, 59, 69, 90, 203, 334

モンテッソーリ主義……………………72

■ ラ
『ライティング・アンド・ライティング・パターンズ』…………106, 107, 110, 121, 131, 303
ライティング・パターン ……96, 101, 121, 131, 253, 285, 303
ラファエル前派………………………40
ラベンダー・ヒル・スクール ………113
ランタン・スライドによる描画 ………175

■ リ
『リチャードソンが指導したイギリスの子どもの絵』………………………15, 23

■ ロ
労働党……………………………………26
ロシアバレエ ……………70, 89, 289, 313
ロンドン・デイ・トレーニング・カレッジ ………85, 94, 125, 189, 274, 307
ロンドン市教師講習会…………………96
ロンドン市講演………97, 185, 234, 252, 302
ロンドン市子ども絵画展覧会（1933年）
　………………………………102, 130
ロンドン市子ども絵画展覧会（1938年）
　…………………18, 116, 120, 133
ロンドン市の子どものための美術教室
　…………………………………………85
ロンドン市美術視学官………………3, 99
ロンドン大学 ……………………94, 121
ロンドン大学出版局 …………………121
ロンドン万国博覧会……………………25

■ ワ
ワード・ピクチャー ……8, 15, 54, 88, 115, 195, 214, 219, 231, 241, 243, 264, 282, 321

■ 人名索引 ■

■ ア行
アブレット，トマス …32, 45, 145, 175, 200
新井哲夫 …15, 23
アレン，アーサー …100
アンジェリコ，フラ …89
井出則雄 …14, 23
稲村退三 …14, 23, 335
ウッチェルロ，パオロ …63, 301
ウルフ，バーニジア …61, 91
エイキン …8
エドモンズ，E・L …8, 99
エリス，クリフォード …95
オースティン，ジェイン …197, 224

■ カ行
カーライン，リチャード …7, 81
カサット，メアリー …305
ガスキン，アーサー …40
菊池和男 …14
ギブス，イブリン …113
キャタソン－スミス，ロバート …41, 86, 72, 125, 175, 218, 230, 309
キャンベル …10, 331
クック，エビニーザー …2, 21, 32, 145
久保貞次郎 …13, 21, 23
クラーク，ケネス …87, 94, 102, 116, 120, 166
クラットン－ブロック，アーサー …62, 71, 86, 161, 199, 202, 281, 301
グラント，ダンカン …59, 301, 331
クローチェ，ベネデット …165, 188
ゲア，チヤールズ …41
小池新二 …13, 22
コウル，ヘンリー …30, 77, 334
ゴーギャン …50, 305
コージー，アンドリュー …27
ゴッホ …50, 113, 216, 302
後藤狷士 …165, 186

駒田郁夫 …325, 332

■ サ行
サットン，ゴードン …7, 82
サリー，ジェームズ …32
シースリック …245, 321
ジオット …159, 220
島崎清海 …14, 23
シャルダン …305
ジョン，オーガスタス …65
ジョンストン，ウイリアム …97
スウィフト，ジョン …11, 22, 282
スーラ …305
スペンサー，F・H …99
スペンサー，スタンレー …113, 218
スミス，ハンブリン …75
スミス，ピーター …13

■ タ行
ダ・ヴィンチ …65, 124
ターナー …8
ダイス …34, 77
ダウ，アーサー・ウェズリー …34
タトロック …86
チェンニーニ，チェンニーノ …220, 226
チェンバレン，ジョン …40
チゼック，フランツ …2, 9, 21, 34, 62, 85, 97, 113, 145, 200, 209, 225, 239, 277, 312, 319
テイラー …45
トウニー，R・H …26
ドガ …124
トムリンソン …7, 13, 21, 99, 129, 145

■ ナ行
中村 彝 …221
ナン，バーシー …95
ニューウイル，メリー …41

■ ハ行

バークレー－ラッセル …………………9
ハート，イーヴリン ………………321
バート，シリル ……………………100
ハート，チューダー …………………72
バラード ………………95, 122, 127, 277
バルトロメオ，フラ …………………65
バーン－ジョーンズ ……………41, 124
ビール，ドロシア …………………200
ビオラ，ウィルヘルム …113, 145, 225
ピカソ …………………50, 89, 291, 305
ピサネルロ ……………………………65
ビニヨン，ローレンス ……………64, 86
ビリンガム，ロザリンド ……………9
ファンタン－ラトゥール ……………45
フィールド，ディック ………………7
フィッシャー教育大臣 ………………61
フーパー，ジョージ・ハーバート …10, 307
ブーリー，マーガレット …93, 97, 101, 209
藤井久栄 …………………………221, 226
フライ，パミラ ………………………61
フライ，マージェリー ……61, 74, 85
フライ，ロジャー …………5, 16, 27, 35,
　　　　　　　　　　42, 50, 75, 101, 124,
　　　　　　　　　　221, 261, 283, 301, 334
フランチェスカ，ピエロ・デラ ……65
プラント，M・D ……………………58
ブリグストック ………………321, 323
フルード，S ………49, 58, 80, 121, 291
ブレーク，ウイリアム …113, 218, 331
フレーベル ………………………32, 205
ペイン，ヘンリー …………………40
ベヴスナー，ニコラウス …………28, 157
ペスタロッチ ………………………32
ベラスケス …………………………305
ベル，ヴァネッサ ………………59, 71
ベル，クライブ ……………28, 166, 188
ホイットマン，ウォルト …………138
ポウエル，ベイデン卿 ……………177
ホームズ，チヤールズ ……………51

ボッティチェリ ……………………124
ホッベマ ……………………………124
ホルズワース，ブルース ……12, 184, 282
ホワイト，クラレンス ………………95

■ マ行

マクドナルド，スチュアート …7, 77, 145
マティス ………………………50, 301, 331
間所　春 …………………………14, 23
真鍋一男 …………………………14, 23
マネ ………………………51, 80, 216
マレル，スタンリー ………………121
ムンク ………………………………113
モネ …………………………………305
モリス，ウイリアム ………………41, 89

■ ヤ行

ヤングマン，ナン ………95, 127, 293
ユング ……………………………255

■ ラ行

ラスキン，ジョン …32, 40, 186, 197, 200
ラリオノフ，ミハイル ………………70
リード，ハーバート …………7, 21, 37, 76,
　　　　　　　　　　109, 121, 131, 184, 218,
　　　　　　　　　　229, 238, 252, 278, 334
リスマー，アーサー ………………106
リチャードソン，ウオルター・マーシャル
　……………………………………35
リチャードソン，エレン ……………35
リチャードソン，キャスリーン
　………………………14, 35, 85, 126, 189
リチャードソン，ドナルド …5, 35, 77, 145
リチャードソン，マリオン ……1, 9, 11,
　　　　　　　　　　22, 35, 38, 95,
　　　　　　　　　　129, 189, 249, 259
リッチ，E・M ……………21, 116, 133
リントゥール ………………………319
ルイス，ウンダム …………………203
ルコック ……………………………45

ルノワール……………………221
レッドグレイブ，リチャード……30, 34, 77
レノルズ，ジョシュア………………30
ローゼンシュタイン，ウイリアム………86

■ ワ行
ワード，アイリーン………………57
ワーンズ………………………43, 125

【著者紹介】

直 江 俊 雄（なおえ　としお）

1964年，愛知県に生まれる。筑波大学芸術専門学群，中学校教諭，筑波大学大学院修士・博士課程，宇都宮大学講師・助教授を経て，2000年より筑波大学芸術学系講師。博士（芸術学）。

主な著訳書に，『デザイン教育ダイナミズム』（共著，建帛社），『緑色の太陽』（共著，国土社），H.リード著『芸術による教育』（共訳，フィルムアート社）など。

20世紀前半の英国における美術教育改革の研究
― マリオン・リチャードソンの理論と実践 ―

平成14年2月20日　初版発行

著　者　　直　江　俊　雄

発行者　　筑　紫　恒　男

発行所　　株式会社 建帛社
　　　　　KENPAKUSHA

〒112-0011　東京都文京区千石4丁目2番15号
　　　　　　TEL　(03) 3944-2611
　　　　　　FAX　(03) 3946-4377
　　　　　　http://www.kenpakusha.co.jp/

ISBN 4-7679-7046-6　C 3037　　　　　　幸和印刷／常川製本
Ⓒ T. Naoe, 2002.　　　　　　　　　　　　Printed in Japan.
（定価はカバーに表示してあります）

本書の複製権・翻訳権・上映権・公衆送信権等は株式会社建帛社が保有します。
JCLS 〈㈱日本著作出版権管理システム委託出版物〉
本書の無断複写は著作権法上での例外を除き禁じられています。複写される場合は，㈱日本著作出版権管理システム（03-3817-5670）の許諾を得て下さい。